21世纪高等院校国际经济与贸易专业精品教材

国际经济与贸易国家一流专业建设和优秀教材建设立项成果

Introduction to Foreign Trade of China

5th edition

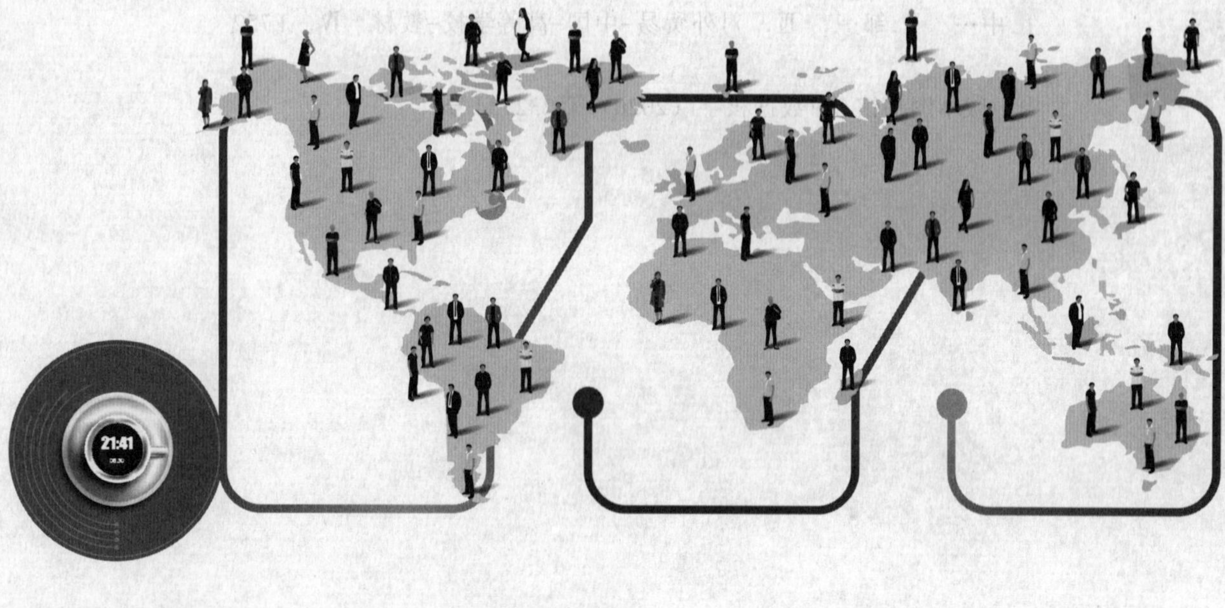

中国对外贸易概论

（第五版）

邹忠全 主编 | 谢涛 副主编

东北财经大学出版社
Dongbei University of Finance & Economics Press | 大连

图书在版编目（CIP）数据

中国对外贸易概论 / 邹忠全主编. —5版. —大连：东北财经大学出版社，2021.3（2022.11重印）

（21世纪高等院校国际经济与贸易专业精品教材）

ISBN 978-7-5654-4036-6

Ⅰ.中… Ⅱ.邹… Ⅲ. 对外贸易-中国-高等学校-教材 Ⅳ. F752

中国版本图书馆CIP数据核字（2020）第232734号

东北财经大学出版社出版

（大连市黑石礁尖山街217号 邮政编码 116025）

网 址：http://www.dufep.cn

读者信箱：dufep@dufe.edu.cn

大连永发彩色广告印刷有限公司印刷 东北财经大学出版社发行

幅面尺寸：185mm×260mm 字数：433千字 印张：18.75

2021年3月第5版 2022年11月第3次印刷

责任编辑：孙 平 王 斌 责任校对：行 者

封面设计：冀贵收 版式设计：钟福建

定价：39.00元

教学支持 售后服务 联系电话：（0411）84710309

如有印装质量问题，请联系营销部：（0411）84710711

第五版前言

本次修订以习近平新时代中国特色社会主义思想为指导，从新时期全面开放的视角最大限度地吸收专家和读者的反馈信息，对全书内容及文字进行全面修改完善，包括三个方面：一是对数据进行更新。分析现实更有针对性，更加科学、全面地反映中国对外贸易领域发生的变化。二是针对中国完成入世承诺、中国-东盟自由贸易区的建成、“金砖国家”经贸领域合作取得的显著成效等新情况进行展现。三是对我国对外贸易格局、理论依据、发展战略、外贸体制、外贸法律、外贸管理、外贸促进、海关管理、服务贸易、技术贸易、对外贸易关系、《中华人民共和国外商投资法》等内容进行了全面修订和解读。与其他同类教材相比，本教材有以下特点：

1.注重引导学习方式的变革，在课程和内容设计上注重变革学生呆板的学习方式，引导学生进行观察、实践、收集资料、合作交流以及体验、感悟和反思活动，变枯燥为生动，从而改变学生的学习、思维方式，释放创新潜能；改变学习方式，让学生主动参与、乐于探究、勤于动手，培养学生收集和处理科学信息的能力、获取新知识的能力、分析和解决问题的能力，从而实现学习方式的多样化，拓展学习的时间和空间。

2.强调与中国对外贸易的实际相联系，一方面关注充分利用我国对外贸易发展的新情况，另一方面也注意及时恰当地反映对外贸易理论新成果，增强书本知识与现实生活的联系。

3.为创造性教学留有余地，更多的是为教师进行教学提供资源，以创造性地使用教材，而不是简单地照本宣科。

4.把知识与技能、过程与方法及价值观反映在主题和内容的编排中，试图把知识学习、能力培养以及价值观的体验与形成作为一个整体加以综合考虑，反映在主题和内容的设计上。

5.注重学生的理解和接受，显性的东西并不多，而隐性的东西却很多，每个知识背后的信息量大，可挖掘的东西多，这就给教师课堂教学的处理留下了足够的空间，有利于他们教学艺术的发挥。

6.编写体例和呈现方式考虑学生的兴趣及认知水平，有利于激发学生的求知欲。

本书是我校国际经济与贸易国家一流专业建设和优秀教材建设立项成果，适用于高等院校经济类和管理类专业课程的教学；也可作为国际商务师、全国外销员培训的辅助教材；还可作为广大经济管理干部、工商企业人员了解国际贸易理论知识的参考读物。

本书的纲目由邹忠全教授拟定，第五版修订由邹忠全、谢涛、温雪、马慧琼、李玫宇共同完成。修订分工如下：邹忠全编写前言、第2章、第3章，马慧琼编写第1章、第4章，谢涛编写第3章、第6章、第7章、第10章，李玫宇编写第7章、第8章、第9章，王园园、邓寅编写第5章、第11章。全书由邹忠全和谢涛负责统稿、修改。本次修订得到东北财经大学出版社孙平老师的大力支持。

在本书的编写过程中，我们参考了大量国内外已有的研究成果，在参考文献中我们已列出，也得到了不少同仁的热情支持和帮助。在此表示衷心感谢！

限于编者水平，加之时间仓促，书中可能还存在一些不足和问题，恳请读者批评指正。

编　者

2020年10月

目录

第1章

中国对外开放与对外贸易发展

学习目标

通过本章学习，你应该达到以下目标：

知识目标：了解对外贸易宏观管理体制、对外贸易国家统制的含义；掌握对外开放、对外贸易依存度、进出口商品结构、FTA、外贸代理制等基本概念。

技能目标：理清中国对外贸易发展过程和发展特点。

能力目标：能结合实际，对当前的中国对外开放形势进行分析。

1.1 对外开放政策与对外开放格局

中华人民共和国成立以后，中国的经济建设取得了很大的成就，但随着形势的发展，高度集中的计划经济体制和闭关自守的对外政策已经越来越不能适应中国经济发展的需要。1978年党的十一届三中全会以后，中国实行了对外开放政策，逐步走向了世界。

1.1.1 对外开放政策

1）对外开放政策的确立

尽管在20世纪50年代，中国与苏联、东欧有着良好的政治和经济关系，同西方也有一定的贸易往来，并进行了一定程度的技术引进，但从总体上说，中国与其他国家的往来并不密切，这使得中国的经济发展水平同世界的差距拉大了。1976年，中国认识到对外开放的重要意义，并在几个重要问题上达成了共识：一是第二次世界大战后，资本主义经济发达国家的社会经济都发生了重大的变化，科学技术和经济发展日新月异，有很多我们可以借鉴的地方；二是中国的社会主义经济建设虽然取得了很大的成绩，但与资本主义相比还比较落后，与发达国家的发展差距不是缩小了，而是扩大了；三是发达资本主义国家出于它们政治和经济的考虑也想和中国进行经济合作，它们需要进行投资的市场和销售产品的市场；四是在发展对外经济关系中，许多国际上流行的做法，包括补偿贸易、合作生产、吸收国外投资等，我们都可以研究采用。

1978年12月，党的十一届三中全会作出了在自力更生的基础上积极发展同世界各国的经济合作，努力采用世界先进技术和先进装备的重大决策。1980年6月，邓小平同志在一次接见外宾时，第一次将“对外开放”作为中国对外经济政策公之于世。1981年11月召开的五届人大四次会议上的政府工作报告，又进一步明确指出："实行对外开放政策，加强国际经济技术交流，是我们坚定不移的方针。"1982年12月，对外开放政策被正式写入中国宪法，中国的对外开放政策作为基本国策最终确立了。

2）基本含义

对外开放是与闭关锁国相对而言的范畴。中国的对外开放是指在坚持社会主义制度和共产党领导的基础上，在独立自主、平等互利的前提下，根据生产社会化、国际化和社会主义市场经济发展的客观要求，利用国际分工的好处，积极发展与世界各国的经济贸易往来，加强科学、技术、文化、教育等方面的交流与合作，以促进社会主义物质文明的建设和发展。因此，它不只限于对外经济贸易方面的交流与合作，而且包括科学技术、文化教育、宗教艺术等领域的广泛交流与合作。但是，经济是基础，中国的对外开放政策主要是指经济上对外开放。从这个角度上讲，对外开放的基本含义是：要大力发展和不断加强对外经济技术交流，积极参加国际交换和国际竞争，由封闭型经济转变为开放型经济，以加快社会主义市场经济的建设步伐。

对外开放是向世界上所有国家和地区的开放：不论是社会主义国家，还是资本主义国家；是发展中国家，还是经济发达国家；是穷国还是富国；是大国还是小国，中国都愿意在平等互利的基础上发展同它们的贸易经济联系。中国的对外开放，是要吸收世界上各个国家和地区的长处和优点，博采众长，尽为我用。因此，中国的对外开放是向世界开放。当然，由于中国现代化建设的客观需要，并且各个国家和地区情况各异，特别是经济技术发展水平的不同，在一个时期内，中国根据需要和可能，同一些国家和地区发展多一些、快一些，这是国际上的通常现象。而且，这种情况也是随着经济形势的变化而变化的。

3）对外开放政策的主要内容

对外开放政策的主要内容是：大力发展对外贸易，特别是扩大出口贸易；积极引进先进技术和设备，特别是有助于企业技术改造的适用先进技术；积极有效地利用外资；积极开展对外工程承包和劳务合作；发展对外技术援助和多种形式的互利合作；设立经济特区和开放沿海城市，带动内地开放。

可见，发展对外贸易、利用外国资金、引进先进技术这三项是对外开放政策最主要的内容。这三项内容中，发展对外贸易是利用外资和引进技术的物质基础，是对外开放政策最根本的内容。因为扩大出口是引进技术和利用外资的物质基础，是发展中国国民经济，实行对外开放政策的关键，它决定着中国对外开放的程度和范围。而利用外资，引进技术，都与对外贸易密切相关，都要通过对外贸易来实现。中国设置经济特区，开放沿海港口城市和沿海广大地区，就是为了更好地发展对外贸易，利用外资和引进技术。此外，扩大对外经济技术交流和合作也是贯彻对外开放政策的重要内容。

4）对外开放是一项长期持久的政策

邓小平在认真总结中国实行对外开放政策的成功经验的基础上明确提出："中国执行开放政策是正确的，得到了很大的好处。如果说有什么不足之处，就是开放得还不够。我们要继续开放，更加开放。"如果说20世纪内我们需要实行开放政策，那么，在21世纪的前50年内中国要接近发达国家的水平，也离不开这个政策。如果开放政策在21世纪前50年不变，那么到了后50年，我们同国际上的经济交往将更加频繁，更加相互依赖，更不可分。

自1979年以来，中国对外开放的政策正不断地改进和完善，已成为影响中国社会经济发展的关键因素。中国的对外开放政策根据不同的发展阶段的要求已经导致两个重大变化：一是由政策层面向政策与制度两个层面同时实行对外开放；二是由“请进来”为主向“请进来”和“走出去”两种途径并举的方向过渡。

❖小资料

坚持对外开放的基本国策，全面提高开放型经济水平①

1.1.2 对外开放格局

对外开放政策确立后，在邓小平理论的指导下，中国的对外开放在实践中经历了一个分层次、有重点地由外向内逐步推进的历史进程，形成了全方位、多渠道、多层次的开放格局。

1）沿海地区先行开放

按照党中央和国务院的指导思想，中国实行对外开放政策，必须首先充分发挥沿海地区的优势，以沿海地区对外开放带动内地对外开放，就是从经济特区、沿海开放城市、沿海经济开放区向内地逐步推进，把沿海的发展和内地的开发结合起来，有效地解决中国经济建设中东部、中部、西部的有关问题，促进全国经济的振兴。

中国沿海地区包括长江三角洲、珠江三角洲、闽东南地区和山东半岛、辽东半岛等地区，有近2亿人口。沿海地区具有有利于实行对外开放的特殊地理位置和自然条件，有18 000多千米的漫长海岸线，有许多深水泊位、港口。沿海地区工农业基础雄厚，工业门类齐全，骨干企业多，加工能力强，建立了机电、仪表、石油化工、钢铁、轻纺、能源等各种工业体系，是中国出口商品的主要基地；沿海地区的科学技术也比较发达，拥有相当数量的科研机构和人员，技术熟练的工人多，加工工艺质量水平高，消化、吸收能力强，为提高出口商品的竞争能力提供了较好的技术条件；沿海地区有着悠久的对外贸易历史，有与世界各国和地区进行广泛联系的经济专业人才，有比较丰富的组织管理对外经济贸易、国际金融等方面的经验，信息传递快，是中国进行国际经济技术交流的桥梁和纽带。因此，沿海地区是中国实行对外开放的前沿地带和重点地区。沿海地区的经济发展影响着全国经济的发展，影响着现代化建设的规模和进程。

（1）建立经济特区

1979年7月，国务院确定在广东、福建两省实行特殊政策和灵活措施，并提出在深圳、珠海、汕头和厦门试办出口特区。1980年5月，国务院把特区的名称正式定为经济特区。1988年3月，海南省作为全国最大的经济特区对外开放。1990年，中央又决定开发和开放上海浦东，实行某些经济特区的政策。

经济特区是中国对外开放的第一个层次。它们有着国家给予的特殊政策，从外贸经营

① 根据中国经济网资料整理。

权、利润留成、财政包干、税收优惠，到一定程度的立法权都归地方控制。经济特区的设立，是中国对外开放的突破口和开创性措施。实践充分证明，通过建立经济特区来推进开放的道路是完全正确的，它不仅使这些地区迅速建立起外向型经济，在本地区初步形成社会主义市场经济体制，而且很好地发挥了技术、管理、知识和对外开放政策的窗口作用，带动了全国的对外开放，促进了全国市场的发育和成长，在改革开放和现代化建设中产生了重要的示范作用。

（2）开放沿海港口城市

在总结经验的基础上，1984年5月，中共中央、国务院决定进一步开放大连、秦皇岛、天津、烟台、青岛、连云港、南通、上海、宁波、温州、福州、广州、湛江、北海14个沿海港口城市。

沿海开放城市是中国对外开放的第二个层次。国家对这些城市实行经济特区的某些政策加以扶持。在这些开放城市中，有条件的地方可以兴办经济技术开发区。通过在开放城市和经济技术开发区实行各种优惠政策以吸引外资，开发新技术、新产品、新兴工业。

实践证明，沿海开放城市在利用外资、引进先进技术方面，在加强与内地的横向经济联系，促进资金、设备、技术和人才的合理交流，带动内地经济开放方面，都取得了巨大成就。

（3）开辟沿海经济开放区

1985年1月，党中央和国务院又决定将长江三角洲、珠江三角洲、闽东南地区开辟为沿海经济开放区，1988年初，又开辟了环渤海经济开放区，将山东半岛、辽东半岛列入沿海经济开放区。1988年3月18日，国务院决定进一步扩大沿海经济开放区范围，将40个市、县划入开放区，包括杭州、南京、沈阳等省会城市。国家对这些地区实行沿海开放城市的优惠政策。

沿海经济开放区是中国对外开放的第三个层次。它们可凭借其便利的交通、广泛的对外联系、良好的工农业基础、丰富的劳动力资源，以及近几年来蓬勃发展的乡镇企业的力量，并根据国际市场的需要，通过吸引外国直接投资，大力发展外向型的加工工业和出口创汇农业，扩大出口创汇。

此外，我国还开始兴办一批保税区。至此，中国的所有沿海地区都实行了对外开放，形成了由点到线，由线到片，南北连线成片，包括三个层次的前沿开放地带。

2）逐步向内地开放

内地是中国对外开放的第四个层次。党的十四大报告为中国对外开放格局确定了发展目标：对外开放的地域要扩大，形成多层次、多渠道、全方位的对外开放格局。因此，中国进一步开放了陆地边境市、镇，还开放了一些沿江（长江）城市和内陆省会城市，使中国初步形成了全方位对外开放的格局。

（1）开放陆地边境市、镇

1992年初，邓小平南方谈话的发表加快了内地尤其是中西部地区的对外开放步伐。国务院决定沿边境、沿主要铁路公路交通干线开放，即开放吉林、黑龙江、内蒙古、新疆、云南、广西等6省区的13个内陆边境市、镇。

中国对陆地边境市、镇实行类似沿海开放城市的政策，以加速边境地区外向型经济发展为目的，形成了沿周边国家的三大开放地带。东北开放带，以俄罗斯、独联体其他国家、蒙古国、东欧诸国为对象，以满洲里、黑河、绥芬河、晖春等4个沿边开放城市为龙头，内蒙古、黑龙江、吉林等省区正在形成一个具有纵深背景的大开放区。西北开放带，以独联体诸国、东欧诸国、巴基斯坦、西亚诸国为对象，以新疆为主体，在5 400多千米的边境线上开通了8个通商口岸。东起连云港、西经新疆至欧洲的大陆桥的开通，为中国的西北部开放提供了重要条件。西南开放地带，以印度、尼泊尔、缅甸、老挝、越南、孟加拉国等为对象，以云南、广西为主体。目前，云南已拥有17个对外开放口岸，广西壮族自治区同越南的边境上已开辟了20多个贸易点。

沿边地区利用中央赋予的政策，逐步打开了封闭的门户，一种以贸易为先导、以内地为依托、以高层次经济技术合作为重点、以开拓周边国家市场为目标的沿边开放新态势已经形成。

（2）开放沿江和内陆省会、自治区首府城市

1992年8月，国务院决定以上海浦东为龙头，进一步沿长江开放芜湖、九江、岳阳、武汉、重庆5个内陆城市。至此，长江沿岸10个主要中心城市已全部对外开放，初步形成了长江流域开放带。

太原、合肥、南昌、郑州、长沙、成都、贵阳、西安、兰州、西宁、银川等11个内陆省会城市（自治区首府），昆明、乌鲁木齐、南宁、哈尔滨、长春、呼和浩特、石家庄等7个边境、沿海省会城市（自治区首府）陆续开放；此外，全国大陆所有地区都对外开放旅游城市。中国的对外开放掀起了新的高潮，出现了从“四沿”向内地纵深扩展的趋势，同时“四沿”地带的对外开放也在向深度和广度发展。这不仅促进了长江流域和大半个中国经济的发展，而且对于扩大和完善中国对外开放格局，缩小东、中、西部地区差距都将产生积极影响。

中国各地区地理条件差异较大，经济发展很不平衡，特别是在长期实行封闭型的高度集中的计划经济体制、价格体系和产业结构，同世界经济分离的情况下，中国的对外开放并没有全国同步开放，而是采取由点到线、由线到面、由东到西、由南到北、逐步展开的方针。这种按梯度、分层次的开放节奏取得了丰富的经验及经济发展的实际效果。

3）西部大开发与对外开放

20世纪90年代初，邓小平明确提出了“两个大局”的构想：一个大局是，东部沿海地区加快对外开放，使之较快地发展起来，中西部要顾全这个大局；另一个大局是，东部地区发展到一定时期，就要拿出更多的力量帮助中西部地区加快发展，东部沿海地区也要顾全这个大局。

加快西部地区的发展，是邓小平“两个大局”战略思想的重要组成部分。而西部大开发战略的具体提出，则是中国根据现实情况和经济建设的具体实践作出的选择。1999年党的十五届四中全会明确提出国家要实施西部大开发战略。为体现国家对西部地区的重点支持，国务院制定了实施西部大开发的若干规定，以开放促开发、促发展，积极引导和推动西部地区参与国际经济合作与交流，以加快中西部地区发展。为了推动西部地区的对外开放，国家在吸引外资方面、在发展对外经济贸易合作方面等给予了许多政策支持。

西部大开发进一步促成了中国全方位、多层次、多渠道的对外开放的基本格局。

4）进一步扩大对外开放

“十五”计划期间，中国进一步扩大对外开放，先后设立了49个国家级经济技术开发区、53个国家级高新技术产业开发区、15个国家级出口加工区、14个国家级保税区和14个国家级边境经济合作区以吸收外商投资，积极发展外向型经济。这些经济、技术开发的特别区域已成为所在地区经济发展的新增长点和吸收外资的热点地区，并像经济特区一样，在扩大开放、发展外向型经济、调整产业结构等方面起到了窗口、辐射、示范和带动作用。

2001年12月11日，中国正式加入WTO，对外开放进入了一个新的时期，呈现出新的特点：由政策导向型的开放转变为同国际经济接轨的制度型开放；从有限范围和领域的开放转变为全方位、宽领域的开放；从单边、自主的开放转变为双向、多边、有法律约束力的相互开放。中国经济进一步融入世界经济全球化的浪潮之中。

2007年由于美国次贷危机引发了全球金融危机，世界经济进入了低迷发展阶段，由此，中国对内改革和对外开放都面临着新的突破。一方面，金融危机后，欧美市场需求明显减弱，中国以出口为主的外向型经济发展受到了一定制约；另一方面，随着中国经济的高速发展，结构性矛盾和新一轮的产能过剩已形成了新的压力，同时欧美等发达国家和地区不断通过对贸易结构的调整及规则的重塑，试图从多方面限制中国的发展。为适应国际经济格局的新变化，2013年，习近平主席提出了“一带一路”的倡议，不仅明确了对外开放的新路径，同时成为了中国经济新的增长点。“一带一路”依靠中国与有关国家既有的双多边机制，陆续推出基建、交通的互联互通及贸易投资的便利化等措施；同时，“一带一路”不涉及政治、安全等领域，依赖“丝绸之路”经济、人文、商贸的千年传承，并赋予其新的合作意义。此后，“一带一路”逐渐从理念转化为行动，从愿景转变为现实，成果丰硕：政策沟通不断深化、设施联通不断加强、贸易畅通不断提升、资金融通不断扩大、民心相通不断促进。截至2016年年底，中国企业已在“一带一路”沿线20多个国家建设56个经贸合作区，累计投资超过185亿美元，为东道国创造了近11亿美元税收和18万个就业岗位。

“一带一路”促进了中国全方位对外开放新格局的形成。

2013年8月起至2019年8月，国务院先后批准成立了4批中国自由贸易试验区，构建与各国合作发展的新平台，创造更加国际化、市场化、法治化的公平、统一、高效的营商环境，推动中国经济全面适应并逐渐引领世界经济全球化发展。

2018年11月，首届国际进口博览会在中国上海举行，172个国家、地区和国际组织参加，3 600多家企业参展，成为中国主动向世界开放市场的重大举措。

❖小资料

中国自由贸易试验区[1]

① 根据自贸区网站资料整理。

1.1.3 对外开放的特点

纵观中国对外开放的历程，中国对外开放主要有以下几个特点：

1）渐进式开放

中国开放是在不断总结经验的基础上，根据中国各地区的具体实际和特点，由点到面、由浅入深，以经济特区和沿海开放城市为重点，逐步向中、西部内陆地区推进的，既保证了对外开放的不可逆转，又避免了盲目开放给产业带来的巨大冲击。

2）在独立自主、自力更生、平等互利前提下的开放

中国对外开放强调独立自主、自力更生、平等互利，在此前提下，充分利用国际国内两个市场两种资源，积极发展与世界各国的经济贸易往来。同时，在对外开放过程中坚决维护国家主权、尊严和安全。

3）以经济开放为基础的全方位对外开放

中国的开放首先是从经济领域开始的，以后也是以经济开放为基础和重点。同时也包括积极发展同其他各国在政治、科技、教育、文化、体育、艺术、卫生等众多领域的交流与合作。

4）向世界上所有的国家和地区开放

无论哪个国家、属于什么性质和类型，中国都愿在平等互利的基础上发展同它的经济贸易关系。

◈小资料

"一带一路"

1.2 中国对外贸易的发展

中国社会主义对外贸易是在无产阶级取得革命胜利、建立起无产阶级政权这个根本的政治前提下建立的，并得到了不断发展，尤其是在改革开放后，发展速度大为加快。

1.2.1 对外贸易的建立和发展

1）中国社会主义对外贸易的建立

中华人民共和国成立前，中国对外贸易完全依附于帝国主义列强，是半殖民地性质的，完全丧失了独立自主的地位。中华人民共和国成立后，中国立即废除了帝国主义在中国的一切特权，没收了对外贸易中的官僚资本，新建国营对外贸易企业，并对民族资本进出口业进行改造，从而建立起全国统一的社会主义对外贸易。

2）中国社会主义对外贸易的发展

中国社会主义对外贸易大体上经历了以下几个时期：

(1) 国民经济恢复时期（1950—1952年）

中华人民共和国成立初期，经过战争的创伤，工农业生产遭到严重破坏，国民经济濒

临绝境；而帝国主义对中国采取敌视、孤立和封锁禁运的政策。在这一历史条件下，中国迅速同苏联、东欧社会主义国家等建立和发展经济贸易关系，并同美国等主要资本主义国家进行针锋相对的反封锁禁运的斗争，及时进口了恢复和发展工农业以及交通运输所必需的重要物资和原材料，同时相应组织了农副产品和一些原料产品的出口。对外贸易的开展使中国取得了反封锁、反禁运斗争的重大胜利，并对恢复和发展中国国民经济、提高工农业生产能力、活跃城乡物资交流、改善人民生活以及抗美援朝等都起了积极作用。中国进出口贸易总额从1950年的11.35亿美元增长到1952年的19.41亿美元。

（2）第一个五年计划时期（1953—1957年）

从1953年起中国进入大规模的经济建设时期，国民经济的主要任务是集中主要力量建立中国社会主义工业化的初步基础。因此中国大力组织了苏联的156个大型项目以及社会主义工业化所必需的工业器材和原料等；同时，也发展了与东南亚和西方国家的贸易关系，进口了一些重要物资。至1957年，生产资料进口的比重已高达92%；中国的出口贸易，在工农业得到恢复和发展的基础上，有了很大的增长，出口商品结构也有了很大的变化，除传统农副土特产品外，还增加了工业品和成套设备。从1956年起，中国扭转了贸易逆差局面，实现了贸易顺差。1957年进出口贸易总额为31.03亿美元。

（3）第二个五年计划和国民经济调整时期（1958—1965年）

1958年在国民经济"大跃进"的"左"的指导思想影响下，对外贸易也提出了脱离实际可能性的高指标。1959年进出口指标猛增到43.81亿美元，比1957年增长41.7%。从1959年开始遭到连续三年的自然灾害，以及1960年中苏关系恶化，中国的国民经济出现了暂时困难，对外贸易也随之下降，至1962年降为26.63亿美元。为了克服国内经济困难，适应国际形势的变化，中国开始从对苏联的贸易转向对西方资本主义国家的贸易，从那里进口了大量的粮食、糖、动植物油、棉花、化纤、化肥等支援国内市场和农业生产的重要物资。为了抵偿从西方资本主义国家的进口，中国改进了出口商品的生产工艺，使商品的品质、规格、花色、品种等各个方面适应资本主义市场的需要。随着国民经济情况的好转，1965年进出口总额恢复到42.45亿美元。

（4）十年动乱和拨乱反正时期（1966—1978年）

由于"左"倾错误严重泛滥，国民经济遭到重大破坏，中国对外贸易处于停滞状态。1970年以后，国民经济有所恢复，加上当时比较有利的国际形势，出口贸易有所上升，但由于国民经济各部门之间的比例严重失调，因此不得不大量进口工业生产用的原材料以协调生产发展。1975年进出口贸易总额达147.5亿美元，创中华人民共和国成立后的最高水平。

1976年10月，中国结束了历时十年的"文化大革命"，开始拨乱反正。这一时期，冒进、急于求成的指导思想仍然左右经济建设的方针、政策。在国家财政能力薄弱的条件下，进口急剧增长，当时列为重点行业的冶金、煤炭、化工等部门都提出了以引进项目为核心的发展规划。1978年对外签约引进项目价值达到78亿美元，进出口贸易总额为206.4亿美元。

（5）改革开放至入世前（1979—2001年）

1978年12月18日党的十一届三中全会召开以后，党把工作重点转移到社会主义现代化建设上来，实行“对外开放、对内搞活经济”的政策，着手经济体制的改革，中国国民经济得到了迅速的发展，对外贸易也获得了大幅度的增长，发展到2001年，对外贸易额高达5 097.7亿美元，比1978年增长了24倍。这个速度不仅高于同期中国工农业生产总值年平均增长速度，而且也高于同期世界贸易的年平均增长速度。出口商品结构中工业制成品出口所占比重逐步增大，实现了以出口初级产品为主向出口工业制成品为主的历史性转变。

（6）入世后（2002年至今）

2001年12月11日中国加入WTO以后，入世的效应马上显现出来。据海关统计，2002年全年中国进出口总值为6 208亿美元，一举突破6 000亿美元大关，位居全球贸易实体第四位。

对外贸易已经成为拉动中国经济快速发展的重要力量。2004年中国对外贸易进出口总额首次超过1万亿美元，达到11 548亿美元，在世界贸易中的排名上升到第三位。继2004年中国对外贸易总量突破1万亿美元之后，仅仅三年后的2007年中国对外贸易总规模就突破了2万亿美元大关，中国成为了名副其实的制造和贸易大国，在全球制造业和世界贸易中占有举足轻重的地位。

WTO主导的全球多边贸易谈判一波三折，FTA打开了中国外贸新天地。为了绕开WTO多边协议的困难，另外开辟途径推动贸易自由化，各国逐渐从实践中探索出了FTA。FTA是自由贸易协定（Free Trade Agreement）的英文简称，是独立关税主体间以自愿结合方式，就贸易自由化及其相关问题达成的协定。中国-东盟自由贸易区是中国与其他国家商谈的第一个自由贸易区，于2004年启动（2010年1月1日建成），为中国对外贸易的发展提供了新的空间。

由2007年美国次贷危机引发的全球金融危机，影响波及实体经济，中国经济也不可避免地受到了影响和冲击。由于中国经济的外贸依存度当时高达60%，GDP的40%左右是由出口拉动的，因此，外贸出口受到极大冲击，但不同的企业、不同的行业、不同的地区受到冲击的程度不同。

2013年，习近平主席提出了“一带一路”倡议，为中国对外贸易的发展带来了新的增长点。商务部发布的数据显示，2014年至2019年，我国与“一带一路”沿线国家贸易值累计超过44万亿元，年均增长达到6.1%，贸易规模持续扩大。

1.2.2 对中国对外贸易发展的评价

中华人民共和国成立以后，特别是改革开放以来，中国对外贸易额逐年增长，在世界贸易的排名不断上升。中国外贸进出口总值在2004年突破1万亿美元，从1978年至2004年，中国进出口总额增长了55.9倍，年均增长20.72%，远超过同期GDP年均增长幅度。2007年，中国进出口总额突破2万亿美元关口；2011年，中国进出口总额突破3万亿美元，这是继2009年中国成为世界第一大出口国和第二大进口国之后，中国对外贸易发展的又一个象征性节点。虽然这一超越具有积极的象征性意义，但结构和利润分配方面的软肋决定了中国离“贸易强国”还有相当的差距。

1）中国对外贸易发展的成就

（1）对外贸易规模不断扩大

中国进出口贸易额日益增大，在世界贸易中的地位不断提高。1978年中国进出口额约200亿美元；1985年第六个五年计划完成时，进出口额约700亿美元；第七个五年计划完成时，进出口额突破1 100亿美元；第八个五年计划完成时，进出口额达2 809亿美元；第九个五年计划完成时，进出口额达4 743亿美元；2004年进出口额达到11 548亿美元，在世界贸易中的排名从1978年的第32位上升到第3位。1978—2008年，中国货物贸易总额增长了约105倍。根据WTO统计，2009年，中国货物贸易超越德国，成为世界第一大货物出口国。2012年，中国在货物进出口总值上超越美国，成为全球最大货物贸易国。

（2）进出口商品结构不断升级

进出口商品结构也称进出口商品构成，是指按各种不同的分类方法分类的各类商品在进、出口贸易中所占的比例和占有的地位。工业制成品进出口规模不断扩大，推动了中国经济向工业化社会的转变，中国工业制成品出口的贸易比较优势也越来越明显。近年来，随着中国经济向工业化社会转变，中国工业制成品出口大幅增长，占出口的比重不断增加，成为带动出口增长的主要因素。

中国进口商品的结构一直以工业制成品为主，但其结构也发生了变化。主要进口商品类型由生产资料、低档消费品向原材料和机械设备转化，工业制成品进口增长尤快。大量机电产品的进口加快了中国企业技术改造的步伐，促进了中国产业结构的升级。

（3）国际贸易市场向多元化发展

随着中国对外经济关系的改善，中国对外贸易伙伴不断增加，目前，中国已与世界220多个国家（地区）建立了贸易关系，逐步形成了以欧盟、美国、日本、中国香港为主，周边国家和地区为辅的贸易市场格局。进出口市场从主要集中于西方发达国家向多元化均衡发展。“一带一路”倡议提出以来，我国已经成为沿线25个国家最大的贸易伙伴。2019年，海关总署对外签署海关检验检疫合作文件198份，涉及“一带一路”沿线国家的有89份。截至2019年，中国海关已经与15个经济体的42个国家（地区）签订了AEO互认安排，互认国家（地区）数量居全球首位，其中包括18个“一带一路”沿线国家。

（4）灵活多样的贸易方式拓展了对外贸易领域

中国已形成了一般贸易、来料加工装配贸易、进料加工贸易、边境小额贸易争相发展、多种贸易方式共同推动对外贸易不断扩大的局面。

（5）外商投资企业促进了中国对外贸易的发展

随着1979年《中华人民共和国中外合资经营企业法》的诞生，中国对外资敞开了大门，20世纪90年代，随着外商来华投资迅猛增加，大批外商投资企业进入了经营期，其进出口额随之大幅度增加，在中国国民经济和对外贸易发展中起到了积极的促进作用。2012年，外商投资企业进出口额达到18 940亿美元，占中国外贸进出口总值的49%。受国际金融危机的影响，各国调整了经济政策，一些外资撤回，但是外资对中国对外贸易的发展确实起到了重要的推动作用。2019年，中国外商投资企业进出口总值约为18 239.087亿美元。

（6）服务贸易蓬勃发展

中国服务贸易保持稳健发展，贸易规模增长迅速，贸易结构逐步优化，国际地位不断上升，开始跻身服务贸易大国行列。旅游、运输等领域的服务贸易增势平稳，建筑、通信、保险、金融、计算机和信息服务、专有权利使用和特许、咨询等领域的跨境服务以及承接服务外包快速增长。"十三五"时期以来，中国服务贸易平均增速高于全球，2018年服务贸易进出口额达到了5.24万亿元，同比增长了11.5%，已经连续5年位居世界第二。服务贸易占外贸比重从2012年的11.1%提高到2018年的14.7%。

2）中国对外贸易发展的不足

（1）贸易增长方式相对粗放，质量和效益有待进一步提高。

（2）核心竞争力不强，缺乏自有品牌和营销网络，具有自主知识产权和核心技术的产品还比较少。

（3）出口产品层次偏低，不少产品仍处于国际分工价值链的低端环节，附加值不高，还有一些资源消耗高、环境污染重的产品，且占一定比重。这不符合中国经济的可持续发展战略。

（4）对外贸易方式还不能完全摆脱初级化。加工贸易是中国对外贸易发展的主要推动力之一，但低端加工贸易在中国进出口产品中占据了相当大的比重。根据国际经验，采取来料加工方式的加工贸易，国家从国际贸易中实得外汇收入平均约为贸易额的20%，而国民福利从加工贸易中获得的收益更为有限，这无疑会使贸易对国民财富增长的贡献大大缩水。由于中国的低端加工贸易比重较大，不能掌握核心技术和拥有自己的知识产权，使得中国的出口产品附加值不高，而且也难以带动国内的其他产业同步发展。当前，加工贸易升级转型正在进行中。

（5）尚未形成一大批管理水平高、综合实力强、能够深度参与国际竞争与合作的企业。中国要成为贸易强国，还有相当长的一段路要走。

（6）外贸依存度较高。如果一个国家在国际市场上没有足够的话语权和国际地位，同时又没有足够的能力防范国际市场变化带来的风险，就会影响这个国家的对外对内经济的进一步发展。

（7）服务贸易发展快，但基础比较薄弱。《2019世界贸易报告》指出，2005年至2017年，全球服务贸易增长速度超过货物贸易，平均每年增长5.4%，发展中国家，特别是中国，在这一增长中发挥了很大作用。但是中国的服务贸易长期以来逆差较大。虽然中国服务贸易进出口规模在不断扩大，但服务贸易却长期处于逆差状态，而且服务出口增速近些年一直低于服务进口增速，导致逆差程度不断扩大，表明中国服务贸易的基础比较薄弱，国内服务产品的供给相对不足，一些高端服务产品以国外进口为主，进而导致服务进出口出现逆差现象。

※小思考

中国目前在世界贸易中的排名已升至第一位，能否认为中国已经成为贸易强国？

1.2.3 中国外贸依存度

衡量一国或地区对外开放程度的指标是对外贸易依存度和外资利用度。对外贸易依存度是指进出口总额占国内生产总值的比重，它具体又分为出口依存度（出口总额占国内生产总值的比重）和进口依存度（进口总额占国内生产总值的比重）。

世界银行通用的对外贸易依存度计算公式是：

对外贸易依存度=货物贸易进出口额/商品GDP

得出的结果再以购买力平价加以修正。

对外贸易依存度一般说来与一国参与国际分工的程度有关。在当代技术变革广泛波及条件下以及WTO组织的推动下，各国参加国际分工的程度有提高的趋势，从而对外贸易依存度有提高的倾向。例如，按照进出口额占国内生产总值比重的公式计算，2002年我国的外贸依存度为50.18%，比1978年的9.8%提高了40.38个百分点，2004年外贸依存度超过60%，2006年外贸依存度为67%，2011年回落至50.1%，2012年在前一年基础上再度回落3.1个百分点，为47%。2008年世界金融危机爆发后，国际市场需求萎缩，各国纷纷采取各种措施发展国民经济，我国则采取了扩大内需的政策，外贸依存度开始降低。2017年我国的外贸依存度为33.6%，2018年约为33.7%，2019年上半年，为32.5%，总体呈现向下平稳趋势。

※小资料

2018年中国外贸依存度计算

外贸依存度，一般用来反映一国对外贸易在国民经济中的地位、同其他国家经济联系的密切程度以及该国加入国际分工、世界市场的广度和深度。一个国家的外贸依存度越高，就意味着这个国家的开放程度越大，本国经济发展对国际市场的依赖就越大。但如果这个国家在国际市场上的力量不够强大，自身风险防范能力又不强，就会影响这个国家的外贸安全，进而影响整个国家的经济安全和可持续发展。

中国外贸依存度总体呈现回落态势，这表明，尽管外贸在中国经济活动中的地位仍举足轻重，但国内经济增长正由外需拉动向内需驱动转变。随着中国加快调整经济结构，更多地依靠内需拉动经济增长，外贸依存度将进一步降低。与美国、日本和巴西三国30%左右的外贸依存度相比，中国的外贸依存度处于正常水平。

1.3 对外贸易的作用

中国对外贸易的发展，不仅推动了国民经济的发展，而且也促进了世界经济的发展。

1.3.1 对外贸易持续增长，促进了中国经济发展

对外贸易在中国的国民经济发展过程中起到了积极的推动作用。

1）对外贸易在国民经济中的作用进一步加强

外贸出口已和投资、消费一起成为拉动中国经济增长的主要动力。国民经济发展对外贸的依赖程度不断加强，中国经济参与国际分工和交换的深度与广度显著提高，中国经济与国际经济越来越相互融为一体。中国利用“两种资源”、开发“两个市场”，使中国国内生产尤其是工业生产所创造的价值，通过直接或间接参与国际分工实现的份额越来越大。

对外贸易通过国际范围的商品交换，转换使用价值形态，满足国民经济协调发展所要

求的比例关系。中华人民共和国成立以来，中国根据扩大再生产的需要，进口了相当数量的发展工业生产和其他国民经济部门所需要的机械产品和原材料；发展农业所需的化肥、农药、拖拉机以及相应的生产设备；发展轻工业所需要的棉花、化纤等原料和相应的生产设备；发展重工业所需要的优质钢材、石油管、矽钢片等以及各种重工业技术装备。近年来进口石油在中国石油消费中的比重大幅上升。这些物资的进口，增强了扩大再生产的物质力量，对于实现国民经济的综合平衡起到了重要的作用。

2）对外贸易发展为中国改革和开放创造了基本条件

对外贸易的发展使中国财政收入和外汇储备增加，国际经济实力迅速提高，增强了抵御外部经济风险的能力，为中国改革和开放的持续发展创造了基本条件。在中国经济发展的各个时期，外汇紧缺一直是制约进口原材料、引进国外先进技术和设备及利用外资的不利因素。对外贸易出口收汇能力的不断增强，不仅提高了中国对外债的承受能力，同时增强了中国的综合国力。改革开放以来，中国工业特别是制造业设备的更新大大促进了中国生产力的提高，这与对外贸易的杰出贡献密不可分。

3）促进结构调整、技术进步和产业升级

目前，中国经济发展已进入由规模扩张为主向质量效益为主转变的时期。调整和优化国民经济结构，包括产业结构、产品结构、企业组织结构等，成为中国经济发展最迫切的任务。面对科技、经济的全球化趋势，中国国民经济结构的调整和优化，不仅要立足于本国经济实际，而且要依托国际经济和国际市场，使调整和优化的方向符合国际分工发展的客观要求，以保持经济结构在国际上的相对先进性。中国对外经济贸易作为连接国内经济和国际经济的桥梁与纽带，对国民经济结构调整发挥了积极、能动的导向作用。

对外经济贸易的迅速发展，及时获取国际商品市场发展变化的最新信息，为中国商品结构的调整起导向作用，进而促进中国产业结构的调整和优化；同时，还通过进口和引进国外先进适用的技术和设备，为国内产品升级换代和产业结构升级提供保证，增强中国产品和产业的国际竞争力，促进国民经济的市场化和经济结构的合理化；通过技术贸易等方式，引进先进技术，可使科学技术落后的国家在发展科学技术的道路上少走弯路，跨越某些传统的发展阶段，实现跳跃式的发展。中国从总体上看科技水平较落后，但通过引进技术，逐步缩短了与先进国家的差距，在某些领域还赶上先进国家而居世界领先地位。

先进技术、设备的进口不断扩大，为企业进行技术改造和重点工程建设创造了条件。中国技术引进以成套设备和技术许可为主，主要涉及能源、机械、电子、石化、冶金、纺织、邮电、交通等行业，先进技术与国内企业结合促进了产品的更新换代，提高了中国企业参与国际竞争的能力，同时加快了中国产业结构的调整。

4）对外贸易的发展扩大了劳动就业机会

从出口来看，中国出口商品原先大多属于劳动密集型产品，进料加工再出口在全部出口中占50%以上。中国有些农副土特产品和手工艺品，基本上或者绝大部分是供出口的。由此可见，商品出口贸易在解决就业问题上发挥了积极的作用。据测算，每出口1亿元的工业品可为1.2万人提供就业机会，按近年来的出口规模计算，中国出口的工业品可以扩大就业人数4 000多万。当前中国的商品出口结构已经逐步优化，技术密集型、资本密集型产品出口占比增加，劳动密集型产品占比降低，但服务贸易出口的发展提供了不少的就业岗位。

❖小思考

在货物贸易结构不断优化的情况下，对外贸易对中国的就业有何影响？

5）推动对外经济关系的发展，加快了中国开放型经济的形成

利用外资、引进技术、开展对外承包工程和劳务合作、发展对外经济技术援助以及加强国际经济技术合作等，都与发展对外贸易有密切的联系。如在利用外资时，要考虑出口扩大能力，因为要以扩大出口所获取的外汇来偿还外债；引进国外的设备、先进技术，都要通过贸易的方式来实现；开展对外承包工程和劳务合作时，要带动建材等物资的出口；如果没有对方所需的物资和技术出口，就谈不上对外经济技术上的援助；加强国际经济技术合作，必须考虑贸易的配合。因此，从这个意义上说，发展对外贸易是开展对外经济关系的中心环节。

配合对外经济关系的发展，中国的对外开放地域从经济特区、沿海开放城市，扩展到沿边、沿江地区和省会城市等内陆地区；开放领域从一般加工工业向基础产业、基础设施和高新技术产业扩展，向金融、保险、外贸、旅游、通信、商业零售、法律咨询和会计等服务行业延伸；同时，中国多次对进口关税税率进行大幅度下调，形成了开放型经济，为中国经济的持续发展打下了坚实基础。

6）为国民经济发展创造和平友好的国际环境

中华人民共和国成立70多年来，在平等互利的原则基础上，中国同世界220多个国家和地区建立和发展了贸易关系。通过贸易往来，增进了同各国各地区人民的相互了解和友谊，发展了同经济发达国家的联系，支援了发展中国家的经济建设，改善了同周边国家的睦邻友好关系，从而全面发展了正常友好的国家关系，为中国国民经济的发展和社会主义现代化建设创造了良好的外部环境。

1.3.2 中国对外贸易发展与世界各国互利共赢

从中华人民共和国成立起，中国人民即致力于与世界各国（地区）人民发展平等互利的经贸关系。冷战结束后，国与国之间的关系是以经济关系为主展开的，和平共处、共同发展成为国家关系的重要特征。中国对外经济贸易的迅速发展，不仅极大地促进了中国经济的发展，而且增进了同世界各国政治、经济和文化的交流与合作，对世界的和平与发展作出了积极的贡献。

1）中国对全球贸易增长作出了贡献，促进了世界经济的发展

2003年，中国进出口贸易同比增长37%，对全球货物贸易增长的贡献率为11.3%，居世界首位。2011年，中国加入世界贸易组织10年，平均每年进口7 500亿美元的商品，相当于为贸易伙伴创造1 400多万个就业岗位。有关资料显示：中国外贸出口每增加1亿美元，对世界贸易的带动作用有6.3亿美元的正影响，可使全球的GDP增加1.4亿美元。现今中国对外贸易对全球贸易的贡献率超过了30%，对大部分国家和地区的贡献也远高于美国和日本。

2）中国对外贸易的发展提高了中国与贸易伙伴的国民福利

随着加速融入世界分工体系，中国依靠劳动力成本优势、较强的产业配套和加工制造

能力、不断提高的劳动生产率，逐渐发展成为世界工业品的主要生产国和出口国，为世界各国各地区提供了物美价廉的商品，充实了国际市场的商品供应，满足了国际市场多种多样的需求，为各国各地区消费者带来了实惠。中国在全球制造业环节的规模经济优势和加工成本优势，部分地消化了上游生产要素的价格上涨，起到了抑制全球通货膨胀、提高贸易伙伴消费者实际购买力的作用。

3）中国对外贸易的发展为贸易伙伴提供了广阔市场

2001年以来，中国货物进口总额扩大了约5倍，年均增长约20%，中国迅速扩张的进口已成为世界经济增长的重要推动力，为贸易伙伴扩大出口创造了巨大市场空间。2009年起，中国成为世界上第二大进口国。中国工业化、城镇化正在快速推进，内需持续增长，不断扩大和开放的市场将为贸易伙伴提供越来越多的发展机会。

4）中国是对最不发达国家开放市场程度最大的发展中国家之一

中国自2005年起给予有外交关系的最不发达国家部分商品零关税待遇，截至2010年7月，中国已经对36个已建交最不发达国家原产的4 700多个税目商品实施进口零关税，约占全部税则税目的60%。2015年10月起，中国对已建交最不发达国家97%税目商品给予零关税。零关税措施促进了最不发达国家对中国的出口。自2008年以来，中国一直是最不发达国家第一大出口市场。

5）中国对外贸易在国际金融危机中率先趋稳，促进了全球经济复苏

2008年国际金融危机爆发以后，中国政府及时采取一系列政策措施刺激经济，扩大内需，稳定进出口规模。2009年，世界货物贸易进口量下降12.8%，中国进口量增长2.9%，是世界主要经济体中唯一保持增长的国家。中国因素支撑了许多受危机冲击国家的出口，刺激了全球大宗商品市场需求，提振了人们的信心，对世界经济复苏和增长起到了巨大的拉动作用。世界贸易组织在对中国进行第三次贸易政策审议时指出，应对金融危机期间，中国在刺激全球需求方面发挥了建设性作用，为世界经济稳定作出了重要贡献。

1.4　中国对外贸易宏观管理体制改革

对外贸易宏观管理体制是指对外贸易的组织形式、机构设置、管理权限、经营分工和利益分配等方面的制度。它是经济体制的重要组成部分，与国家的计划、外汇、财政、信贷、物资、税收、价格等体制都有着紧密的联系。

对外贸易体制与其他经济体制一样，属于上层建筑的范畴，是根据经济基础的要求而相应建立起来的。中国外贸体制的变迁表明，随着经济基础的发展变化，要更好地发挥对外贸易的战略作用，就要相应地变革对外贸易体制。

1.4.1　对外贸易宏观管理体制的建立和发展

1）计划经济体制下的对外贸易宏观管理体制

从1949年中华人民共和国成立到1978年改革开放前，中国实行的是国家统制的对外贸易制度，国家集外贸经营权和管理权为一体，政企不分、统负盈亏。这是从国家当时实行的以产品经济、单一公有制为基础的高度集中的计划经济体制中派生出来的中国对外贸易宏观管理体制。在特定历史时期，这一体制对中国经济建设和对外经济贸易发展曾发挥

过重要作用。随着国内外形势的发展变化，中国对外贸易宏观管理体制的具体内容也发生了相应的变化。

2）外贸体制的变迁

在这30年中，中国外贸体制的变迁又大致可以分为两个阶段：

（1）第一阶段（1949—1956年）

中华人民共和国成立初期，国家确定了“独立自主、集中统一”的外贸工作原则和方针。从此，中国社会主义的对外贸易走上了集中统一领导和管理的道路。

（2）第二阶段（1957—1978年）

在对私营企业的社会主义改造以后，中国的进出口业务全部由国营外贸专业公司垄断经营，并严格按照国家计划进行。出口实行收购制，进口实行拨交制，盈亏由国家统负，从而结束了不同所有制企业并存经营的对外贸易的格局，建立起高度集中统一、政企不分的外贸体制。

1.4.2 改革开放与对外贸易体制改革

中国1979年以来的对外贸易制度的转型，是与中国实行对外开放的基本国策紧密相连的。中国之所以实行对外开放的决策也是基于两方面的原因：一是中华人民共和国成立后30年经济长期在高度集中的计划经济体制框架内发展，闭关锁国，同国外发展的差距扩大了；二是第二次世界大战后发达国家以及许多发展中国家都先后选择了对外开放的道路，很多国家和地区在对外开放的过程中，分享了参与国际分工所带来的益处，并使得自身的经济得到快速发展。所以，改革开放是中国历史与现实的选择。

1）对外贸易体制改革是对外开放的巨大推动力

党的十四大明确提出，建立社会主义市场经济体制是中国经济体制改革的总体目标。按照社会主义市场经济的要求，改革传统的外经贸体制，是发展对外开放的巨大推动力：有利于中国经济更好地参与国际经济，实现国内经济与国际经济的互接互补；有利于外经贸企业通过国际竞争与合作不断发展壮大，不断增强国际竞争力；有利于推动中国经济真正成为世界经济中富有活力的组成部分，从而为中国对外经济贸易增添全新的内容。

对外贸易的发展决定着对外开放的深度与广度，对外贸易体制改革的成效不仅作用于对外贸易活动本身，而且对其他以贸易为基础、与贸易密切相关的各项对外交流活动都势必产生重大影响。

（1）外贸体制改革对利用外资的影响

无论是借用国外贷款，还是吸收国外直接投资都有赖于改革传统的高保护、歧视出口的外贸体制。利用外资是以出口创汇为基础的，借款的还本付息以及投资利润的兑现，归根结底要由出口贸易获取的外汇偿付。同时，外国直接投资所派生、引致的大量贸易活动也要求解除原有计划体制下行政管理的束缚，代之以经济调节为主的管理体制。

（2）外贸体制改革对引进技术的影响

中国引进技术的渠道主要有购买软件技术、机器设备和通过外国直接投资转移技术。对外贸易体制改革使出口创汇规模扩大，从而扩大引进技术的规模；对进口限制的减少，意味着赋予企业越来越大的引进技术的自主权。

一切影响外资规模、产业投向的体制性因素都会对通过直接投资渠道进行的技术转移产生影响，例如，对某些产业的特殊出口鼓励措施将诱导外商投资更多地流向该产业，并吸引外商提供先进技术以保持其竞争优势，加速产业的技术进步。

(3) 对外贸易体制改革对对外经济合作的影响

对外经济交流的其他形式往往包含商品贸易或以商品贸易为基础，因而对外贸易体制的变革会对国际援助、对外工程承包等活动产生直接、间接的影响。如对外工程承包包含着建设承包项目所需的设备、材料的出口，国际援助也往往与商品贸易相结合，贸易体制改革在促进商品贸易发展的同时，带动其他对外经济活动的发展。

2）改革开放与对外贸易体制改革的目标

在社会主义市场经济体制下，对外贸易体制改革的目标是建立高效率的对外贸易活动运行机制。下放进出口经营权、实行外汇留成制度、开展工贸结合、实行对外贸易承包制等一系列改革开放措施都是实现这一总体目标的中介和手段。

从宏观层面看，在以市场化为取向的宏观经济体制改革背景下，开放促使对外贸易通过资源的跨国流动，提高了资源的使用效率。然而中国对外贸易的主要任务不仅是改善资源配置效率，同时更担负着促进国内产业结构优化，加速产业升级的使命。所以，对外贸易体制改革的目标可以归结为：一是扩大出口，发挥比较优势；二是有选择地限制进口，保护国内产业成长。而实现这两个并行的目标所采取的政策工具往往是有利于其中一个目标，而对另一目标有反作用。例如，鼓励出口会使资源向出口部门倾斜流动，造成对国内产业的歧视；对国内产业的保护又往往形成对出口产业的歧视，因而对外贸易体制改革实际上是在对外贸易的两个目标中寻找平衡，即如何对外开放才能获得最大的效益。

从微观层面上考察，在不同体制状态下中国对外贸易活动的直接目标不同，对对外开放的要求也不一样。在传统计划经济体制时期，对外贸易经营活动的目标仅是执行对外贸易计划，通过进出口以调剂余缺，实现使用价值形态的转换，保证国民经济实物形态上的平衡，以此实现对外贸易对经济发展、工业化演进的推动作用。

从计划经济体制向社会主义市场经济体制过渡时期，对外贸易体制改革历经从下放经营权到实行对外贸易承包制，到实现外贸企业自负盈亏。外贸企业的经营目标逐步从完成实物化计划转向扩大出口创汇，出口创汇成为对外贸易活动的中心环节，成为衡量外贸企业“效率”的最重要指标，企业要求扩大对外开放。对外贸易经营目标以出口创汇为中心为中国对外开放向纵深发展奠定了极为重要的物质基础和体制基础，对进一步扩大引进技术、利用外资，加速经济现代化起了巨大的推动作用。

❖小思考

对外贸易体制改革与对外开放有何关系？

1.4.3 入世前中国对外贸易体制改革的进程与效果

党的十一届三中全会以后，在改革开放路线指引下，针对计划经济体制下传统的对外贸易体制高度集中所存在的弊端，中国开始了以放权让利，调动地方、企业、个人积极性为主要内容的对外贸易体制改革。

1）1979—1987年的初步改革

这一阶段是放权阶段，主要是改革了高度集中的经营体制，增设对外贸易口岸，下放外贸经营权，改革单一的指令性计划管理体制；完善外贸管理，重新实行进出口许可证制度，建立外贸经营权审批制；探索促进工贸（技贸、农贸）结合的途径；鼓励出口，对出口商品实行退税等。在外贸管理上，实行中央统一领导、统一政策、统一规划，中央和省分级管理。

（1）改革的主要内容

①下放外贸经营权，扩大外贸经营主体范围。

②在经营方式上开展工贸结合的试点，建立海外贸易机构。

③简化外贸计划内容。

④试行出口承包经营责任制。

⑤实行政企分开，下放商品经营权。

⑥改革外贸财务体制。

（2）对以下放外贸经营权为主要特征的改革的评价

这一阶段的初步改革，取得了以下可喜的成效：改变了对外贸易由外贸部门独家经营的局面，初步调动了地方、部门发展外贸的积极性；探索了一些工贸结合、产销挂钩的途径，使生产和贸易两方面的优势结合起来；缩小了外贸指令性计划的范围，开始注意发挥市场调节的作用。同时也发现了一些不足：统收统支的财务体制基本上没有触动；外贸企业尚未真正实行企业化管理，缺乏有效的自我约束机制；政企职责还未分清；外贸宏观管理仍以直接调控为主，经济调节体系还很薄弱。

2）1988—1990年的外贸体制改革

这一阶段主要是在全行业实行承包经营责任制，核定地方和外贸总公司的出口收汇、上缴外汇和经济效益指标；各专业外贸进出口总公司与大部分省市外贸专业分公司脱钩；国家开始运用价格、汇率、利率、退税、出口信贷等经济手段调控对外贸易。

（1）改革的主要内容

①全面推行对外贸易承包经营责任制。国家采取了一系列配套措施：放宽外汇管制、实行彻底的出口退税政策、中央政府部门下放部分权力、加强宏观调控机制等。

②对轻工业品、工艺品、服装行业的外贸企业实行自负盈亏的试点改革。轻工业品、工艺品、服装三个行业的外贸出口收汇，大部分留成给外贸企业、生产企业和地方，小部分上缴国家，外贸企业实行完全的自负盈亏。

③深化改革外贸机构。对外经济贸易部按照转变职能、下放权力、调整机构、精简人员的原则，对机构进行适当调整。外贸专业总公司逐步转变职能，由管理型转变为经营型，实行企业化经营。

④深化改革进出口经营体制。国家进一步下放外贸经营权，实行部分商品许可证管理制度，推行外贸代理制。除少数关系国计民生的、大宗的、敏感性的重要商品，由指定的外贸总公司及其直属的分公司统一经营外，国家又进一步扩大了其他商品的外贸经营权。

◈小思考

什么是外贸代理制？

⑤深化改革外贸管理体制。中国外贸的行政管理实行归口管理和分级管理的原则。对外经济贸易部逐步转变职能，在外贸管理方面由直接控制为主转向间接控制为主，综合运用法律手段、经济手段、必要的行政手段，调节市场关系，引导企业行为，向地方下放了若干项外贸行政管理权力。

⑥深化改革外贸计划体制。

⑦深化改革外贸财务体制。

（2）对以全面推行外贸承包经营责任制为主要特征的改革的评价

这一阶段的改革使中国外贸改变了完全由中央财政统负盈亏的局面；调动了各方面扩大出口的积极性；形成了外贸企业的财务自我约束机制；促进了工贸结合、产销挂钩；确保了国家的外汇收入。但也不很彻底，具体表现在：外贸企业没有完全实行自负盈亏；保留了中央财政对出口的补贴，不符合国际贸易的通常做法；不利于优化产业结构和优化进口商品结构，承包经营的做法使得经营者盲目地进口或出口，不可能从全局考虑中国的产业结构和产品结构；助长了地区和部门间的封闭和壁垒以及造成了地区和企业的不平等竞争；造成了地区间的外贸经营秩序混乱；萌生了企业的短期行为，导致外向型企业产品长期处于低水平；对不同地区的承包企业规定不同的出口补贴标准和不同的外汇留成比例，造成了地区间的不平等竞争，诱发了对内的各种抢购大战和对外削价竞销；承包期一定三年不变，不能适应国内外经营环境变化。

3）1991—1993年完善对外贸易承包经营责任制

新一轮外贸承包经营责任制是在调整汇率的基础上，取消国家对外贸出口的财政补贴，各省、自治区、直辖市及计划单列市人民政府和各外贸、工贸专业进出口总公司及其他外贸企业等向国家承包出口总额、出口收汇和上缴中央外汇（包括收购）额度任务。这是朝社会主义市场经济体制迈进的一个重要步骤。

（1）改革的主要内容

①深化外贸行政管理体制改革。主要用经济和法律手段，辅以必要的行政手段来强化外贸的宏观管理；加快外贸立法工作，提高外贸管理办法的透明度。

②深化出口管理体制改革。取消原来分级管理分类经营的做法；改革配额分配和管理办法，按照效益、公开和公正的原则，对配额逐步实行招标、拍卖和规则化分配；进一步扩大地方外贸管理部门的管理权；严厉打击骗取出口退税的违法犯罪行为；取消出口贸易的财政补贴，建立自负盈亏机制；改变外汇留成办法，将以往按地区实行不同比例留成改为按大类商品实行统一比例留成，以消除地区间的不平等竞争；加强出口收汇管理。

③深化进口管理体制改革。取消某些商品的进口补贴；取消全部进口替代商品清单；缩小进口许可证管理商品的范围；行政管理的功能要逐步转向调控进口总量和引导进口商品结构优化；逐步改变对进口商品的行政审批办法；改革汇率制度，使汇率合理化；调节关税水平和结构，把关税下调到发展中国家的平均水平；保护民族工业。

④深化外贸企业经营体制的改革。这方面的改革主要体现在：建立适应国际市场竞争需要的经营机制；建立现代企业制度的试点，使其成为真正的自主经营、自负盈亏、自我发展、自我约束的经营主体，提高凝聚力，通过企业间的联合，实现规模经营；试行股份制，少数条件成熟的股份公司，也可成为上市的股份有限公司；强化工贸（技贸）结合，发展实业化、集团化和国际化经营，努力形成一批以贸易为龙头、贸工农技相结合的或以生产科研企业为核心的工贸技一体化的大型企业集团。

（2）对以深化外贸行政管理体制改革为主要特征的改革的评价

中国的外贸体制在自负盈亏方面取得了突破性的进展，更便于参与国际分工和国际交换：第一，完全实行了外贸企业出口的自负盈亏，有利于克服企业的短期行为，推动企业制定长远的经营决策，增强竞争意识，提升企业活力，保持出口的稳定发展。第二，出口财政补贴的取消，破除了外贸企业长期依赖国家扶持的思想，增强了外贸企业经济核算的观念，迫使外贸企业进一步改善经营管理，在自求平衡的前提下多出口、多创汇。第三，改变了外汇留成的比例，创造了平等竞争的条件。第四，外汇留成的产业倾斜政策，使中国出口商品结构得以优化，为不断向高级化方向发展奠定了基础。第五，推动了外贸企业由价格竞争转向非价格竞争，经济核算和经济效益观念增强，越来越多的外贸企业把竞争力由价格方面转向质量、品种、履约率等非价格方面。

同时，出口承包经营责任制在实施过程中也存在一些问题，主要表现在：第一，承包额度存在主观随意性，缺乏科学的核定标准，影响其公平性和稳定性；第二，地方政府和外贸企业一起承包出口额度，政企不分仍然存在；第三，高估的人民币汇率虽几经调整渐趋合理，但还没有完全到位，影响自负盈亏机制的巩固和完善；第四，不同地区经济发展水平的差异，造成不同地区生产成本的差异，因而大类商品实行统一比例留成的做法又造成了新的不平等竞争；第五，上缴中央外汇任务的分配不尽合理，影响开放型经济的发展，出口退税限制较多，出口跟踪结汇环节多、手续繁杂，为企业增加许多不必要的负担，对企业留成外汇进口管理过严，影响外贸企业综合运筹补亏。

4）1994年至入世前的综合配套改革阶段

这一阶段主要是按照中共十四大确定的方针，实行统一政策，平等竞争，自主经营，自负盈亏，工贸结合和推行代理制。

（1）改革的内容

①深化外贸管理体制改革。

第一，强化经济手段，建立有效的间接调控体系，主要包括：

• 改革外汇管理体制，实行以市场供求为基础的、单一的、有管理的人民币浮动汇率制度。

• 改革所得税制。1994年，中国对财税体制进行了全面改革，由包干制改为分税制。

• 完善出口退税制度。1994年实行分税制以后，出口退税全部由中央财政承担，以保证全面贯彻出口退税制度，促进出口贸易的发展。

• 实行有利于出口的信贷政策。银行对各类企业贷款优先安排，贷款规模的增长与出口增长保持同步。

税收、利率、退税等调节工具也同关税、汇率一道，构成了外贸进出口的间接调控体系。

第二，改革行政手段。转变政府职能，精简机构，进一步改革外贸行政管理职能，弱化微观管理；进一步改革计划、许可证、配额等方面的管理机制，把一事不批的微观行政审批办法压缩到最低限度，更好地发挥行政部门在规划、协调、监督、服务等各方面的作用；加快授予具备条件的国有生产企业、商业物资企业、科研院所以及供销合作社企业、私营企业外贸经营权。

第三，加强立法手段。1994年5月12日，《中华人民共和国对外贸易法》颁布，在此基础上又陆续出台了配套的各类法规，使中国对外贸易在国际竞争中按照国际贸易法规开展活动，保障中国合法的经济利益。

②深化外贸经营体制改革。

第一，按照现代企业制度改组国有外贸企业。既要改组、改革国有外贸企业，又要调整和完善外贸所有制结构，促进非公有制外贸企业的发展。

第二，取消外贸承包经营责任制，实行股份制改革。所有权和经营权的分离，有利于提高企业和资本的运作效率，而“国家和集体控股，有利于扩大公有资本的支配范围，增强公有制的主体作用”（党的十五大报告）。通过投资、参股、联合开发生产、联合经营等方式，形成一批以外贸为龙头、贸工农技相结合的或以生产企业为核心的工贸一体化的企业集团。

第三，转换企业经营机制。从单纯追求创汇数额，转向重视效益，并在此基础上多出口、多创汇；从商品经营转向资产经营；从单一经营转向一业为主、多种经营；从传统的收购制转向服务型的代理制；从分散经营转向规模经营。

第四，改革经营方式，进一步搞好边境贸易。从外贸一般的经营方式到工贸相结合的实业化经营，从综合性的大型企业集团化经营到世界性的跨国经营，既是大型外贸企业发展的客观规律，又是逐步向现代化迈进的必要条件。边境贸易是中国实行国际化经营的有机组成部分。20世纪80年代以来，世界经济格局在新旧交替中向区域化、一体化方向发展，为发展中国家的国际化经营提供了有利机遇，中国边境贸易便是在这一背景下应运而生，方兴未艾。

③深化外贸协调体制改革。

第一，发挥进出口商会在对外贸经营活动中的协调、咨询、指导的服务作用。进出口商会是经政府授权、应企业要求进行行业协调，为企业服务的机构。中国外经贸商会共包括中国机电、五矿化工、食品土畜、纺织品、轻工工艺品、医药保健品等6家进出口商会和中国对外承包工程商会。进出口商会等中介机构担负了政府部门的某些职责，协调服务功能进一步加强。

第二，建立了社会中介服务体系，发挥各研究咨询机构和各学会、协会的信息指导和服务功能，形成全国信息网络，建立必要的律师事务所、会计师事务所，为企业提供有关外经贸方面的服务，并对企业的经营进行社会监督，此外还完善了金融、保险、运输等配套体系。

（2）对改革的评价

通过改革，外贸宏观调控体系和经营机制逐步完善，外经贸协调服务体系不断健全。外贸体制改革进一步深化，“大经贸”格局初步形成。但外贸企业的改革进程较慢，在股份制改革中出现了不少问题，例如：国有资产流失；一些商会由政府部门转化而来，还时常干预企业的经营活动；代理制不能积极推行等。

1.4.4 加入世界贸易组织与对外经贸体制改革

1）概述

我国加入世界贸易组织（WTO）至今，一直处于“有管理的贸易自由化”阶段。自从加入WTO，中国的对外开放进入了新的发展阶段，也对中国原有的对外贸易制度创新提出了新的要求，同时为中国实现新一轮外经贸体制目标提供了大好时机。

使本国经济贸易体制与WTO多边体制相一致，是世界贸易组织成员的一项基本义务。中国以世界贸易组织的规则为参照，进行了一系列改革：

（1）对经济贸易体制进行了适应性调整：完善法律体系，改善投资环境；保持外贸政策的统一性和透明度；转变政府职能，深化经济贸易体制改革；外贸经营权全部放开。

（2）履行开放市场承诺，规范货物进出口管理办法。

（3）履行开放市场承诺，扩大外资市场准入。

（4）积极参与世界贸易组织事务，运用多边规则处理贸易纠纷。

（5）增加了行政透明度。

2001年12月加入WTO至今，中国在市场准入、国内措施、外资待遇、服务贸易等各个领域均较好地履行了自身的承诺和义务，得到了WTO、世界银行等国际组织的高度评价。这一阶段的最明显特征就是，中国的贸易政策体系改革已经与国际贸易体制接轨，同步发展，政策变化的动力由单纯的内生或者外生转变为内外协调。这种变化最根本的动力来源是中国经济贸易本身的高速增长，并且中国有着市场容量庞大、与发达国家经贸互补性明显、政策稳定性强并对国际高度负责等优点，中国对世界经济的良性影响也逐渐加大。

2）中国对外贸易领域的体制改革

中国入世后，在清理修订法律法规、扩大市场准入、保护知识产权等方面信守入世承诺，逐步扩大了农业、制造业和服务业的市场准入，开放外贸经营权、降低关税并取消非关税限制。通过入世，中国不仅建立起符合WTO规则的涉外经贸体制，更重要的是促进了国内经济体制的改革，并逐步发展成为制定“国际游戏规则”的参与者和推动者。

加入WTO后，中国对与外贸相关的法规和体制进行了实质性的调整，主要包括：①在非歧视原则、自由贸易原则和公平竞争原则下调整和修改不符合WTO规则的政策法规，从中央级的法律到30个政府部门的3 000多个法规规章、19万个地方规章制度得到了清理和调整。②转变外贸主管部门职能，从以行政领导为主转变为以服务为主，逐步公开国际贸易和国家投资体制。③加快外贸主体多元化步伐，允许私营外贸企业迅速发展。④由地域的全方位开放走向产业的全方位开放。对具备竞争性的一般行业实行全面的开放，允许外国商品和资本在一定条件下进入，开放了100多个服务部门。⑤减少各类出口补贴，降低进口税率，消除非关税壁垒。

加入WTO使中国对外贸易环境发生了深刻变化：一方面，中国履行加入WTO的各项承诺，削减关税和非关税措施，对现行外贸体制进行适应性调整，使其与WTO多边规则相适应；另一方面，中国针对加入WTO的影响，做好相关应对工作，抓住机遇，迎接挑战，扩大出口，合理调控进口，确保对外贸易的平稳运行。

本章小结

1.对外开放的基本含义是：要大力发展和不断加强对外经济技术交流，积极参加国际交换和国际竞争，由封闭型经济转变为开放型经济，以加速社会主义市场经济的建设步伐。

2.发展对外贸易、利用外国资金、引进先进技术这三项是对外开放政策最主要的内容。这三项内容中，发展对外贸易是利用外资和引进技术的物质基础，是对外开放政策最根本的内容。

3.中国的对外开放由点到线，由线到面，由边缘向纵深，从南到北，从东到西，形成了全方位、多渠道、多层次的开放格局。

4.对外开放的特点：第一，是渐进式开放。第二，是在独立自主、平等互利基础上开放。第三，是以经济开放为基础的全方位对外开放。第四，是向世界上所有的国家和地区开放。

5.中华人民共和国对外贸易是在废除帝国主义在中国的一切特权、没收对外贸易中的官僚资本、新建国营对外贸易，并对民族资本进出口业进行改造的基础上建立起来的全国统一的社会主义对外贸易。中国对外贸易的发展大体上经历了6个时期。

6.对外贸易宏观管理体制是指对外贸易的组织形式、机构设置、管理权限、经营分工和利益分配等方面的制度。其属于上层建筑的范畴，根据经济基础的要求而建立，并随着经济基础的发展变化而变化。

7.通过入世，中国不仅建立起符合WTO规则的涉外经贸体制，更重要的是促进了国内经济体制的改革，并逐步发展成为制定“国际游戏规则”的参与者和推动者。

主要概念和观念

★主要概念

对外开放　对外贸易依存度　对外贸易宏观管理体制　外贸代理制

★主要观念

全方位的开放

基本训练

★知识题

1.判断题

（1）对外开放政策将持续50年。（　）

（2）对外开放就是“走出去”。（　）

（3）中国已经确立了贸易大国地位，是一个贸易强国。（　）

（4）至2005年，中国已经基本全部完成入世承诺。（　）

（5）对外贸易宏观管理体制随着上层建筑的发展变化而变化。（　）

（6）中国对外贸易体制改革的起点是中央集权计划经济体制下的对外贸易保护体制。（　）

（7）使本国经济贸易体制与WTO多边体制相一致，是世界贸易组织成员的一项基本义务。（　）

2.单项选择题

(1)对外开放政策的主要内容中，(　　)是利用外资和引进技术的物质基础，是对外开放政策最根本的内容。

A.发展对外贸易　　B.利用外国资金
C.积极参加国际交换　　D.引进先进技术

(2)(　　)是中国实行对外开放的前沿地带，是对外开放的重点地区。

A.沿边城市　　B.各省会城市　　C.西部城市　　D.沿海地区

(3)对外贸易体制改革是“改革”与(　　)的交汇点。

A.“对外贸易”　　B.“吸引外资”　　C.“管理”　　D.“开放”

(4)目前，中国的外贸经营权已由审批制改为(　　)。

A.研究制　　B.登记制　　C.报批制　　D.盖章制

3.多项选择题

(1)对外开放政策的主要内容是(　　)。

A.发展对外贸易　　B.参与国际竞争　　C.引进先进技术
D.积极参加国际交换　　E.利用外国资金

(2)对外开放的基本含义是(　　)。

A.要大力发展和不断加强对外经济技术交流
B.积极参加国际交换
C.由封闭型经济转变为开放型经济
D.参与国际竞争
E.加速社会主义市场经济的建设步伐

(3)中国经过多年的努力，在不断总结经验的基础上，由点到线，由线到面，由边缘向纵深，从南到北，从东到西，形成了(　　)的开放格局。

A.全方位　　B.多渠道　　C.多层次
D.宽领域　　E.多主体

★技能题

1.简析中国对外贸易的积极作用。

2.试就中国外贸代理制进行评价。

观念应用

1.中国全方位对外开放的格局是怎样形成的?

2.对外开放政策最根本的内容是什么?

网上资源

1.http：//www.mba.org.cn

2.http：//www.cs.com.cn

3.http：//www.mofcom.gov.cn

4.https：//finance.sina.com.cn

第2章

中国发展对外贸易的理论依据

学习目标

通过本章学习，你应该达到以下目标：

知识目标：了解中国发展对外贸易的理论依据——西方传统贸易理论、马克思主义的国际贸易理论和新贸易理论的基本概念、基本观点和基本原理。

技能目标：能够结合我国的国情，运用相关理论来解释我们发展对外贸易的动因。

能力目标：运用所学理论知识，从理论高度认识中国发展对外贸易的客观必然性与必要性。

我国作为一个发展中国家，参与强手如林的国际经济贸易合作对我国的经济发展是利大于弊，还是弊大于利？在国际分工中我们是否处于不可改变的被剥削、被控制的地位？这些问题必须从理论高度上予以回答。这是涉及我国经济建设战略思想的根本问题，是关系到要不要坚持对外开放政策的根本问题。

2.1 西方传统贸易理论

传统贸易理论可以说起源于对重商主义的批判。16至18世纪，重商主义的理论家为政府干预贸易的关税和非关税壁垒措施提供了一整套理论支持，其核心是，财富的代表是金银，要取得金银就应鼓励出口，限制进口，以取得对外贸易顺差。亚当·斯密秉承他的“看不见的手”的经济学观点，对重商主义贸易理论进行了有力的批判，提出了国际贸易的绝对成本学说，这可以说是传统贸易理论的开端。

亚当·斯密提出绝对成本学说后，经大卫·李嘉图发展，形成了比较成本理论，比较成本理论揭示了互利贸易的基础以及贸易利益的来源。继而赫克歇尔和俄林提出要素禀赋学说，指出比较成本差异的原因在于各国资源禀赋的差异和生产不同商品所使用的各种生产要素的密集度不同，雷布津斯基、萨缪尔森等人在此基础上进一步完善和补充，形成了传统国际贸易理论的体系。

2.1.1 绝对成本论（Theory of Absolute Costs）

亚当·斯密（Adam Smith，1723—1790）是英国著名的古典政治经济学的主要奠基人之一，也是国际分工-国际贸易理论的创始者，倡导自由贸易的带头人。

在斯密所处的时代，英国的产业革命逐渐展开，经济实力不断增强，新兴的产业资产阶级迫切要求在国民经济各个领域中迅速发展资本主义，但受到了中世纪遗留下来的封建行会制度和资本原始积累时期建立起来的重商主义政策体系的重重束缚。仍存在于乡间的行会制度严重限制了生产者和商人的正常活动，重商主义的极端保护主义则从根本上阻碍了对外贸易的扩大，使新兴资产阶级从海外获得生产所需的廉价原料，并为其产品寻找更大的海外市场的愿望难以实现。亚当·斯密站在产业资产阶级的立场上，于1776年出版的《国民财富的性质和原因的研究》（简称《国富论》）一书中提出了绝对成本理论，用以解释国际分工产生的原因、方式及效用。

根据绝对成本理论，两国之间进行贸易的动机建立在成本的差异之上，如果外国供应的商品比本国制造的还便宜，那么最好用本国擅长生产的产品与之进行交换，而不要自己生产。如果各国都生产自己具有绝对成本优势的产品，并在国与国之间进行交换，那么贸易双方都是可以获利的。为了阐明其理论，亚当·斯密还举例加以说明：假设有两个国家（英国和葡萄牙）、两种商品（毛呢和葡萄酒）和一种生产要素（劳动）。假定英国、葡萄牙两国都生产葡萄酒和毛呢两种产品，生产情况如表2-1（a）所示。在这种情况下可以进行国际分工、国际交换，对两国都有利（见表2-1（b））。

表2-1（a）　**亚当·斯密的举例（分工前的情况）**

国家	葡萄酒产量（单位）	所需劳动人数（人/年）	毛呢产量（单位）	所需劳动人数（人/年）
英国	1	120	1	70
葡萄牙	1	80	1	110

表2-1（b）　**亚当·斯密的举例（分工后的情况）**

国家	葡萄酒产量（单位）	所需劳动人数（人/年）	毛呢产量（单位）	所需劳动人数（人/年）
英国	0	0	2.7	190
葡萄牙	2.375	190	0	0

假定分工后，英国以1单位毛呢交换葡萄牙1单位葡萄酒，则两国拥有产品的情况如表2-1（c）所示。

表2-1（c）　**毛呢与葡萄酒交换结果**

国家	葡萄酒产量（单位）	毛呢产量（单位）
英国	1	1.7
葡萄牙	1.375	1

从表2-1可见，英、葡两国在分工的情况下，产量比分工前都提高了。通过国际贸

易，两国人民的消费都增加了。

显然，如果一个国家在一种商品生产上占有绝对有利的生产条件，生产该产品的绝对成本低于其他国家，而在另一种商品生产上处于劣势，生产成本高于其他国家，则国际交换的基础就存在了，各国参加国际分工，进行国际贸易，可实现互利。

亚当·斯密的绝对成本埋论说明社会分工以及国际分工能使资源得到更有效的利用，国际贸易并不像重商主义者所说的那样只能使交易的某一方获得利益，而是使贸易双方都能获得利益。贸易利益的普遍性原则为自由贸易的政策主张奠定了基础。但是，这种强调绝对优势的理论隐含着一个前提，即贸易双方分工和贸易状况是吻合的。比如北美和南美，由于温带与热带的自然条件约束、劳动力和技术上的差异，各自至少必须生产一种绝对低成本的商品，交换才成为可能，贸易各方才可以从这种贸易中获利。但是现实的情况往往是国际贸易中大部分产品，特别是工业制成品并不受自然地理条件的限制。如果一国经济不发达，技术落后，生产两种商品都处于劣势，这时会不会发生国际贸易？如果发生国际贸易，那么处于劣势的国家是否能从国际贸易中获得利益呢？对于这个问题，大卫·李嘉图的比较成本理论给出了回答。

2.1.2 比较成本论（Theory of Comparative Costs）

大卫·李嘉图（David Ricardo，1772—1823）是著名的英国经济学家，是资产阶级古典政治经济学的完成者。

李嘉图所处的时代是英国工业革命迅速发展、资本主义不断上升的时代。当时英国社会的主要矛盾是工业资产阶级同贵族阶级的矛盾，这一矛盾由于工业革命的进展而达到异常尖锐的程度。李嘉图在这场斗争中站在工业资产阶级一边，继承和发展了亚当·斯密的理论，提出比较成本论，倡导自由贸易，为工业资产阶级的斗争提供了有力的理论武器。

大卫·李嘉图的比较成本论是在亚当·斯密的绝对成本论的基础上发展起来的。亚当·斯密认为由于自然禀赋和后天形成的有利条件不同，各国均有一种产品生产成本低于他国而具有绝对优势，按绝对优势原则进行分工和交换，各国均可获益。大卫·李嘉图发展了亚当·斯密的观点，认为各国不一定要专门生产成本绝对低（即绝对有利）的产品，只需生产成本相对低的产品，并参加对外贸易，就能从中获益，实现社会劳动的节约。

李嘉图所阐述的比较成本理论，是以他的劳动价值论为基础的。根据劳动价值论，任何商品的价值都取决于它的劳动成本。在一国国内贸易中，劳动成本决定交换价值。根据李嘉图的观点，即使一国在两种商品的生产上都处于劣势的地位，两者的不利程度也会有所不同，相比之下总有一种商品的劣势要小一些，即具有相对优势。如果一国利用这种相对优势进行专业化生产，然后用其产品进行国际交换，进口劣势程度较高的产品，同样能从交换中获得利益。同理，两种产品的成本都处于绝对优势的国家，应专业化生产并出口优势程度较高的产品，进口优势程度较低的产品，从而可从交换中获利。这就是比较成本理论。用中国的俗语说即是“两利相权取其重，两弊相权取其轻”。

为了说明这个理论，李嘉图沿用了斯密的英国和葡萄牙的例子，但改变了一些条件（见表2-2）。

表2-2（a）　　李嘉图的举例（分工前的情况）

分工前	呢绒	葡萄酒
英国	100人/年	120人/年
葡萄牙	90人/年	80人/年

表2-2（b）　　李嘉图的举例（分工后的情况）

分工前	呢绒	葡萄酒
英国	（100+120）÷100=2.2单位	
葡萄牙		（80+90）÷80=2.125单位

假定英国和葡萄牙两国同时生产葡萄酒和呢绒，表中列出了分工前各自生产一单位葡萄酒和呢绒所需的劳动量及分工后各自所得的两种产品的量。从表中可以看出，葡萄牙生产酒和呢绒所需的劳动均少于英国，呢绒的生产成本为英国的0.9（=90÷100），酒的生产成本为英国的0.67（=80÷120），两相比较，酒的生产成本相对英国更低，因而优势更大，就英国来说，两种产品的生产成本都比葡萄牙高，呢绒的生产成本为1.1（=100÷90），酒的生产成本为1.5（=120÷80），但两相比较，呢绒的生产成本相对更低一些，因而具有比较优势。按照“两优取其重，两劣取其轻”的分工原则，葡萄牙应分工生产葡萄酒，英国应分工生产呢绒，然后，双方进行交换。

分工的结果是，两国总的劳动量投入未增加，但两种产品的总产量增加了，其中葡萄酒的总产量增加了0.125个单位，呢绒的总产量增加了0.2个单位。两国进行交换，对双方均有好处，也就是说，双方都获得了比较利益。

需要说明的是，李嘉图的比较成本理论把复杂的经济情况高度简化了，他的古典国际贸易理论实际上以许多重要假设作为前提条件，其中包括：①世界上只有两个国家，它们只生产两种产品，只使用一种要素投入，因此这种分析方法也称为2×2×1模型。②所有劳动都是同质的，没有熟练和非熟练的区别，产品成本（价格）以真实劳动成本（劳动时间）计量。③生产是在成本不变的情况下进行的，其规模收益不变。④不存在运输费用和交易成本。⑤劳动力充分就业，并且在国内完全流动，而在国家间则完全不流动。⑥生产要素市场和产品市场是完全竞争的市场。⑦国际贸易不影响一国居民的相对收入水平，即收入分配没有变化。⑧贸易按易货贸易的方式进行。⑨不存在技术进步和经济发展，国际经济是静态的。正是这些假设条件，使得比较成本理论与实际情况之间存在很大的距离。但李嘉图的比较成本理论科学地揭示了一个规律——比较成本法则。它从实证经济学的角度证明，无论是生产水平高还是生产水平低的国家，按照比较成本的思想参与国际分工和国际贸易都可以得到实际利益。

2.1.3　要素禀赋论

要素禀赋论又称要素比例学说，或赫克歇尔–俄林理论，是著名的瑞典经济学家赫克歇尔（Eli Heckscher，1879—1952）和俄林（Bertil Ohlin，1899—1979）提出的关于国际贸易的理论。赫克歇尔于1919年发表了《对外贸易对收入分配的影响》的著名论文，提出了要素禀赋论的论点。俄林继承了其导师赫克歇尔的论点，于1933年出版了《域际贸易和国际贸易》一书，创立了要素禀赋理论。20世纪40年代萨缪尔森（P. A. Samuelson）发展了赫-俄理论，因此又称赫-俄-萨（H-O-S）理论。

要素禀赋论简称H-O定理，该学说主要通过对相互依存的价格体系的分析，用生产要素的丰缺来解释国际贸易的产生和一国的进出口贸易类型。

根据H-O定理，同种商品在不同国家的相对价格差异是国际贸易的直接基础，商品价格差异则是由各国生产要素禀赋不同，从而要素相对价格不同决定的，所以要素禀赋差异是国际贸易产生的根本原因。

不同商品在生产中使用各种要素的比例是不同的，即要素的密集度是不同的。根据要素禀赋论，一国应出口的产品是它的比较优势产品，即在生产上密集使用该国丰裕而便宜的生产要素的产品，而应进口的产品是它在生产上密集使用该国相对稀缺且昂贵的生产要素的产品。例如，劳动力丰富的国家应出口劳动密集型产品，而进口资本密集型产品；相反，资本丰裕的国家应出口资本密集型产品，进口劳动密集型产品。这种分工和贸易模式可使贸易双方共同获利。

可见，各国要素禀赋的差异和不同商品要素密集度的差异，以及二者的相互作用，决定了国际分工格局与贸易类型，这是要素禀赋论的核心与精髓。

❖小思考

竞争优势与比较优势有何区别？

答：(1) 比较优势是一种静态的竞争力，因为一国的要素禀赋是静态的、难以改变的：而竞争优势是一种动态的竞争力，它的构成要素中的知识、技术、管理、制度等高级软要素是动态的、可变的。所以，拥有比较优势并不等于拥有现实的竞争力；而拥有竞争优势才称得上真正拥有现实的竞争力。比较优势更多地强调各国产业发展的潜在的可能性，是一种潜在的竞争力；而竞争优势则更多地强调各国产业发展的现实态势，是一种现实的竞争力。

(2) 比较优势是由土地、劳动力、资本、自然资源等基本生产要素决定的，它是一种低层次的竞争力；而竞争优势不仅与土地、劳动力、资本、自然资源等低级要素有关，而且与机制、政府的质量、管理水平、人力资本、产品的品牌、技术创新等高级软要素相关，高级软要素在更高层次上决定了竞争力。

(3) 比较优势与一国的资源禀赋有关，是一种天然的竞争力，它的有效发挥还依赖于其他因素的配合，比如，一定的规模、资本运营、技术开发等；而竞争优势虽然与一国资源禀赋有关，但更与一国后天积累形成的知识、技术、商誉等"创造要素"以及规模经济、资本运作、管理水平、营销策略等"企业行为"有关，它是先天禀赋加后天要素加企业行为形成的竞争力。

(4) 比较优势涉及的主要是各地区间不同产业、产品之间的区际交换关系，体现各个地区间不同产业之间劳动生产率的比较和相对优势，主要强调地区间产业分工与产业互补的合理性；而竞争优势涉及的是各地区间同一产业内的市场交换关系，体现的是各地区相同产业生产率的绝对优势，主要强调了地区产业竞争和产业替代的因果关系。两者的本质都是生产力水平的相互比较。先天有利资源禀赋条件都是决定交易的共同基础。在实践中，发挥比较优势意味着强调各地区的产业发展应该“扬长避短”，而增强竞争优势则意味着更加强调各地区产业发展的现实道路是“优胜劣汰”。正确处理发挥比较优势与增强竞争优势关系的实质，就是要更好地将“扬长避短”策略与“优胜劣汰”策略结合起来。

2.1.4 里昂惕夫之谜（The Leontief Paradox）

里昂惕夫（Wassily W. Leontief）是美国著名经济学家，投入产出经济学的创始人，诺贝尔经济学奖获得者。

根据赫克歇尔-俄林的要素禀赋论，一国出口的应是密集使用本国丰富要素生产的产品，进口的是密集使用稀缺要素生产的产品。美国是个资本丰富而劳动力稀缺的国家，按照要素禀赋论，美国应出口资本密集型产品，进口劳动密集型产品。为了检验要素禀赋论，1953年，里昂惕夫采用投入产出分析法对1947年美国200个行业进行分析，把生产要素分为资本和劳动两种，然后选出具有代表性的一揽子出口品和一揽子进口替代品，计算出每百万美元的出口品和每百万美元进口替代品所需要的国内资本和劳动量及其比例(见表2-3)。

表2-3　每百万美元的美国出口品和进口替代品对国内资本和劳动力的需求额（1947年）

	出口品	进口替代品
资本K（美元）	2 550 780	3 091 339
劳动力L（人/年）	812 313	170 004
资本/劳动力（K/L）	13.911	18.185

里昂惕夫的研究发现，美国进口替代品的资本密集程度反而高于出口品的资本密集程度（约高出30%），因而得出与要素禀赋论相反的结论：“美国参加国际分工是建立在劳动密集型生产专业化的基础上，而不是建立在资本密集型生产专业化基础上。换言之，这个国家是利用对外贸易来节约资本和安排剩余劳动力，而不是相反。”里昂惕夫的惊人发现引起了经济学界的极大关注，被称为“里昂惕夫之谜”。里昂惕夫1956年又利用投入产出法对美国1951年的贸易结构进行了第二次检验，检验结果与第一次是一致的，谜仍然存在。里昂惕夫之谜激发了其他经济学家对其他国家的贸易格局的类似研究，以检验要素禀赋论，结果发现其他一些国家也存在着这个谜。对于里昂惕夫之谜，西方经济学界提出了各种各样的解释，这在一定程度上带来了战后西方国际分工和国际贸易理论的发展。

2.2 马克思主义国际贸易理论

2.2.1 国际分工理论

1）国际分工的含义

国际分工是指世界各国之间的劳动分工。

2）国际分工理论的主要内容

(1) 国际分工是客观的经济范畴，是人类生产力发展到一定阶段的必然产物，国际分工是生产力发展的结果，同时又为生产力的进一步发展提供了必要的前提。

人类历史上经历的三次科技革命，引起了生产力的巨大变革，从而从不同角度推动国际分工向前发展。

①国际分工的萌芽阶段。

16—17世纪，手工业向工场手工业过渡，有了简单的机器生产，人类社会进入资本原始积累时期，出现了国际分工的萌芽状态，即宗主国与殖民地之间的最初的国际分工。

②国际分工的发展阶段。

从18世纪60年代到19世纪末，以蒸汽机的发明为主要标志，人类进入了第一次产业革命时期。大机器生产就把销售工业品的国家和输出原料的国家等经济发展水平不同的国家都卷入到国际分工之中了。这一时期国际分工的特点是：主要表现为工业国和农业国之间的分工，而且这一时期的国际分工是以英国为中心形成的。

③资本主义国际分工体系的形成阶段。

19世纪末20世纪初，人类进入了以电气工业为代表的第二次产业革命时期。电动机和电力的广泛使用，促进了生产力的进一步发展，加速了资本的积聚和集中，垄断代替了自由竞争，使国际分工进一步发展，其主要特点是：宗主国与殖民地、半殖民地国家的分工日益深化；工业国与农业国之间的分工居主导地位；国际分工的中心从英国变为一组国家，经济部门之间分工占主导地位；形成了资本主义国际分工体系。

④国际分工的深化发展阶段。

第二次世界大战后，人类进入了以电子工业为核心的第三次科技革命时期，科学技术迅速转化为生产力，推动国际分工进一步向纵深发展：工业国与工业国之间的分工居主导地位；部门内部、企业内部分工的趋势加强；经济发达国家与发展中国家的分工格局发生变化；国际分工的形式呈现出多类型、多层次的特点；国际分工从有形商品领域向无形的服务业领域扩展；研究开发与生产制造之间的分工不断加深。

（2）社会生产力的不断发展必然导致国际分工不断向纵深发展，从而带来世界市场的产生和国际贸易的发展。

①国际分工是国际贸易产生的基础。

第一次产业革命后形成的工业国与农业国的分工，第二次产业革命后形成的工业国与工业国各部门之间的分工，第三次产业革命后形成的部门内部的分工，使国际交换不仅成为可能，而且对它的依赖程度越来越大。

②国际贸易的发展受国际分工的重要影响。

第二次世界大战后，伴随着科技革命向纵深发展，新部门、新行业和新产品不断涌现，国际分工向多层次发展，对国际贸易产生了重大影响。

第一，国际贸易结构发生巨大变化，工业制成品所占比重超过初级产品所占比重，中间性产品的比重不断提高。

第二，国际贸易迅速增长，规模不断扩大。

第三，国际贸易的地理方向发生很大变化，发达国家之间的贸易在国际贸易中占有越来越重要的地位。

第四，国际贸易领域扩大，已从单一的商品贸易发展为包括技术贸易和服务贸易的三大贸易领域。

第五，国际贸易方式多样化，从一般贸易发展为加工贸易、补偿贸易等。

③国际分工、国际贸易的发展，反过来又会促进社会生产力的进一步发展。

④马克思不仅从生产力方面科学地分析了国际分工产生和发展的客观必然性，而且从生产关系方面揭示了资本主义国际分工具有强制、畸形和剥削的性质和特征。

3）中国利用国际分工理论发展对外贸易的必要性

（1）参加国际分工发展对外贸易，是大力发展社会生产力的客观要求。

既然国际分工是人类生产力发展的必然结果，又可促进生产力的提高，而社会主义的根本任务就是大力发展生产力，我国就应该按照客观经济规律，积极参与国际分工，发展对外贸易，以加速经济的发展。

（2）参加国际分工发展对外贸易应遵循的原则。

在当前资本主义国际分工格局占主导地位的国际环境下，我国在参与国际分工发展对外贸易时，必须坚持独立自主、自力更生、平等互利和符合国情等原则，以最大限度抵消资本主义国际分工的剥削性、不平等性对我国的不利影响。

2.2.2 国际价值理论

1）国际价值的含义

国际价值，即国际社会必要劳动时间，是生产某种商品的各国的平均劳动时间，它是所有进入世界市场的同类商品直接消耗的国内社会必要劳动时间的加权平均数。

2）国际价值理论的主要内容

（1）商品在国际市场上进行交换，是以商品的国际价值为交换尺度的，而国际价值是由国际社会必要劳动时间决定的。

（2）商品要进入国际市场，意味着同一商品拥有两种价值尺度——国内（别）价值和国际价值，而且这两种价值尺度之间存在着差异，即绝对差异和比较差异。

（3）利用国内价值与国际价值的差异，可以使贸易双方在国际交换中实现互利。

①利用绝对差异获取贸易利益。

交换的两国各有一种商品的国内价值低于国际价值，即各有一种商品占优势，两国应分别专业化生产并出口国内价值低于国际价值的商品，进口国内价值高于国际价值的商品，就可以实现以较少的社会必要劳动时间换取较多的国际社会必要劳动时间，能够实现互利的目的。

②利用比较差异获取贸易利益。

交换的双方有一国的两种商品的国内价值均低于国际价值，即该国在两种商品的生产上都具有优势，但优势程度不同，这时，该国应专业化生产并出口优势较大的商品，进口优势较小的商品，可以获得更多的贸易利益。

另一国两种商品的国内价值均高于国际价值，即两种商品的生产均处于劣势，但劣势程度不同，这时，该国应专业化生产并出口劣势较小的商品，进口劣势较大的商品，利用绝对劣势中的相对优势，也可以获取经济利益。

3）中国应正确运用国际价值理论发展对外贸易

（1）依据马克思主义的国际价值理论，我国作为一个发展中国家，应通过大力发展对外贸易，从而实现社会劳动的节约，实现国内价值的增值，取得贸易利益，以促进经济发展。

（2）但我国的对外贸易，绝不能仅仅以贸易利益为出发点，而应以国民经济发展的长远利益为重，即在保证全局的、长远的经济利益的前提下，充分利用国际市场条件，参与国际交换，获取贸易利益。

2.2.3 社会再生产理论

1）基本概念

社会再生产的顺利进行，要求社会生产保持合理的比例关系，包括生产生产资料的部类与生产消费资料的部类之间，以及各部类内部，各种生产要素之间在实物形态上要保持合理的比例关系。

2）社会再生产理论的基本内容

（1）在一国范围内由于各种因素的制约，不可能在实物形态上达到社会再生产所要求的平衡关系。

由于受生产水平、经济结构、科学技术条件以及资源和气候等因素的制约，现实中，各国不可能在实物形态上满足社会再生产所要求的比例关系。

（2）必须通过对外贸易来满足社会再生产对各种比例关系的需要。

对外贸易的职能是沟通对外商品流通和交换。因此，通过对外贸易可以实现使用价值的转换，改善生产的比例关系，使社会再生产所要求的比例关系得到满足。

从这个意义上看，一国要想使社会再生产顺利进行，必须发展对外贸易，通过对外贸易实现实物形态转换，来满足社会再生产比例关系的需要。

（3）发展对外贸易可调剂余缺，以长线资源交换短线资源，扩大经济规模，加速经济发展，提高国民福利水平。

如果不发展对外贸易，国民经济只能实现自我循环，国民经济运行只能建立在短线资源的基础上，势必会有一部分社会长线资源被闲置，无法发挥作用，从而使社会经济规模低于潜在可能。

（4）对外贸易在新的经济循环中，不仅仅对国民经济起调剂和补充作用，还必须起强有力的杠杆和推动作用。

新的经济循环是指以国内资源和市场为主，国内外资源和市场有机结合。在这种新的经济循环下，国民经济有可能建立起超越本国经济内在力量的扩大再生产规模，建立起高级的国民经济综合平衡，取得更快的经济发展速度和更好的经济效益。而只有通过对外贸易，才能根据我国的需要和国外市场的可能，将国内外资源和市场适当有机结合起来。

2.3 新贸易理论

2.3.1 新贸易理论的形成

第二次世界大战后，特别是20世纪60年代以来，国际贸易出现了一系列新的变化：工业发达国家之间的贸易大幅增加，产业内部贸易迅速增长，跨国公司的内部贸易和对外投资迅猛扩大，一些新兴工业化国家借助对外贸易取得了经济发展的成功，等等。封闭式的或近封闭式的国别经济系统已经不复存在，从而构成了一个全新的国际经济背景。传统的以比较优势为基础的贸易理论对这些新情况难以作出合理的解释。这就引发了对传统贸易理论的再思考。

传统国际贸易理论的前提是规模报酬不变和完全竞争的市场结构。这是一种完美的假设，正是由于这种假设，自由贸易理论才推导出逻辑严密、形式完善的结论。但是完美的假设并不意味着客观存在。通过对现实经济的观察我们发现，生产厂商的边际生产成本往往随产出的增加而下降，大多数的市场结构又都是不完全竞争的。可见，传统贸易理论的假设前提存在问题，导致了其对现实解释的乏力。

针对传统贸易理论的不足，新贸易理论应运而生。新贸易理论的主要代表人物包括迪克西特（A. Dixit）、埃西尔（W. Ethier）、克鲁格曼（P. Krugman）、赫尔普曼（E. Helpman）、格罗斯曼（G. Grossman）、斯宾塞（B. Spencer）和布兰德（J. Brander）等学者。这些学者在理论研究中关注市场结构的重要作用，认为在现实经济中完全竞争状态并不是最优的，规模经济尽管对市场结构的竞争性有一定的损害，但仍是有益的。他们主张经济的有效竞争，认为要实现规模经济与市场竞争的有效结合，需要进行政府干预。

1977年，迪克西特和斯蒂格利茨（Stigliz）发表了名为《垄断竞争与最优产品多样化》的论文，建立了一个规模经济和多样化消费的两难选择的模型，首次突破完全竞争的假设，讨论规模经济与国际贸易的关系。

1981年，克鲁格曼发表了《产业内专业化分工与得自贸易的利益》这一著名论文，进一步对要素禀赋相似的国家之间的贸易、相似产品之间的贸易及贸易的收入分配效应等进行了考察，并建立了一个贸易模型。克鲁格曼通过考察得出结论：当国家间越来越相似，市场结构从完全竞争变为不完全竞争，达到规模报酬递增阶段的时候，规模经济就取代了要素禀赋的差异成为推动国际贸易的主要原因了。这样该模型从根本上打破了传统贸易理论中的完全竞争假定和规模收益不变假定，把新贸易理论提升到基础贸易理论的高度，使其适用性进一步增强。

1985年，赫尔普曼和克鲁格曼的著作——《市场结构和对外贸易》一书出版。它被誉为国际贸易理论的“重大突破”（迪克西特、巴格瓦蒂语）。该书综合了各种新的贸易理论，提出了一个新的系统化的分析框架，在分析中广泛运用了产业组织理论来解释公司行为对国际贸易的影响，实现了新的贸易理论突破。该书的出版标志着新贸易理论的正式形成。

2.3.2 新贸易理论的主要内容

1）技术差距理论（Technology Gap Theory）

面对里昂惕夫之谜，传统的国际贸易理论、赫克歇尔-俄林的要素禀赋论已经无法解释美国出口劳动密集型商品，而进口资本密集型商品的现象。1961年，波斯纳（M. A. Posner）在《牛津经济论丛》10月号上发表的《国际贸易和技术变化》一文，运用技术创新理论修正了赫克歇尔-俄林的要素禀赋论，提出了技术差距理论，对里昂惕夫之谜进行了解释。

技术差距理论又称创新与模仿理论，它把国家间的贸易与技术差距的存在联系起来，认为正是一国的技术优势使其在获得出口市场方面占优势。当一国创新某种产品成功后，在外国掌握该项技术之前就产生了技术领先差距，可出口技术领先产品。但因新技术会随着专利权转让、技术合作、对外投资、国际贸易等途径流传至国外，当一国创新的技术为外国模仿时，外国即可自行生产而减少进口，创新国渐渐失去该产品的出口市场，因技术差距而产生的国际贸易逐渐缩小。随着时间的推移，新技术最终将被技术模仿国掌握，使技术差距消失，贸易持续到技术模仿国能够生产出满足其对该产品的全部需求的产品为止。但在动态的经济社会，科技发达的国家是不断会有再创新、再出口出现的。由于各国对技术的投资和技术革新的进展不一致，因而存在着一定的技术差距。这样就使得技术资源相对丰裕的国家或者在技术发展中处于领先的国家，有可能取得生产和出口技术密集型产品的比较优势。

波斯纳把技术差距产生到技术差距引起的国际贸易终止之间的时间间隔称为模仿时滞时期，全期又分为反应时滞和掌握时滞两个阶段。反应时滞是指技术创新国家开始生产新产品到其他国家模仿其技术开始生产新产品的时间；掌握时滞是指其他国家开始生产新产品到其新产品进口为零的时间。反应时滞初期阶段又称为需求时滞阶段，需求时滞是指技术创新国开始生产新产品到开始出口新产品之间的时间间隔。反应时滞期的长短主要取决于企业家的决策意识和规模利益、关税、运输成本、国外市场容量及居民收入水平高低等因素。如果技术创新国家在扩大新产品生产中能够获得较多的规模利益，运输成本较低，进口国关税率较低，进出口国家的市场容量差距及居民收入水平差距较小，就有利于保持出口优势，延长反应时滞阶段；否则，这种优势就容易失去，反应时滞阶段将缩短。掌握时滞的长度主要取决于技术模仿过程的长短和吸收新技术能力的大小，吸收新技术能力大的间隔时间较短。需求时滞的长度则主要取决于两国的收入水平差距和市场容量差距，差距越小长度越短。

胡弗鲍尔（G. C. Hufbauer）用图形形象地描绘了波斯纳的学说，如图2-1所示。

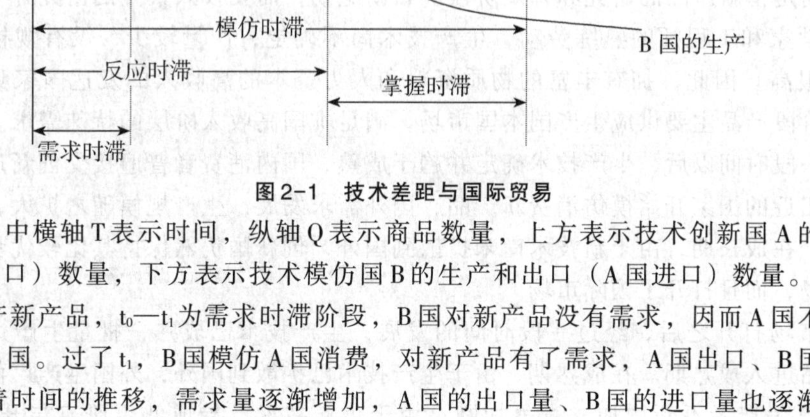

图2-1　技术差距与国际贸易

图2-1中横轴T表示时间，纵轴Q表示商品数量，上方表示技术创新国A的生产和出口（B国进口）数量，下方表示技术模仿国B的生产和出口（A国进口）数量。从t_0起，A国开始生产新产品，t_0—t_1为需求时滞阶段，B国对新产品没有需求，因而A国不能将新产品出口到B国。过了t_1，B国模仿A国消费，对新产品有了需求，A国出口、B国进口新产品，且随着时间的推移，需求量逐渐增加，A国的出口量、B国的进口量也逐渐扩大。由

于新技术通过各种途径逐渐扩散到B国，到达t_2，B国掌握新技术开始模仿生产新产品，反应时滞阶段结束，掌握时滞阶段开始，此时A国的生产和出口（B国进口）量达到极大值。过了t_2，随着B国生产规模的扩大，产量的增加，A国的生产量和出口量（B国的进口量）不断下降。达到t_3，B国生产规模进一步扩大，新产品成本进一步下降，其产品不但可以满足国内市场的全部需求，而且可以用于出口。至此，技术差距消失，掌握时滞和模仿时滞阶段结束。可见A、B两国的贸易发生于t_1—t_3这段时间，即B国开始从A国进口到A国向B国出口为零这段时间。

为了论证这个理论，格鲁伯和弗农等人根据1962年美国19个产业的有关资料作了统计分析，其中5个具有高度技术水平的产业（运输、电器、工具、化学、机器制造）的科研和发展经费占19个产业全部科研和发展经费总数的89.4%；5个产业中技术人员占19个产业总数的85.3%；5个产业的出口量占19个产业总出口量的72%。这种实证研究表明，美国在上述5个技术密集型产业的生产和出口方面，确实处于比较优势。因此可以认为，出口科研和技术密集型产品的国家也就是资本要素相对丰裕的国家。根据上述统计分析，美国就是这种国家。

该理论表明：（1）技术领先国若能有效地反仿制，则技术利益能保持较长时间；（2）两国技术水平和市场范围差距越小，需求时滞的时间越短，贸易发生就越早，贸易发展的速度也就越快；（3）模仿时滞之后，追随国的贸易利益取决于低工资成本。

技术差距理论的贡献在于：（1）它打破了传统国际贸易中比较优势的静态性与凝固性；（2）它指出由技术革新引起的需求时滞和模仿时滞，能够导致比较优势从技术领先国向技术追随国的动态转移。这更切合国际贸易的实际，更能揭示国际贸易的特点。

2）产品生命周期说（Product Life Cycle Theory）

产品生命周期说由美国销售学家弗农于1966年在《经济学季刊》5月号上发表的《生命周期中的国际投资与国际贸易》一文中首先提出，经威尔斯（Louis T. Wells）、赫希哲（Hirsch）等人不断完善。产品生命周期说是战后解释制成品贸易的著名理论。该理论认为，由于技术的创新和扩散，制成品和生物一样具有生命周期，先后经历五个不同的阶段，即：（1）新生期；（2）成长期；（3）成熟期；（4）销售下降期；（5）让与期。在产品生命周期的不同阶段，各国在国际贸易中的地位是不同的。

新生期是指新产品的研究和开发阶段。在新生期，需要投入大量的研究开发费用以及大批的科学家和工程师的熟练劳动，生产技术尚不确定，产量较少，没有规模经济的利益，成本很高。因此，拥有丰富的物质资料和人力资本的高收入的发达国家具有比较优势。这一阶段产品主要供应生产国本国市场，满足本国高收入阶层的特殊需求。

经过一段时间以后，生产技术确定并趋于成熟，国内消费者普遍接受创新产品，加之收入水平相近的国家开始模仿消费新产品，国外需求发展，生产规模随之扩大，新产品进入成长期。在成长期，由于新技术尚未扩散到国外，创新国仍然保持其比较优势，不但拥有国内市场，而且打开了国际市场。

国际市场打开之后，经过一段时间的发展，生产技术已成熟，批量生产达到适度规模，新产品进入成熟期。在成熟期，由于生产技术已扩散到国外，外国生产厂商模仿生产新产品，且生产者不断增加，竞争加剧；由于生产技术已趋成熟，研究与开发（R&D）

要素变得不重要，产品由智能型（或R&D密集型）变成资本密集型，经营管理水平和销售技巧成为具有比较优势的重要条件。这一阶段，一般的发达工业国都有比较优势。

当国外的生产能力提高到能满足本国的需求（即没有从创新国进口的新产品），新产品进入销售下降期。在这一时期，产品已高度标准化，国外生产者利用规模经济大批量生产，使其产品的生产成本降低，从而使创新国渐渐失去竞争优势，出口量不断下降。

当创新国完全丧失比较优势而变为净进口者时，新产品进入让与期，创新国让位给其他国家。在这个阶段，不但研究与开发要素不重要，甚至资本要素已不甚重要，低工资的非熟练劳动成为比较优势的重要条件。具备这个条件的是有一定工业化基础的发展中国家。威尔斯以美国为创新国为例将产品生命周期通过图示说明，如图2-2所示。

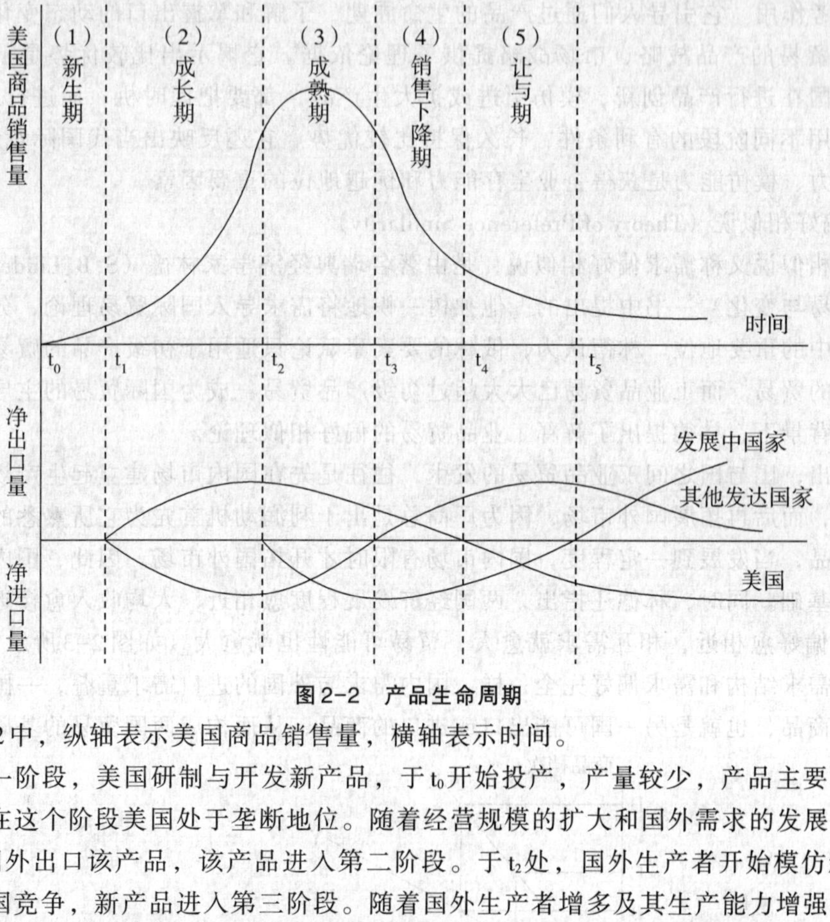

图2-2 产品生命周期

图2-2中，纵轴表示美国商品销售量，横轴表示时间。

在第一阶段，美国研制与开发新产品，于t_0开始投产，产量较少，产品主要在本国市场销售。在这个阶段美国处于垄断地位。随着经营规模的扩大和国外需求的发展，美国于t_1开始向国外出口该产品，该产品进入第二阶段。于t_2处，国外生产者开始模仿新产品生产，与美国竞争，新产品进入第三阶段。随着国外生产者增多及其生产能力增强，美国的出口量下降，其他一些发达国家于t_3变为净出口者，使该产品进入第四阶段。这时，产品已高度标准化，国外生产者利用规模经济大批量生产，降低生产成本，使美国开始失去竞争优势并于t_4变为净进口者，使该产品进入第五阶段，及至t_5，由于发展中国家的低工资率使它们具有该产品的比较优势，该产品由低收入的发展中国家出口到高收入的发达国家，即产品生产由发达国家完全让位给发展中国家。

从以上分析可见，由于技术的传递和扩散，不同国家在国际贸易中的地位不断变化，新技术和新产品创新在美国，而后传递和扩散到其他发达国家，再到发展中国家。当美国发明的新产品大量向其他发达国家出口时，正是其他发达国家大量进口时期；当美国出口下降时，正是其他国家开始生产、进口下降时期；当美国由出口高峰大幅度下降时，正是其他发达国家大量出口时期；而其他发达国家出口下降时，正是发展中国家生产增加、进口减少时期；其他发达国家从出口高峰大幅度下降时期，正是发展中国家大量出口时期。新技术和新产品的转移和扩散像波浪一样，一浪接一浪向前传递和推进。目前美国正在生产和出口计算机、宇航、生物和新材料等新型产品，其他发达国家接过汽车和彩电等产品，而纺织品和半导体则通过前两类国家在发展中国家落户。

产品生命周期用以解释工业制成品的动态变化具有一定现实意义，对解释国际贸易有重要的参考作用。它引导人们通过产品的生命周期，了解和掌握出口的动态变化，为正确制定对外贸易的产品战略、市场战略提供了理论依据。它揭示出比较优势是不断在转移的，每一国在进行产品创新、模仿引进或扩大生产时，都要把握时机。而进行跨国经营，就可以利用不同阶段的有利条件，长久保持比较优势。它还反映出当代国际竞争的特点，即创新能力、模仿能力是获得企业生存能力和优越地位的重要因素。

3）偏好相似说（Theory of Preference Similarity）

偏好相似说又称需求偏好相似说，是由著名瑞典经济学家林德（S. B. Linder）于1961年在《贸易与变化》一书中提出的。他独树一帜地将需求导入国际贸易理论，分析需求在国际贸易中的重要地位。林德认为，俄林的要素禀赋论只适用于初级产品的贸易，不适用于工业品的贸易。而工业品贸易已大大超过初级产品贸易，成为国际贸易的主导产品。正是在这种背景下，林德提出了解释工业品贸易的偏好相似理论。

他指出，国与国之间工业品贸易的发生，往往是先在国内市场建立起生产规模和国际竞争能力，而后再拓展国外市场，因为厂商总是出于利润动机首先为它所熟悉的本国市场生产新产品，当发展到一定程度，国内市场有限时才开拓国外市场。因此，国内需求是出口贸易的基础。同时，林德还指出，两国经济发展程度愈相近，人均收入愈接近，需求结构、需求偏好愈相近，相互需求就愈大，贸易可能性也就愈大（如图2-3所示）。如果这些国家的需求结构和需求偏好完全一样，国内需求与外国的进口需求重叠，一国可能进口或出口的商品，也就是另一国可能出口或进口的商品，从而构成两国贸易的基础。

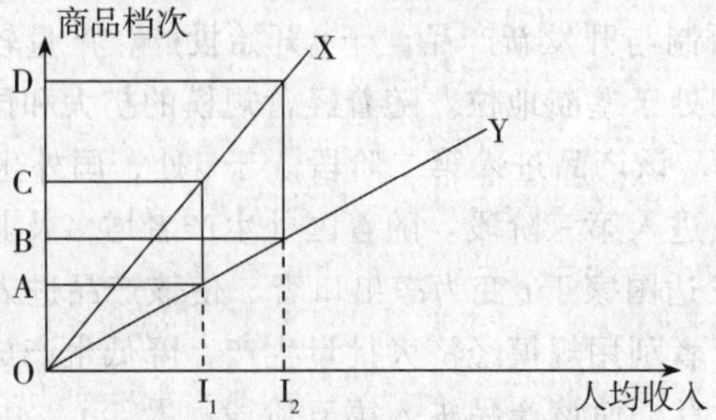

图2-3　收入水平与需求结构重合

图2-3中纵轴代表商品档次，横轴代表人均收入，OX、OY与原点所构成的锥形X-O-Y代表一国对其所需求产品的档次的变动范围。设甲国的人均收入为I_1，乙国的人均收入为I_2，与I_1、I_2相应的AC、BD分别代表甲国、乙国的需求商品档次范围，BC部分重合，

表示两国会就BC范围内的商品进行贸易。两国对产品需求的档次变动范围重合部分愈大，表示需求结构愈相近，贸易可能性就愈大。

偏好相似理论的意义在于它部分地解释了部门内贸易发展迅速及发达国家之间的贸易量远远超过发达国家与发展中国家之间贸易量的原因。传统比较利益理论认为，各国经济发展水平越接近，其开展国际贸易的可能性越小。偏好相似理论则从需求角度论证，各国经济发展水平越接近，它们之间的贸易规模则越有扩大的可能性。这是对比较利益理论的补充，更贴近国际贸易的实际。林德从需求理论的角度，克鲁格曼从供给的角度，对第二次世界大战后迅速发展起来的部门之间的国际贸易现象，作出比较令人信服的解释，对国际贸易理论的发展起到了巨大的推动作用。

4）产业内贸易理论（Intra-industry Trade Theory）

产业内贸易理论又称差异化产品理论，是指同一产业部门内部的差异产品的交换及其中间产品的交流。这是当前国际贸易理论中最热门的课题之一，该理论博采战后国际贸易新理论的研究成果，着重进行产业内贸易的探讨，即一国同时出口和进口同一产业的产品，各国间进行同产业的产品差异化竞争，并认为这是更符合现实情况的国际贸易形态。

产业内贸易理论的发展经历了20世纪70年代中期以前的经验性研究和70年代中期以后的理论性研究两个阶段。70年代中期以前，西方经济学家佛丹恩（Vordoorn）、迈凯利（Michaely）、巴拉萨（BelaBalassa）和小岛清（Kojima）对产业内贸易作了大量的实验性研究。他们发现发达国家之间的贸易并不是按赫-俄模式进行，即工业制成品和初级产品之间的贸易，而是产业内同类产品的相互交换。认为产业内贸易现象背后必然存在一种新的原理。70年代中期，格鲁贝尔和劳尔德对产业内贸易现象作了开创性、系统性的研究，使产业内贸易理论发展步入第二阶段——理论性研究阶段。格鲁贝尔和劳尔德在《产业内贸易》一书中指出，技术差距、研究与开发、产品的异质性和产品的生命周期的结合以及人力资本密集度的差异与收入分配差异（或嗜好的差异）相结合均可能导致产业内贸易。规模经济是产业内贸易的基本原因，并认为各国的生产要素越相似，它们的产业结构的差异便越小，它们之间的贸易越具有产业内贸易特征。20世纪70年代中期以后，在对产业内贸易的理论性研究不断深化的同时，对产业内贸易的实证性研究也步步深入。

产业内贸易指的是贸易双方交换的商品属于同一产业部门，即贸易伙伴间既进口又出口属于同一部门的产品。传统的贸易理论所解释的是不同产业间的贸易，即要素禀赋不同的国家，相互交换不同产业部门的产品。传统贸易理论显然是不能解释产业内贸易现象的。因为传统贸易理论有两个重要的假定：一是假定生产各种产品所需的要素密集度是不同的，各国所拥有的生产要素禀赋是不同的，因此贸易结构、流向和比较优势是由各国不同的要素禀赋来决定的；二是假定市场竞争是完全的，在一个特定产业内的厂商，生产同样的产品，拥有相似的生产条件。而这些假定与现实相差甚远。

产业内贸易理论通过产品差异性、规模经济或规模报酬递增以及偏好相似等概念解释产业内贸易形成的原因。

（1）产品差异性。同一类产品可存在差异性，尤其是工业品的差异性更为显著。产品的差异性是产生产业内贸易的重要基础。同类的异质性产品可以满足不同消费心理、消费欲望和消费层次的消费者的消费需求，但各国由于财力、物力、人力约束和科学技术的差距，使它们不可能在具有比较利益的部门生产所有的差别化产品，而必须有所取舍，集中资源着重进行某些差别化产品的专业化生产，以获得规模经济利益，这就导致国家间进行产业内分工，使得国家间产业内贸易得以发生与发展。

（2）规模经济或规模报酬递增。规模经济或规模报酬递增是产业内贸易的重要成因。在同一产业部门内部，由于规模经济的作用，众多的生产同类产品的企业在竞争中优胜劣汰，形成一个国家内某种产品由一家或者少数几家厂商生产的局面，大型企业进而发展成为出口商。但是由于规模经济的要求，一个国家为数不多的大型企业只能生产出种类有限的同类商品，无法满足消费者对同类差异化产品的多种需求。这样国家间产业内部的分工和贸易也就形成了。一国专业化生产同一产业的某些差异化产品，另一国专业化生产同一产业另一些差异化产品，并彼此进行交换，这样，两国厂商都可享有规模经济利益，两国消费者都可得到产品多样化的需求满足。两国的要素禀赋相似，愈有可能生产同一产业的产品，因而两国的产业内贸易量也愈大。

（3）偏好相似。这是林德理论的应用。发达国家间产业结构相似，它们之间的分工大多是部门内产品分工。它们收入水平相近，消费结构大体相同，对对方的产品形成广泛的相互需求。因重合需求大，所以发达国家间贸易量大。

产业内贸易理论虽然以发达国家的贸易为研究对象，但对已经初步实现工业化的发展中国家提升国际贸易竞争力，具有深刻的启发作用。一方面，发展中国家要在国际贸易中提高地位，仅仅依靠资源丰裕（甚至是资金或技术这样的资源），是远远不够的，必须从规模经济方面考虑增强国际竞争力；另一方面，对于发展规模效益显著的幼稚产业，政府在产业政策、贸易政策方面的干预是十分必要的。

5）国家竞争优势论（The Competitive Advantage of Nations）

20世纪八九十年代，美国哈佛大学商学院教授迈克尔·波特（Michael Porter）出版的《竞争战略》《竞争优势》《国家竞争优势》三本书，引起了西方经济学界和企业界的高度重视。前两本著作主要针对产业如何在竞争中获得优势进行深入研究，而《国家竞争优势》则在此基础上提出：一国兴衰的根本在于能否在国际竞争中赢得优势。三本书的着眼点都是在竞争优势上，并与国际市场相联系。

这一理论的产生是以美国国际经济地位的变化为背景的。在第二次世界大战后的20年里，美国经济实力强盛，遥居世界领先地位。此后，由于其他西方国家经济的快速增长，美国各项经济指标在世界经济中的比重不断下降。20世纪70年代以来，西欧共同市场的形成和势力壮大，日本的崛起，都构成对美国在国际经贸中地位的严重挑战。美国在国际市场上的竞争优势严重削弱，连新兴工业化国家都在夺取美国商品在世界市场上的份额。20世纪80年代，世界经济贸易领域的竞争进一步加剧，美国的对外贸易逆差和国际收支赤字有不断增大之势。美国正像一个弱者一样不断乞求于贸易保护主义。在这种情况下，怎样才能保持昔日的竞争优势，必然成为美国关注的重要问题，波特的理论正是适应这一客观要求应运而生的。

一个国家的竞争优势是由什么决定的？这是过去的国际贸易理论一直未能很好解答的问题。

传统的贸易理论认为，一国产业或企业的竞争优势来自在生产要素（价格和生产率）

方面的比较优势；新贸易理论认为一国产业或企业的竞争优势来自其在技术、规模等方面的优势。而波特认为，这些理论对现有国际贸易现象的解释力均值得怀疑。

以各国劳动生产率差异和要素禀赋差异为国家竞争优势源泉的比较利益论虽然解释了许多产业的贸易模式，但仍存在许多不完善的地方，例如，它不足以解释要素禀赋日益相似的工业化国家彼此之间的产业内贸易。随着高科技的迅猛发展，要素成本的重要性日益下降，比较利益论将逐步退位。

规模经济理论是对传统比较利益理论的一大突破。它既解释了即使不存在要素禀赋差异贸易也能发生的原因，又解释了产业内贸易之谜：规模经济使然。它指出规模经济是企业竞争优势的重要源泉，但没有解释什么国家的厂商会获得这些优势，以及哪些产业的厂商可获得这些优势。

技术差距理论也试图超越比较利益理论。按技术差距理论，一个国家是否出口某种产品取决于该国是否获得了在该类产品方面的技术领先地位。技术领先的国家出口其领先产品，但随着技术的扩散和技术差距的缩小，其出口会逐渐减少。技术差距对竞争优势无疑十分重要，但该理论未能解释技术差距为什么会出现，什么国家会获得技术领先的优势。

产品周期理论也是超越比较利益理论的一个重要尝试。产品周期理论认为，美国的许多产品处于世界领先地位，主要是美国国内对先进产品的需求比其他国家领先，这使美国企业能率先开发新产品，并在产业发展早期阶段出口该新产品，然后随着国外需求的增加，生产向海外转移，最后随着技术的扩散及外国低成本企业的进入，美国从该新产品的出口国变成进口国。产品周期理论从动态角度成功地解释了国内市场对创新的影响，但它仍留下许多问题未能解答：为什么一些国家的某种产品在国内市场很小或发展缓慢的情况下仍能成为世界领先者？为什么许多国家的产业并没有像该理论预测的那样失去竞争优势？鉴于此，波特提出一国兴衰的根本在于赢得国际竞争的优势，而国际竞争优势的取得的关键在于国家是否具有适宜的创新机制和充分的创新能力。创新机制可分三个层面来分析：(1) 微观竞争机制。国家竞争优势的基础是企业内部活力，如果企业缺少活力不思进取，国家就难以树立整体优势。(2) 中观竞争机制。企业的创新不仅取决于企业内部要素，还要涉及产业与区域。企业经营过程的升级有赖于企业的前向、后向和旁侧关联企业的辅助与支持。(3) 宏观竞争机制。个别企业、产业的竞争优势并不必然导致国家竞争优势。因此，一国的宏观竞争机制对其是否能取得国家竞争优势有重要的决定性作用。

因此，波特又提出了解释宏观竞争机制的决定因素的钻石模型（Diamonds Framework）。钻石模型由四组基本决定因素和两组辅助因素组成。四组基本决定因素是：生产要素，需求条件，相关产业和支持性产业的表现，以及企业的战略、结构和竞争对手。这四组因素的每一组都可单独发生作用，但又同时对其他因素产生影响。四组因素结合成一个体系，共同作用决定国家竞争优势（如图2-4所示）。

钻石模型中的“生产要素”是指一个国家在特定产业竞争中有关生产方面的表现，包括劳动力、可耕地、自然资源、资本和基础设施等。

钻石模型中的“需求条件”是指本国市场对该项产业提供产品或服务的需求情况。国内需求对竞争优势最重要的影响是通过国内买主的结构和买主的性质体现的。不同的国内需求使厂商对买方需求产生不同的看法和理解，并作出不同的反应。在某国的国内需求给

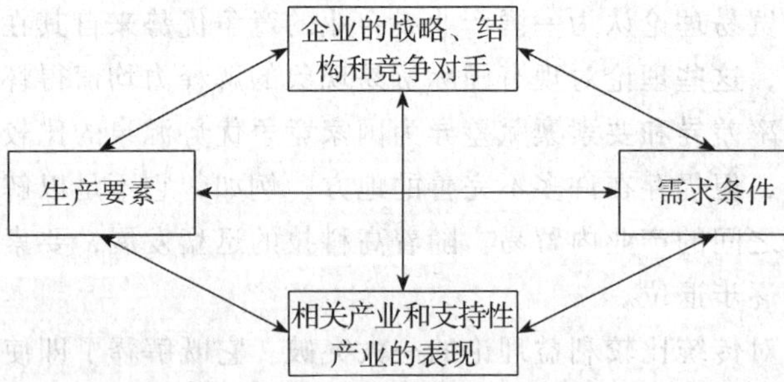

图 2-4　国家竞争优势的决定因素

当地厂商及早提供需求信号或给当地厂商施加压力要他们比国外竞争者更快创新，提供更先进的产品的产业时，该国最有可能在该产业获得竞争优势。

钻石模型中的"相关产业和支持性产业的表现"是指相关产业和上游产业是否具有国际竞争力。一个国家的产业要想获得持久的竞争优势，就必须在国内具有在国际上有竞争力的供应商和相关产业。支持性产业通过下列几种方式为下游产业创造竞争优势：以最有效的方式及早地、迅速地为国内公司提供最低成本的投入品；不断地与下游产业合作，促进下游产业的创新。相关产业是指因共用某些技术、共享同样的营销渠道或服务而联系在一起的产业或具有互补性的产业。如果一个国家有许多相互联系的有竞争力的产业，该国便很容易产生新的有竞争力的产业。因此有竞争力的几种相关产业往往同时在一国产生。

钻石模型中的"企业的战略、结构和竞争对手"是指企业在一个国家的基础、组织、管理形态，以及国内市场竞争的表现，包括公司建立、组织和管理的环境以及国内竞争的性质。不同国家的公司在目标、战略和组织方式方面都大不相同。国家优势来自对它们的选择和搭配。国家竞争优势的获得还取决于国内的竞争程度，激烈的国内竞争是创造和保持竞争优势最有力的刺激因素。

上述四种因素是国家竞争优势的决定因素，它们的情况如何直接决定了一个国家的竞争地位。

除了上述四种因素以外，还有两个重要变量对国家的竞争优势产生影响，即一国所面临的机遇和政府的作用。机遇包括重要的新发明、重大技术变化、投入成本的剧变（如石油危机时）、外汇汇率的重要变化、突然出现的世界或地区需求、战争等。机遇的重要性在于它可能打断事物的发展进程，使原来处于领先地位的公司的竞争优势无效，落后国家的公司如果能顺应局势的变化，利用新机会便可能获得竞争优势。政府对国家竞争优势的作用主要在于对四种决定因素的影响。政府可以通过补贴、对资本市场加以干预、制定教育政策等影响要素条件，通过确定地方产品标准、制定规则等影响买方需求（政府本身也是某些产品或服务的大买主）。政府也能以各种方式决定相关产业和支持性产业的环境，影响企业的竞争战略、结构、竞争状况等，因此政府的作用十分重要。一国所面临的机遇以第二次世界大战后世界形势的发展，为日本的发展提供了资本、技术和市场支持为例；政府的作用以日本政府的经济政策推动日本各阶段主导产业的形成和及时转换为例。

波特认为，一国经济地位上升的过程就是其竞争优势加强的过程。国家竞争优势的发展可分为四个阶段。第一阶段为要素推动阶段。在此阶段，基本要素上的优势是竞争优势的主要源泉。第二阶段是投资推动阶段。竞争优势的获得主要来源于资本要素。持续的资本投入可以扩大生产规模，大量更新设备，提高技术水平，增强企业的竞争力。第三阶段是创新推进阶段。这个阶段的竞争优势来自创新。企业已具备各种条件，人员培训效果显著，引进技术吸收消化能力强，能自己进行研究生产和开发工作，创新意识和创新能力较强。于是，依靠将高科技成果转化为商品的努力，增强经济适应能力，就能赢得竞争优势的持续。第四阶段是财富推动阶段。处于这个阶段的国家主要靠过去长期积累的物质精神财富而维持经济的运行，产生了“吃老本”的机制，创新的意愿及能力均下降，面临丧失竞争优势的危险。

※小资料

关于中国竞争力认识上的误区

（1）把产业的竞争优势误解为绝对优势。绝对优势无疑也是一种竞争优势，但由于中国是一个人均自然资源短缺的国家，除极少数自然资源（如煤炭和部分有色金属等）具有得天独厚的条件外，绝大部分生产要素可以在发达国家找到不同程度的替代品，有的无论在数量上还是在质量上发达国家都远远优于我国。我们即使不考虑自然资源的开采成本与期限，也不可能把竞争优势都建立在寥寥无几且分布极不均衡的几种自然资源上。在经济全球化时代，单纯靠部分资源优势和劳动力优势是难以形成竞争优势的，必须将比较优势和竞争优势有机结合起来。通过尽快提升部分有比较优势产业的竞争力形成一部分有竞争力的产业群，才能适应当前全球市场竞争的需要。

（2）把获取竞争优势与利用比较优势对立起来。由于中国的比较优势基本上都体现在技术含量低的劳动密集型和资源密集型产品上，某些人总是认为这些产业层次很低，不具有竞争优势，认为经济发展真正能够依靠的只能是资金和技术密集型产业，所以就动员所有的人力、物力和财力，发展高、精、尖、新产品，使产品特点迅速由长厚重大向轻薄短小方向转变，结果是最终发展的高附加值产品缺乏竞争力，低附加值产品没有机会得到发展，整体经济不具备竞争力。

（3）认识不到获取竞争优势就是比较优势不断得到充分利用的过程。利用比较优势与获取竞争优势不仅不是对立的，它们根本就是同一过程的两个方面。获得竞争优势与否的主要标准就是看比较优势的充分利用情况，传统上作为国民经济竞争力核心指标的产业结构高度化不过是对比较优势充分利用的内容随着时间的推移而得到不断更新的结果。认识不到这一点是许多发展中国家和地区过去多年参与经济全球化却不能取得预期成果的最深层次的原因。

波特分析了国家竞争优势的发展阶段后，通过德国、美国、意大利和日本等国经济发展状况从实证角度对其理论予以说明。他认为，目前日本经济正处于创新阶段，经济发展后劲较强；而美国经济则处于财富推动的阶段，美国许多工业正在衰退，竞争处于寡占状况，经济缺乏推动力。

波特的国家竞争优势理论弥补了其他国际贸易理论的不足，较圆满地回答了理论界长期未能解答的一些问题。波特认为一国在生产要素方面的比较优势有利于它建立国际竞争优势，而一国只有建立了国际竞争优势才能获得持久的比较利益。这种国际竞争优势才应该是国际贸易理论的核心。国际竞争优势理论不仅对当今世界经济和贸易格局进行了理论上的归纳总结，而且对国家未来贸易地位的变化可提供具有一定的前瞻性预测。

6）战略贸易理论（Strategic Trade Theory）

战略贸易理论是由保罗·克鲁格曼（P. R. Krugman）等提出来的。

1984年，克鲁格曼在《美国经济学评论》上发表了一篇题为《工业国家间贸易新理论》的论文。在该论文里，克鲁格曼认为，传统的国际贸易理论都是建立在完全竞争市场结构的分析框架基础上的，因而不能解释全部的国际贸易现象，尤其难以解释工业制成品贸易，从而提出应对国际贸易理论的分析框架进行更新的主张。1985年，克鲁格曼又在其与赫尔普曼（E. Helpman）合著的《市场结构和对外贸易》一书中，运用垄断竞争理论对产业内贸易问题进行了系统的分析和阐释，并建立了以规模经济和产品差别化为基础的不完全竞争贸易理论模型，被国际经济学界称之为新贸易理论，即战略贸易理论。

战略贸易理论认为，在不完全竞争的现实社会中，在规模收益递增的情况下，要提高产业或企业在国际市场上的竞争力，必须首先扩大生产规模，取得规模效益。而要扩大生产规模，仅靠企业自身的积累一般非常困难，对于经济落后的国家来说更是如此。对此，最有效的办法就是政府选择发展前途且外部效应大的产业加以保护和扶持，使其迅速扩大生产规模、降低生产成本、凸显贸易优势、提高竞争能力。

可见，战略贸易理论是建立在不完全竞争贸易理论基础上的，是不完全竞争贸易理论在政策领域的具体体现，为国家进一步干预贸易活动提供了理论依据。

实际上，最早体现战略贸易思想的是布朗德（J. A. Brander）和斯潘塞（B. J. Spencer）的补贴促进出口的论点。他们认为，传统的贸易理论是建立在完全竞争的市场结构上的，因而主张自由贸易应是最佳的政策选择。但现实中，不完全竞争和规模经济普遍存在，市场结构是以寡头垄断为特征的。在这种情况下，政府补贴政策对一国产业和贸易的发展具有重要的战略性意义。在寡头垄断的市场结构下，产品的初始价格往往会高于边际成本。如果政府能对本国厂商生产和出口该产品给予补贴，就可使本国厂商实现规模经济，降低产品的边际成本，从而使本国产品在国内外竞争中获取较大的市场份额和垄断利润份额。同时，规模经济的实现也可以为消费者带来利益。

克鲁格曼的主要论点是以进口保护促进出口，进一步丰富和发展了战略贸易思想。克鲁格曼认为，在寡头垄断市场和规模收益递增的条件下，对国内市场的保护可以促进本国的出口。因为进口保护措施可以为本国厂商提供超过其国外竞争对手的规模经济优势，这种规模经济优势可以转化为更低的边际成本，从而增强本国厂商在国内外市场的竞争能力，最终达到促进出口的目的。这就是说，在不完全竞争的条件下，只要规模利益是递增的，那么一个受保护的厂商就可以充分利用国内封闭起来的市场扩大生产规模，不断降低产品生产的边际成本。同时，通过销售经验的积累也会使销售成本沿着学习曲线不断下降，从而降低产品的总成本。本国厂商一旦在边际成本的竞争中具有优势，就可对国外市场成功地进行扩张，从而也就达到了促进出口的目的。

克鲁格曼还认为，对外部性强的产业提供战略支持，不仅能促进该产业的发展，使其在国内外市场扩张成功，而且该国还能获取该产业作为战略支持产业得到迅速发展而产生的外部经济效应。所谓外部经济效应，在这里是指某一产业的经济活动对其他产业乃至整个经济发展产生的有利影响。一般来讲，新兴的高科技产业往往都具有较强的外部经济效应。这些产业所创造的知识和所开发的新技术、新产品，将对全社会的技术进步和经济增长产生积极的推动作用，虽然这些产业的企业可以获得它们对生产知识进行投资所带来的收益，但却不是全部收益，因为知识外溢往往具有无偿性。因此，为了保护企业创造知识的热情，刺激企业的知识开发活动，扩大知识外溢所产生的经济效应，就有必要进行政府补贴和扶持。

不难看出，战略贸易理论的核心是强调政府通过干预对外贸易而扶持战略性产业的发展，是一国在不完全竞争和规模经济条件下获得资源优化配置的最佳选择。

上述战略贸易理论与李斯特的幼稚工业保护理论在一定意义上具有异曲同工之妙，但两者又有本质的区别。一个是基于寡头垄断条件下的贸易保护主张；另一个则是基于自由竞争条件下的贸易保护主张。战略贸易理论所要保护的是具有规模收益递增特点的战略性产业，这些产业是与幼稚工业有很大区别的。

2.4 以新时代中国特色社会主义思想指导中国对外贸易的可持续发展

习近平总书记认为经济全球化是历史潮流。各国应该坚持人类优先的理念，以更加开放的心态和举措，共同把全球市场的蛋糕做大、把全球共享的机制做实、把全球合作的方式做活，共同把经济全球化动力搞得越大越好、阻力搞得越小越好。

习近平主席提出以下几点倡议：

第一，共建开放合作的世界经济。面对矛盾和摩擦，协商合作才是正道。只要平等相待、互谅互让，就没有破解不了的难题。应该坚持以开放求发展，坚持“拉手”而不是“松手”，坚持“拆墙”而不是“筑墙”，坚决反对保护主义、单边主义。

第二，共建开放创新的世界经济。各国应该加强创新合作，推动科技同经济深度融合，加强创新成果共享，支持企业自主开展技术交流合作，让创新源泉充分涌流。应该共同加强知识产权保护，而不是搞知识封锁，制造甚至扩大科技鸿沟。

第三，共建开放共享的世界经济。各国应该共同维护以联合国宪章宗旨和原则为基础的国际秩序，坚持多边贸易体制的核心价值和基本原则，促进贸易和投资自由化、便利化。应该加大对最不发达国家支持力度，让发展成果惠及更多国家和民众。

站在新的历史起点，中国开放的大门只会越开越大。我们将坚持以开放促改革、促发展、促创新，持续推进更高水平的对外开放：

第一，继续扩大市场开放。中国中等收入群体规模全球最大，市场规模巨大、潜力巨大，前景不可限量。中国将积极建设更加活跃的国内市场，更加重视进口的作用，进一步降低关税和制度性成本，培育一批进口贸易促进创新示范区，扩大对各国高质量产品和服务的进口。

第二，继续完善开放格局。中国将继续鼓励自由贸易试验区大胆试、大胆闯，加快推进海南自由贸易港建设，继续推动京津冀协同发展、长江经济带发展、长三角区域一体化发展、粤港澳大湾区建设，并将制定黄河流域生态保护和高质量发展新的国家战略，增强开放联动效应。

第三，继续优化营商环境。中国将继续针对制约经济发展的突出矛盾，在关键环节和重要领域加快改革步伐，以国家治理体系和治理能力现代化为高水平开放、高质量发展提供制度保障。不断完善市场化、法治化、国际化的营商环境，放宽外资市场准入，继续缩减负面清单，完善投资促进和保护、信息报告等制度，完善知识产权保护法律体系。

第四，继续深化多双边合作。中国支持对世界贸易组织进行必要改革，增强多边贸易体制的权威性和有效性。希望区域全面经济伙伴关系协定能够早日签署生效。中国愿同更多国家商签高标准自由贸易协定，加快中欧投资协定、中日韩自由贸易协定、中国-海合会自由贸易协定谈判进程。中国将积极参与联合国、二十国集团、亚太经合组织、金砖国家等机制合作，推动经济全球化向前发展。

第五，继续推进共建“一带一路”。中国将秉持共商共建共享原则，坚持开放、绿色、廉洁理念，努力实现高标准、惠民生、可持续目标，推动共建“一带一路”高质量发展。

面向未来，中国将坚持新发展理念，继续实施创新驱动发展战略，着力培育和壮大新动能，不断推动转方式、调结构、增动力，推动经济高质量发展，为世界经济增长带来新的更多机遇，为各国提供更多市场机遇、投资机遇、增长机遇，实现共同发展，不断为推动建设开放型世界经济、构建人类命运共同体作出贡献。

※小资料

中国外贸发展与“中国梦”

在党的十八大之后开始的中国新征程中，“中国梦”是一个重要的概念。用习近平主席的话来说，“中国梦”的根本目标，是实现中华民族的伟大复兴。在经济和社会发展上，“中国梦”的实现也有具体的阶段性时间表——到2021年（中国共产党成立100周年）时实现全面建成小康社会的目标，到2049年（中华人民共和国成立100周年）时建成富强民主文明和谐的社会主义现代化国家。

梦想是伟大的，但实现梦想的路途中也充满挑战。中国的外贸发展将是“中国梦”的重要体现。全球经济正处在金融危机后的漫长调整阶段，中国经济也处在前所未有的转型之中，国际市场和国内市场都面临着重大调整，这更为中国外贸的转型和升级提出了挑战。

在2013年博鳌亚洲论坛上，习近平主席代表中国向世界开出了巨大的经济“蛋糕”——未来5年，中国将从全球进口10万亿美元的商品，将对外投资5 000亿美元，将有4亿人次的中国人走出国门旅行消费。习近平主席还表示，中国将继续保持改革开放，公平保护外国投资者的利益。在某种意义上，这种憧憬也是中国对世界的经济承诺，中国将进一步深入地参与全球经济，这为中国对外贸易的发展提出了更高的目标。

中国有没有能力实现这些目标？从改革开放30多年的发展历程来看，中国从未在经济发展目标上失约，常常是显著超越经济发展目标。中国未来的对外贸易发展，也能够实现既定的目标。迄今为止，中国已经有很好的基础，中国2012年的进口额已经超过18 000亿美元，而且随着国内需求升级和市场规模扩大，进口还会保持持续增长。不过，对出口而言，中国未来面临的挑战可能更大。

首先，中国作为“世界工厂”的角色面临新挑战。中国的劳动力成本、能源和资源成本、环境成本都在上升，这使得中国难以保持过去长期依赖的廉价比较优势，其他新兴市场经济体则表现出对中国更强的竞争力。其次，随着发达国家调整制造业发展策略，制造业重回发达国家、制造业向“精细工业”发展正在成为趋势。这使得过去从发达国家到发展中国家的单向产业转移，变成了更为复杂的双向转移甚至多向转移。最后，随着前两个因素的变化，中国在全球产业链条中的角色面临升级，在投资和贸易角色上都面临改变。

专家认为，未来中国对外贸易的发展，取决于一些重要因素的改变：一是中国“世界工厂”的升级。中国过去做的是“世界工厂1.0版”，那么今后的目标则应该是去做“世界工厂2.0版”“世界工厂3.0版”，要在产业链上向高价值端逼近。二是中国要努力适应与改善贸易规则和贸易环境。在国际和国内两个市场，都要通过改革和服务来营造更好的贸易和投资环境，以适应未来更高层次的贸易竞争，满足国内外更高层次的消费市场需求。

整体来看，中国未来的对外贸易发展充满希望，只要中国继续保持稳健发展的大国地位，中国的外贸发展就会在持续向上的轨道中发展，在实现“中国梦”的征程中扮演重要的排头兵角色！

资料来源 贺军．中国外贸发展与“中国梦”[EB/OL]．(2013-04-15)[2013-07-19]．http://www.cantonfair.org.cn/html/cantonfair/cn/info/2013-04/26867.shtml.

本章小结

1.亚当·斯密在对重商主义进行批评的基础上，提出了“绝对优势理论”：各国都应生产自己具有绝对优势的产品，并通过国际贸易，同另一国具有绝对优势的产品交换。这样，各国的土地、劳动和资本等资源都能在世界范围内得到最充分有效的利用，从而使社会物质财富增加。亚当·斯密的绝对优势理论揭示了国际贸易产生和贸易所得的原因。

2.为了论证自由贸易的优越性，李嘉图发展了斯密的国际分工论，提出了比较优势理论。他解释了处于绝对优势与绝对劣势国家之间的贸易现象，这是亚当·斯密的比较优势理论所解释不了的问题。他认为尽管一国在两种产品的生产上都处于绝对劣势，但它可以选择两种产品中劣势较小的产品（具有“比较优势”的产品）进行专业化生产并出口，这同样能够获得贸易利益。李嘉图的“比较优势理论”被后来的西方经济学家推崇为支配国际贸易的永恒“规律”。

3.赫克歇尔、俄林提出要素禀赋论，认为生产要素禀赋的差异也是各国比较优势乃至国际贸易产生的重要原因，他们引入要素密集度和要素丰裕度的概念来说明。其主要观点是：商品价格的绝对差异是产生国际贸易的直接原因；一国应生产和出口相对密集地使用其相对丰裕而便宜要素的商品，而进口相对密集地使用其相对稀缺而昂贵要素的商品，这样会提高一国的资源利用效率，对贸易双方都有利（即H-O定理）；国际贸易可以逐渐消除不同国家之间商品价格差异，从而使两国生产要素价格趋于均等化。要素禀赋论是国际贸易理论从古典向新古典发展的标志。

4.马克思主义的国际分工理论科学地论证了国际分工、国际贸易发展与社会生产力进步之间的辩证关系，并揭示了国际分工的性质，为我们参与国际分工指明了方向，是我国发展对外贸易的重要理论依据。

5.里昂惕夫等经济学家对H-O模型进行了检验，所得结论与H-O结论相反，被称为“里昂惕夫之谜”。对此有很多解释，较有代表性的有里昂惕夫本人的劳动力相对丰富说、自然资源稀缺说、贸易壁垒说、生产要素异质说、人力资本说、消费者偏好说、要素密集度逆转说等。这些学说都只能从某一方面解释这种现象，并不能完全令人信服，于是导致了新贸易理论的诞生。

技术差距理论主要从技术变化的角度解释国际贸易问题；产品生命周期理论认为产品和生物一样是有生命周期的，产品的生命周期是指产品要经历创新、成长、成熟和衰退阶段的全过程；重叠需求论从需求方面研究国际贸易的起因，认为两国之间贸易关系的密切程度是由两国的需求结构与收入水平决定的；产业内贸易理论通过产品差异性、规模经济或规模报酬递增以及偏好相似等概念解释产业内贸易形成的原因；国家竞争优势论认为一国在生产要素方面的比较优势有利于它建立国际竞争优势，而一国建立了国际竞争优势才能获得持久的比较利益。这种国际竞争优势才应该是国际贸易理论的核心。战略贸易理论认为，在不完全竞争的现实社会中，在规模收益递增的情况下，要提高产业或企业在国际市场上的竞争力，必须首先扩大生产规模，取得规模效益。而要扩大生产规模，仅靠企业自身的积累一般非常困难，对于经济落后的国家来说更是如此。对此，最有效的办法就是政府选择发展前途且外部效应大的产业加以保护和扶持，使其迅速扩大生产规模、降低生产成本、凸显贸易优势、提高竞争能力。

6.新时代中国特色社会主义思想是中国对外贸易的可持续发展的指导思想。中国将坚持新发展理念，继续实施创新驱动发展战略，着力培育和壮大新动能，不断推动转方式、调结构、增动力，推动经济高质量发展，为世界经济增长带来新的更多机遇，为各国提供更多市场机遇、投资机遇、增长机遇，实现共同发展，不断为推动建设开放型世界经济、构建人类命运共同体作出贡献。

主要概念和观念

★主要概念

绝对成本　比较成本　国际价值　产品生命周期

★主要观念

比较成本论　要素禀赋论　技术差距理论　需求重叠论　战略贸易理论　新时代中国特色社会主义思想

基本训练

★知识题

选择题

(1) 要素禀赋论假定生产过程中投入（　　）种生产要素。

A.一　　B.二　　C.三　　D.四

(2) 要素禀赋论是以（　　）来说明国际贸易产生的原因的。

A.劳动生产率的绝对差异　　B.劳动生产率的相对差异

C.要素丰裕度差异　　D.需求差异

(3) 从需求方面说明国际贸易的原因的理论有（　　）。

A.绝对成本差异论　　B.比较成本差异论

C.要素禀赋论　　　　　　　　　　D.需求重叠论

(4) 国家竞争优势论的代表是（　　）。

A.波纳斯　　　　B.弗农　　　　C.林德　　　　D.波特

(5) 马克思主义社会再生产理论认为一国发展对外经贸事业的必要性，是由于（　　）。

A.国际交换能使贸易双方都从中获利

B.国与国之间的贸易不可能是等价交换的

C.在一国范围内不可能在实物形态上达到扩大再生产所要求的平衡关系

D.在一国范围内不可能在价值形态上达到扩大再生产所要求的平衡关系

★技能题

1.运用比较成本理论来解释我们发展对外贸易的动因。

2.运用重叠需求理论来解释中韩之间的汽车贸易。

观念应用

以马克思主义的国际价值理论为依据，分析我国发展对外贸易的必要性。

第3章

对外贸易发展战略

学习目标

通过本章学习，你应该达到以下目标：

知识目标：掌握出口商品战略、以质取胜战略、科技兴贸战略、出口市场多元化战略、进口商品战略等基本概念。

技能目标：掌握中国各阶段，特别是改革开放后对外贸易发展特点和主要内容。

能力目标：正确理解和把握现阶段中国发展对外贸易的各项战略与措施。

中国改革开放以来，对外贸易发展取得的巨大成就，是中国实行对外开放政策的结果，也是成功实施对外贸易发展战略的结果。对外贸易已逐渐从国民经济的“调剂余缺”的辅助地位，上升到对改革开放进程起重大影响的战略地位。国家对对外贸易的战略规划，是在把握国际经济和技术进步发展趋势的基础上，重视发挥我国的比较优势，营建我国的竞争优势。它对我国对外贸易的快速发展和结构升级，起到了不可替代的作用。

改革开放以来，我国对对外贸易作出了一系列战略规划，对对外贸易总量、商品结构、市场结构等方面进行了卓有成效的指导和调控。

3.1 出口商品战略

3.1.1 出口商品战略的含义和意义

出口商品战略是一国根据本国在一定时期内比较优势与竞争优势的状况和国际市场的供求状况，对出口商品构成所作出的战略性安排。

制定科学、切合实际的出口商品战略并采取相应的战略措施，对于增强出口商品的国际竞争力，扩大出口创汇能力，提高出口经济效益，是十分重要的。

3.1.2 制定出口商品战略的依据

一国的出口商品结构不仅受国际经济环境的影响，而且也受国内经济发展水平、产业结构和发展政策的制约。因此，我国在不同的历史时期，制定了不同的出口商品战略。

3.1.3 我国出口商品战略的内容

1）"六五"计划时期的出口商品战略（1981—1985年）

根据我国刚刚改革开放，产业结构和生产技术落后的情况，我国制定的出口商品战略是：发挥我国资源丰富的优势，增加矿产品和农副土特产品出口；发挥我国传统技艺精湛的优势，发展工艺品和传统的轻纺产品出口；发挥我国劳动力众多的优势，发展进料加工；发挥我国现有工业基础的作用，发展各种机电产品和多种有色金属、稀有金属加工品的出口。

根据上述战略安排，"六五"计划期间，我国优先发展了石油、煤炭等矿产品和农副土特产品的出口，重点发展了轻纺产品的出口，逐步发展了机电产品及有色金属、稀有金属加工品的出口。

2）"七五"计划时期的出口商品战略（1986—1990年）

20世纪80年代以来，国际市场初级产品价格大幅下跌，初级产品贸易趋于萎缩，初级产品在世界贸易中的比重由1980年的43%下降到1989年的27%，制成品贸易增长加速，市场份额提高。我国出口商品构成经过"六五"计划时期的努力，初级产品比重有所下降，制成品比重有所上升，但初级产品仍占较大比重。在工业制成品中，精加工品很少。针对这种情况，我国在"七五"计划中提出了以实现"两个转变"为核心内容的出口商品战略，即我国出口商品构成要实现逐步由主要出口初级产品向主要出口工业制成品的转变，由主要出口粗加工制成品向主要出口精加工制成品的转变。

在此期间，我国减少了一些大宗原料性产品如石油、棉花、粮食及某些矿产品的出口，轻纺产品出口得到较快的发展，纺织品成为我国出口的最大宗商品，同时机电产品及某些高科技产品出口也有了一定的发展。到"七五"计划末，我国实现了第一个结构转变目标，即由主要出口初级产品向主要出口工业制成品的转变。出口产品中，工业制成品的比重已大大超过初级产品，约占74.4%（如图3-1所示）。

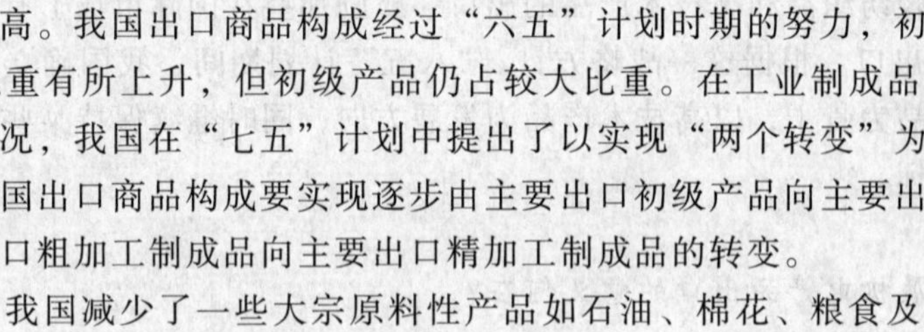

图3-1 "六五"至"七五"计划时期出口商品构成及比重变化示意图[①]

3）"八五"计划时期的出口商品战略（1991—1995年）

进入"八五"计划时期，从国际市场变化看，在各类商品中机电产品贸易增长速度较快，并成为贸易额最大的一类商品（见表3-1）。从国内经济发展看，随着改革开放的不断深入，一大批利用外资和引进项目建成投产并开始创造效益。

据此，"八五"计划期间我国制定的出口商品战略是：逐步实现出口商品结构的第二

① 根据商务部统计数据绘制。

表 3-1　　　　"八五"时期机电产品出口增长情况①　　　　金额单位：亿美元

年份/时期	金额	增长（%）	比重（%）
"八五"时期	1 322	32.9	25.5
1991	141	27.4	19.6
1992	195	38.5	23.0
1993	227	16.1	24.7
1994	320	40.9	26.4
1995	438	37.2	29.5

个转变，即由粗加工制成品出口为主向精加工制成品出口为主的转变，努力增加附加价值高的机电产品、轻纺织品和高技术产品的出口，鼓励那些在国际市场上有发展前景、竞争力强的拳头产品出口。根据这一战略方针，"八五"计划期间，我国确立了以机电产品为主导，以轻纺织品为骨干，以高技术产品为发展方向，同时继续保持某些矿产品和农副产品的出口结构目标。

❈小思考

我国大力发展机电产品出口的意义何在？

答：(1) 扩大机电产品出口，是增强我国出口创汇能力和进一步扩大出口规模的需要。(2) 扩大机电产品出口，可以优化我国出口商品结构，是我国外贸发展的根本出路和希望。(3) 扩大机电产品出口可以加速振兴我国机电行业，提高我国生产技术水平。

经过"八五"计划期间的努力，我国出口商品结构进一步优化，到"八五"计划末，机电产品已取代轻纺织品，成为我国出口的最大宗商品，如图 3-2 所示。轻纺织品及农副产品、资源性产品，在出口中的比重虽然下降，但绝对额仍保持持续的增长（见表 3-2）。

图 3-2　"八五"时期机电产品与轻纺产品出口比重变化示意图②

① 根据海关统计数据整理。
② 根据海关统计数据整理。

表3-2　“八五”时期纺织品及服装出口增长情况[①]　金额单位：亿美元

年份/时期	纺织品			服装		
	金额	增长（%）	比重（%）	金额	增长（%）	比重（%）
“八五”时期	507	—	9.8	917	—	17.7
1991	77	—	10.8	90	—	12.5
1992	86	10.0	10.1	166	85.5	19.6
1993	87	1.3	9.5	184	10.3	20.1
1994	118	35.8	9.8	237	28.7	19.6
1995	139	17.7	9.4	240	1.2	16.1

4）“九五”计划时期的出口商品战略（1996—2000年）

进入“九五”计划时期，国际贸易中机电产品仍在迅速增长，其中尤其是高技术含量、高附加值的高新技术产品增长更快（见表3-3、表3-4）。从国内因素分析，我国出口商品结构虽然不断优化，但仍以粗加工、低附加价值、低技术含量的劳动密集型产品为主，出口商品的总体竞争力较弱。因此，根据国家“九五”计划中提出的要实现经济增长方式从粗放型向集约型转变的方针，我国制定了“以质取胜”为核心的出口商品战略，努力实现外贸出口增长由主要依靠数量和速度转向依靠质量和效益。

表3-3　“九五”时期机电产品出口增长情况[②]　金额单位：亿美元

年份/时期	金额	增长（%）	比重（%）
“九五”时期	3 563	21.9	37.1
1996	482	9.8	31.9
1997	593	23.0	32.5
1998	665	12.2	36.2
1999	770	14.7	39.5
2000	1 053	36.9	42.3

表3-4　“九五”时期高新技术产品出口增长情况[③]　金额单位：亿美元

年份/时期	金额	增长（%）	比重（%）
“九五”时期	1 112	—	—
1996	128	—	8.5
1997	165	28.5	9.0
1998	202	22.3	11.0
1999	247	22.6	12.7
2000	370	50.0	14.9

① 根据海关统计数据整理。
② 根据海关统计数据整理。
③ 根据海关统计数据整理。

优化出口商品结构是贯彻“以质取胜”战略、转换外贸增长方式的关键，是实现外贸质量、效益型增长的根本途径。为此，《中华人民共和国国民经济和社会发展“九五”计划和2010年远景目标纲要》指出：“进一步优化进出口商品结构。着重提高轻纺产品的质量。进一步扩大机电产品出口，特别是成套设备出口。发展附加值高和综合利用农业资源的创汇农业。”

通过这一战略措施的贯彻执行，在“九五”计划时期，我国各类出口商品的内部结构都有较大程度的优化。机电产品中，高新技术产品出口增长迅速（如图3-3所示）；轻纺产品中，出口结构有明显的升级，产品附加值有较大提高；在农副产品中，减少了粮食作物的出口，增加了创汇农产品的出口。

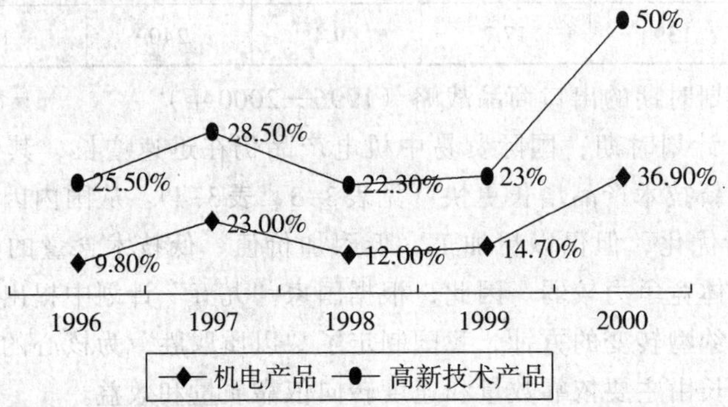

图3-3 “九五”时期机电产品与高新技术产品出口增长速度比较①

5)“十五”计划时期的出口商品战略（2001—2005年）

21世纪是知识经济时代，在国际贸易中，高附加值、高技术含量的产品增长十分强劲；经过改革开放以来20多年的经济发展，我国的产业结构和出口商品结构都有较大的提升，特别是高科技产业发展迅速、产品出口快速增长，但是出口产品中低技术、低附加价值产品仍占主导地位。因此，我国提出要继续贯彻以质取胜战略，重视科技兴贸，优化出口商品结构。

（1）战略目标

加快推进外经贸领域的两个根本性转变，基本实现外经贸发展从主要依靠规模扩张和数量增长向主要依靠质量和效益提高的根本性转变，增强我国外经贸的国际竞争力，努力保持对外经济贸易的可持续发展。

（2）战略措施

实施以质取胜战略和科技兴贸战略是实现上述目标的必要的保证措施。通过全面贯彻以质取胜战略和科技兴贸战略，力争到2005年，机电产品出口达到1 800亿美元，在出口中的比重占到50%左右；高科技产品出口达到600亿美元，在出口中的比重提高到20%左右；传统出口商品的技术含量和附加值明显提高。

①大力发展机电产品出口，特别是成套设备出口，把该类产品作为优化我国出口商品结构的主攻方向来抓。

① 根据海关统计数据整理。

②积极发展高新技术产品出口，并使其中一部分产品尽快上升为出口的主导产品，保持外贸出口发展后劲。

③着重提高轻纺产品的质量、档次，加快产品的升级换代，扩大花色品种，创立名牌，提高产品附加值。

④发展深加工、附加价值高的和综合利用农业资源的创汇农产品出口。

“十五”时期，是改革开放以来我国对外贸易发展最快的时期。经过艰苦谈判，我国终于成功地加入了世界贸易组织，对外经济贸易环境发生了深刻而重大的变化，我们在享受运用世界贸易规则带来好处的同时，也不断迎接了来自各个方面的各种各样的挑战，并在克服困难、解决问题中不断发展壮大。2005年，我国进出口贸易总额达14 221亿美元，比2000年增长199.8%，平均每年增长24.6%，比“九五”时期平均增长速度快13.6个百分点，进出口贸易总额占我国GDP的比重已经接近65%。2004年，我国进出口贸易总额已占世界贸易量的6.2%，在世界上的排名由2000年的第八位跃居到第三位，成为仅次于美国和德国的贸易大国。2005年，我国出口额达7 620亿美元，比2000年增长205.8%，平均每年增长25%，比“九五”时期平均增长速度快14.1个百分点；进口额达6 601亿美元，比2000年增长193.3%，平均每年增长24%，比“九五”时期平均增长速度快12.7个百分点。

表3-5为2001年、2005年对外贸易总额居世界前十位国家和地区的比较；表3-6为2001年、2005年商品贸易进出口额居世界前十位国家和地区的比较。

表3-5　**2001年、2005年对外贸易总额居世界前十位国家和地区比较**　金额单位：亿美元

位次	2001年			2005年		
	国家和地区	贸易总额	占世界比重（%）	国家和地区	贸易总额	占世界比重（%）
	世界总计	126 660	100	世界总计	211 460	100
1	美国	19 083	15.1	美国	26 370	12.5
2	德国	10 578	8.4	德国	17 448	8.3
3	日本	7 526	5.9	中国	14 219	6.7
4	法国	6 520	5.2	日本	11 118	5.3
5	英国	6 057	4.8	法国	9 550	4.5
6	中国	5 097	4.0	英国	8 791	4.2
7	加拿大	4 872	3.9	荷兰	7 592	3.6
8	意大利	4 807	3.8	意大利	7 465	3.5
9	荷兰	4 395	3.5	加拿大	6 797	3.2
10	中国香港	3 931	3.1	比利时	6 500	3.1

资料来源　世界贸易组织数据库、中国统计年鉴.

表3-6　2001年、2005年商品贸易进出口额居世界前十位国家和地区比较　单位：亿美元

位次	2001年				2005年			
	国家和地区	出口额	国家和地区	进口额	国家和地区	出口额	国家和地区	进口额
	世界总计	61 830	世界总计	64 740	世界总计	103 930	世界总计	107 530
1	美国	7 291	美国	11 792	德国	9 707	美国	17 327
2	德国	5 716	德国	4 861	美国	9 043	德国	7 741
3	日本	4 035	日本	3 491	中国	7 620	中国	6 600
4	法国	3 234	英国	3 330	日本	5 958	日本	5 161
5	英国	2 727	法国	3 286	法国	4 592	英国	5 012
6	中国	2 661	中国	2 436	荷兰	4 013	法国	4 958
7	加拿大	2 599	意大利	2 362	英国	3 779	意大利	3 797
8	意大利	2 445	加拿大	2 273	意大利	3 668	荷兰	3 579
9	荷兰	2 309	荷兰	2 086	加拿大	3 596	比利时	3 204
10	中国香港	1 911	中国香港	2 020	比利时	3 296	加拿大	3 201

资料来源　世界贸易组织数据库、中国统计年鉴.

6）“十一五”计划时期的出口商品战略（2006—2010年）

“十一五”计划时期是我国全面建设小康社会承前启后的关键时期，也是我国深入实施科技兴贸战略，实现我国从“贸易大国”向“贸易强国”跨越的重要时期。实施科技兴贸战略以建设创新型国家为目标，加快转变贸易增长方式，进一步优化出口商品结构，大力支持具有自主品牌和自主知识产权的高新技术产品出口，加强技术引进消化吸收再创新，增强企业自主创新能力，加快实现从“贸易大国”向“贸易强国”的历史性跨越。

(1) 战略目标

扩大高新技术产品出口，完善高新技术产品出口体系，增强企业自主创新能力，加强技术引进消化吸收再创新，提高出口产品国际竞争力。

(2) 战略措施

①扩大高新技术产品出口。促进具有自主知识产权、自主品牌的高新技术产品出口，促进软件出口，促进医药产品出口，发展新的出口增长点。

②提高自主创新能力。加大对企业自主研发的支持力度，建立科技成果转移机制，加强引进技术的消化吸收与创新，提高传统出口产品技术含量，加强知识产权的创造利用和管理。

③培育出口主体。扶持民营和中小企业出口，培育大型企业集团，鼓励外商投资企业发展，加强出口体系建设。

④发展服务贸易。促进服务贸易发展，推动物流现代化，加强技术引进的政策引导，探索技术引进新模式，推动成熟工业化技术出口。

⑤开拓国际市场。继续贯彻“市场多元化”战略，发挥展会的桥梁和平台作用，加强与“走出去”战略和对外援助的结合，推进国际技术交流与合作，引导企业开展国际化经营。

⑥优化贸易环境。完善相关配套服务，推进技术性贸易措施体系建设，加快高新技术标准化技术基础工作，加强高新技术产品的认证认可工作，强化便利化服务，建立有效的出口服务中介组织，加强信息服务，建立科技兴贸评价指标体系。

⑦加强组织领导。进一步完善联合工作机制，建立务实高效的科技兴贸干部队伍。

“十一五”期间，我国货物进出口总额累计116 806亿美元，比“十五”期间增长1.6倍。其中，出口总额为63 997亿美元，比“十五”期间增长1.7倍，出口年均增长15.7%，高于预定目标（如图3-4所示）。

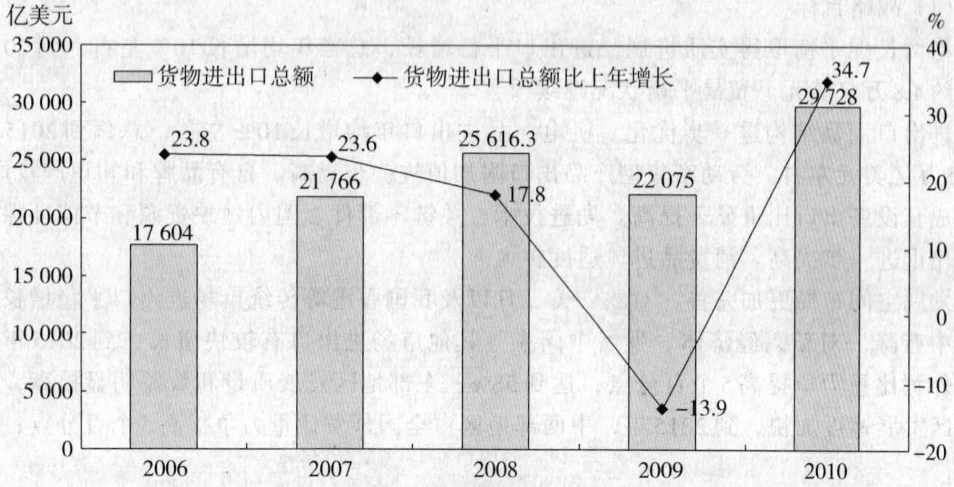

图3-4 “十一五”期间我国货物进出口总额及增长速度[①]

“十一五”时期的前两年，我国进出口总额保持年均23%以上的快速增长，2007年出口总额突破1万亿美元，达到12 180.1亿美元，同比增长25.7%。2008年国际金融危机爆发后，在世界经济大幅下滑、国际市场需求严重萎缩的严峻形势下，我国对外贸易经受住了金融危机的严峻考验。2008年进出口总额为25 616.3亿美元，同比增长17.8%，其中，出口额为14 285.5亿美元，同比增长17.2%。2009年进出口总额为22 075.35亿美元，虽然下降了13.9%，但我国依然是全球对外贸易表现最好的国家之一，降幅远低于全球贸易降幅。2009年我国出口总额为12 016.12亿美元，跃居世界第一位，占全球出口比重由“十五”时期末的7.3%提高到9.6%。2010年我国进出口再创历史新高，进出口总额接近3万亿美元，达到29 728亿美元，同比增长34.7%。其中，出口15 777.54亿美元，同比增长31.3%，出口比“十五”时期末增长1.1倍。

2010年，工业制成品出口占出口总额的比重由“十五”时期末的93.6%提高到94.8%；机电产品、高新技术产品出口占出口总额的比重分别由“十五”时期末的56.0%和28.6%提高到59.2%和31.2%；“两高”产品出口得到有效控制，汽车、船舶、飞机、铁路装备、通信产品等大型机电产品和成套设备出口均有新的突破（如图3-5所示）。

① 根据海关统计数据整理。

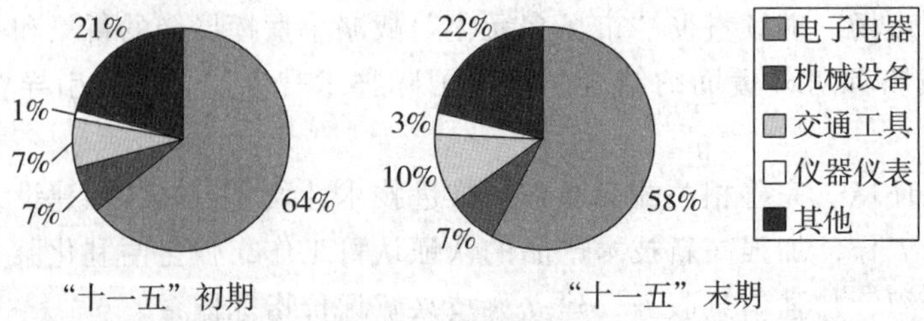

图3-5 "十一五"期间我国机电产品出口结构变化对比图[①]

7)"十二五"计划时期的出口商品战略(2011—2015年)

"十二五"计划时期仍是我国外贸发展的重要战略机遇期,同时面临的形势更加严峻复杂,保持平稳发展的难度增大。

(1)战略目标

稳增长促平衡取得实质进展。进出口平稳增长,总额年均增长10%左右,到2015年达到约4.8万亿美元。贸易平衡状况继续改善。

进出口商品结构进一步优化。机电产品进出口年均增长10%左右,总额到2015年达到2.5万亿美元左右。劳动密集型产品出口附加值进一步提高。自有品牌和知识产权产品、大型成套设备出口比重显著提高。先进技术、关键零部件、国内短缺资源和节能环保产品进口比重进一步提高。消费品进口适度扩大。

发展空间布局更加完善。对欧、美、日以及我国香港等传统市场进出口平稳增长,比重稳中有降。对新兴经济体、发展中国家等其他市场进出口有较快增长,到2015年,占全国外贸比重力争提高5个百分点,达到58%。东部地区发展质量和效益明显提高,中西部地区发展速度加快,到2015年,中西部地区占全国外贸比重力争提高5个百分点,达到15%。

国际竞争力明显增强。以技术、品牌、质量、服务为核心的竞争新优势加快形成,贸易渠道控制力明显增强。在优势产业中形成一批具有全球资源整合能力的跨国企业。

(2)战略措施

外贸稳定增长、调整结构、促进平衡,任重道远,需要各部门密切配合、综合施策,创新体制机制和完善政策措施。

①完善外贸管理体制和政策。

完善适应开放型经济要求、有利于发挥市场配置资源基础性作用的外贸管理体制机制。制定宽严适度的原产地规则,完善原产地认证管理体系。改进许可证管理,加强贸易统计监测功能。运用技术性措施引导并促进企业加强质量管理和诚信自律。加强知识产权保护,鼓励地理标志和农产品商标权利人海外注册和维权,扩大多双边知识产权领域交流与合作。加强政策引导,提升利用外资质量和水平,促进我国出口产业升级。采取积极措施,鼓励企业通过"走出去"带动进出口。加强检验检疫工作,依照国际通行原则,着力保障进出口商品安全、卫生、环保。加强大宗商品进出口协调和管理,规范重要、敏感商品进出口秩序,遏制不正当竞争。加强"两用"物项和技术的出口管制,维护国家安全,

① 根据海关统计数据整理。

履行国际防扩散义务。积极推进商会体制机制改革，加强行业自律和协调，充分发挥行业中介组织作用。推动国内交易规则与国际接轨，探索建立内外贸协调发展的体制机制。研究制定外贸质量和效益评价指标，改革和完善外贸考核和评价体系。

②完善涉外财政税收政策。

适应世界贸易组织规则，建立和完善财政支持外贸发展的体制机制。提供公共服务，对出口商品结构优化和转型升级给予支持；对开拓国际市场、发展品牌、产品国外认证、质量安全体系建设和制定行业标准等给予扶持。保持出口退税政策稳定，完善出口退税机制，及时、准确退税。研究推动出口退税分担机制改革，进一步优化进口关税结构。根据国内经济社会发展需要，降低部分能源原材料、关键零部件、先进技术设备的进口关税，适当降低部分与人民群众生活密切相关的生活用品进口关税。继续落实对来自最不发达国家部分商品进口零关税待遇，加快降税进程，进一步扩大零关税商品范围。

③完善涉外金融政策。

完善与贸易发展水平相适应的全方位金融政策支持体系。鼓励金融机构积极开展进出口信贷业务，灵活运用票据贴现、押汇贷款、对外担保等方式，拓宽进出口企业融资渠道。进一步简化贸易信贷登记管理、程序和方式，便利重点产业和企业出口及先进技术进口。支持融资性担保机构扩大中小企业进出口融资担保业务，解决中小企业融资困难。鼓励融资租赁公司扩大设备进出口租赁业务。研究出台贸易融资封闭贷款管理办法，解决综合授信信用评级较低的中小企业融资问题。充分发挥出口信用保险的政策导向作用，支持大型成套设备等资本性货物出口，鼓励中小企业积极开拓国际市场。发展政策性进口信用保险业务，支持重要原材料和关键技术设备的进口。进一步完善人民币汇率形成机制，保持人民币汇率在合理均衡水平上的基本稳定。扩大人民币在跨境贸易和投资中的使用。积极推进贸易收付汇管理制度改革。鼓励国内有条件的金融机构逐步完善海外网点布局，为我国企业“走出去”和开拓新兴市场提供更为便捷、可靠的金融服务。

④完善外贸法律法规体系。

坚持外贸法制化管理和依法行政。以《中华人民共和国对外贸易法》为基础，坚持对外经贸政策的统一性，加强各部门在制定和实施涉及外贸政策、法规方面的协调。健全和完善与外贸有关的投资合作、知识产权、环境与气候、贸易调查、贸易救济、贸易促进、信用管理等相关法律法规。加强各项外经贸立法之间的衔接和协调，促进外贸和利用外资、“走出去”互动共促。适时完成《中华人民共和国货物进出口管理条例》（以下简称《货物进出口管理条例》）的修订工作。提高依法行政能力，综合运用外贸、通关、检验检疫、外汇、金融、税务、科技、环保、知识产权保护、劳动保障等领域政府监管职能和中介组织资源，积极探索建立外贸信用体系，整顿和规范经营秩序，促进外贸健康发展。

⑤加强贸易摩擦应对工作。

营造公平竞争的外贸环境。健全和完善商务部、地方商务主管部门、商协会和企业“四体联动”的贸易摩擦应对机制，统筹运用各种有效手段和世界贸易组织争端解决机制，提高贸易摩擦应对能力。加强贸易摩擦预警机制建设，完善全口径进出口监测体系。加强产业损害预警体系建设，完善产业安全数据库，充分发挥产业损害预警机制作用。探索建立相关机制，鼓励遭受进口冲击的国内产业调整结构，提升竞争力。扩大和深化与主要贸易伙伴间的贸易救济合作机制，化解和减少贸易摩擦。充分运用多双边政府间磋商和行业间对话机制，推动业界合作，有效抑制贸易摩擦升级和蔓延。积极应对国外技术性贸易壁垒。加强进出口产品质量安全监管，依法落实进出口产品有关企业的主体责任。加大规则谈判参与力度，构建公平规则环境。遵循国际贸易通行规则，运用反倾销、反补贴、保障措施等贸易救济措施，维护国内产业安全，保护企业公平竞争及合法权益。支持企业积极应对国外反垄断诉讼，依法处理外贸领域垄断行为。

⑥加强多边双边经贸合作。

认真履行世界贸易组织成员承诺，积极参与国际贸易规则制定，推动多哈回合谈判早日达成全面、平衡的结果。利用好多边贸易体制及二十国集团等平台，努力遏制各种形式的贸易保护主义，促进国际经济秩序朝着更加公正合理的方向发展。加快与有关国家的自贸区谈判。充分利用各种层次的区域经济合作机制发展与相关国家、地区贸易。发挥政府间磋商和业界对话等机制的作用，与主要贸易伙伴加强相关政策协调，照顾彼此关切。积极推进与周边国家经贸合作，在条件成熟时设立跨境经济合作区，促进与周边国家经贸关系和谐发展。加强内地与香港特别行政区、澳门特别行政区经贸交流，继续实施更紧密经贸关系安排。保障供港澳农副产品稳定供应和质量安全。深化粤港澳区域经济合作，支持香港巩固和提升国际金融、贸易、航运中心地位，支持澳门经济适度多元化发展，发挥中国与葡语国家经贸合作服务平台作用。深化两岸经济合作，落实《海峡两岸经济合作框架协议》，推进后续货物贸易、服务贸易等单项协议的商谈；发挥海峡西岸经济区在两岸交流合作中的先行先试作用，促进双向投资；加强新兴产业、金融等现代服务业合作，推动两岸贸易健康发展。

⑦提高对外贸易便利化水平。

引导和推动政府管理部门实现信息联网及共享，为进出口企业提供更加优质、便捷的公共信息服务，保障国际贸易供应链安全。加强对出口退税、出口信贷、出口信保、加工贸易等方面政策的宣传。稳步推进与原产地认证相关的贸易便利化进程。继续推进“大通关”、地方电子口岸、中国电子检验检疫建设，推行进出口货物电子监管、直通放行、绿色通道等便利化措施。完善海关企业分类管理办法。优化通关环境，提高通关效率。加强检验监管体系建设，丰富检验监管模式和手段，完善进出口商品法定检验监督管理制度。争取在具备条件的边境口岸尽快实施“一站式”通关。加强进出口收费监管，减轻企业通关负担。简化商务人员出入境审批程序。

⑧加强外贸人才培养工作。

重视外贸人才建设。以市场为导向，创新人才管理体制和服务体系，营造良好的外贸人才发展环境。适应人口素质和结构变化，建立健全政府调控、市场配置、企业自主用人、人尽其才的体制机制。加强开放型外贸人才资源开发，高度重视外贸职业教育，促进多元化投入。鼓励外贸企业提高人力资本投资比重，支持员工踊跃参加学习培训，提高满足企业技术进步和产业升级需要的技能。大力培养国际商务人才，加快培养多双边外贸谈判人才。加强官、产、学、研合作，发挥社会智库在外贸发展重大问题及决策方面的参与和咨询作用。

2012年，我国外贸进出口总额为38 676.6亿美元，同比增长6.2%。其中出口总额为

20 498.3亿美元，同比增长7.9%；进口总额为18 178.3亿美元，同比增长4.3%；贸易顺差2 311亿美元，同比扩大48.1%。欧盟继续保持我国第一大贸易伙伴和第一大进口来源地的地位，而欧盟第一大出口市场的地位被美国取代。中欧双边贸易总额为5 460.4亿美元，同比下降3.7%，占我国外贸总值的14.1%。其中，我国对欧盟出口总额为3 339.9亿美元，同比下降6.2%。自欧盟进口总额为2 120.5亿美元，同比增长0.4%。对欧贸易顺差为1 219.4亿美元，收窄了15.8%。美国为我国第二大贸易伙伴、第一大出口市场和第五大进口来源地，中美双边贸易总额为4 846.8亿美元，同比增长8.5%，占我国外贸总值的12.5%。其中，我国对美出口总额为3 517.9亿美元，同比增长8.4%；自美国进口总额为1 328.9亿美元，同比增长8.8%；对美贸易顺差为2 189.2亿美元，同比增长8.2%。东盟为我国第三大贸易伙伴。与东盟双边贸易总额为4 000.9亿美元，同比增长10.2%，占我国外贸总值的10.3%。其中，我国对东盟出口总额为2 042.7亿美元，同比增长20.1%，是我国对前十大贸易伙伴中出口增速最快的。我国自东盟进口总额为1 958.2亿美元，同比增长1.5%；对东盟贸易顺差为84.5亿美元，而2011年为逆差228.4亿美元。中国香港取代日本，成为内地的第四大贸易伙伴。内地和香港双边贸易总值为3 414.9亿美元，同比增长20.5%，占内地外贸总值的8.8%。日本作为我国第五大贸易伙伴，中日双边贸易总值为3 294.5亿美元，同比下降了3.9%，占我国外贸总值的8.5%。同期，我国与俄罗斯和巴西双边贸易总值分别为881.6亿美元和857.2亿美元，同比分别增长11.2%和1.8%。

2012年我国主要贸易国和地区货物进出口额及其增长速度见表3-7。

表3-7　**2012年我国主要贸易国和地区货物进出口额及其增长速度**

国家或地区	出口额（亿美元）	比上年增长（%）	进口额（亿美元）	比上年增长（%）
美国	3 518	8.4	1 329	8.8
欧盟	3 340	-6.2	2 121	0.4
中国香港	3 235	20.7	180	15.9
东盟	2 043	20.1	1 958	1.5
日本	1 516	2.3	1 778	-8.6
韩国	877	5.7	1 686	3.7
印度	477	-5.7	188	-19.6
俄罗斯	441	13.2	441	9.2
中国台湾	368	4.8	1 322	5.8

资料来源　中国对外贸易统计年鉴、中国海关总署.

8）“十三五”计划时期的出口商品战略（2016—2020年）

“十三五”计划时期，我国实施优进优出战略，推动外贸向优质优价、优进优出转变，加快建设贸易强国。我国促进货物贸易和服务贸易融合发展，大力发展生产性服务贸易，服务贸易占对外贸易比重达到16%以上。巩固提升传统出口优势，促进加工贸易创新发展。优化对外贸易布局，推动出口市场多元化，提高新兴市场比重，巩固传统市场份额。鼓励发展新型贸易方式，发展出口信用保险，积极应对国外技术性贸易措施，强化贸易摩擦预警，化解贸易摩擦和争端。

（1）战略目标

外贸结构进一步优化，发展动力加快转换，外贸发展的质量和效益进一步提升，贸易大国地位巩固，贸易强国建设取得重要进展。

①外贸结构进一步优化。努力推进“五个优化”：一是优化国际市场布局。在巩固传统市场的同时，提高“一带一路”沿线国家等新兴市场在全国外贸中的比重。二是优化国内区域布局。在巩固东部沿海地区外贸的同时，进一步发挥中西部地区在全国外贸中的作用。三是优化商品结构。在稳定传统优势产品出口的同时，提高出口品牌、高技术含量产品在全国外贸中的比重。四是优化外贸经营主体。在坚持外贸大中小企业并重、多种所有制企业共同发展的同时，培育一批具有较强创新能力和国际竞争力的跨国公司。五是优化贸易方式。不断创新贸易方式，做强一般贸易，提升加工贸易，发展其他贸易方式。

②外贸发展动力加快转换。努力实现五个转变：一是推动出口由以货物为主向货物、服务、技术、资本输出相结合转变；二是推动竞争优势由以价格优势为主向以技术、标准、品牌、质量、服务为核心的综合竞争优势转变；三是推动增长动力由以要素驱动为主向以创新驱动为主转变；四是推动营商环境由以政策引导为主向制度规范和法治化、国际化转变；五是推动我国在全球经济治理中的地位由以遵守、适应国际经贸规则为主向主动参与国际经贸规则制定转变。

（2）战略措施

①完善外贸政策体系。

第一，深化外贸管理体制改革。推进简政放权、放管结合、优化服务，完善符合开放型经济发展需要、有利于发挥市场配置资源基础性作用的外贸管理体制。完善外贸政策协调机制，加强财税、金融、产业、贸易等政策之间的衔接和配合，完善外贸促进政策。根据安全标准、环保标准、社会责任等要求，完善对敏感商品的进出口管理。加强外贸行政审批事项下放后的监管体系建设，强化事中事后监管。加强“两用”物项和技术的出口管制，维护国家安全，履行国际义务。优化通关、质检、退税、外汇等管理方式，支持新型贸易方式发展。

第二，完善财税政策。完善外经贸发展专项资金等现有财政支持政策，突出资金支持重点，丰富支持方式，加强对社会资金的引导，改善公共服务，推动中西部地区承接加工贸易梯度转移，推动外贸产品研发、品牌培育、标准制定、引进消化吸收再创新、国际营销和售后服务体系建设、跨境电子商务发展，促进外贸稳增长、调结构、转型升级、创新发展。完善支持服务贸易发展的政策促进体系。推动进一步优化进出口关税结构，完善出口退税政策。

第三，改进金融服务。在风险可控、商业可持续的前提下，大力支持外贸企业融资，通过差别准备金、利率、再贷款、再贴现等政策，引导金融机构加大对小微企业的支持力度。鼓励和支持金融机构灵活运用流动资金贷款、对外担保等方式，对有订单、有效益的外贸企业贷款。加强银贸合作，鼓励和支持金融机构进一步扩大出口信用保险保单融资和出口退税账户质押等贸易融资规模。充分发挥出口信用保险作用，对大型成套设备出口融资应保尽保。扩大人民币在跨境贸易和投资中的使用，鼓励金融机构开发适应外贸发展需要的避险产品和风险管理工具，帮助企业有效规避汇率风险。鼓励金融机构完善海外机构布局，提高为外贸企业服务的能力。

第四，提高公共服务能力。加强对重点市场相关法律、准入政策、技术法规等的收集发布。加快技术性贸易措施公共信息服务平台建设，提高外贸企业防范和应对国际技术性贸易壁垒的能力和水平。发挥驻外使领馆在提供市场信息、应对贸易摩擦、市场准入交涉等方面的作用。深化商协会管理体制改革，推动其在行业信息交流、行业标准体系建设、组织企业开展贸易促进活动、推进行业自律、完善产业贸易政策等方面发挥更大作用。加强外贸人才培养，发展外贸职业教育，营造良好的外贸人才发展环境。

②发挥双向投资对贸易的促进作用。

第一，推动对外投资合作和贸易相结合。深化对外投资管理体制改革，提高对外投资便利化水平。创新对外投资合作方式，支持开展绿地投资、联合投资等，大力推动中国装备“走出去”，推进国际产能合作，带动我国产品、技术、标准、服务出口。推动有实力、有条件的企业加快国际产能合作，积极稳妥地开展境外技术和营销网络等并购。深化国际能源资源开发和加工互利合作，稳步推进境外农业投资合作，带动相关产品进出口。

第二，提高利用外资的质量和水平。加大招商引资力度，提高国家级经济技术开发区和各类园区的发展水平，进一步放开一般制造业。将承接国际制造业转移和促进国内产业转型升级相结合，引导外资投向现代农业、新能源、新材料、生物医药、信息通信、节能环保、智能制造、现代服务业等领域。鼓励外商投资地区性总部、研发中心等功能性机构，鼓励外资研发中心升级为全球研发中心和开放式创新平台，支持外资研发机构参与国内研发公共服务平台建设。引导外资投向中西部地区，提高中西部地区承接产业转移能力，促进东中西地区产业链互动合作。

③营造法治化、国际化、便利化的营商环境。

第一，完善外贸法律法规体系。坚持依法行政，坚持外贸工作法治化，完善符合我国国情和国际惯例的外贸法律法规体系。以《中华人民共和国对外贸易法》为基础，加强各部门制定、实施涉及外贸领域政策措施的协调。健全和完善货物进出口、服务贸易、出口管制、贸易调查、贸易救济、贸易促进以及与外贸有关的投资合作、知识产权、信用管理等领域的法律法规，加强各项外经贸立法之间的衔接。加强外贸及产业政策的合规性评估。优化公平竞争的市场环境。加强外贸领域诚信体系建设，建立部门协调机制，加强对进出口企业信用评价体系的优化和推广应用，打造进出口新型监管体制，推动实施联合奖惩措施，以适当方式对外公布或推荐我国信用状况良好的企业。加强反垄断执法，依法开展经营者集中反垄断审查工作，防范通过并购获取垄断地位损害市场竞争，维护公平竞争的市场秩序。加强外贸知识产权保护，持续开展外贸领域打击侵权假冒专项行动，加强境外知识产权争端解决和维权援助机制建设，健全多双边知识产权交流和执法协作机制，切实支持进出口企业应对境外知识产权纠纷。完善重点行业进出口资质管理和竞争自律公约机制，探索建立规范外贸经营秩序新模式。加强双边对话与合作，促使美国等发达国家和地区放宽对华出口管制。

第二，提高贸易便利化水平。积极履行世界贸易组织《贸易便利化协定》。推进大通关建设，全面实现口岸管理相关部门信息互换、监管互认、执法互助。加快全国通关一体化改革，建立高效便捷的通关制度，改善通关便利化的技术条件，全面推进通关作业无纸化，加强出口企业分类指导，对信用好的降低查验率，增强海关查验的针对性和有效性。加快电子口岸建设，推广国际贸易“单一窗口”建设，建立标准体系。建立完善国际贸易供应链管理机制，推动实施“经认证的经营者”（AEO）国际互认。规范经营服务性涉企收费，落实收费目录清单制度，加大对电子政务平台收费查处力度，合理规范港口、保险、运输、银行等收费，着重打破垄断，加强和创新收费监管，建立打击违规收费机制。

④深化合作共赢的国际经贸关系。

第一，加快实施自贸区战略。不断扩大我国自由贸易区网络覆盖范围，逐步形成立足周边、辐射“一带一路”、面向全球的高标准自由贸易区网络。加快有关自贸区谈判，推进与“一带一路”相关国家和地区的自贸区建设，推动亚太自贸区进程。研究推动商建新的自贸区，推进与“一带一路”相关国家自贸区升级。落实好现有自由贸易协定。积极推动货物、服务、投资等领域双向开放，加快推进知识产权保护、环境保护、电子商务、竞争政策、政府采购等新议题谈判，提高我国自贸区建设的标准和质量。

第二，提升国际经贸规则话语权。积极参与全球经济治理，维护世界贸易组织在全球贸易投资自由化中的主渠道地位，坚持多哈回合发展授权，推动多边贸易谈判进程，推进《环境产品协定》谈判、加入世界贸易组织《政府采购协定》谈判。积极推进中美、中欧投资协定谈判，推动制定多边投资规则。积极参与相关争端解决机制改革完善工作，积极参加贸易政策审议，广泛参与出口管制国际规则和管制清单制定。加强贸易增加值核算体系建设，建立健全全球价值链规则制定与利益分享机制。

第三，积极应对贸易摩擦。强化商务部、地方、商协会、企业“四体联动”的综合应对机制，综合运用交涉、磋商、谈判、法律抗辩、业界合作等方法，妥善解决贸易摩擦，有效维护我国正当经贸利益和企业合法权益。积极应对反补贴和反倾销调查，解决好调查中对我国的政治化、歧视性做法。通过对话磋商妥善解决与发展中国家的贸易摩擦。充分运用世界贸易组织争端解决机制、有关成员司法诉讼等程序，纠正其滥用贸易保护及其他涉嫌违反规则的措施做法。加强产业损害预警，依法发起贸易救济调查，维护国内产业安全和对外贸易秩序。

⑤加强组织领导和工作保障机制。

第一，加强党对外贸工作的领导。发挥商务系统各级党委（党组）领导核心作用，完善党委（党组）研究外贸发展战略、分析外贸形势、研究重大措施的工作体制机制，提高对重大外贸问题的科学决策、科学管理水平。优化领导班子知识结构和专业结构，加强政治、经济、法律、外交、管理等方面的学习，注重培养选拔政治强、懂专业、善治理、敢担当、作风正的党员领导干部，加强外贸人才队伍建设，增强党领导外贸工作专业化能力和法治化水平。落实全面从严治党主体责任，健全改进作风的长效机制，强化权力运行制约和监督。强化外贸领域基层党组织整体功能，发挥战斗堡垒作用和党员先锋模范作用，更好地推进外贸事业发展。

第二，强化工作机制。建立从组织领导、目标导向、形势研判、出台政策、狠抓落实、检查督导到舆论宣传的全链条外贸工作机制。科学合理地制定进出口规模目标，建立结构调整和质量效益提升的评价指标。建立重点产业和重点企业联系制度，跟踪分析外贸运行情况，加强形势研判。充分利用国家智库等社会研究力量，做好外贸重大理论和政策的研究。深入基层和企业调研，坚持问题导向，积极研究提出对策建议。细化工作责任制，明确时间节点，严格督导检查，纳入绩效考核体系。加强舆论宣传引导，及时通过各种媒体解读外贸政策，大力宣传外贸发展的好经验、好做法，提振企业信心，鼓励创新发展。

第三，完善规划实施机制。加强对本规划（出口商品战略“十三五”规划）实施的组织、协调和督导。动态监测规划实施情况，扎实开展评估工作。加强外贸领域各专项规划、地方规划与本规划的衔接协调。制订年度工作计划要参照本规划，出台和调整外贸重大政策措施要有规划依据。对规划提出的目标和任务，要制定具体落实措施。在本规划执行期间，如国际环境和国内形势出现重大变化，在深入调研的基础上，依照相关程序，适当调整本规划的预期目标。

※小资料

1996—2018年中国进出口情况见表3-8。

表3-8　**1996—2018年中国货物进出口额**

年份	亿元人民币				百万美元			
	进出口总额	出口总额	进口总额	差额	进出口总额	出口总额	进口总额	差额
2019	315 505	172 342	143 162	29 180				
2018	305 008.13	164 127.81	140 880.32	23 247.49	4 622 415	2 486 681.51	2 135 733.88	350 948
2017	278 099.24	153 309.43	124 789.81	28 519.62	4 107 138	2 263 345	1 843 793	419 552
2016	243 386.46	138 419.29	104 967.17	33 452.12	3 685 557.41	2 097 631.19	1 587 926.22	509 705
2015	245 502.93	141 166.83	104 336.10	36 830.73	3 953 032.72	2 273 468.22	1 679 564.50	593 903.73
2014	264 241.77	143 883.75	120 358.03	23 525.72	4 301 527.35	2 342 292.7	1 959 234.65	383 058.05
2013	258 168.89	137 131.43	121 037.46	16 093.98	4 158 993.47	2 209 004	1 949 989.47	259 014.53
2012	244 160.21	129 359.25	114 800.96	14 558.29	3 867 119	2 048 714.42	1 818 405	230 309
2011	236 401.99	123 240.6	113 161.4	10 079.2	3 641 860	1 898 381	1 743 483.59	154 897.87
2010	201 722.15	107 022.84	94 699.3	12 323.54	2 973 998.32	1 577 754.32	1 396 244.01	181 510.31
2009	150 648.06	82 029.69	68 618.37	13 411.32	2 207 535	1 201 611.81	1 005 923.2	195 687
2008	179 921.47	100 394.94	79 526.53	20 868.41	2 563 255.23	1 430 693.07	1 132 567	298 123
2007	166 863.7	93 563.6	73 300.1	20 263.5	2 176 570	1 220 456	956 116	264 344
2006	140 974	77 597.2	63 376.86	14 220.3	1 760 440	968 978	791 460.87	177 520
2005	116 921.8	62 648.1	54 273.7	8 374.4	1 421 910	761 953	659 953	102 000
2004	95 539.1	49 103.3	46 435.8	2 667.5	1 154 550	593 326	561 229	32 090
2003	70 483.5	36 287.9	34 195.6	2 092.3	850 988	438 228	412 760	25 468
2002	51 378.2	26 947.9	24 430.3	2 517.6	620 770	325 596	295 170	30 430
2001	42 183.6	22 024.4	20 159.2	1 865.2	509 650	266 098	243 553	22 550
2000	39 273.2	20 634.4	18 638.8	1 995.6	474 290	249 203	225 094	24 110
1999	29 896.20	16 159.80	13 736.46	2 423.40	360 630.00	194 931.00	165 699.00	29 230.00
1998	26 849.70	15 223.60	11 626.10	3 597.50	323 950.00	183 712.00	142 370.00	40 420.00
1997	26 967.20	15 160.70	11 806.50	3 354.20	325 160.00	182 792.00	142 370.00	40 420.00
1996	24 133.80	12 576.40	11 557.40	1 019.00	289 880.00	151 048.00	138 833.00	12 220.00

资料来源　中国国家统计局.

3.2 以质取胜战略

质量问题是经济发展中的一个战略问题。质量水平的高低是一个国家经济、科技、教育和管理水平的综合反映，世界经济的发展趋势表明，质量是影响国民经济和对外贸易发展的重要因素之一。在国际贸易的激烈竞争中，产品质量已处于竞争的焦点，价格竞争已退居次要地位，产品能否在国际市场上竞争取胜，质量是决定性的因素。

为了全面提高产品质量，1991年国务院提出当年为“质量、品种、效益年”，以提高全民的质量意识。1996年发布的《中华人民共和国国民经济和社会发展“九五”计划和2010年远景目标纲要》，明确提出要致力于提高我国产品质量、工程质量和服务质量的总体水平，并制定了《质量振兴纲要（1996—2010）》，指导质量工作。我国出口贸易发展虽然十分迅速，但主要是依靠扩大出口数量，以低质低价、削价竞销为代价取得的。“以量取胜”不但造成资源和社会劳动的浪费，而且难以适应现代国际市场“以质取胜”的竞争机制，特别是随着国际技术性贸易壁垒的盛行，国外对我国出口产品设置技术性障碍愈演愈烈，我国如不改变低质低价、以量取胜的竞争模式，必将难以保持出口持续、稳定的发展。

从我国外贸出口的长远发展出发，从1991年起“以质取胜”战略成为外经贸领域贯彻实施《质量振兴纲要（1996—2010）》、优化出口商品结构、转换增长模式的核心战略之一。

《质量振兴纲要（2011—2020）》更是提出我国要深化质量国际交流合作，围绕国家重大产业、区域经济发展规划及检验检测技术、标准一致性，建立双边、多边质量合作磋商机制，参与质量相关国际和区域性标准、规则制定，促进我国标准、计量、认证认可体系与国际接轨，积极应对国外技术性贸易措施，完善我国技术性贸易措施体系。

3.2.1 “以质取胜”战略的内涵

实施“以质取胜”战略，必须正确认识并处理好质量和数量、效益和速度、内在质量与外观质量、样品质量和批量质量，以及质量和档次等方面的关系，把出口商品本身的质量同国际市场的需要有机结合起来。“以质取胜”战略包括以下三个方面的内容：

1）提高出口商品的质量和信誉

通过提高出口商品生产者和外贸企业经营者对商品质量和信誉的认识，加强对生产过程、产品品质以及包装储运的质量管理，加大对我国出口商品质量的监督检查和执法力度，提高我国出口商品的质量和信誉。

2）优化出口商品结构

《质量振兴纲要（1996—2010）》提出经过5~15年的努力，从根本上提高我国主要产业的整体素质和企业的质量管理水平，使我国的产品质量、工程质量和服务质量跃上一个新台阶，强调“必须加快两个根本性转变”，实施“以质取胜”战略，要提高出口的总体结构水平，加大高附加值、高技术含量产品及大型成套设备的出口比重，提高传统出口商品的质量、档次和水平，以适应不断变化的国际市场需求。

《质量振兴纲要（2011—2020）》提出新世纪的第二个十年，是我国全面建设小康社会、加快推进社会主义现代化的关键时期，是深化改革开放、加快转变经济发展方式的攻坚时期。在这一重要历史时期，经济全球化深入发展，科技进步日新月异，全球产业分工和市场需求结构出现明显变化，以质量为核心要素的标准、人才、技术、市场、资源等竞争日趋激烈。同时，我国工业化、信息化、城镇化、市场化、国际化进程加快，实现又好又快发展需要坚实的质量基础，满足人民群众日益增长的质量需求也对质量工作提出更高要求。面对新形势、新挑战，坚持以质取胜，建设质量强国，是保障和改善民生的迫切需要，是调整经济结构和转变发展方式的内在要求，是实现科学发展和全面建设小康社会的战略选择，是增强综合国力和实现中华民族伟大复兴的必由之路。

3）创名牌出口商品

名牌出口商品的多少，反映一个国家的综合实力、经济竞争能力和科技发展水平。创立名牌，也是提高产品附加值的有效途径。实施“以质取胜”战略，要加快培育和创立在国际市场上有影响力和竞争力的系列化名牌出口商品。

3.2.2 实施“以质取胜”战略的重要意义

（1）实施以质取胜战略，是适应国际竞争机制的需要。

（2）实施以质取胜战略，是节约资源和社会劳动，提高外贸经济效益的需要。

（3）实施以质取胜战略，是减少贸易摩擦，保持出口持续、稳定发展的需要。

3.2.3 实施“以质取胜”战略的措施

1）强化质量控制的立法与执法

加强质量方面的法律法规建设，强化执法力度，为实施“以质取胜”战略提供必要的法律环境。尤其是加快《中华人民共和国对外贸易法》《中华人民共和国产品质量法》《中华人民共和国进出口商品检验法》等配套法律法规的建设，对保证出口商品质量、维护对外贸易各方面的合法权益、维护国家信誉起了重要作用。执法部门要把工作重点放在促进出口生产企业提高产品质量、维护国家信誉上。一方面，应发挥在技术、信息上的有利条件，为企业提供咨询服务，积极帮助企业生产符合国际市场质量要求的商品；另一方面，要严格把好出口质量关，对待假冒伪劣商品，绝不姑息迁就。

2）提高产品科技含量

当代科学技术迅猛发展，科技竞争已成为国际贸易竞争的重要方面，产品科技含量与产品竞争力的关系日益密切。由于高新技术向产品转化的速度明显加快，新产品不断涌现，产品更新换代的周期越来越短。要在竞争空前激烈的国际市场上保持优势，根本的出路在于加速科技进步，发挥科学技术在产品质量提高中的关键性作用。因此，我国要在研究开发、引进技术等方面切实提高对外贸易发展的科学技术含量。

首先，要加强高科技产品的研制和开发，并加速科技产品在生产中的运用，使科技成果尽快实现商品化、产业化，提高我国出口商品的质量、档次和加工深度，形成国际竞争的综合优势。

其次，要密切跟踪国际先进技术，通过引进先进技术和设备，推进技贸结合。

3）推行与国际标准接轨的质量管理体系

我国出口产品与国外同类产品相比，在安全、健康、环境保护等方面的薄弱环节较多，常因为不符合国际标准而被进口国拒之门外。因此，积极推行国际标准化，是提高我国产品技术标准化水平、立足国际市场的必由之路。

（1）按照国际标准，建立健全企业质量保障体系认证标准

随着生产技术水平的提高和国际市场竞争的日益激烈，消费者不仅要求对产品的质量进行评价，而且还要对生产厂家的质量保障和服务体系进行评价，即通过工作质量来保证实物质量。而在这方面，按照国际标准化组织的ISO系列标准进行企业质量保障体系认证，已成为当今国际贸易领域中对供方质量保证能力的一个基本要求。1987年，国际标准化组织（International Organization for Standardization，ISO）发布了ISO 9000系列标准，规定了生产企业要依靠产品质量保障体系的运行来保证产品质量。这一标准得到了国际上尤其是发达国家的普遍重视，目前已被世界上近百个国家所采用。因此，ISO 9000系列标准对企业质量保障体系进行评审认证，具有很高的权威性。获得这张国际贸易的“白色通行证”，对于产品进入国际市场意义重大。

我国已于1994年4月开始实施《出口商品生产企业质量体系评审管理办法》，这对于提高质量管理和质量保证水平，确保出口商品质量，促进国家间的相互认证，推动我国出口贸易发展，起到了十分积极的作用。随着越来越多的企业进入国际市场参与国际竞争，我国应继续促进和鼓励外经贸企业开展ISO 9000质量体系认证，推动国内产业部门制定、执行符合国际标准的质量标准，加快与国际接轨的步伐。

（2）积极宣传和推行ISO 14000环境管理标准系列

由于可持续发展战略在发达国家中的广泛实施，环境保护对国际贸易所产生的影响日益凸显。为此，国际标准化组织于1996年正式推出了ISO 14000环境管理系列标准，颁布了统一的国际性的环境管理体系标准及审核认证标准。企业要使其产品顺利进入国际市场，还要取得这张国际贸易的“绿色通行证”。所有国家和地区的各类企业都将面临这种新的挑战。这一发展动向已对我国企业的生产和出口产生巨大影响。我国一些产品的出口因不符合环保要求而屡屡受阻，如纺织品、农产品等因超过了美国、欧盟国家、日本所规定的有害污染物残留量而被拒之门外。因此，我国应在出口生产企业中积极宣传和推行ISO 14000环境管理系列标准，增强环保意识，推动企业按国际环保标准进行生产。这不仅有助于减少我国商品进入国际市场遇到的绿色贸易壁垒，也有助于我国开发“绿色”产品，建立起有利于可持续发展的出口商品结构。

【小资料】

ISO 9000认证在中国

4）实施名牌战略

实施名牌战略，就是通过创名牌、保名牌，树立我国优质商品和知名企业在国际贸易中的形象和地位，以提高我国出口商品的国际竞争力和出口创汇能力。创立名牌既是贯彻以质取胜战略的重要内容，又是提高出口竞争力的重要途径。创立名牌更有利于促进企业建立质量效益机制，有利于促进出口增长方式从粗放型向集约型转变。创立名牌的过程，

也是优化社会资源配置、加快企业优胜劣汰、推动企业重组、形成规模经营的过程。

纵观全球，经济强国无一不把提高产品质量和工艺、创造名牌作为一项国际竞争的战略。品牌在国际贸易中的重要作用表现在：

第一，市场竞争越来越表现为品牌的竞争，名牌产品是国际贸易竞争力的物质基础。发达国家和地区的著名品牌产品已占整个著名品牌的90%左右。名牌数量在整个产品品牌数量中所占比例不足3%，但名牌产品占有的市场份额却高达40%，销售额占50%以上。

第二，名牌产品是企业形象的代表，是拓展国际市场的有力武器。名牌产品意味着企业具有良好信誉和素质，因为一个素质差的企业是不可能生产出优质名牌产品的。名牌企业创造了名牌产品，名牌产品又塑造了名牌企业并推动企业走向世界。因此，实施名牌战略不仅是我国贯彻以质取胜战略的重要内容，也是我国促进企业建立质量效益机制、提高出口竞争力的重要途径。

创造名牌是实施名牌战略的首要环节，而质量是创立名牌的基础。产品最终为广大消费者所接受、所信赖，归根到底要靠它上乘的内在质量和所包含的高新技术。因此，企业在创造名牌时，首先，应依靠科技进步，坚持高技术起点，瞄准国际先进技术，高标准地开发新产品。其次，要坚持不断地采用新技术、新工艺、新材料，为生产名牌产品提供坚实的技术物质基础和装备条件，有效地保证名牌产品高质量、高技术含量和高附加值含量。此外，要加强在国内外市场的广告宣传。品牌作为无形资产，它的价值有相当一部分是经长时期广告宣传积累所形成的。因此，创立名牌，必须着眼于长远，加强产品开发和广告宣传。

实施名牌战略还包括对名牌的保护。保护名牌需要企业、政府的共同努力。企业保护名牌，一方面要保护商标不受侵犯，企业商标要依法注册，取得法律的承认与保护；另一方面要善于在发展中保护名牌，通过保证产品的内外在质量和不断更新换代，争取市场，占领市场。政府要通过法律、经济、行政等各种宏观管理手段，实施名牌保护政策，为企业创立名牌形成一个良好的外部环境。一方面要完善创名牌出口商品工作体系，激励出口企业重视产品质量、技术创新，加强对商标专利等知识产权的保护，增强我国出口产品的国际竞争力；另一方面也要对名牌产品的认定严格把关，保护知识产权和名牌商标，并加大惩处假冒伪劣产品的力度。

我国政府在实施以质取胜、创立名牌战略中，根据国家的产业政策、出口商品的代表性和比较明显的名牌效应作用，确定“重点支持和发展的名牌出口商品”，对列入“重点支持和发展的名牌出口商品”给予贷款、担保、配额分配等方面的优惠政策，这对加快培育名牌出口商品起到了积极作用。

5）加强全面质量管理

科技高速发展时代的质量观已演化为“全面质量观”。它不仅包括产品内在的价值，还包括产品外在的质量，即产品的生产质量、销售质量、服务质量等综合性的质量。

实施“以质取胜”战略，必须实现全面质量管理。首先要狠抓生产过程的质量管理，把“事后检验”放到“事先控制”，即在产品设计和生产过程中，严把质量关，消除产生不合格产品的种种隐患。

实行全面质量管理，还要加强流通领域中的质量管理。在流通领域中，既有商品收购、存储过程中的质量管理，也有商品运输、销售过程中的质量管理。这就要求外贸企业：一是要对出口商品把好收购验收关，不让残次商品出口；二是保证出口商品在存储期的质量，防止出口商品变质、霉烂和破损；三是加强出口商品物流管理，要按照安全、迅速、准确、节省、方便的要求，合理使用各种运输工具，选择正确的运输路线，把出口商品安全运送出去；四是搞好出口商品销售过程中的质量管理，严格按照合同规定，按时、按质、按量交货，并及时处理索赔和业务纠纷问题；五是要搞好售后服务，保证产品的全程质量。

以质取胜战略的实施，已取得了显著成效。“十一五”“十二五”“十三五”计划期间，我国出口贸易持续稳定增长、出口商品结构不断优化，“十四五”计划期间仍有赖于以质取胜战略的深入贯彻实施。

3.3 科技兴贸战略

党的十五大报告中明确提出实施科教兴国是我国的一项基本国策，把加速科技进步放在社会经济发展的更加突出的关键地位。为落实“科教兴国”战略，适应经济全球化和知识经济蓬勃兴起的潮流，加快我国由贸易大国向贸易强国的转变，1999年初，外经贸部（现为商务部）相应提出了“科技兴贸”战略。科技兴贸战略是科教兴国基本国策在外经贸领域的具体体现，是对我国外经贸跨世纪发展具有重大意义的战略。

3.3.1 科技兴贸战略的内涵

科技兴贸战略以提高我国出口产业和产品的国际竞争力、加强体制创新和技术创新、提高我国高新技术产业国际化水平为基本指导思想，以“有限目标、突出重点、面向市场、发挥优势”为发展思路，进一步转变政府职能，通过面向国际市场的科研开发、技术改造、市场开拓、社会化服务等部署，提高企业出口竞争力和自主创新能力，加快出口商品结构的战略性调整，实现我国由贸易大国向贸易强国跨越的贸易发展战略。

科技兴贸战略是以市场为导向，以企业为主体，以创新为动力，作为政府，其作用主要体现在提供服务保障方面：建立较为完善的政策、法律、知识产权保护、出口促进服务体系；为高新技术产品和传统出口产品的优势领域形成高新技术研究、开发与应用的有力支撑，提高高新技术产品出口持续发展能力和传统出口产品的技术含量及附加值，取得全球市场的战略性突破。

科技兴贸战略从商品生产和交换角度看，包括两方面内容：一是大力推动高新技术产品出口；二是运用高新技术成果改造传统出口产业，提高传统出口产品的技术含量和附加值。

3.3.2 实施科技兴贸战略的背景

1）国际高技术产品贸易呈加速发展趋势

随着世界经济一体化进程的加速，世界贸易规模迅速扩大。国际货币基金组织统计显示，2015年，世界经济增速达到3.1%。随着世界贸易规模的扩大，世界市场商品结构将发生深刻变化：资源密集型初级产品市场相对萎缩；劳动密集型轻纺产品贸易稳步增长，但竞争更趋激烈；技术密集型机电产品，特别是高附加值的高新技术产品将成为出口增长最快和发展后劲最足的支柱商品。20世纪后半期，随着一系列重大科学发现和技术突破，以信息技术、生物技术产业为重点的高技术产业迅速成长。进入21世纪后，随着知识经济的发展，高技术产业已成为国际经济发展的动力和大国争夺的战略制高点，成为推动经济全球化的重要基础，同时，世界上大部分国家的高新技术产业发展更加规范，进入调整期，由此带来世界高技术产业的出口份额增长。据世界银行统计，2012年，中国高技术产业出口总额超过5 000亿美元，美国高技术产业出口总额达到1 487.7亿美元，德国高技术产业出口总额达到1 833.5亿美元。2012年，中国高技术产业出口占当年制造业出口的比重为26.3%，菲律宾为48.9%，新加坡为45.3%，马来西亚为43.7%，英国为21.7%，美国为17.8%。2004—2015年，我国机电产品和高新技术产品进出口额在波动中呈现上升趋势（见表3-9）。

表3-9　**2004—2015年中国机电产品和高新技术产品进出口额**　单位：百万美元

年份	机电产品出口额	机电产品进口额	高新技术产品出口额	高新技术产品进口额
2004	323 370.23	350 218.48	165 535.60	302 045.64
2005	426 729.05	350 218.48	218 243.75	197 660.42
2006	549 401.72	427 653.23	281 425.34	247 298.33
2007	701 170.93	49 894.21	347 825.46	286 985.67
2008	822 929.74	538 655.86	415 611.05	341 940.91
2009	713 113.13	491 419.81	376 909.15	309 843.00
2010	933 434.05	660 312.55	492 413.92	412 673.10
2011	1 085 589.26	753 289.17	548 788.32	462 992.36
2012	1 179 337.64	782 627.35	601 163.85	507 077.82
2013	1 264 662.46	839 699.59	660 081.30	557 942.24
2014	1 310 757.39	854 086.10	660 490.44	551 236.26
2015	1 310 715.04	806 139.15	655 211.65	548 057.99

资料来源　中国国家统计局.

2）高技术产品出口成为促进经济发展的重要因素

随着全球经济结构的调整，高新技术产业以及高新技术产品出口在促进各国经济发展方面的作用日益显现。据美国商务部和国家制造业协会的研究，美国高新技术出口已占世界高新技术出口的2/3，高新技术产品出口对20世纪90年代经济的持续高增长发挥了极为重要的作用，90年代美国国内生产总值增长的1/3来自高新技术产品出口。高新技术产品出口支持或创造了更好的就业机会，与高新技术产品出口有关的工作岗位的平均工资通常比制造业的平均工资高15%，高新技术产品出口不仅利润较高，而且对美国的经济紧缩和经济周期的抵抗力更强，在经济衰退时所受的影响较小。因此，越来越多的发展中国家和地区，也将发展高新技术产业及增加高新技术产品出口作为战略重点或新的经济增长点。

3）技术性贸易壁垒对国际贸易的影响越来越大

经过关贸总协定的八轮谈判，各成员方关税壁垒已大幅降低，传统非关税壁垒如数量限制等，也被大幅削减，但新的贸易壁垒尤其是技术性贸易壁垒对国际贸易的影响越来越大。由于技术性贸易壁垒涉及的产品种类繁多，而且名义合理、形式合法、手段隐蔽，对国际贸易尤其是对发展中国家的贸易产生的影响与日俱增。加强对技术性贸易壁垒的研究，提高产品技术标准，成为发展中国家冲破技术性贸易壁垒、扩大出口市场份额的当务之急。

3.3.3 实施科技兴贸战略的重要意义

1）确立高新技术产品出口在我国对外贸易发展中的重要地位

实施科技兴贸战略，适应了世界经济与国际贸易结构的发展趋势，将有力地推动我国对外贸易的发展。

2）提升我国在国际分工中的地位

实施科技兴贸战略，依靠技术创新建立我国出口产业和产品新的动态比较优势，从而在未来的国际分工和国际贸易中争取较为有利的位置，增强抵御各种外部风险与冲击的能力。

3）提升我国产业结构和经济结构

实施科技兴贸战略，可在扩展国际市场，提升国际竞争力的过程中，有力推动我国国民经济进行产业结构调整和产业升级。

3.3.4 科技兴贸战略成效

1999年，科技兴贸战略启动，成为外经贸的一项重要发展战略。国家外经贸部协同科技部、信息产业部、国家经贸委，共同采取了一系列扶持鼓励政策措施，将财政、金融、税收、市场准入等扶持高新技术产品出口的贸易政策与科技开发、技术改造等产业政策有机地结合起来，发挥了政策的集成效应。政府注重发挥引导和服务功能，加强高新技术产品出口市场开拓服务，加大开拓国际市场的力度，为我国高新技术产业走向世界提供了舞台，有力地促进了我国出口商品结构的优化和升级，带动了对外贸易的快速发展，对我国外经贸发展产生了深远影响。

同年，外经贸部会同有关部门在大量调查研究的基础上，提出了一系列扶持、鼓励高新技术产品出口的政策措施，先后下发了《外经贸部、科技部关于推动高新技术产品出口的指导性意见》、《科技部、外经贸部关于国家高新技术产业开发区高新技术产品出口基地认定暂行办法》和《外经贸部关于对国有、集体所有制的科研院所和高新技术企业实行自营进出口权登记制的通知》等文件，对高新技术产品出口予以鼓励，主要政策包括：对高新技术产品出口实行零税率；进出口银行给予优惠贷款；保险公司给予配套保险服务；国家支持高新技术产品出口企业开拓市场；对科研院所经营权实行登记备案制；将高新技术出口产品列入国家产业政策鼓励支持的重点等。具体措施包括确定对信息、生物医药、新材料、消费类电子及家用电器等5个领域的166家高新技术产品出口企业和99种高新技术出口产品给予重点支持，推动北京、天津、上海、重庆、武汉、沈阳、深圳、南京、成都、西安、广州、厦门、大连、青岛、苏州等15个重点城市和53个国家级高新技术产业开发区发展高新技术产品出口等。这些科技兴贸政策措施取得了初步的成效，并为“十一五”“十二五”“十三五”计划期间科技兴贸战略的纵深推进奠定了基础。

科技兴贸战略实施之前的1998年，虽然我国出口额已达1 837亿美元，但在全球贸易额中仅占3.4%；在结构上，我国出口商品中高技术含量、高附加值的产品比重偏低。20世纪90年代末，发达国家的高新技术产品出口占其出口总额的比重平均接近40%，而我国的这一比重1998年仅为11%。1999年我国实施科技兴贸战略后，高新技术产品出口在总出口中的比重稳步上升，1999年我国高新技术产品出口额为247亿美元，比上年增长46亿美元，增幅为23%，高于全国出口增幅约17个百分点，高新技术产品出口占外贸出口的比重达到12.7%。2006年，我国高技术产品进出口总额突破5 000亿美元，达到5 287.5亿美元。2008年，我国高新技术产品（与机电产品分类有交叉）出口4 156.1亿美元。“十二五”期间，我国高新技术产品出口依然保持了稳定的增长势头。2011年，我国高新技术产品出口规模达到5 488亿美元，占全国外贸出口的39%，居世界首位。2012年，我国高新技术产品累计出口额为6 011.96亿美元，同比增长9.6%。2015年，我国高新技术产品出口额达到6 552.1亿美元，2016年达到6 038.7亿美元，产品以通信设备、自动数据处理设备等电子信息产品以及电子元器件为主。

改革开放40多年来，我国出口商品结构逐步完善，机电产品和高新技术产品出口额增加。20世纪80年代中后期至90年代初，我国完成了出口商品结构的第一个转变，即由以初级产品出口为主向以工业制成品出口为主的转变。中华人民共和国成立初期，我国出口商品中80%以上是初级产品。1978年，初级产品出口占我国出口的53.5%，工业制成品占46.5%。1990年，初级产品和工业制成品的比重转变为25.6%和74.4%，工业制成品在出口产品中的比重大幅提高。20世纪90年代以来，中国实现了从以轻纺等劳动密集型产品出口为主向以机电和高新技术产品等资本技术密集型产品为主的转变。2007年，我国机电产品出口位居世界第二。1979—2008年，我国机电产品出口年均增长26.8%，比同期全部货物贸易出口年均增速高8.7个百分点。2016年，我国机电产品出口达到1.2万亿美元。在出口结构不断优化的同时，我国进口商品结构也在悄然变化，机电产品和高新技术产品也逐渐成为我国进口的主要商品。2016年，我国机电产品进口额为7 714.3亿美元，高新技术产品进口额达到5 237.8亿美元。机电产品和高新技术产品进口的快速增长，不仅弥补了国内经济建设资源和技术的不足，也为产业结构调整和升级创造了条件。科技兴贸带动了我国对外贸易的快速增长。

3.3.5 “十五”计划时期科技兴贸战略的目标与措施

“十五”计划期间，我国进一步融入世界经济，面临的国际竞争更加激烈，因而从战略高度认识实施科技兴贸战略、提升出口商品结构对于对外贸易持续稳定增长的意义重大。为将科技兴贸战略推向深入，2001年，外经贸部、科技部、国家经贸委、信息产业部联合发布了《科技兴贸“十五”计划纲要》，规划“十五”计划期间贯彻“科技兴贸”战略的目标任务以及保证措施。

1）核心任务和主要目标

《科技兴贸“十五”计划纲要》指出，加快出口商品结构调整，推进我国高新技术产业国际化，大力改造和提升传统出口产业，促进国内产业结构升级，提高我国企业的竞争力，是科技兴贸“十五”规划的核心。

科技兴贸战略的具体目标包括：一是大力促进高新技术产品出口。高新技术产品出口在2000年占外贸出口15%的基础上，保持15%的年增长速度，到2005年占外贸出口的比重达到20%，到2010年占外贸出口的比重达到30%。二是提高传统出口产品的技术含量和附加值。以出口额最大的机电产品、纺织产品和农产品作为高新技术改造传统产业的重点，到2005年，使其出口商品中的技术含量、附加值较高的产品所占比重从20%提高到50%。

2003年11月12日，国务院办公厅以国办发〔2003〕92号转发商务部等部门《关于进一步实施科技兴贸战略的若干意见》，提出了更明确的奋斗目标：提高出口增长的质量和效益，5至10年内，培育10家左右高新技术产品年出口额在50亿美元以上的大型出口企业和跨国公司，100家左右年出口额在10亿美元以上的出口骨干企业，一批年出口额在1 000万美元以上的中西部地区出口企业。力争到2020年高新技术产品出口达到4 500亿美元，年均增长13%以上，占全国外贸出口总额的比重达到45%左右。

2）实施科技兴贸战略的保障措施

科技兴贸战略实施期间也逐渐形成科技兴贸战略的组织、政策、出口和服务体系：

（1）形成了科技兴贸十部门联合工作机制。财政部、国家税务总局、海关总署、国家质检总局、国家知识产权局和中国科学院相继加入联合工作机制，从原外经贸部、原经贸委、科技部和原信息产业部等四部委扩大到了科技兴贸十部门联合工作机制。

（2）建立了科技兴贸政策体系。2003年11月，国务院办公厅以国办发〔2003〕92号转发商务部等部门《关于进一步实施科技兴贸战略的若干意见》，初步建立了我国科技兴贸政策体系框架；各部门、各地区认真贯彻落实若干意见，相继在便捷通关、便捷检验检疫、出口退税、出口信贷和出口信用保险等方面出台了一系列的政策措施，进一步完善了科技兴贸政策体系。

（3）确立了高新技术产品出口体系。相继认定了20个科技兴贸重点城市、25个高新技术产品出口基地、6个国家软件出口基地和医药出口基地，建立了1 000家重点企业联系制度，出口体系发挥着日益显著的示范和带动作用。

（4）搭建了高新技术成果展示和交易的平台。中国（深圳）国际高新技术成果交易会、中国苏州电子信息博览会、中国大连国际软件交易会、中国北京国际科技产业博览会、上海国际工业博览会和中国杨凌农业高新科技成果博览会等六大高科技会展已逐步成为展示我国高新技术领域最高发展水平、最高发展成就的窗口，科研成果产业化、商品化的重要平台，高新技术国际交流和合作的桥梁和国内外客商交流合作、共同发展的舞台。

3）“十五”时期科技兴贸战略取得的成绩

“十五”期间，国务院有关部门共同组织实施科技兴贸战略，在各方面的共同努力下，取得显著成效：

（1）高新技术产品出口迅猛增长。“十五”期间我国高新技术产品出口年均增长43%左右，高出全国外贸出口增幅18个百分点；2005年高新技术产品出口达到2 183亿美元，是“九五”期间的6倍，占外贸出口比重达到28.6%，比“九五”末期提高13.7个百分点。

（2）推动国内产业结构升级。“十五”期间引进国外先进适用技术累计金额730亿美元，占我国改革开放以来引进技术总额的35%左右；2005年，以信息产业为主体的高技术产业规模达到3.3万亿元，增加值近8 000亿元，占GDP比重达到5.2%，高技术产业已成为我国经济的支柱产业。

（3）形成了若干个各具特色的高新技术产品出口“增长集群”。珠江三角洲已成为世界知名的IT加工组装中心和重要出口基地；长江三角洲已经成为现代通信、软件、微电子等领域的外商投资集中地带；环渤海地区的移动通信、航空航天和集成电路产业呈现迅速发展的态势。

（4）显著增强了企业国际竞争力。一批有自主知识产权的知名品牌和著名企业迅速崛起，企业出口规模迅速扩大，2005年高新技术产品年出口额超过1亿美元的企业达到279家。

（5）提高了利用外资质量。以信息产业为代表的高新技术产业“十五”期间累计吸引外国直接投资超过700亿美元，高新技术产品在外商投资企业出口额中所占比重从“九五”时期的25%提高到42.5%。

（6）优化了与主要贸易伙伴的贸易结构，2005年高新技术产品占对中国香港、欧盟和美国的出口额的比重分别比“九五”末期提高了1.1倍、76%和92%。

3.3.6 “十一五”计划时期科技兴贸战略的目标

“十一五”时期继续深入实施科技兴贸战略，关系到我国能否抓住国际产业调整重组的机遇，提高企业自主创新能力，增强我国出口商品国际竞争力；关系到我国能否解决贸易摩擦加剧等突出矛盾，跨越国外的各种贸易壁垒；关系到我国能否处理好外贸发展速度与结构、规模与效益的关系，实现对外贸易全面、协调和可持续发展。

2006年3月15日，商务部会同发展改革委、科技部、信息产业部、财政部、海关总署、国家税务总局、国家质检总局、国家知识产权局和中科院等科技兴贸联合工作机制十部门共同发布了《科技兴贸“十一五”规划》（以下简称《规划》），这也是首次由国务院的十个部门共同编制和发布五年规划。

《规划》提到了“十一五”时期具体目标包括：

一是扩大高新技术产品出口。到2010年，高新技术产品出口占外贸出口的比重提高到35%，软件出口超过100亿美元，医药产品出口超过200亿美元。

二是完善高新技术产品出口体系。到2010年，在信息、医药、软件、新材料等高新技术领域建设100家出口创新基地；培育100家高新技术产品年出口额在10亿美元以上的大型跨国公司或企业集团；培育1 000家高新技术产品年出口额1亿美元以上的大型企业；同时重点扶持一大批科技型出口骨干企业。

三是增强企业自主创新能力。到2010年，将具有自主知识产权和自主品牌的高新技术产品占高新技术产品出口总额的比重提高到15%左右；同时，重点培育160个高科技自主出口品牌。

四是加强技术引进消化吸收再创新。到2010年，专有技术和专利技术许可合同额占技术引进合同总额的比重提高到50%左右，引进技术的消化吸收配套资金比例有所提高，形成市场导向、政府推动、企业为主的技术引进、消化、吸收体系。

五是提高出口产品国际竞争力。到2010年，出口产品采用国际标准和国外先进标准比重大幅提高，重点扶持的出口免验和绿色通道企业达到2 500家，构建较为完善的高新技术产品国际市场营销和售后服务网络。

3.3.7 “十二五”计划时期科技兴贸战略的目标

一是培育出口竞争新优势。依托外贸转型升级示范基地、科技兴贸创新基地、船舶汽车出口基地，打造重点出口产业集聚区。推进战略性新兴产业国际化。支持企业培育品牌、建设研发中心，加强国际营销网络建设。引导加工贸易继续向产业链高端延伸、向中西部地区转移。

二是推动引资、引技、引智有机结合。完善外商投资研发中心政策和高新技术企业认定办法，鼓励跨国公司在华设立地区总部和研发中心。鼓励外资企业与国内企业联合开展技术研发和产业化推广，参与创新孵化器、生产力中心等公共科技服务平台建设。

3.3.8 “十三五”计划时期科技兴贸战略的目标

“十三五”期间着力推动国家高新区创新示范和战略引领，将国家高新区建设成为具有重大引领作用和全球影响力的创新高地，培育和发展战略性新兴产业的关键载体，转变发展方式和调整经济结构的重大引擎，成为建设创新型国家和世界科技强国的重要支点。将国家自主创新示范区建设成为体制机制改革和政策先行先试的创新特区，积极打造国家高新区“升级版”，以此带动高新技术产品出口和利用高新技术改造传统产业，优化出口商品结构，提高出口商品的质量、档次和附加值，增强国际竞争力。

3.4 出口市场多元化战略

扩大出口规模、优化出口结构，必须有市场拓展作保证。任何市场的容量都是有限的，市场的分散和多元化成为市场扩展的主要方面。

3.4.1 出口市场战略的含义

出口市场战略就是对我国出口贸易的市场格局作出战略性安排。

我国从“八五”计划时期起开始实施出口市场多元化战略，即根据国际政治经济条件的变化，充分发挥我国的优势，有重点、有计划地逐步建立起我国出口市场合理的多元化的总体格局。

3.4.2 实施出口市场多元化战略的必要性及具体措施

1）中国出口市场分布特点

我国改革开放后，对外贸易获得了巨大的发展，但呈现出对外贸易市场过于集中的趋势。由于改革开放以后我国出口结构与劳动力比较优势吻合度提高，出口结构中劳动密集型产品比重迅速提高，而发达国家由于劳动力成本高昂，正是劳动密集型产品的主要消费市场，因此，与改革开放前相比，对发达国家的市场依赖显著上升。

到20世纪80年代末“七五”计划完成时，我国港澳地区、日本、美国和欧盟四大出口市场占我国总出口的74.8%；20世纪90年代中期“八五”计划完成时，对这些国家和地区的出口仍占我国出口总额的74.2%，与前期基本持平；“九五”计划时期，情况略有改观，但2000年“九五”计划完成时，以上四个主要出口市场所占比重仍高达71%；2005年“十五”计划完成时，我国对四大主要传统市场出口额所占比重仍高达70.7%，2008年年底，这一比重迅速下降为59.7%。2012年，我国对四大传统市场出口额占我国当年出口总额的比重为56.8%。2015年，我国对四大传统市场出口额占我国出口总额的比重进一步下降至54.4%。

可见，我国实施出口市场多元化战略取得积极进展，开拓新兴市场已经成为中国外贸转型升级的重要方向。2015年，我国对新兴市场和发展中国家的出口快速增长，其中，对印度、南非的出口额分别达到582.28亿美元和158.58亿美元。2016年，中国成为巴西第一大出口市场和第二大进口来源地。2016年，中国对俄罗斯出口增长14.1%。近年来，中俄全面战略伙伴关系不断深化，两国政治高度互信，经贸合作广泛，人文交流密切。当前，两国正在全面推进丝绸之路经济带与欧亚经济联盟两大发展战略对接，协同推动“中蒙俄经济走廊”建设，两国合作迈入新阶段，合作潜力巨大，前景更加广阔。另外，随着中国“一带一路”倡议的推进，2016年，中国对部分“一带一路”沿线国家出口增长：中国对巴基斯坦、俄罗斯、波兰、孟加拉国和印度等国出口分别增长11%、14.1%、11.8%、9%和6.5%。目前，我国出口市场呈现出更加多元化的趋势。

2）实施出口市场多元化战略的必要性

上述这种相对集中的市场格局，不仅使我国对外经济贸易发展的回旋余地受到限制，而且也潜伏着一定风险。因此，我国必须调整目前的出口市场格局，坚持实施市场多元化战略。实施出口市场多元化战略的必要性在于：

（1）有利于减少贸易摩擦、规避市场风险。

（2）有利于出口贸易持续、健康、稳定发展。

（3）有利于在国际贸易中争取有利的贸易条件。

（4）有利于全面参与国际分工，提高我国在国际分工中的地位。

3）实施出口市场多元化战略的对策措施

实施出口市场多元化，要针对不同市场的特点，制定不同的开拓战略。我国对发达国家市场的开拓要以商品结构的优化为重点，对新兴市场的开拓要适应不同的消费层次，针对不同国家和地区制定相应的出口政策，逐步实现以新兴市场为重点、以周边国家贸易为支撑、发达国家和发展中国家市场合理分布的市场结构。其具体措施是：

（1）深度开发发达国家传统出口市场

第一，深度开拓要以商品结构的优化为重点，逐步提高参与水平分工的比重，获取更多的比较利益。

第二，要进一步了解和研究发达国家和地区的贸易法规和惯例，充分运用其先进的贸易基础设施和经销网络，特别是要进入这些国家市场上深层次的销售系统。

第三，要改善售后服务，稳定和提高我国出口商品的市场占有率。

第四，在深度开发和巩固传统市场时，还应根据各个市场的不同特点，制定相应的开拓策略。

（2）稳定和扩大东南亚市场

中国香港是国际贸易和国际金融中心，应继续发挥其作为内地出口商品中转站的作用，推动内地与香港的经济合作向更高层次发展。同时，要加强对港澳地区出口的管理和协调工作，维护对港澳地区出口的良好秩序，保证对港澳地区出口的稳定增长。中国对东盟、中国台湾、韩国的贸易都呈逆差，应一方面调整商品结构，适应对方市场需求；另一方面加强双边磋商，按国际贸易规则，要求对方消除贸易壁垒，增加我国产品进入市场的机会。

(3) 开拓非洲、拉美发展中国家市场

针对许多发展中国家和地区经济发展水平低，贸易规模不大，外汇短缺，某些市场交通运输不便，气候不利等问题，我国应做好市场调研，根据市场需要，组织适销对路产品出口。同时我国应根据不同情况，采取灵活的贸易做法，将出口、援外、对外投资、承包工程和劳务合作等多种经济交往形式结合起来，对发展中国家和地区市场进行综合性开拓，以扩大对其出口。此外，我国还应在政策上对发展中国家出口有所倾斜，如提供优惠贷款、出口风险担保和运输担保等。

(4) 积极扩大独联体、东欧国家市场

我国开拓独联体、东欧国家市场不仅面临机遇，而且也面临着挑战。因此，应采取有力措施积极开拓独联体、东欧国家市场。第一，要加强市场调研。第二，要努力扩大优质产品出口。第三，国家应进一步完善鼓励扶持政策。

3.5 进口商品战略

3.5.1 进口商品战略的含义

进口商品战略指根据国内生产、消费的需要，对一定时期进口商品的构成所作的战略性规划。

3.5.2 制定进口商品战略的依据

进口商品战略是以生产需求和消费需求为依据的，具体又表现为一定时期内国家的经济和社会发展目标与产业结构调整目标。

3.5.3 进口商品战略的内容

我国各个五年计划都对进口结构进行了规划。

1)“六五”计划时期的进口商品战略（1981—1985年）

引进先进技术和关键设备；确保生产和建设所需的短缺物资的进口；组织好国内市场所需物资和以进养出物资的进口；对本国能够制造和供应的设备，特别是日用消费品，不要盲目进口，以保护和促进民族工业的发展。

2)“七五”计划时期的进口商品战略（1986—1990年）

进口重点是引进软件、先进技术和关键设备，以及必要的、国内急需的短缺生产资料。

3)“八五”计划时期的进口商品战略（1991—1995年）

按照有利于技术进步、增强出口创汇能力和节约使用外汇的原则合理安排进口，把有限的外汇集中用于先进技术和关键设备的进口，用于国家重点生产建设所需物资以及农用物资的进口；防止盲目引进和不必要的引进；发展替代进口产品的生产，促进民族工业的发展；国内能够生产供应的原材料和机电设备争取少进口或不进口；严格控制奢侈品、高档消费品和烟、酒、水果等商品的进口。

4）“九五”计划时期的进口商品战略（1996—2000年）

积极引进先进技术，适当提高技术、设备及原材料产品的进口比例，努力发展技术贸易和服务贸易。

5）“十五”计划时期的进口商品战略（2001—2005年）

引进先进技术和关键设备；保证重要资源和加工贸易物资的进口；按照我国对国际社会承诺的市场开放进程和国内市场的需求，扩大消费品进口。

6）“十一五”计划时期的进口商品战略（2006—2010年）

《国民经济和社会发展第十一个五年规划纲要》中指出“十一五”计划时期积极扩大进口，具体包括实行进出口基本平衡的政策，发挥进口在促进我国经济发展中的作用。完善进口税收政策，扩大先进技术、关键设备及零部件和国内短缺的能源、原材料进口，促进资源进口多元化。

7）“十二五”计划时期的进口商品战略（2011—2015年）

《国民经济和社会发展第十二个五年规划纲要》提出要优化进口结构，积极扩大先进技术、关键零部件、国内短缺资源和节能环保产品进口，适度扩大消费品进口，发挥进口对宏观经济平衡和结构调整的重要作用，优化贸易收支结构；发挥我国巨大市场规模的吸引力和影响力，促进进口来源地多元化；完善重要农产品进出口调控机制，有效利用国际资源。

8）“十三五”计划时期的进口商品战略（2016—2020年）

《国民经济和社会发展第十三个五年规划纲要》提出“十三五”计划时期要积极扩大进口，优化进口结构，更多进口先进技术装备和优质消费品。

第一，鼓励先进技术设备和关键零部件进口。完善进口贴息政策，及时调整《鼓励进口技术和产品目录》，加大进口信贷支持力度，扩大先进技术、关键设备及零部件等进口，鼓励企业引进消化吸收再创新，促进国内产业结构调整和优化升级，提高国际竞争能力。在风险可控、商业可持续的前提下，支持融资租赁和金融租赁企业开展进口设备融资租赁业务。

第二，稳定资源性产品进口。完善深化大宗商品进口体制改革，鼓励能源资源商品贸易持续稳定增长，保障国内市场供应。落实“一带一路”倡议，支持有实力的企业“走出去”，开展境外资源能源开发和加工生产，鼓励有需求的半成品或成品回运国内。加快建设能源国际化平台，推动能源资源国际贸易人民币结算，增强我国在能源资源国际市场战略买家的力量，提升在国际大宗商品市场的影响力。

第三，合理增加一般消费品进口。继续采取有效措施，引导境外消费回流。加快与相关国家就水产品、水果等产品签订检验检疫协议，积极推动合格的加工企业和产品备案注册认证。切实推进汽车平行进口试点，促进汽车进口多元化发展。

※小资料

“十三五”计划期间我国外经贸发展主要目标

3.6 “一带一路”倡议

3.6.1 “一带一路”倡议的含义

“一带一路”（the Belt and Road，B&R）是“丝绸之路经济带”和“21世纪海上丝绸之路”的简称。“一带一路”旨在借用古代丝绸之路的历史符号，充分依靠中国与有关国家既有的双多边机制，借助既有的、行之有效的区域合作平台，高举和平发展的旗帜，积极发展与沿线国家的经济合作伙伴关系，共同打造政治互信、经济融合、文化包容的利益共同体、命运共同体和责任共同体。

3.6.2 “一带一路”倡议的时代意义

一方面，“一带一路”倡议继承了古丝绸之路开放包容、兼收并蓄的精神，因此和古丝绸之路具有相似之处；另一方面，由于“一带一路”倡议产生于新的时代背景之下，是迫切的现实需求，被赋予了新的时代特质，因此超越了传统丝绸之路的内涵。

1）国内经济社会改革进入深水期

当前我国经济的阶段性特征就是“三期”叠加。所谓“三期”，即增长速度进入换挡期，这是由经济发展的客观规律所决定的；结构调整面临阵痛期，这是加快经济发展方式转变的主动选择；前期刺激政策进入消化期，这是化解多年来积累的深层次矛盾的必经阶段。正是在这样的背景下，党的十八大后，党中央提出了改革开放再出发、深化改革、扩大开放新方略，重新定位经济发展“新常态”，实现国民经济从高速增长到常态平稳增长的“软着陆”，维持可持续发展和适度增长。这就需要统筹国内、国际两大资源和市场，寻求新的经济发展驱动力和增长点。从当年改革初期的“摸着石头过河”，到积极应对、主动出击，体现了历史的变迁、时代的进步、决策者的魄力和勇气，也反映了问题之复杂、困难之巨大、挑战之严峻、任务之艰巨。

2）世界经济进入转型升级的关键期

自2008年全球金融危机以来，全球产业结构进入了深度调整期，世界经济复苏缓慢，发达国家增长乏力，经济增长速度不断回落；世界工业生产收缩，制造业处于下行期，原先具有全球产业竞争优势的工业化国家普遍出现了结构性失衡，新兴经济体加剧了全球工业竞争，发展中国家的制造业发展速度有所下滑；世界资本流动减速，金融资产增长缓慢，发达经济体对外投资一蹶不振，原先专注于资本输出的国家开始将目光转向国内，使全球资本跨境流动大幅下挫，新兴经济体与发展中经济体资本市场动荡加剧，投资回报率普遍下降；经济增长的疲软严重拖累世界贸易的增长，世界贸易持续低迷，出口形势急剧恶化，世界商品与服务贸易的出口正在经历深度调整。在此情形下，我国对外开放长期以来以西方发达经济体为主的格局，需要调整、转向，与此同时，伴随着经济全球化步伐，区域经济一体化进程加快，我国周边的东盟、中亚、南亚等发展中国家和地区资源丰富、潜力巨大，急需通过合作激活发展动力。

3）国内能源安全形势愈发严峻

研究表明，1996年以来，中国原油进口量快速增长，原油进口依存度飙升，进口主要来源地却愈趋集中。据海关统计，2003—2013年，我国原油年进口量从9 100万吨逐年增加，到2009年突破2亿吨大关，2013年达到2.82亿吨。原油进口来源主要集中在中东国家、非洲的苏丹等地，原油进口来源地区比较集中。原油进口量的80%需要经过马六甲海峡，对外依存度高达58%。当今国际原油市场深受国际政治的影响，使原油进口国的原油供应具有很大的不稳定性，原油进口的安全性受到很大挑战。尤其是我国原油进口过度依赖中东地区和马六甲海峡，在中东局势动荡、美国插手南海问题的情况下，我国的能源安全受到严重挑战，潜在威胁加剧。开辟新的原油供应国或地区，开通新的安全输送管道，实现原油进口的多元化，已经是亟待解决的重大战略问题。

4）国际安全形势更加复杂多变

早在19世纪末20世纪初，德国威廉二世就提出所谓的“黄祸论”。到20世纪50年代中华人民共和国成立之初，美国也曾炒作过“红色威胁”。中苏关系紧张时，苏联也提出过“中国威胁论”。冷战后，“中国威胁论”又开始在美国、日本、菲律宾等国泛滥起来，迄今已经历了四波。第一波是1992—1993年，哈佛大学教授亨廷顿的《文明的冲突与世界秩序的重建》断言儒教文明与伊斯兰教文明的结合将是西方文明的天敌，具有极强的意识形态色彩。第二波是1995—1996年，李登辉访美导致两岸关系紧张，中美围绕台湾问题发生军事对峙。第三波在1998—1999年，亚洲经济危机中中国经济逆势崛起，经济影响力迅速扩大。第四波是进入21世纪后，“中国威胁论”内容扩大，如食品安全威胁论、环境威胁论、军事威胁论、粮食威胁论、经济威胁论、网络威胁论、地缘政治威胁论等。对“中国威胁论”释疑解惑，不仅要加强宣传解释，讲好中国故事，传播好中国声音，还要用实际行动昭示天下，向世界宣告中国的和平崛起，中国崛起不以损害别国的利益为代价，不构成对任何国家的威胁。

5）构建国际政治经济新秩序的争夺更加激烈

奥巴马执政后，美国推行所谓的“重返”亚洲再平衡策略，意图围堵中国的发展空间，遏制中国的发展势头，在外交、军事、安全、经贸等领域实行了一系列新举措，如推行“巧实力”外交，强化“美日安保”，企图拉拢日、韩、菲、澳等国缔结“小北约”，打造环绕中国东部的“三条岛链”，构建从日本东京到阿富汗首都喀布尔的“新月形”包围圈，明里暗里插手东海、南海问题，驻军澳大利亚、重返菲律宾，炒作海空一体战、离岸作战，在APEC之外提出“跨太平洋伙伴关系协定”（TPP）[①]，意欲继续主导亚太政经格局，遏制中国发展。在坚持和平共处五项原则、提倡国际关系民主化、促进世界多极化、倡导多边安全机制等前提下，新一届中国领导提出了全新的亚洲安全观和亚洲梦，并首倡了“和平合作、开放包容、互学互鉴、互利共赢”的“丝路精神”。同时，中国逐步构建

① 2017年1月美国宣布退出TPP，2018年3月8日，日本主导的剩余的11个成员国签署了《全面且先进的跨太平洋贸易协定》（CPTPP或TPP-11）。

全方位、多层次国际对话渠道和合作机制，而能把这些新思想理念和对话合作机制落到实处又能统领全局的，恰恰是“丝绸之路经济带”和“21世纪海上丝绸之路”两大构想。

3.6.3 “一带一路”倡议的理论基础

《两极世界理论》作者撰文声称，该理论在继承和发展马克思主义基本原理特别是关于世界历史的理论，综合运用唯物辩证法、地缘经济、地缘政治和社会形态学视角研究分析世界历史结构基础上，为“一带一路”倡议实施提供了理论基础和基本原则。“一带一路”倡议使关于第三代两极世界进程的先经济后政治的合作步骤原则、先中亚俄罗斯后南亚东南亚再中东非洲最后欧洲的地缘推进原则、先竞争性领域后自然垄断性领域再公共产品性领域的产业递进原则从理论走向了现实，特别是以社会主义基本原则为基础提出的产权合作递进原则得到了初步体现，国有企业在“一带一路”倡议的实施中担当了中坚角色。

3.6.4 “一带一路”倡议的合作国家

2015年2月3日，“一带一路”就已经从倡议变成了实实在在的行动，“一带一路”倡议提出后，应者云集。截至2019年3月底，中国政府已与125个国家和29个国际组织签署173份合作文件。共建“一带一路”国家已由亚欧延伸至非洲、拉美、南太等区域。

3.6.5 “一带一路”倡议的合作重点

“一带一路”沿线各国资源禀赋各异，经济互补性较强，彼此合作潜力和空间很大。以政策沟通、设施联通、贸易畅通、资金融通、民心相通为主要内容，重点在以下方面加强合作：

1）政策沟通

加强政策沟通是“一带一路”建设的重要保障。

加强政府间合作，积极构建多层次政府间宏观政策沟通交流机制，深化利益融合，促进政治互信，达成合作新共识。沿线各国可以就经济发展战略和对策进行充分交流对接，共同制定推进区域合作的规划和措施，协商解决合作中的问题，共同为务实合作及大型项目实施提供政策支持。

2）设施联通

基础设施互联互通是“一带一路”建设的优先领域。

在尊重相关国家主权和安全关切的基础上，沿线国家宜加强基础设施建设规划、技术标准体系的对接，共同推进国际骨干通道建设，逐步形成连接亚洲各次区域以及亚欧非之间的基础设施网络。强化基础设施绿色低碳化建设和运营管理，在建设中充分考虑气候变化影响。

抓住交通基础设施的关键通道、关键节点和重点工程，优先打通缺失路段，畅通瓶颈路段，配套完善道路安全防护设施和交通管理设施设备，提升道路通达水平。推进建立统一的全程运输协调机制，促进国际通关、换装、多式联运有机衔接，逐步形成兼容规范的运输规则，实现国际运输便利化。推动口岸基础设施建设，畅通陆水联运通道，推进港口合作建设，增加海上航线和班次，加强海上物流信息化合作。拓展建立民航全面合作的平台和机制，加快提升航空基础设施水平。

加强能源基础设施互联互通合作，共同维护输油、输气管道等运输通道安全，推进跨境电力与输电通道建设，积极开展区域电网升级改造合作。

共同推进跨境光缆等通信干线网络建设，提高国际通信互联互通水平，畅通信息丝绸之路。加快推进双边跨境光缆等建设，规划建设洲际海底光缆项目，完善空中（卫星）信息通道，扩大信息交流与合作。

3）贸易畅通

投资贸易合作是“一带一路”建设的重点内容。

宜着力研究解决投资贸易便利化问题，消除投资和贸易壁垒，构建区域内和各国良好的营商环境，积极同沿线国家和地区共同商建自由贸易区，激发释放合作潜力，做大做好合作“蛋糕”。

沿线国家宜加强信息互换、监管互认、执法互助的海关合作，以及检验检疫、认证认可、标准计量、统计信息等方面的双多边合作，推动世界贸易组织《贸易便利化协定》生效和实施。改善边境口岸通关设施条件，加快边境口岸“单一窗口”建设，降低通关成本，提升通关能力。加强供应链安全与便利化合作，推进跨境监管程序协调，推动检验检疫证书国际互联网核查，开展“经认证的经营者”（AEO）互认。降低非关税壁垒，共同提高技术性贸易措施透明度，提高贸易自由化、便利化水平。

拓宽贸易领域，优化贸易结构，挖掘贸易新增长点，促进贸易平衡。创新贸易方式，发展跨境电子商务等新的商业业态。建立健全服务贸易促进体系，巩固和扩大传统贸易，大力发展现代服务贸易。把投资和贸易有机结合起来，以投资带动贸易发展。

加快投资便利化进程，消除投资壁垒。加强双边投资保护协定、避免双重征税协定磋商，保护投资者的合法权益。

拓展相互投资领域，开展农林牧渔业、农机及农产品生产加工等领域深度合作，积极推进海水养殖、远洋渔业、水产品加工、海水淡化、海洋生物制药、海洋工程技术、环保产业和海上旅游等领域合作。加大煤炭、油气、金属矿产等传统能源资源勘探开发合作，积极推动水电、核电、风电、太阳能等清洁、可再生能源合作，推进能源资源就地就近加工转化合作，形成能源资源合作上下游一体化产业链。加强能源资源深加工技术、装备与工程服务合作。

推动新兴产业合作，按照优势互补、互利共赢的原则，促进沿线国家加强在新一代信息技术、生物、新能源、新材料等新兴产业领域的深入合作，推动建立创业投资合作机制。

优化产业链分工布局，推动上下游产业链和关联产业协同发展，鼓励建立研发、生产和营销体系，提升区域产业配套能力和综合竞争力。扩大服务业相互开放，推动区域服务业加快发展。探索投资合作新模式，鼓励合作建设境外经贸合作区、跨境经济合作区等各类产业园区，促进产业集群发展。在投资贸易中突出生态文明理念，加强生态环境、生物多样性和应对气候变化合作，共建绿色丝绸之路。

4）资金融通

资金融通是“一带一路”建设的重要支撑。

深化金融合作，推进亚洲货币稳定体系、投融资体系和信用体系建设。扩大沿线国家双边本币互换、结算的范围和规模。推动亚洲债券市场的开放和发展。共同推进亚洲基础设施投资银行、“金砖”国家开发银行筹建，有关各方就建立上海合作组织融资机构开展磋商。加快丝路基金组建运营。深化中国-东盟银行联合体、上合组织银行联合体务实合作，以银团贷款、银行授信等方式开展多边金融合作。支持沿线国家政府和信用等级较高的企业以及金融机构在中国境内发行人民币债券。符合条件的中国境内金融机构和企业可以在境外发行人民币债券和外币债券，鼓励在沿线国家使用所筹资金。

加强金融监管合作，推动签署双边监管合作谅解备忘录，逐步在区域内建立高效监管协调机制。完善风险应对和危机处置制度安排，构建区域性金融风险预警系统，形成应对跨境风险和危机处置的交流合作机制。加强征信管理部门、征信机构和评级机构之间的跨境交流与合作。充分发挥丝路基金以及各国主权基金作用，引导商业性股权投资基金和社会资金共同参与“一带一路”重点项目建设。

5）民心相通

民心相通是“一带一路”建设的社会根基。

传承和弘扬丝绸之路友好合作精神，广泛开展文化交流、学术往来、人才交流合作、媒体合作、青年和妇女交往、志愿者服务等，为深化双多边合作奠定坚实的民意基础。

扩大相互间留学生规模，开展合作办学，中国每年向沿线国家提供1万个政府奖学金名额。沿线国家间互办文化年、艺术节、电影节、电视周和图书展等活动，合作开展广播影视剧精品创作及翻译，联合申请世界文化遗产，共同开展世界遗产的联合保护工作。深化沿线国家间人才交流合作。

加强旅游合作，扩大旅游规模，互办旅游推广周、宣传月等活动，联合打造具有丝绸之路特色的国际精品旅游线路和旅游产品，提高沿线各国游客签证便利化水平。推动21世纪海上丝绸之路邮轮旅游合作。积极开展体育交流活动，支持沿线国家申办重大国际体育赛事。

强化与周边国家在传染病疫情信息沟通、防治技术交流、专业人才培养等方面的合作，提高合作处理突发公共卫生事件的能力。为有关国家提供医疗援助和应急医疗救助，在妇幼健康、残疾人康复以及艾滋病、结核、疟疾等主要传染病领域开展务实合作，扩大在传统医药领域的合作。

加强科技合作，共建联合实验室（研究中心）、国际技术转移中心、海上合作中心，促进科技人员交流，合作开展重大科技攻关，共同提升科技创新能力。

整合现有资源，积极开拓和推进与沿线国家在青年就业、创业培训、职业技能开发、社会保障管理服务、公共行政管理等共同关心领域的务实合作。

充分发挥政党、议会交往的桥梁作用，加强沿线国家之间立法机构、主要党派和政治组织的友好往来。开展城市交流合作，欢迎沿线国家重要城市之间互结友好城市，以人文交流为重点，突出务实合作，形成更多鲜活的合作范例。欢迎沿线国家智库之间开展联合研究、合作举办论坛等。

加强沿线国家民间组织的交流合作，重点面向基层民众，广泛开展教育、医疗、减贫开发、生物多样性和生态环保等各类公益慈善活动，促进沿线贫困地区生产生活条件改善。加强文化传媒的国际交流合作，积极利用网络平台，运用新媒体工具，塑造和谐友好的文化生态和舆论环境。

3.6.6 “一带一路”倡议的阶段性成就

从最初的倡议到如今100多个国家和国际组织参与，“一带一路”蓝图正在稳步展开。

共建“一带一路”促进了沿线国家和地区贸易与投资自由化、便利化，降低了交易成本和营商成本，释放了发展潜力，进一步提升了各国参与经济全球化的广度和深度。

1）贸易与投资自由化、便利化水平不断提升

中国发起《推进“一带一路”贸易畅通合作倡议》，截至2019年4月22日，83个国家和国际组织积极参与。海关检验检疫合作不断深化，2017年5月首届“一带一路”国际合作高峰论坛以来，中国与沿线国家签署100多项合作文件，实现了50多种农产品食品检疫准入。中国和哈萨克斯坦、吉尔吉斯斯坦、塔吉克斯坦农产品快速通关“绿色通道”建设积极推进，农产品通关时间缩短了90%。中国进一步放宽外资准入领域，营造高标准的国际营商环境，设立了面向全球开放的12个自由贸易试验区，并探索建设自由贸易港，吸引沿线国家来华投资。中国平均关税水平从加入世界贸易组织时的15.3%降至目前的7.5%。中国与东盟、新加坡、巴基斯坦、格鲁吉亚等多个国家和地区签署或升级了自由贸易协定，与欧亚经济联盟签署经贸合作协定，与沿线国家的自由贸易区网络体系逐步形成。

2）贸易规模持续扩大

2013—2018年，中国与沿线国家货物贸易进出口总额超过6万亿美元，年均增长率高于同期中国对外贸易增速，占中国货物贸易总额的比重达到27.4%。其中，2018年，中国与沿线国家货物贸易进出口总额达到1.3万亿美元，同比增长16.4%。中国与沿线国家服务贸易由小到大、稳步发展。2017年，中国与沿线国家服务贸易进出口额达977.6亿美元，同比增长18.4%，占中国服务贸易总额的14.1%，比2016年提高1.6个百分点。世界银行研究组分析了共建“一带一路”倡议对71个潜在参与国的贸易影响，发现共建“一带一路”倡议将使参与国之间的贸易往来增加4.1%。

3）贸易方式创新进程加快

跨境电子商务等新业态、新模式正成为推动贸易畅通的重要新生力量。2018年，通过中国海关跨境电子商务管理平台零售进出口商品总额达203.5亿美元，同比增长50%，其中出口84.8亿美元，同比增长67.0%，进口118.7亿美元，同比增长39.8%。“丝路电商”合作蓬勃兴起，中国与17个国家建立双边电子商务合作机制，在金砖国家等多边机制下形成电子商务合作文件，加快了企业对接和品牌培育的实质性步伐。①

3.7 贸易高质量发展战略

3.7.1 贸易高质量发展的内涵

贸易高质量发展是经济高质量发展的应有之义，是建设现代化经济体系的重要内容。

① 数据来源：推进“一带一路”建设工作领导小组办公室. 共建“一带一路”倡议：进展、贡献与展望［EB/OL］.［2019-04-22］. http：//www.yidaiyilu.gov.cn/zchj/qwfb/86697.htm. 2019/04/22.

2019年11月发布的《中共中央　国务院关于推进贸易高质量发展的指导意见》（以下简称《指导意见》）为推进贸易高质量发展工作提供了指引和遵循。《指导意见》提出要推进贸易高质量发展，强化科技创新、制度创新、模式和业态创新，以共建"一带一路"为重点，大力优化贸易结构，推动进口与出口、货物贸易与服务贸易、贸易与双向投资、贸易与产业协调发展，促进国际国内要素有序自由流动、资源高效配置、市场深度融合。

3.7.2　贸易高质量发展的路径

改革开放40多年来，中国与全球市场合作越来越密切，贸易规模大幅度扩张，中国的发展离不开全球，世界的发展离不开中国，中国与全球经贸合作的广度和深度达到了新的水平。然而，当前贸易发展水平与高质量的标准还有差距，贸易开放范围有待扩大、贸易开放领域有待拓宽、贸易合作层次有待加深。

1）在优化进出口结构方面，应更加注重出口与进口的协调发展

出口和进口是贸易的两个轮子，要扩大进出口贸易，推动出口市场多元化，削减进口环节制度性成本。在近年来复杂的全球形势下，中国不仅积极通过推动出口市场多元化优化出口产品国际布局，而且通过大幅度降低进口关税等制度性成本扩大进口。中国国际进口博览会已经成为"买全球、卖全球"的开放性平台，为全球增加对中国出口或者借此平台扩大进口提供新的机遇。中国扩大进口不仅为诸多商品提供推介的机遇，也为大量商品对接中国市场创造舞台，为拉动全球增长提供支撑。

2）在优化货物贸易与服务贸易结构方面，应坚持以高水平开放促进深层次结构调整

改革开放以来中国制造业开放程度日益加深，货物贸易迅猛发展并跃居世界首位。相比之下，服务业对外开放相对滞后，产业整体竞争力不强，仍是经济发展和结构升级的"短板"。在推动贸易高质量发展进程中，将从原来侧重制造业的开放转向制造领域与服务领域开放并重的方向。大幅度放宽市场准入，扩大服务业对外开放，就是要在深化制造业开放的同时，重点推进金融、教育、文化、医疗等服务业领域有序开放，放开育幼养老、建筑设计、会计审计、商贸物流、电子商务等服务业领域外资准入限制。

3）在优化贸易与双向投资结构方面，应更加注重推动贸易高质量发展的双向投资，促进资本引进来与走出去更好结合，拓展国际经贸发展空间

贸易高质量发展要坚持引资和引技、引智并举，提升利用外资的技术溢出效应、贸易升级效应，加强在创新领域的各种形式合作，促进经济迈向中高端水平。要坚持引进来和走出去并重的部署，在提高引进来质量和水平的同时，支持企业积极稳妥走出去。保障能源资源供应、带动商品和服务输出、获取创新资源和营销网络，助力国民经济提质增效升级，也有利于促进东道国经济和社会发展，实现互利共赢。

4）在优化贸易与产业协调发展方面，应更加注重贸易政策与产业政策有机结合

对外贸易与产业结构存在着内在关系，对外贸易结构对产业结构具有显著的影响，产业结构对外贸结构也有潜在的影响。要厘清中国进行贸易政策与产业政策协调的理论基础，重点解决协调过程中存在的体制性问题和结构性问题，重视产业领域中的协调障碍以及贸易救济政策与产业安全保障政策之间的协调问题。特别是探寻贸易政策与产业政策协调的必要性，结合产业特点分析贸易政策与产业政策在具体实践中的协调问题，最终厘清贸易政策与产业政策协调的路径选择。

3.7.3 贸易高质量发展战略的发展

2008年金融危机开始，世界经济均受到冲击，当前和今后一个时期外贸形势都不容乐观，正在对我国加快转变外贸发展方式形成强有力的“倒逼机制”。当前，世界经济复苏放缓和下行风险减少迹象仍不明显，这给我国外贸稳定发展带来诸多风险和挑战。一个突出表现是，国际市场需求不振，供给也出现了新变化。从需求方面看，美国经济复苏仍旧乏力，失业率居高不下，房地产市场持续低迷，消费者信心指数不高。欧盟迫于主权债务危机，各成员国不得不紧缩财政，既制约经济复苏，又将不可避免地影响社保、养老等福利支出，削弱消费者支出意愿。新兴经济体经济增速放缓也将抑制需求增长，制约中国企业进一步开拓新市场。从供给方面看，发达国家大力推动制造业回归，发展中国家劳动密集型产业竞争力增强，国际竞争更加激烈。另一个表现是，经贸摩擦形势更加严峻。2019年以来，针对我国的贸易救济案件数量和案值强度不减，反倾销、反补贴等贸易救济措施屡遭滥用，政策性和体制性摩擦更加突出。部分发达国家经济衰退与选举政治周期叠加，经贸问题政治化倾向明显，针对中国的贸易保护主义再次抬头。要有效应对这些挑战，必须适应国际经贸格局调整，我国外贸发展方式必须进行主动性转变。

从国内看，保持我国外贸平稳发展既具备一定基础和有利条件，也面临成本上升等压力，外贸转型升级的任务迫切。我国经济发展仍处于重要战略机遇期，各方面的有利条件、内在优势和长期向好趋势没有改变，经济将继续保持平稳较快增长态势，必将对中国外贸发展形成强有力支撑。同时，我国外贸传统比较优势依然存在，新的竞争优势逐步形成，市场多元化战略稳步推进，企业在激烈的竞争中不断成长，特别是经过国际金融危机的磨炼和洗礼，抵御风险、拓展市场和创新发展能力明显增强。但是，国内一些制约外贸发展的长期矛盾和短期问题叠加，外贸企业经营压力明显增加。劳动力工资、原材料价格、人民币汇率、贷款利息、厂房租金等生产经营成本上升，在一定程度上削弱了外贸企业的价格优势，挤占了企业利润。可以说，我国依靠资源能源、劳动力等有形要素投入的传统外贸发展模式已难以为继。要推动经济发展方式转变，我国外贸发展方式必须进行适应性转变。

加快转变外贸发展方式，是推动贸易强国进程的战略举措。我国已是贸易大国，但大而不强。与世界贸易强国相比，我国外贸商品的质量、档次、附加值还不高，企业研发、设计等核心竞争力还不强，行业协调能力和政府参与国际贸易规则制定的能力还不够。要巩固贸易大国地位、推动贸易强国进程，我国外贸发展方式必须进行战略性转变。

面对国内外形势的变化，在稳外需的同时不断提高对外贸易的质量和水平，显得更加迫切、重要。我们一定要适应我国对外开放由出口和吸收外资为主转向进口和出口、吸收外资和对外投资并重的新形势，必须实行更加积极主动的开放战略，不断拓展新的开放领域和空间，扩大和深化同各方利益的汇合点，完善更加适应发展开放型经济要求的体制机制，有效防范风险，以开放促发展、促改革、促创新，着力提升外贸发展传统优势，培育以技术、品牌、质量、服务为核心竞争力的外贸新优势，提高外贸发展质量和水平，促进外贸可持续发展。

国家为此制定了一系列的政策措施来促进出口。但是，外贸发展不平衡、不协调、不可持续问题仍然存在，迫切需要转变外贸发展方式，进一步增强外贸推动经济增长、促进社会和谐、扩大国际影响力的作用。2012年2月17日商务部等十部委联合发布《关于加快转变外贸发展方式的指导意见》。2014年5月4日，国务院办公厅以国办发〔2014〕19号印发《关于支持外贸稳定增长的若干意见》，分着力优化外贸结构、进一步改善外贸环境、强化政策保障、增强外贸企业竞争力、加强组织领导等部分来保外贸增长。随着新形势的发展，2019年11月发布的《中共中央 国务院关于推进贸易高质量发展的指导意见》为推进贸易高质量发展工作提供了指引和遵循。该《指导意见》的出台，意味着中国对外贸易的战略方向正式进入高级发展阶段。

❈小资料

国务院关于积极有效利用外资推动经济高质量发展若干措施的通知

本章小结

1.改革开放以来，我国对对外贸易作出了一系列战略规划，对对外贸易总量、商品结构、市场结构等方面进行了卓有成效的指导和调控。

2.一国的出口商品结构不仅受国际经济环境的影响，而且也受国内经济发展水平、产业结构和发展政策的制约。因此，我国在不同的历史时期，制定了不同的出口商品战略。

3.在国际贸易的激烈竞争中，产品质量已经成为竞争的焦点，价格竞争已退居次要地位，产品能否在国际市场上竞争取胜，质量是决定性的因素，为此，我国启动“以质取胜”战略。

4.为提高我国出口产业和产品的国际竞争力，我国从1999年开始实施科技兴贸战略，这是提高企业出口竞争力和自主创新能力、加快出口商品结构的战略性调整、实现我国由贸易大国向贸易强国跨越的重大举措。

5.实施出口市场多元化战略，总体上看，我国对发达国家市场的开拓要以商品结构的优化为重点，对新兴市场的开拓要适应不同的消费层次，针对不同国家和地区制定相应的出口政策，逐步实现以新兴市场为重点、以周边国家贸易为支撑、发达国家和发展中国家市场合理分布的市场结构。具体来讲，市场多元化的重点是：向纵深拓展欧洲、北美市场，恢复和稳定东南亚市场，积极开发非洲、拉丁美洲市场，稳步扩大俄罗斯和东欧市场。

6.进口贸易是国民经济的有机组成部分，因此，进口发展战略是以国民经济的发展目标为依据的。我国各个五年计划都对进口结构进行了规划。

7.根据“十五”计划期间我国社会经济发展目标和我国产业结构及进口结构的现状，此阶段我国进口商品结构的重点是：引进先进技术和关键设备；保证重要资源和加工贸易物资的进口；按照我国对国际社会承诺的市场开放进程和国内市场的需求，扩大消费品进口。

8.“十一五”计划时期，我国进口商品结构的重点是：扩大先进技术、关键设备及零部件和国内短缺的能源、原材料进口，促进资源进口多元化。

9.“十二五”计划时期我国进口商品结构的重点是：优化进口结构，积极扩大先进技术、关键零部件、国内短缺资源和节能环保产品进口，适度扩大消费品进口，发挥进口对宏观经济平衡和结构调整的重要作用，优化贸易收支结构。发挥我国巨大市场规模的吸引力和影响力，促进进口来源地多元化。完善重要农产品进出口调控机制，有效利用国际资源。

10.“十三五”计划时期我国主要的进口商品战略为：积极扩大进口，优化进口结构，更多进口先进技术装备和优质消费品。

11.“一带一路”倡议是新时期的对外开放举措。

主要概念和观念

★主要概念

出口商品战略　进口商品战略

★主要观念

科技兴贸战略　出口市场多元化战略　“一带一路”倡议

基本训练

★知识题

1.判断题

（1）改革开放后，在中国的进口贸易中，初级产品比例呈逐步上升的趋势。（　　）

（2）随着我国对外贸易的发展，我国对世界十大出口市场的依存度不断提高。（　　）

（3）机电产品是目前我国出口量最大的商品。（　　）

（4）制造高科技产品需要较高的技术水平和资金实力，因此，发展中国家不具备发展机电产品出口的条件。（　　）

（5）在我国与独联体、东欧国家的经贸合作中，互补性大于竞争性。（　　）

2.单项选择题

（1）“九五”至“十五”计划期间，我国出口商品战略的核心是（　　）。

A.以量取胜　　B.以质取胜

C.以结构多元化取胜　　D.以价廉取胜

（2）要缩短我国出口产品质量与发达国家产品质量的差距，其根本出路在于（　　）。

A.加强产品售后服务　　B.打造国际名牌

C.加速科技进步　　D.实行全面质量管理

（3）当今国际贸易中对企业质量保障体系进行认证最具权威性的标准是（　　）。

A. ISO 14000系列标准　　B. CAC标准

C. CEN标准　　D. ISO 9000系列标准

（4）为了提升出口商品结构，加快我国由贸易大国向贸易强国转变，我国于1999年提出实施（　　）。

A.出口市场多元化战略　　B.大经贸战略

C.科技兴贸战略　　D.走出去战略

(5) 现阶段，我国出口市场战略的核心是实现出口市场格局的（　　）。

A.多元化　　B.集中化　　C.细分化　　D.平衡化

3.多项选择题

(1) 改革开放后，我国出口商品结构出现的两次大的跨越是（　　）。

A.1986年钢铁产品取代石油成为第一大出口产品

B.1986年纺织服装取代石油成为第一大出口产品

C.1995年机电产品取代钢铁产品成为第一大出口产品

D.1995年机电产品取代纺织服装成为第一大出口产品

E.1995年高新技术产品取代钢铁产品成为第一大出口产品

(2) 现阶段我国出口贸易发展战略是（　　）。

A.以质取胜战略　　B.市场多元化战略

C.进口替代战略　　D.西部大开发战略

E.科技兴贸战略

(3) 为实现“十五”期间的出口商品战略目标，我国采取的措施包括（　　）。

A.大力发展机电产品出口　　B.积极发展高科技产品出口

C.促进轻纺织品的升级换代　　D.促进创汇农产品出口

E.促进能源型产品出口

(4) 我国在优化轻纺产品出口结构方面应采取的具体措施是（　　）。

A.加快产品升级换代　　B.提高产品质量档次

C.实施名牌战略　　D.扩大出口数量

E.扩大花色品种

(5) 为实施出口市场多元化战略，我国重点开拓的新市场是（　　）。

A.西方工业发达国家　　B.港澳地区

C.发展中国家和地区　　D.独联体、东欧国家

E.欧盟国家

★技能题

1.“十二五”时期我国出口商品战略方针是什么？

2.简述我国实施以质取胜战略的意义。

3.我国轻纺产品为什么必须走以质取胜的道路？

4.简述”一带一路”倡议的时代意义。

观念应用

1.我国为何要实施科技兴贸战略？科技兴贸“十一五”规划、“十二五”规划与“十三五”规划有何不同？

2.我国实施出口市场多元化战略的重要意义何在？我国实施出口市场多元化战略的具体措施是什么？

网上资源

1.http：//www.customs.gov.cn

2.http：//www.unctad.org

3.http：//www.mofcom.gov.cn

4.http：//www.most.gov.cn

5.http：//www.miit.gov.cn

6. https：//www.yidaiyilu.gov.cn

第4章

中国对外贸易管理

学习目标

通过本章学习，你应该达到以下目标：

知识目标：掌握外贸立法管理手段、对外贸易经济调控手段、对外贸易行政管理手段的几种形式；掌握关税配额管理、出口主动配额等基本概念。

技能目标：了解对外贸易各种管理手段的内容；把握对外贸易各种管理手段的含义、特点。

能力目标：正确理解和把握对外贸易法的基本原则；学会思考各种管理手段的使用条件。

中国外贸体制改革的目标是建立既适应社会主义市场经济要求，又符合国际贸易规范的新型对外贸易管理体制。所谓对外贸易管理，就是国家为了维护人民的利益，最大限度地提高对外贸易经济效益而对对外贸易实行领导、控制和调节的各种手段。改革开放以来，中国对外贸易法制建设有了很大的发展，从单纯依靠直接计划管理和行政手段来控制对外贸易活动到转向综合运用法律、行政和经济手段来进行对外贸易管理，对维护对外贸易秩序和促进中国社会主义市场经济的健康发展起到了积极的作用。为适应竞争十分激烈的国际市场形势，遵循国际贸易通行规则发展对外贸易，社会主义市场经济要求中国建立以法律手段为基础，以经济手段为主、必要的行政手段为辅的对外贸易管理模式。

4.1 对外贸易的立法管理

4.1.1 对外贸易立法概述

外贸立法管理手段是指在对外贸易中借助法律规范的作用对进出口活动施加影响的一种手段。它具有权威性、统一性、严肃性、规范性的特点。中华人民共和国成立以后，特别是改革开放以来，我国根据不同时期发展对外贸易的需要，制定了大量的对外贸易法律和法规，并且不断加以修改、补充和完善。我国于2001年12月11日正式加入世界贸易组织，标志着对外开放进入了一个新的阶段，即进入法律框架下的全方位开放。根据世界贸易组织有关协议的规定，我国政府不仅要确保世界贸易组织有关协议和《中国加入世界贸易组织议定书》在全国得到统一实施，而且还要不断提高立法质量，提高法律制度的透明度。因此，为适应加入世界贸易组织的需要，我国针对外贸法制建设制订了详细的废、改、立计划，并确定了各项计划完成的具体时间表。通过一系列外经贸立法的废、改、立，目前我国已初步建立起既符合社会主义市场经济需要，又符合世界贸易组织规则要求的，统一、完备、透明的外经贸法律体系。

加强外贸立法管理，是社会主义市场经济体制下发展对外贸易的客观要求，是进一步扩大对外开放和积极参与国际市场竞争的需要。

4.1.2　《中华人民共和国对外贸易法》

《中华人民共和国对外贸易法》（简称《对外贸易法》）是实行对外贸易管理制度的主要法律依据。在经济全球化不断发展、我国加入世界贸易组织的新形势下，为进一步扩大对外开放、发展，2004年4月，我国全面修订1994年制定的《对外贸易法》。这次修订总结了中国改革开放20多年的实践经验，充分运用世界贸易组织规则，按照享有权利与履行义务相平衡的原则，进一步完善了统一、透明的对外贸易制度，为发展对外贸易，维护公开、公平、公正、自由的对外贸易秩序，保护对外贸易经营者的合法权益，保护国内产业的健康发展，提供了有力的法律保障。修订后的《对外贸易法》具备了更大的可操作性，减少和规范了行政审批，完善了中介机构、金融扶持等外贸促进体系，建立健全了贸易防御和贸易救济措施的法律体系。

1）新《对外贸易法》的基本结构和内容

修订后的《对外贸易法》全文约9 000字，共11章70条，2004年4月6日发布，2004年7月1日实施，2016年11月7日又进行了局部修订。[①]

第一章　“总则”，对《对外贸易法》的立法宗旨、对外贸易制度的基本特征和基本原则、《对外贸易法》调整的法律关系的范围作了原则规定。

第二章　“对外贸易经营者”，对经营者的主体资格及其权利义务进行了规范。

第三章　“货物进出口与技术进出口”及第四章“国际服务贸易”，对对外贸易客体，即货物贸易、技术贸易和国际服务贸易的管理进行了规范。

第五章　“与对外贸易有关的知识产权保护”，对与对外贸易有关的知识产权的管理进行了规范。

第六章　“对外贸易秩序”，就对外贸易主体在经营活动中的行为作了规定。

第七章　“对外贸易调查”和第八章“对外贸易救济”对国家及贸易组织为维护对外贸易秩序进行调查、采取适当的对外贸易救济措施的行为作了规定。

第九章　“对外贸易促进”，规范了国家及贸易组织在贸易促进方面的行为。

第十章　“法律责任”，规定了对不同主体形态的各种违法、犯法行为进行法律追究。

第十一章　“附则”，规定了边境贸易灵活优惠的特殊原则及该法对单独关税区的非适用性，并规定了该法的生效日期。

❈小资料

新《对外贸易法》具有以下主要特点：

① 此次修订将第十条第二款修改为：“从事对外劳务合作的单位，应当具备相应的资质。具体办法由国务院规定。”

2）立法宗旨和基本原则

(1)《对外贸易法》的立法宗旨

《对外贸易法》的立法宗旨主要体现在《对外贸易法》的第一条中，即“为了扩大对外开放，发展对外贸易，维护对外贸易秩序，保护对外贸易经营者的合法权益，促进社会主义市场经济的健康发展，制定本法”。这一条不仅说明了为什么要立法，也说明了中国对外贸易的法律基础是社会主义市场经济，这就从国家大法的高度，为外贸基本政策和基本制度确定了前提。

(2) 基本原则

基本原则是《对外贸易法》确定的法律规范和法律制度的基础，贯穿于对外贸易立法、执法、守法过程中，并对立法、执法、守法具有普遍性的指导意义。新《对外贸易法》既是适应新形势下对外贸易发展要求的产物，也是中国作为WTO成员履行WTO协议的义务的体现，新《对外贸易法》体现了WTO的基本原则，也体现了中国要求进一步发展对外贸易的原则。

①实行全国统一的对外贸易制度的原则。这一原则是《对外贸易法》的首要原则，为中国长期稳定地发展对外贸易，开展公平、公正的对外贸易活动，履行国际双边或多边最惠国待遇和国民待遇奠定了基础。实行统一的对外贸易制度，是指由中央政府统一制定、在全国范围内统一实施的制度。统一管理并不是传统贸易体制下的国家统一管理，而是主要对对外贸易经营者的资格管理、货物进出口管理、技术进出口管理和国际服务贸易管理、边境贸易管理等，由国务院、国务院对外贸易主管部门和其他部门以及地方人民政府的有关主管部门，依照《对外贸易法》和有关法律、行政法规的规定实行统一管理。实行统一的外贸制度，可保证一国履行国际条约、协定的义务，这样既可以顺利地开展国与国之间的对外贸易，又可以排除国与国之间的贸易障碍，为一国对外贸易的发展创造一个良好的外部环境。

②平等互利、互惠对等的多边、双边贸易关系原则。《对外贸易法》第六条规定：“中华人民共和国在对外贸易方面根据所缔结或者参加的国际条约、协定，给予其他缔约方、参加方最惠国待遇、国民待遇等待遇，或者根据互惠、对等原则给予对方最惠国待遇、国民待遇等待遇。”第二十四条规定：“中华人民共和国在国际服务贸易方面根据所缔结或者参加的国际条约、协定中所作的承诺，给予其他缔约方、参加方市场准入和国民待遇。”这是对WTO“非歧视原则”的落实和细化。通过在《对外贸易法》总则中规定这项原则来指导中国的对外贸易实务，给予了非歧视原则实施的充分保障。同时，为了维护非歧视原则，《对外贸易法》第七条还规定，当中国受到当地国家或地区的歧视性对待时，中国可以根据实际情况采取相应的措施。

③市场准入原则。这一原则所包括的范围是比较广的。实际上，关税保护原则、关税约束和减让原则、一般禁止数量限制原则、按承诺开放服务贸易的原则等都可以纳入市场

准入原则。这些原则尽管表现形式不同，涉及的领域也不一样，但它们的目的都一样，就是使商品和服务享有稳定的、不断改善的市场准入条件。

《对外贸易法》第十四条规定，国家准许货物与技术的自由进出口，第二十四条规定体现了中国给予市场主体在货物、技术以及服务的进出口方面的自由，禁止对货物、技术和服务的进出口进行数量限制。同时，《对外贸易法》对数量限制的例外也进行了细致的规定。《对外贸易法》第十六条是有关禁止数量限制的例外；第十七条是新增加的内容，是有关安全例外的规定；第二十六条规定了服务贸易数量限制的例外情况。与WTO规则相一致，新《对外贸易法》将禁止数量限制作为一般原则，同时规定了某些可以采取数量限制的例外情形。

④透明度原则。《对外贸易法》第十一条规定，国务院对外贸易主管部门会同国务院其他有关部门应公布实行国营贸易管理的货物和经授权经营企业的目录；第十五条规定，实行自动进出口许可的货物目录予以公布；第十八条规定，根据第十六条和第十七条加以限制或禁止进出口的货物、技术目录应予公布；第二十八条规定国务院对外贸易主管部门应会同其他部门公布国际服务贸易市场的准入目录。可见，新《对外贸易法》已将WTO这一重要的原则贯穿于对外贸易的管理过程之中，《对外贸易法》本身的制定和颁布就体现了透明度原则。这是履行WTO协定义务的表现，给WTO贸易政策评审提供便利，有利于对外贸易管理的透明化，增强了进出口贸易的可预见性，对促进对外贸易的发展发挥着重要的作用。

⑤公平贸易原则。《对外贸易法》在第五章“对外贸易秩序”中对维护公平竞争进行了较为详细的规定，特别在第二十七条明确提出对外贸易经营秩序的基础和原则是“依法经营、公平竞争”，并明令禁止一系列破坏或违反公平竞争的行为。《对外贸易法》第四十一条、第四十二条、第四十三条是关于反倾销、反补贴的规定。《对外贸易法》根据WTO协定，对倾销和补贴这两种损害市场公平竞争的行为规定了相应的措施，以扭转不公平的竞争条件，保证市场的公平竞争。此外，在这一章中还规定禁止外贸经营中的垄断和不正当竞争行为，这也是为了维护市场公平竞争而作的规定。

※小思考

新《对外贸易法》的基本原则包括哪些？

2010年，中国加入世界贸易组织的所有承诺全部履行完毕。中国认真履行承诺的实际行动得到世界贸易组织大多数成员的肯定。2006年、2008年和2010年，中国政府接受了世界贸易组织的三次贸易政策审议。世界贸易组织所倡导的非歧视、透明度、公平竞争等基本原则已经融入中国的法律法规和有关制度。市场意识、开放意识、公平竞争意识、法治精神和知识产权观念等在中国更加深入人心，推动了中国经济进一步开放和市场经济体制进一步完善。据2011年12月7日国务院新闻办发布的《中国的对外贸易》白皮书，截至2010年，中国加入世界贸易组织的所有承诺全部履行完毕。

※小资料

中国WTO“保护期”到期？解读“保护期”的真正含义

3)《对外贸易法》的适用范围

法律的适用范围，是指法律的效力，即法律适用于哪些地区，适用于什么人，在什么时间发生效力以及是否有溯及力问题。因此，法律的适用范围具体可以分为在地域上的适用范围、对人的适用范围、在时间上的适用范围。

（1）地域适用范围

《对外贸易法》的地域适用范围是指在一定的地理范围内该法所具有的法定管辖权。根据《对外贸易法》的规定，在中华人民共和国境内发生的对外贸易行为原则上均适用《对外贸易法》，但其单独关税区不适用该法。在国际贸易关系中，单独关税区可以与其所属的国家一样享有独立的法律地位。中国香港、中国澳门、中国台湾是中国的一个单独关税区。它们均有自己独立的法律制度，不适用《对外贸易法》。因此，《对外贸易法》的适用地域范围包括除三个单独关税区之外的所有中华人民共和国的国境地区。各省、自治区、直辖市都必须认真实施和执行《对外贸易法》，任何部门和地方性的有关对外贸易的法规、规章均不得与《对外贸易法》相抵触，以保证中国实行统一的对外贸易制度。

（2）对人的适用范围

《对外贸易法》对人的适用范围，是指法律对哪些人发生效力。根据《对外贸易法》的规定，其调整对象是货物进出口、技术进出口和国际服务贸易的行政管理关系，由此就决定了《对外贸易法》对人的适用范围是指参加到这种管理关系中的管理者和被管理者，具体包括：国家负责有关对外贸易的管理机关；在中国从事货物进出口、技术进出口和国际服务贸易活动的中国法人和其他组织；依法办理工商登记或者其他执业手续，依照本法和其他有关法律、行政法规的规定从事对外贸易经营活动的法人、其他组织或者个人。

（3）时间适用范围

法律的时间效力，是指法律生效和失效的时间问题，以及法律对其颁布实施以前的事件和行为有无溯及力的问题。《对外贸易法》第七十条规定：“本法自2004年7月1日起施行。”也就是说，从2004年7月1日起，新修订的《对外贸易法》开始生效。在此之前制定的有关法律、行政法规、地方性法规等，如果有与《对外贸易法》不一致的规定，从这一天起都应当执行《对外贸易法》的规定。

《对外贸易法》的溯及力是指《对外贸易法》生效前发生的法律事件、行为是否适用。《对外贸易法》没有这方面的规定，因此该法没有溯及力，即在2004年7月1日之前发生的任何在《对外贸易法》调整范围内的法律事实、法律事件、法律行为，都只能依据当时的有关法律、规定进行处理。

除了《对外贸易法》，中国的对外贸易还有其他管理立法体系，包括：

第一，货物贸易管理立法。《中华人民共和国货物进出口管理条例》及其配套规章构成了中国货物进出口管理的主要法律依据；《中华人民共和国进出口商品检验法》及其配套法律、法规和规章，《中华人民共和国海关法》《中华人民共和国外汇管理条例》构成了中国货物进出口主要环节管理的主要法律依据；《中华人民共和国反倾销条例》、《中华人民共和国反补贴条例》和《中华人民共和国保障措施条例》等维护贸易秩序的立法，进一步为企业创造公平的贸易环境，更加有效地促进对外贸易的健康发展。

【小资料】

中华人民共和国商务部贸易救济调查局案件动态

第二，技术贸易管理立法。近20年来，国际贸易发展最重要的特征是技术贸易的加速发展。中国技术贸易管理立法由技术进出口管理的法律、法规和规章以及保护知识产权的法律、法规和规章构成，如《中华人民共和国技术进出口管理条例》《中华人民共和国商标法》《中华人民共和国专利法》《中华人民共和国著作权法》等，经过一系列的修订与制定，中国的知识产权保护立法已基本同《与贸易有关的知识产权协定》的要求相符合，为中国在更大范围和更高层次上参与国际经济技术合作和竞争营造了良好的法律环境。

中国还积极参与了知识产权领域的国际合作，中国签署和参加的双边协定和国际公约，几乎都涉及以专利、商标、计算机软件、专有技术和高新技术产品为客体的技术贸易，它们构成了中国技术贸易立法不可缺少的重要组成部分。

第三，服务贸易管理立法。服务贸易法律体系的基本框架以《对外贸易法》为基本支柱，以服务行业性法律为主体，以行业性行政法规、规章和地方性法规为补充，依托《中华人民共和国反不正当竞争法》等跨行业的有关法律、行政法规，共同构筑而成。目前，中国在服务贸易领域有步骤地推进银行、保险、电信、贸易、旅游、广告、建筑工程、对外劳务合作、律师等行业的开放，逐步对外商投资实行国民待遇，同时也在抓紧清理、修订和完善有关服务贸易的法律法规，提高透明度，建立健全统一、规范、公开的外商投资服务贸易领域市场准入制度。

4.2 对外贸易的经济调节手段

在社会主义市场经济中，国家对经济的宏观调控以经济调节手段为主，与之相适应，对外贸易宏观调控也应依靠市场机制作用，以经济调节手段为主要方式。采用经济调控手段调控对外贸易是指国家有关部门通过汇率调节、税收调节、信贷调节、价格调节等经济杠杆，间接影响和约束企业对外经济贸易行为。各种经济杠杆的功能各有侧重，各司其职，发挥不同作用，彼此又存在着密切的内部联系。因此，实现某一方面的调节目标往往需要几种手段综合运用，而一种调控手段的运用往往也会产生多方面的影响。国家运用这些经济杠杆，通过市场机制，影响各调控对象的利益，以实现调控外贸活动和外贸经济关系的目的。

经济调节手段具有通过市场机制起作用、间接性、非歧视性、非强制性的特点。其作用机制主要表现为：一是调节功能，包括调节社会再生产各个环节、各个产业的关系，调节国家、企业、集体、个人之间的利益关系。二是控制功能，即通过税率、汇率、利率、价格等经济杠杆，引导各项经济活动向国家社会经济发展的总体目标靠拢。三是核算功能，即借助价格、税收等经济杠杆，核算劳动耗费，比较投入与产出，平衡社会供给与需求。四是监督功能，借助会计、审计、银行监管、稽查等手段，根据法律和规章，对企业和个人的经济活动及其与政府、职工、相关企业关系的监督管理。

实施对外贸易经济调控是社会主义市场经济条件下对外贸管理的主要手段，也是国际贸易通行规则的要求。

❈小思考

为什么要实施对外贸易经济调控？

4.2.1 汇率调节

改革开放以前，中国实行以国家垄断下的外汇统收统支为基本特征的管理体制，外贸企业实行国家统负盈亏的核算形式，因此，汇率只是内部会计核算的工具，起不到经济杠杆的作用。改革开放以后，汇率成为联系国内外价格的重要纽带。1994年，中国对汇率制度进行了重大的改革，人民币汇率实行以市场供求为基础的、单一的、有管理的浮动汇率制，为人民币将来成为可兑换货币打下基础。

现行人民币汇率制度的主要内容包括：

（1）中国人民银行每日公布人民币对美元、日元、港元的市场交易中间价，该价格是当日各外汇指定银行与客户之间进行外汇与人民币买卖的交易基准价格。

（2）人民币汇率采用直接标价法，以100外币单位为标准折算为一定数量的人民币。

（3）中国人民银行授权国家外汇管理局规定和调整每日外汇市场交易价格的最大浮动幅度。

（4）外汇指定银行每日的挂牌汇价和外汇交易必须根据当日公布的人民币市场汇率并在规定的每日最大价格浮动幅度内制定和进行。

（5）各外汇指定银行应建立本行内部的汇价报价系统，保持本行系统对外汇汇价的一致性；为便于社会监督，各外汇指定银行在每日公布本行的外汇牌价时，应同时公布中国人民银行当日公布的人民币对美元、日元、港元的交易基准汇价。

（6）各外汇指定银行以美元交易基准价为依据，根据国际外汇市场行情自行套算出人民币对美元、日元、港元以外的各种可自由兑换货币的中间价，在中国人民银行规定的汇价浮动幅度内自行制定外汇买入价、外汇卖出价以及现钞买入价和卖出价，并对外挂牌，与客户做柜台交易。

（7）中国人民银行通过国家外汇管理局对人民币汇价实施宏观调控与监督；中国人民银行可以根据国家货币政策的要求，在外汇市场内买卖外汇，调节外汇供求，平抑外汇市场价格，保证人民币汇率稳定；各级外汇管理部门对本辖区内各外汇指定银行挂牌汇价进行监督和检查，对违反管理法规擅自扩大汇价价差的，要根据有关规定予以处罚。

这一汇率制度对进一步扩大中国对外开放，发展同世界各国的贸易、经济合作与交往都有重要的积极意义和作用。这种汇率制度已实现经常项目下的可兑换，同时也为中国人民币将来成为全面可自由兑换货币打下了基础。

❈小资料

人民币汇率制度改革历程

4.2.2 税收调节

税收是国家财政收入的重要来源，征税的过程就是把一部分国民收入以税收的形式转变为国家所有的分配过程。中国现行的税收与发展进出口贸易关系密切的是关税和增值税，管理涉外税收的机关主要是海关和国家税务总局。

1）中国的关税制度

根据《中华人民共和国海关法》(以下简称《海关法》）规定，除海关特准免税的以外，进出口货物在收、发货人缴清税款或提供担保后，才能由海关签印放行。关税是一个国家根据本国的关税政策而制定的《进出口关税条例》和《海关进出口税则》中规定的、由海关对进出境货物和物品所征收的一种间接税，它具有保护作用、财政收入作用和调节作用，同时具有强制性、无偿性和固定性的特点。

中国关税政策体现了国家的经济发展战略、外贸发展战略和经济政策。一方面国家实施鼓励出口的政策，海关对绝大多数出口商品免征出口税，只对少数国际市场容量有限、价格比较敏感的出口商品，征收出口税；另一方面国家实施扩大必需品进口的政策，海关对进口原材料和先进技术设备，根据国内生产供应情况，适时合理调整税率。同时，运用关税手段促进产业结构的优化和加速国产化进程。关税已成为中国调节进出口贸易和管理对外贸易的重要手段之一。

(1) 关税条例和税则

中华人民共和国成立之前，中国关税大约有一个多世纪不能独立自主，关税权掌握在帝国主义国家手中。中华人民共和国成立后，实行独立自主的保护关税政策和制度。党的十一届三中全会以后，1985年中国进行了关税制度的改革，制定了《中华人民共和国进出口关税条例》，并于1987年9月12日进行了修订，同时还修订了《中华人民共和国海关进出口税则》。为了适应对外开放的需要，从1992年起中国海关税则采用《商品名称及编码协调制度》(简称《协调制度》），这是国际上多个商品分类目录协调后的产物，是一个比较完整、系统、通用、准确的国际贸易商品分类体系。以《协调制度》为基础制定的《海关进出口税则》可以促进国际贸易，便利国际贸易统计资料的搜集、对比、分析；可以根据产业政策要求，增加自己的税目，保护民族工业的发展；可以为中国宏观决策提供更为详细、更具有国际可比性的统计数据，有利于国家对对外贸易的调控；可以使许可证管理商品的范围更加清楚明了，使海关管理与外贸管理更加协调一致；可以推动外贸管理规范化和科学化。

中国根据《协调制度》编制的带税率的税目有7 000多个；第1章至第97章的前六位数码及其商品名称与《协调制度》完全一致，第七、八两位数码是根据中国关税、统计和贸易管理的需要增设的，第98、99章则仅根据中国海关统计需要增设。进出口货物的收、发货人或其代理人报关时，必须在报关单上填报8位数码的商品编号以及目录规定的重量或数量，货物的重量必须是扣除外层包装后所得的自然净重。

（2）关税征收

中国的征税方法以从价税为主，辅之以极少量的从量税、复合税和滑准税。《海关法》第五十五条规定："进出口货物的完税价格，由海关以该货物的成交价格为基础审查确定。成交价格不能确定时，完税价格由海关依法估定。""进口货物的完税价格包括货物的货价、货物运抵中华人民共和国关境内输入地点起卸前的运输及其相关费用、保险费；出口货物的完税价格包括货物的货价、货物运至中华人民共和国关境内输出地点装载前的运输及其相关费用、保险费，但是其中包含的出口关税税额，应当予以扣除。""进出境物品的完税价格，由海关依法确定。"鉴于中国已成为世界贸易组织正式成员，从2002年起，中国对进口税则税率的栏目作相应调整，税率栏目有4个，分别为最惠国税率、协定税率、特惠税率和普通税率。

进出境物品的纳税义务人，应当在物品放行前缴纳税款。进出口货物、进出境物品放行后，海关发现少征或者漏征税款的，应当自缴纳税款或者货物、物品放行之日起一年内，向纳税义务人补征。因纳税义务人违反规定而造成的少征或者漏征，海关在三年以内可以追征。海关多征的税款，海关发现后应当立即退还；纳税义务人自缴纳税款之日起二年内，可以要求海关退还。如果纳税义务人同海关发生纳税争议，应当先缴纳税款，并可以依法申请行政复议；纳税义务人对海关复议不服的，可以依法向人民法院起诉。

（3）进口关税税率的调整

1992年1月1日，参照国际通行的《协调制度》，中国颁布了第三部《中华人民共和国海关进出口税则》，开始了大幅度自主降低关税。

2011年，中国入世10年，全面履行了加入世界贸易组织承诺，不断降低进口产品关税税率，取消所有不符合世界贸易组织规则的进口配额、许可证等非关税措施，中国关税总水平由15.3%降至9.8%，达到并超过了世界贸易组织对发展中国家的要求。

2）出口退税

出口退税是指商品出口后，税务部门将企业已缴纳的增值税等税款退还给出口企业，使出口的商品以不含税的价格进入国际市场。出口退税是符合世界贸易组织的一般规则的。1994年实行新税制后，中国采取以增值税为特征的间接税制，对出口产品采取了先征后退增值税的方法，对鼓励出口起到了极大的刺激作用。

（1）出口退税办法与原则

1994年实行工商税制改革以后，为增强出口产品在国际市场上的竞争优势，根据零税率原则，国家对"先征后退"的出口货物实行了"征多少、退多少，未征不退和彻底退税”的退税原则。

从1997年开始，为简化手续，解决企业自营出口困难，国家对具有进出口经营权的生产性企业实行“免、抵、退”的办法。其中，免税是指对出口货物免征本企业生产销售环节的增值税；抵税，是指对出口货物应当免征或者退还的所耗用的原材料、零部件等已纳增值税税款，抵顶内销货物应纳的增值税税款；退税，是指对出口货物占本企业全部货物销售额50%以上的，在一个季度内由于应当抵顶的增值税税额大于应纳税额而未抵顶完时，经主管税务机关批准对未抵顶完的税额予以退税。2002年，国家对生产企业自营出口或委托外贸企业代理出口的自产货物出口退税全面实行“免、抵、退”税办法。这不仅大大简化了出口退税管理，而且企业可以直接得到出口退税带来的实惠。

（2）出口退税管理

为规范出口退税管理，保证出口退税制度更好地发挥对出口贸易的促进作用，中国就出口退税作了如下管理规定：

①出口退税范围。

出口退税的范围，是指现行出口退税政策规定的具有出口货物退税资格的企业和可以办理退税的出口货物，即包括出口退税的企业范围和出口退税的货物范围。

第一，出口退税的企业范围。出口产品退税原则上应将所退税款全部退还给主要承担出口经济责任的出口企业。它主要包括四个方面：一是经营出口业务的企业；二是在代理进出口业务活动中代理出口的企业；三是特定出口企业（指外轮公司、对外修理企业、对外承包工程公司等）；四是外商投资企业。

第二，出口退税的产品范围。对出口的产品，凡属于已征或应征增值税、消费税的产品，除国家明确规定不予退税的以外，均予以退还已征税款或免征应征税款。这里所说的“出口产品”一般应具备以下三个条件：必须是已征税产品，即必须是增值税、消费税征收范围内的货物；必须是报关离境的出口产品，即输出关口的货物，包括自营出口和委托代理出口两种形式；必须是财务上作出口销售的产品，即出口退税的规定只适用于贸易性的出口货物，而不包括非贸易性的出口货物。

②出口退税税种和税率。

《出口货物退（免）税管理办法》规定：有出口经营权的企业出口的货物，除另有规定者外，可在货物报关出口并在财务上做销售后，凭有关凭证报送税务机关批准退还或免征增值税和消费税。因此，出口产品应退税种为增值税和消费税。

根据《出口货物退（免）税管理办法》的规定，从1994年1月1日起，计算出口货物应退税额的增值税税款的税率，应根据《中华人民共和国增值税暂行条例》规定的17%和13%执行。对从小规模纳税人处购进的特准退税的货物依6%退税率执行。计算出口货物应退消费税税款的税率或单位税额，依《中华人民共和国消费税条例》所附“消费税税目、税率（税额）表”执行。

出口退税税种和税率在中国对外贸易的发展进程中将根据实际情况进行适当调整。

❈小资料

调整出口退税，促进产品合理出口[①]

为缓解出口企业经营压力，2008年下半年以来中国多次调整出口退税政策：

在2008年8月1日调高部分产品出口退税率的基础上，11月1日起调高服装、纺织品、塑料制品、日用及艺术陶瓷制品、家具等产品的出口退税率；12月1日起进一步提高部分劳动密集型产品、机电产品等3 770项出口商品的退税率；2009年1月1日起又提高部分技术含量和附加值高的机电产品的出口退税率，主要包括：将航空惯性导航仪、工业机器人等产品的出口退税率由13%、14%提高到17%；将摩托车、缝纫机等产品的出口退税率由11%、13%提高到14%。

2012年，财政部和国家税务总局下发《关于出口货物劳务增值税和消费税政策的通知》以及《出口货物劳务增值税和消费税管理办法》两项重要文件，对出口货物退（免）税多项管理事项进行政策调整。

2013年，取消部分双高产品的出口退税。

2016年11月4日，经国务院批准，财政部、国家税务总局宣布提高机电、成品油等400余种产品的增值税出口退税率至17%。在外贸面临困难的背景下，此举凸显稳定外贸形势、促进出口增长的积极意义。此次调整自2016年11月1日起执行，涉及照相机、摄影机、内燃发动机、汽油、航空煤油、柴油、玩具电动火车等共计418种产品。中国财政科学研究院副院长白景明说，此次调整部分产品增值税出口退税率，传递两大积极信号：一是力促稳出口，旨在有效扩大外需；二是确保中国外贸企业和国际企业处于同等起跑线公平竞争，提高中国商品出口竞争力。

2019年3月5日的十三届全国人大二次会议决定实施更大规模的减税，普惠性减税与结构性减税并举，重点降低制造业和小微企业税收负担，将制造业等行业现行16%的税率降至13%，将交通运输业、建筑业等行业现行10%的税率降至9%，确保主要行业税负明显降低；保持6%一档的税率不变，但通过采取对生产、生活性服务业增加税收抵扣等配套措施，确保所有行业税负只减不增，继续向推进税率三档并两档、税制简化方向迈进。

4.2.3 信贷调节

在培育和建立社会主义市场经济中，资金调节是支持对外经贸事业发展的经济手段之一。中国对企业发展出口生产的鼓励是与企业在出口方面的实际业绩相联系的。例如，年出口额占企业年总值50%以上的企业便可被确认为出口基地企业，从而获得低息贷款的鼓励；年出口额达300万美元以上的企业可被列为出口扩权企业，除享受优惠贷款外，还可获得外贸经营许可。这些措施尚属临时性的，没有确切的时限。

---

① 根据新华网有关资料整理。

开展进出口信贷、外贸结算、外汇管理、外贸保险等金融业务的金融机构称为对外贸易服务的金融机构，如中国进出口银行、包括中国银行在内的专业银行和商业银行、保险公司、财务公司等。长期以来，中国银行一直是中国的外贸专业银行，为外贸企业提供进出口信贷和国际结算服务。20世纪80年代中期金融体制改革后，中国银行独家垄断外贸信贷和外贸结算的局面被打破，其他专业银行和商业银行如中国工商银行、中国农业银行、交通银行、中信银行等纷纷成立国际业务部，积极开拓进出口信贷和结算业务。中国逐步放开国内金融市场后，许多外国著名银行如美国花旗银行、日本东京银行、法国国民银行等100多家外国银行在中国境内设立了分行和办事处，也开展为外贸服务的金融业务。特别是1994年3月成立的中国进出口银行，作为唯一一家为外贸服务的政策性银行，代表国家执行统一的外贸信贷优惠政策，通过调整信贷规模、利率以及贴现的范围和水平，优化进出口产品结构，协调对外经济技术合作，促进外贸企业经营活动的外部环境的形成和完善。

中国进出口银行的主要业务范围是：①承办国际金融组织和外国政府贷款的转贷和债务管理，与有关部门协商确定转贷项目、规模和金融支持的程度；②提供中长期信贷，向国内生产企业，特别是机电产品和成套设备的生产企业提供中长期贴息、低息贷款和混合贷款；③提供出口信贷，包括向出口企业提供卖方信贷和向进口中国商品的进口方银行或进口商提供买方信贷；④提供进口信贷，主要是向与扩大进口有关的、执行产业政策、解决贸易顺差、贯彻国别政策等明确规定的进口提供贷款；⑤票据的承兑和贴现，主要是配合市场多元化，对外贸企业所开辟的国外市场的出口由银行购买企业出口债权，以降低企业的出口风险，加速其资金周转；⑥向国内出口企业、生产企业和对外经济合作企业提供资信担保和风险信用担保，以利于企业对外借款、筹资或安全收汇。

总之，作为国家政策性银行，中国进出口银行应大力以贷款和其他金融手段重点扶植、支持中国的外贸出口活动。

4.3 对外贸易的行政管理

对外贸易行政管理是国家经济管理机关凭借行政组织权力，采取发布命令、制订指令性计划及实施措施、规定制度程序等形式，按照自上而下的组织系统对对外贸易经济活动进行直接调控的一种手段。

对外贸易行政管理依托的是国家的行政权力，其特点表现为：

1）统一性

对外贸易行政管理的统一性是指被调控的对象在一定的时间、范围内，必须在国家指令、行政措施的统一约束下从事经贸活动。

2）速效性

凭借行政组织权力，按照自上而下的组织系统对对外贸易经济活动进行直接调控的行政手段，可以根据不同情况作出及时反应，具有明显的灵活性和速效性。

3）强制性

对外贸易行政手段是一种依靠行政组织的权威和行政岗位的权力，运用命令、指示等强制性的方式，对下属或下一行政层级的机关施加直接影响的管理手段，是一种直接干预对外贸易经济活动的措施。

❖**小思考**

对外贸易行政管理手段的强制性与对外贸易法律手段的强制性有何不同？

4）纵向性

对外贸易行政手段在组织机制上具有自上而下的纵向特征，对外贸易行政管理由国家根据一定时期中国对外贸易发展的特殊情况和国民经济发展对对外贸易提出的特定要求，运用行政权力发布命令、指示，依靠行政组织从上到下，逐级下达和贯彻执行，每一级行政机关都对其上一级负责，这就形成了一个层层监控的“树根状”的组织结构，具有纵向性。

5）规范性

行政管理规范性包含几层含义：政府依法行政、行政管理符合国际规范、行政管理具有公开性和稳定性。

中国经济体制改革的目标是建立社会主义市场经济体制，而建立完善的市场机制和进行必要的国家宏观管理，都是市场经济体制的重要组成部分，二者是相互结合、相辅相成、缺一不可的。

4.3.1 外汇管理

所谓外汇管理，是指一国政府对外汇的收支、结算、买卖和使用所采取的限制性措施。其目的是集中使用该国的外汇，防止外汇投机，限制资本的流出和流入，稳定货币汇率，改善和平衡国际收支。

1）外汇管理内容

外汇交易行为形式多样，在各国的经济交往中既有外汇与外汇的交易，也有外汇与商品劳务的交易，因此外汇管理的内容也非常广泛，不仅包括对国际收支的管理，也涉及对外汇市场的管理，具体可分为：经常项目管理、资本项目管理、储备项目管理、汇率管理、外汇市场管理等。经常项目管理又包括贸易外汇管理和非贸易外汇管理。这里主要介绍贸易外汇管理制度。

2）贸易外汇管理制度

中国贸易外汇管理是以间接管理和事后检查监督管理为主，具体表现为实行银行结汇制度、银行售付汇制度、出口收汇核销制度、进口付汇核销制度、贸易外汇账户管理制度。

(1) 银行结汇制度

中国对境内机构经常项目下的贸易外汇收入实施银行结汇制度，即境内机构贸易项下的外汇收入，除国家规定准许保留的外汇可以在外汇指定银行开立外汇账户外，都必须及时调回境内，按市场汇率卖给外汇指定银行。

中国目前对贸易外汇采用强制结汇和限额结汇两种方式，即对一般中资企业经常项目外汇收入实行强制结汇，而年进出口总额和注册资本达到一定规模、财务状况良好的中资企业以及外商投资企业可以开立外汇账户，实行限额结汇。

（2）银行售付汇制度

中国对境内机构经常项目下的贸易外汇支出实施银行售付汇制度。

①售汇制度。

售汇是指外汇指定银行将外汇卖给外汇使用者，并根据交易行为发生之日的人民币汇率收取等值人民币的行为。从用汇单位角度来讲，售汇又称为购汇。中国的企业经常项目下产生的外汇需求，只要能够提供与支付手段相应的有效商业单据和凭证，就可以从外汇指定银行购买外汇。

②付汇制度。

付汇是指经批准经营外汇业务的金融机构，根据有关售汇以及付汇的管理规定，在审核用汇单位提供的规定的有效凭证和商业单据后，从其外汇账户中或将其购买的外汇向境外支付的行为。如从其外汇账户中对外支付，除提交规定的有效凭证及商业单据外，还必须符合外汇账户的收支范围。

（3）出口收汇核销制度

出口收汇核销制度是指货物出口后，由外汇管理部门对相应的收汇进行核销。这是一种以出口货物价值为标准核对是否有相应的外汇收回国内的事后管理措施，可以监督企业在货物出口后及时、足额地收回货款。

根据中国有关法规的规定，国家外汇管理局及其分支局按照属地管理的原则，对在中国境内注册登记并经外经贸主管部门批准有进出口经营权的所有出口单位，进行出口收汇核销管理。除经批准外，一切贸易出口项下的收汇均须办理出口收汇核销手续。

出口收汇核销监管，侧重于对每笔出口贸易外汇收入进行跟踪监测的事后管理，体现了贸易外汇管理以事后监管为主的真实性审核原则。通过出口收汇核销管理，可以加快收汇速度，提高出口收汇率，防止外汇流失。另外，对出口及收汇金额、币种、方式等统计数据的掌握，也可为有关部门的经济决策提供参考。

（4）进口付汇核销制度

进口付汇核销制度是指进口货款付出后，由外汇管理部门对相应的到货进行核销。这是以付汇金额为标准核对是否有相应的货物进口到国内或有其他证明抵冲付汇的一种事后管理措施，可以监督企业进口付汇后及时、足额地收到货物。

进口付汇核销制度主要以事后核对的方法，对进口用汇的现状、存在的问题及其发展趋势进行统计分析，监督国内进口单位在付出外汇后得到等值的进口货物。

（5）贸易外汇账户管理制度

为配合结售汇和收付汇核销制的执行，根据《结汇、售汇及付汇管理规定》对暂不结汇和无须结汇的经常项目外汇收入，可以开立外汇账户，实行账户管理，以达到对不结汇外汇收入的监管。

对持有暂不结外汇的开户单位凭申请开户的报告，企事业单位持市场监管部门颁发的营业执照，社会团体持民政部门颁发的社团登记证，其他单位持国家授权机关批准成立的有效批件，外汇管理局要求提供的其他有关材料，可以到外汇管理局领取“外汇账户使用证”，并到外汇指定银行办理开户。

❖小资料

货物贸易外汇管理改革起步：取消出口收汇核销单[①]

4.3.2 配额管理

1）出口配额

配额管理是世界各国普遍使用的数量限制措施。出口配额管理的主要作用是：有利于外贸出口秩序的调整，控制重要物资和敏感商品的出口数量，并保证部分出口配额商品数量符合中国与他国签订的贸易协定的要求。

为了兑现出口有序增长的承诺，中国今后将更多地采用出口主动配额管理。主动配额管理是指在输往国家或地区市场容量有限的情况下，国家对部分商品的出口，针对具体国家或地区主动实施的数量限制。

主动配额管理的商品具有以下主要特点：一是中国在国际市场或某一市场上占主导地位的重要出口商品；二是外国要求中国主动限制的出口商品；三是国外易进行市场干扰调查、反倾销立案的出口商品。

如无特殊说明，出口配额管理即指出口主动配额管理。

（1）出口配额管理制度

实行配额管理的出口商品目录，由商务部制定、调整并公布。实行配额管理的出口商品目录，应当至少在实施前21天公布；在紧急情况下，应当不迟于实施之日公布。

出口商品配额总量，由商务部综合考虑以下因素确定：保障国家经济安全的需要；保护国内有限资源的需要；国家对有关产业的发展规划、目标和政策；国际、国内市场的需求及产销状况。商务部应于每年10月31日前公布下一年度出口配额总量，并可根据实际需要对本年度出口商品配额总量作出调整，但有关调整应当不晚于当年9月30日完成并公布。

（2）出口配额的分配

出口配额可以通过直接分配的方式分配，也可以通过招标等方式分配。

2）关税配额

关税配额管理是对货物进口的绝对数额不加限制，对在一定时期内在规定的关税配额内进口的货物，按照配额内税率缴纳关税；属于关税配额外进口的货物，按照配额外税率缴纳关税。中国实施关税配额管理的商品主要是农产品。2005年，农产品关税水平降至15.35%，关税配额数量达到最高点，其中小麦和玉米的关税配额数量达到国内生产量的10.7%和6%。

（1）关税配额管理体制

为有效实施农产品进口关税配额管理，建立统一、公平、公正、透明、可预见和非歧

① 根据新浪网有关资料整理。

视的农产品进口关税配额管理体制，有关部门根据《对外贸易法》和《货物进出口管理条例》制定了《农产品进口关税配额管理暂行办法》。根据上述法律、法规，在公历年度内，国家根据中国加入世界贸易组织货物贸易减让表所承诺的配额量，确定实行进口关税配额管理的农产品的年度市场准入数量，配额量内的农产品进口适用于关税配额内税率，配额量外的农产品进口适用于关税配额外税率。农产品进口关税配额为全球配额。

关税配额分为国营贸易配额和非国营贸易配额，国营贸易配额须通过国营贸易企业进口，非国营贸易配额，可以通过国营贸易企业或有贸易权的非国营贸易企业进口，有贸易权的最终用户也可以直接进口。

在中国加入世界贸易组织的承诺中，对关税配额量、配额内外税率、非国营贸易比例和实施期等都作了具体承诺，并承诺在透明、可预测、统一、公平和非歧视的基础上管理关税配额，使用能够提供有效进口机会的明确规定的时限、管理程序。

（2）关税配额管理的商品范围

中国实行关税配额管理的进口货物目录，由国务院外经贸主管部门制定、调整并公布。中国对小麦、玉米、大米、棉花、食糖、豆油、棕榈油、菜籽油、羊毛、毛条等重要农产品和化肥等工业品实施关税配额管理，关税配额内进口的适用低关税，关税配额外进口的适用较高关税。其中小麦、玉米、大米、豆油、菜籽油、棕榈油、食糖、棉花配额分为国营贸易配额和非国营贸易配额。

4.3.3 检验管理

《中华人民共和国进出口商品检验法》对进出口商品检验原则作出了规定，进出口商品检验应当根据保护人类健康和安全、保护动物或者植物的生命和健康、保护环境、防止欺诈行为、维护国家安全这五项原则进行。

中国进出口商品检验的依据，一是国家技术规范的强制性要求，二是国家商检部门指定的国外有关标准。

国家商检部门和商检机构通过下列法定制度对进出口商品检验活动进行监督管理：

1）出厂前的质量监管和检验制度

其主要内容是：指导和协助企业建立健全出口商品生产的质量保证体系、标准体系及检测体系，并对其质量保证工作实施监督检查；对实施强制性认证制度的出口商品、出口卫生注册登记制度的商品和生产加工企业的生产过程的质量控制进行监督管理；对出口商品实施出厂前的预检制度等。

2）认证管理制度

中国的强制性产品认证，是通过制定强制性产品认证的产品目录和实施强制性产品认证程序，对列入目录中的产品实施强制性的检测和审核。强制性产品认证制度规定，凡列入强制性产品认证目录内的产品，必须经国家许可的认证机构认证合格，取得认证证书，并加施认证标志，即“CCC”标志后，方可出厂销售、进口和在经营性活动中使用。

根据国家统一的认证制度，各地商检机构负责对进出口商品实施认证管理，其主要内容有：①对实施强制性认证的进口商品进行监督管理，未取得认证的进口商品禁止进口、销售和使用；②对实施出口质量许可制度和包装许可制度的出口商品，未取得许可证书的，不得出口；③对进出口食品及其生产企业实行卫生注册登记制度，未取得卫生注册登记的不得进口或出口。对违反进出口商品认证管理的行为应当进行处罚。

3）验证管理制度

对进出口商品实行验证管理，是指商检机构对国家实行强制性认证及其他质量许可制度的进出口商品，在进出口时，核查其是否取得必需的证明文件、标志等；核对证货是否相符，并对获证的进出口商品进行必要的抽查检验，以证实商品是否符合强制性认证以及有关质量许可规定的技术要求。

4）加施商检标志和封识制度

商检标志是指在进出口商品上或者其外包装和小包装的明显部位加附中国规定的检验标志，以证明该商品符合国家技术规范的强制性要求。封识是指商检机构对检验合格的出口商品、检验不合格需对外换货或者退货的进口商品以及保留待查样品或者凭样成交的样品等，采用国家规定的各种方式对进出口商品实施加封识别，以加强批次管理，保证货证相符。国家商检部门负责制定商检标志和封识的管理办法，由商检机构实施。商检机构根据需要，对检验合格的进出口商品，可以加施商检标志或者封识。经商检机构加施封识的商品，不得擅自启封、涂改、移动和销毁。使用商检标志的进出口商品及其生产、加工企业，应当接受国家商检部门或者商检机构的监督管理。

5）复验、复议、诉讼制度

（1）复验，是指进出口商品的报检人对商检机构作出的检验结论有异议的，可以向原商检机构或者其上级商检机构直至国家商检部门申请复验，由受理复验的商检机构或者国家商检部门及时作出复验结论。

（2）复议，是指当事人对商检机构、国家商检部门作出的复验结论不服或者对商检机构作出的处罚决定不服的，可以依法申请行政复议。这样可以保护商检行政管理相对人的合法权益。

（3）诉讼，是指当事人对商检机构、国家商检部门作出的复验结论不服或者对商检机构作出的处罚决定不服的，可以直接向法院提起诉讼，而不必将申请复议作为法定的前置条件。这样可以使当事人的合法权益得到更充分的保护。

除上述监管制度外，国家商检部门和商检机构还通过对报检代理人的管理，对经许可的检验机构的监督管理，对执法机构、执法人员的行为进行规范等措施，对进出口商品检验活动进行监督管理。

❈小资料

商检案例

4.3.4 海关管理

海关是国家进出关境的监督管理机关，代表国家依据《中华人民共和国海关法》对进出境活动实施行政管理职能。海关执行监管活动的指定范围可包括关境、边界及沿海领域领海线内外的一定地带。《海关法》第三条规定：“国务院设立海关总署，统一管理全国海关。国家在对外开放的口岸和海关监管业务集中的地点设立海关。海关的隶属关系，不受行政区划的限制。海关依法独立行使职权，向海关总署负责。”海关的管理职能体现在海关的基本任务里，基本内容为：

1）监管进出境的运输工具、货物、行李物品、邮递物品和其他物品

对进出国境货物、物品和运输工具的监督管理，是基于国家对外经济贸易活动实行统一的管理。通过接受申报、审核单证、查验放行、后续管理、查处违法行为等环节，对进出关境的各类运输工具、货物、物品实施有效的监督管理。

2）征收关税和其他税费

正确贯彻关税政策，对一切应税货物和物品征收关税，是一种必要的手段，也是对外贸易管理的重要手段和海关的基本任务之一。《海关法》规定，海关征收关税的对象是准许进出口的货物和进出境物品。进口货物的收货人、出口货物的发货人、进出境物品的所有人，对于应当缴纳关税的货物、物品应当按照规定进行申报，并缴纳关税，不得逃避海关监管，偷逃关税。海关在征收关税时，应当严格按照规定的程序、要求，做到依法计征、依法减免，在单证审核、货物查验、价格审定、税则归类、税款计征等环节上做到准确无误，不漏征、不少征、不多征。

3）查缉走私

查缉走私是监督管理和征税工作的延续。走私是指逃避海关监管，进行非法的进出境活动，查缉走私的目标是制止、打击一切非法进出口货物、物品的行为和偷税、漏税的非法行为，以维护国家主权和经济利益，保障国家社会主义建设，维护对外贸易秩序。为了严厉打击走私犯罪活动，加强海关的监督管理，更有力地维护国家的主权和利益，《海关法》对中国查缉走私体制作出了明确规定：一是设立专门侦查走私犯罪的公安机构；二是实行联合缉私、统一处理、综合治理的缉私体制。

4）编制海关统计资料和办理其他海关业务

海关统计是指海关运用各种科学方法，对进出境的货物进行统计调查、统计分析的活动。编制海关统计资料是海关的基本职能之一。海关统计具有两个特点：一是对外贸易货物的统计；二是通过关境进出口货物的统计。海关统计具有三项职能：及时地从不同方面反映进出口规模、走向以及中长期发展趋势的预测，以体现其信息职能；适时地反映存在的问题，为国家宏观调控和监督提出建议，以体现其咨询职能；根据国家某些政策的调整，进行跟踪分析，反映进出口情况是否符合国家政策的调整，以体现其监督职能。国家海关统计资料由海关总署统计机构管理；地方海关统计资料由各地海关统计机构管理。

海关通过这些职能的履行，达到实施国家法律、维护进出关境秩序、保证国家税收、打击违法犯罪行为、保障国家利益的目的。因此，海关管理也是中国货物进出口管理环节中的重要组成部分。

为了保证海关能充分发挥自身的职能和任务的完成，《海关法》第六条对海关的权力作了全面的规定，授予海关在监督管理活动中拥有检查权、查阅权、调查权、复制权、扣留权、追缉权、质押权、处理权、佩带使用武器权、强制执行权、征税权等。

此外，中国还以《中华人民共和国海关关于进口货物原产地的暂行规定》《中华人民共和国出口货物原产地规则》《中华人民共和国含进口成分出口货物原产地标准主要制造

加工工序清单》等制度对外贸商品的原产地进行管理以实施两种关税税率，即普通税率和最低税率。

除上述对对外贸易经营活动的行政管理外，中国还对对外贸易经营者的资格和经营范围进行行政管理。

本章小结

1.外贸立法管理手段是指在对外贸易中借助法律规范的作用对进出口活动施加影响的一种手段。它具有权威性、统一性、严肃性、规范性的特点。

2.《对外贸易法》是实行对外贸易管理制度的主要法律依据。为适应新形势，中国全面修订了《对外贸易法》。修订后的《对外贸易法》自2004年7月1日起施行。

3.《对外贸易法》的立法宗旨是“为了扩大对外开放，发展对外贸易，维护对外贸易秩序，保护对外贸易经营者的合法权益，促进社会主义市场经济的健康发展”。基本原则是：实行全国统一的对外贸易原则，平等互利、互惠对等的多边、双边贸易关系原则，市场准入原则，透明度原则，公平贸易原则。《对外贸易法》的适用范围具体可以分为在地域上的适用范围、对人的适用范围、在时间上的适用范围。

4.其他管理立法包括货物贸易管理立法、货物进出口主要环节管理立法、维护贸易秩序的立法等。

5.采用经济调控手段调控对外贸易是指国家有关部门通过汇率调节、税收调节、信贷调节、价格调节等经济杠杆，间接影响和约束企业对外经济贸易行为，具有通过市场机制起作用、间接性、非歧视性、非强制性的特点。实施对外贸易经济调控是社会主义市场经济条件下对外贸管理的主要手段，也是国际贸易通行规则的要求。

6.对外贸易行政管理是国家经济管理机关凭借行政组织权力，采取发布命令、制订指令性计划及实施措施、规定制度程序等形式，按照自上而下的组织系统对对外贸易经济活动进行直接调控的一种手段，具有统一性、速效性、强制性、纵向性、规范性的特点。具体管理手段包括配额管理、进出口商品检验、海关管理、外汇管理等。

主要概念和观念

★主要概念

外贸立法管理手段　对外贸易经济调控手段　对外贸易行政管理手段　关税配额管理　主动配额管理

★主要观念

对外贸易立法管理　WTO基本原则

基本训练

★知识题

1.判断题

(1) 至2005年，中国已经基本取消非关税措施。　(　　)

(2) 目前，自然人也可以经营进出口业务。　(　　)

(3) 外贸立法管理具有间接性特点。 ( )

(4) 行政管理具有非强制性特点。 ( )

2.单项选择题

(1)( )是实行对外贸易管理制度的主要法律依据。

A.《对外贸易法》 B.《海关法》 C.《商品检验法》 D.《商标法》

(2) 具有通过市场机制起作用、间接性、非歧视性、非强制性特点的对外贸易管理手段是( )。

A.立法管理 B.行政管理 C.经济管理 D.规章制度

3.多项选择题

(1) 除了《对外贸易法》,中国的管理立法还包括( )。

A.货物贸易管理立法 B.货物进出口主要环节管理立法

C.维护贸易秩序的立法 D.海关立法

E.技术贸易立法

(2) 对外贸易行政管理具有( )的特点。

A.统一性 B.速效性 C.强制性

D.纵向性 E.规范性

(3) 对外贸易行政管理具体管理手段主要有( )。

A.进出口商品检验 B.海关管理 C.外汇管理

D.原产地规则管理 E.关税配额管理

(4)《对外贸易法》的基本原则包括( )。

A.实行全国统一的对外贸易原则

B.平等互利、互惠对等的多边、双边贸易关系原则

C.市场准入原则

D.透明度原则

E.公平贸易原则

★技能题

1.关税配额管理如何调控进口?

2.逐步取消关税后,可用什么手段调节进出口?

观念应用

1.经济调控手段与其他管理手段有何不同?

2.在市场经济条件下,中国为什么要实施对外贸易行政管理?

3.中国《对外贸易法》在哪些方面体现了WTO的基本原则?

网上资源

1. http://www.xinhuanet.com/

2. http://www.mofcom.gov.cn

3. http://caijing.chinadaily.com.cn/

第5章

对外贸易价格与经济效益

学习目标

通过本章学习，你应该达到以下目标：

知识目标：明确对外贸易价格的概念；了解进出口商品国内外市场价格的区别和联系；认识正确处理国内外价格关系的意义；把握进出口商品对外作价原则与做法。

技能目标：具有初步的订立合理的、具有竞争力的外贸商品价格的能力和技巧。

能力目标：能结合我国国情和企业具体情况，有针对性地提出提升我国外贸宏观和微观经济效益的建议。

对外贸易价格问题是我国对外经济贸易工作的核心问题，它不仅关系到我国对外贸易的经济效益，而且对我国的工农业生产的发展、企业的技术改造、产业结构的调整，以及市场的供求状况等都有深刻的影响。而对外贸易作为开放经济条件下服务于工业化、服务于国民经济发展的重要手段，其经济效益的高低直接影响着其服务作用发挥的效力。在这个意义上，可以说对外贸易经济效益是对外贸易活动所追求的目的，只有取得高水平的经济效益，才能保证对外贸易最大限度地促进国民经济的发展。因此，有必要从理论、实践上探讨外贸经济的形成、分类及其提高的途径等问题。

5.1 进出口商品的国内外市场价格

进出口商品价格是指进出口商品的国内外价格，也称对外贸易价格。就一国而言，进出口商品价格包括进口商品的国外价格及国内价格和出口商品的国内价格及国外价格。

对外贸易是联结国内经济和国际经济的重要桥梁。进出口商品价格是对外贸易中联结国内外两个不同市场价格的重要纽带。因此，要想进一步深入研究进出口商品价格，就必须对国内外市场价格的区别和联系有一定的了解。

5.1.1 国内外市场价格的区别

1）国内外商品的价值形成基础不同

这是一条根本的区别。商品价格的基础是价值。我们说商品要按照价值进行交换，就是按照社会必要劳动时间进行交换。社会必要劳动时间，指的是在现有社会标准的生产条件下，用社会平均的劳动熟练程度和强度生产某种使用价值所需要的劳动时间。一个国家商品的价格就是这个国家商品价值的货币表现，价格的基础是价值。在国际贸易中，商品的价值是由世界必要劳动时间决定的。世界必要劳动时间是商品价格形成的客观基础。马克思指出："在以各个国家作为组成部分的世界市场上，情形就不同了。国家不同，劳动的强度就不同；有的国家高些，有的国家低些。于是各国的平均数形成一个阶梯，它的计量单位是世界劳动的平均单位。"[①]这个计量单位，正如恩格斯所指出的，是谁也无法计算和确定的。只能通过千百万次交易，通过竞争，"社会必要劳动时间决定商品价值这一点才能成为现实"。[②]

2）国内外商品价格的构成不同

国内贸易中的商品和国际贸易中的商品，由于其流通的范围大小不一样和流通的环节多少不同，因此国内外商品价格构成也不尽相同。一般来说，国内的商品价格构成比较简单，主要包括：生产成本、利润、产品税或增值税以及国内流通费用、流通税等几项因素。商品进入国际贸易后，在国际市场上的商品价格构成则比较复杂，除了包括国内的商品价格构成因素外，还要包括国际贸易中的其他因素，如国家间的运费、包装费、仓储费、保险费、商检费、关税、银行财务管理费、外贸企业代理手续费、中间商的佣金、港务费、各项杂费等，其中，税金、运费、佣金所占比重较大。

3）国内外商品的价格体系不同

在商品经济条件下，从全国角度考察，国民经济各部门和各经济成分之间进行商品交换和提供劳务，必须采取等价交换的原则，客观上形成了各种不同的商品价格和劳务收费。这些商品价格和劳务收费，在我国有些是按价格管理形式划分的，有些是按国民经济各部门分工划分的，有些是按流通环节划分的，它们不是彼此孤立的，而是存在着一种互相联系而又互相制约的关系。这些商品价格的有机联系和互相制约的关系，形成了一个完整的、统一的商品价格体系。因此，价格体系就是在整个国民经济的运行中各种商品价格网络及其相互关系的总和，它体现着各种价格之间及价格构成各因素之间的内在有机联系。

我国的商品价格体系是指在国别价值基础上，按照计划经济与市场经济相结合的理论，考虑整个社会再生产过程和国民经济各部门的均衡发展而建立起来的一整套具有纵横关系的统一的国民经济价格体系。我国的价格体系由按价格管理采取的形式所形成的价格体系、按国民经济各部门分工形成的比价体系和按商品流通环节形成的差价体系构成。其具体内容是：

（1）按价格管理形式划分，包含计划价格和非计划价格两种。

（2）按国民经济各部门分工划分，包含农产品价格、工业品价格、交通运输价格、商业价格和劳务收费五种。

（3）按商品流通环节划分，包含农产品收购价格、工业品出厂价格、商业调拨价格、批发价格、供应价格和零售价格六种。

---

① 马克思．资本论：第1卷（下）[M]．中共中央马克思恩格斯列宁斯大林著作编译局，译．北京：人民出版社，1975．

② 马克思，恩格斯．马克思恩格斯全集：第21卷[M]．中共中央马克思恩格斯列宁斯大林著作编译局，译．北京：人民出版社，2003.

这些不同环节的价格之间以及同种商品在不同地区、不同季节、不同规格、不同质量之间存在着差价关系，形成了差价体系。我国1979年开始的价格改革，就是要改革体系中不尽合理的各种商品比价、质量差价、地区差价和季节差价，从而使价格能够更好地反映国别价值和国内商品供求，最终形成一套符合社会主义市场经济体制的具有纵横有机联系的统一的国民经济价格体系。经过十几年的价格改革，我国高度集中的价格管理体制发生了根本转变。通过缩小政府直接定价的范围，扩大政府指导价和市场调节价的范围，市场机制在价格形成中已经起到主导作用。到1992年，我国市场调节价商品零售额在社会商品零售总额中已占90%左右，在生产资料销售总额中已占70%以上。但与建立社会主义市场经济新体制的要求相比，价格方面还存在一定的差距。

❈小思考

高度集中的价格管理体制的主要弊端是什么？

答：从高度集中的价格管理体制使得商品价格不能真实反映国别价值和国内商品供求入手。

国际价格体系虽然也具备国内价格体系的一些内容，但是国际价格体系的最大特点是市场调节价格占有主导地位。其一整套具有纵横有机联系的价格体系，主要是市场调节价之间的商品比价、质量差价、地区差价和季节差价体系。因此，国内外价格体系的差别还是很大的。

随着我国改革开放步伐的加快，对外贸易规模的扩大，参加和利用国际分工的深入，只要国内外劳动生产率水平的差距逐步缩小，那么，国内外市场价格的不同点也会逐渐减少，区别也会缩小，同时，国内外市场之间的联系也会越来越密切。

❈小资料

国际价格体系

一般意义上，一个国家的价格体系是随着经济发展的水平逐渐变动的，不同的发展阶段应该对应着不同的价格体系。但如果考察整个国际市场，情况就要复杂一些。不可否认，在当前的世界经济中甚至在未来相当长的时间里，发达国家占有并将维持其主导甚至统治地位，国际经济关系中起主导作用的也是资本主义的生产关系。在这样的前提下，国际经济体系必然倾向于维护发达国家的利益，并在价格体系的结构中体现出来。也就是说，国际市场的价格体系更适应那些发达国家生产力发展的需要，而对发展中国家经济的促进作用则受到了极大的限制。由于生产力水平的低下，发展中国家的产业结构很难适应外部的这样一个强大的相对价格体系，因为在它的发展未达到一定的水平之前，外部市场的价格体系的过度渗透会造成自己价格结构的严重失调。这种价格结构的失调或者扭曲是经济发展的一个重要障碍，它可能由国内的经济政策或者市场机制的不健全引起，就像我国改革开放之前出现的情况那样，表现在商品的价格被人为地与市场割裂，脱离了市场关系，造成了产业结构的不合理，从而影响了整个国民经济的活力。

资料来源　唐永胜. 国际市场的价格体系及其影响［J］. 战略与管理，1997（3）.

5.1.2　国内外市场价格的联系

国内外市场价格不仅有区别，而且也有联系。两种价格之间的联系及联系密切的程度取决于下列因素：

（1）一个国家生产率与国际平均生产率水平的差异，或者说一个国家国内平均生产费用与国际平均生产费用的差别。如果其国内价值与国际价值差别大，则价格差别也大；反之，差别小，价差也小。

（2）一个国家对外开放的程度，体现在国民经济参与和利用国际分工的程度。一个国家如果采取对外开放的政策，就会促进该国国内外市场价格的联系。这个国家参与和利用国际分工的程度越深，其进出口额占本国工农业总产值比例越大，两种价格的联系就越密切。

（3）一个国家国内市场供求变动与国际市场是否一致。两者变动趋势越一致，其价格变动越相似，两种价格的联系越密切。

（4）一个国家国内外两个市场商品自由流动障碍的大小。障碍越小，这个国家国内外两个市场价格的联系就越密切。

（5）国内外经济机制的差别。一个国家如果实行市场经济，与国际市场上的市场经济相适应，那么这种经济机制的一致，就为国内外市场价格的联系创造了客观条件。如果一个国家实行计划经济机制或者正处在计划经济机制转向市场经济机制的过程中，那么该国国内外两种市场价格或者是隔断的，或者是部分价格挂钩、部分价格隔断。

※小资料

越南大米国内外售价上涨

5.1.3　正确处理国内外市场价格关系的意义

根据国内外客观经济条件，从实际出发正确处理好国内市场价格的关系，具有如下重要意义：

1）有利于充分发挥价值规律在国内外市场上的调节作用

在对外贸易中，采取符合客观经济规律的正确处理国内外市场价格的办法，就会使得价值规律既能反映国际价值，也能反映国别价值，既能反映国外供求，也能反映国内供求；就不会割断价值规律调节国内外生产、流通的作用；就会使国内生产、流通企业根据价值规律的调节，安排生产、贸易；就会使国内企业直接参与国际竞争，了解国际市场的需求，生产出适销对路的产品；还可以随国际市场供求的变化而更新换代，提高国家出口商品的竞争能力。

2）有利于促进国内经济的发展，带动国内劳动生产率水平的提高

在正确处理国内外市场价格关系的政策时，国内外市场相互接轨，国内外市场价格的联系比较密切，有利于企业借助价格这个杠杆主动改善经营管理，降低成本，讲求经济效益；吸收先进技术和关键设备，挖掘潜力，提高劳动生产率，促进产品结构和产业结构优化，带动整个国民经济的发展。

3）有利于减少政府对进出口商品价格的财政补贴

在我国对外开放以前，在高度集中的计划经济体制下，为了保护国内市场的稳定，防

止资本主义经济危机的冲击和影响，我国对对外贸易价格一直采取国内外市场价格割断的政策。所谓割断，就是指出口商品的收购，一律按照国内价格；进口商品的内销，原则上按国内价格作价；出口商品的外销和进口商品的购进，均根据国际市场价格水平作价。在进出口商品国内外价格脱钩的情况下，进出口商品国内价格随国内市场价格长期基本不变，而国际市场价格总的趋势是上涨的。这样，我国进出口商品国内外价格的差距越来越大，国家对价差补贴的支出也越来越多，从而严重地影响了国家资金的使用和积累。改革开放以后，我国逐渐扩大了进出口商品国内外市场价格的联系，逐渐减少了国家对进出口商品价格的财政补贴。这样既减轻了国家的财政负担，也符合国际贸易通行规则。

❈小思考

对出口商品实行财政补贴会引起什么样的负面效应？

【分析提示】

从国内、国外两方面分析。

4）有利于经济效益的提高

处理好国内外市场价格关系有利于企业对进出口商品进行正确的成本核算，提高企业对外贸易经济效益。有利于国内外资金的合理流动，提高资金的使用效率。有利于合理利用国内外两种资源，提高资源的利用率。

还应当指出，国内外市场价格直接挂钩，全面联系，也会产生下述问题：本国经济容易受国际经济波动的影响，特别是发生世界性经济危机和通货膨胀时，本国经济很难避免。因此，更需要正确处理好国内外市场价格的联系。

5.2 进出口商品的国内外作价原则

5.2.1 进出口商品对外作价原则

1）我国出口商品对外作价原则

出口商品对外作价工作，直接关系到贸易双方的经济利益，影响交易的成败和对外贸易的发展。因此，要制定合理的出口商品价格，应综合考虑以下各因素的影响，结合实际情况，使出口商品既卖得适当价钱，换取较多外汇，又卖出一定数量。

(1) 按国际市场价格水平作价

按国际市场价格水平作价，主要是参照以输出国为中心的集散地销售价格、以进口国为中心的商品集散地销售价格、输往国或地区的当地市场价格水平作价。

按国际市场价格水平给出口商品作价，必须掌握好出口商品价格，进行充分的市场调研，弄清国际商品市场价格变化的规律。因为国际市场价格不是一成不变的，它是随国际生产价格、汇率、供求关系等因素的变化而不断变化的；它有时高些，有时低些，有时平稳。因此，在制定出口商品价格时，首先要对国际市场行情和国际市场的价格趋势进行深入细致的调查研究，以便从国际市场上错综复杂的现象中把握国际价格运动的内在规律，做到根据国际市场价格水平，参照国际市场供求关系，该涨就涨，该落就落，该稳就稳，使出口商品卖得适当价钱。

(2) 符合国别地区政策

我国的对外贸易工作，与外交工作有密切关系。因此，要配合外交活动，在改革开放总方针指引下，实行全方位协调发展的国别（地区）政策，对不同国家或地区采取与我国贸易政策相适应的作价原则。如为了发展同发展中国家的友好关系，根据平等互利的原则，在有进有出的基础上扩大同它们的贸易往来。在制订向这些国家出口商品的价格方案时可适当灵活些。若出于政治和外交上的需要，也可略低于国际市场价格水平作价；又如对西方工业发达国家，我们坚持在平等互利的基础上全面发展同各国的贸易往来和多方合作，特别是重点加强同那些贸易条件较为优惠、市场比较开放、技术转让比较积极的国家的贸易关系，按国际市场价格水平作价。但对某些国家对华贸易政策的歧视性规定和限制，我们应配合我国对外贸易的国别（地区）政策在价格上进行适当的斗争。当然，这是一项政策性很强的工作，必须在我国对外贸易国别（地区）政策的具体指导下，有计划地实行。

❈小资料

法国对外援助国别政策及可供借鉴的经验

法国对外援助国别政策：

1998年以前，法国将受援国家分为两类："阵营国家"和"阵营外国家"。所谓"阵营国家"，指的是37个原法国殖民地国家和后来逐渐加入的非洲国家。而其他接受法国援助的国家为"阵营外国家"。

从1998年开始，法国政府调整了对外援助地区政策，由原来"阵营国家"（法语国家）和"阵营外国家"的二元划分，转变为"优先团结地区"政策。"优先团结地区"不仅包括低收入且没有进入资本市场的最不发达法语国家，同时也包括非法语国家，从而保证地区行动的更好协调。"优先团结地区"包含的国家可以获得更加广泛的合作手段和最优惠的援助资金。"优先团结地区"中的国家可以享受"优先团结基金"，"优先团结基金"主要用于国家政权（司法、经济管理、国家政权、国防和警察）、制度改革和社会发展等领域的合作项目，由法国外交部负责管理。对于"优先团结地区"以外的国家（拉丁美洲国家和部分亚洲国家），法国政府侧重于技术、科技和文化领域的合作。

值得借鉴的经验：

第一，法国的发展援助政策紧密遵循联合国、经济合作与发展组织（以下简称经合组织）的发展援助政策。除了借鉴联合国的发展援助政策外，法国在发展援助领域与经合组织的合作非常紧密。经合组织发展援助委员会每三年派遣独立的专家团对法国的发展援助政策、体系以及项目实施的具体情况等各个方面进行评估，写出评估报告，提出修改意见。1998年，法国政府就是根据经合组织1997年的评估报告，对其发展援助的管理结构进行了重大调整。

第二，灵活地确定重点援助国别：对于"优先团结地区"所包含的国家，法国政府每年进行一次调整，这样就避免了受援国家的习惯性接受，使得受援国更加珍惜有限的援助资金，保证了援助资金的有效使用。此外，在"优先团结地区"中，法国政府虽然没有进一步细化援助的主次，但从接受援助最多的10个国家的受援总量在法国双边对外援助总额中所占的比重，我们可以看出，其比重高达50%以上。因此，我国在对外援助区域政策上，也应划分主次，确定重点地区、重点国别，对于在政治、经济领域与我国关系密切的国家，进行重点援助。

第三，发展援助与政权建设、文化交流相结合：从西方国家包括欧盟的对外援助政策上看，扶贫已经不再是对外援助的重点，甚至有些国家已经不再在扶贫领域与受援国进行合作，多数国家更侧重于教育、经济发展、环保和政权建设等领域的合作。由于接受法国援助的国家多为原法国殖民地国家，且这些国家大多为低收入或最不发达国家，所以，法国政府采取了扶贫与其他领域的合作相结合的做法。法国政府认为，没有社会的进步，就没有真正的经济的进步。民主、人权、国家的良好管理是发展的基本因素。没有环境的保护，不尊重生物多样性，子孙后代的权利无法保证，也就没有可持续发展。因此，法国政府一直把扶贫与社会经济的发展紧密相连，力争使受援国在不同领域摆脱贫困。我国的援外政策也应借鉴法国，尽量少建楼堂馆所，少建一些纪念碑式项目，这类的援助方式已经与国际援助的大趋势格格不入，与全球发展格格不入。制定新的援外政策，真正做到从根本上使受援国逐步摆脱贫困，这才是发展援助的最终目的。

第四，发展援助与促进企业开拓市场相结合：为了支持法国的对外援助政策，法国政府还建立了“私有部门扶持和研究基金”。该基金为希望投资和实施新兴国家发展援助项目的法国企业提供支持，帮助企业做好前期研究工作。目前，75%的“私有部门扶持和研究基金”用于环境、交通和能源领域。此外，“新兴国家储备金”的目的也是为法国企业在发展中国家执行的重要投资项目提供或联合提供优惠的资金支持，用于水、交通、电信和能源等领域的合作。

第五，双边援助与多边援助紧密配合：法国政府除了向欧盟提供资金，进行多边发展援助以外，还与联合国发展援助项目紧密配合，共同为受援国提供经济、技术和文化上的援助。①

(3) 要体现销售意图

出口商品价格还应体现销售意图，要根据出口商品的不同情况、特点和市场条件等灵活掌握。

①对具有独特风格、稀少、珍贵的工艺品，如玉器、古玩、古字画等，可根据工艺水平、艺术价值和国际市场需求等情况，结合我国销售意图和买方心理争取卖高价。但要注意研究市场容量，要本着“物以稀为贵”的原则和控制销售量，做到细水长流、多收外汇，以免物滥价跌，影响商品声誉和出口。

②对既有使用价值又有艺术价值的商品，应根据艺术价值结合销售意图作价。

③对我国独有的名贵土特产品、中药材和食品，以及在国际市场上占有一定优势的商品，可参照国际价格水平，在打开销路后适当卖高价，但定价要得当，不可过高，以免刺激其他国家或竞争对手增加生产或搞代用品与我竞争，使我出口商品处于不利地位。

④对于一些名牌消费品，在争得对我有利的价格后要稳价多销，不要轻易涨价，也不要轻易落价，更不要频繁调价。有时即使竞争对手降价与我竞销，我们宁可多花些钱加强广告宣传，也不一定跟着落价。

① 资料来源 王维娜. 法国对外援助国别政策及可供借鉴的经验［EB/OL］.［2013-07-22］. http://cafiec.mofcom.gov.cn/aarticle/tongjipeixun/200406/20040600229200.html.

⑤对库存现货，要权衡利弊，根据不同情况确定合理的推销价格。

⑥对库存滞销积压商品，可根据不同情况制定较低价格，并在收汇方式、贸易方式上适当给予优惠，力争多销售一些，以便把积压在仓库里的死商品变成国家急需的外汇或对建设必要的机械、设备和原材料，以减少利息支出，节约仓容。其中某些确实难销的商品，应及时转内销处理。

⑦对某些国际市场竞销激烈的商品，为巩固和发展我既有的销售市场，可采用竞争性价格，即在质量、包装装潢等条件相同的条件下，可略低于竞争对手的同类商品价格水平作价。若商品质量、包装装潢、交货条件好于对手，可根据情况适当以略高于竞争对手价格水平作价。

⑧新商品和需要打开销路的商品，为了打入市场，可先以略低于国际市场价格水平的价格出售，待打开销路、占领市场后再逐步提高价格水平。

※小思考

某厂家现有一批库存滞销积压产品需销往国外，应如何做？

答：可根据不同情况制定较低价格，并在收汇方式、贸易方式上适当给予优惠，如延期付款等，但需注意：定价不能过低，以免形成倾销。

2）我国进口商品对外作价原则

出口商品作价的三项基本原则同样适用于进口商品的国外作价。因此，在确定进口商品国外价格时要按照国际市场价格水平，体现国别（地区）政策和进口意图，结合进口工作中的一些具体情况和特点，灵活掌握运用，争取以有利的时机和有利的价格按时、按质、按量组织进口，做到既能购进一定数量和质量的进口商品，又为国家尽可能地节省外汇支出，从而更好地为实现国家进口计划，支援四化建设和满足市场需要服务。

5.2.2 进出口商品国内作价原则

1）我国出口商品国内作价原则

出口商品的国内市场价格主要包括出口农产品收购价格，工业部门供外贸出口的工业品出厂价格，商业部门供外贸出口商品价格，外贸系统内部调拨价格，出口商品转内销价格等几种价格形式。

我国出口商品国内价格政策也经历了类似进口商品国内价格政策的变化过程。1953年商业部和对外贸易部曾规定：出口商品国内价格原则是，以国产同类商品国家规定价格为基础作价。1960年，商业部和对外贸易部正式下达了《内外贸之间进出口商品作价办法》，进一步明确了作价原则，“出口商品国内价格仍以国内同类商品国家规定价格为基础，并贯彻按质论价，优质优价的原则”。1965—1978年，这一原则继续执行。1978年以后开始实行出口代理作价，但到1990年，全国出口代理作价的比重仅为10%左右。随着价格改革的推进，出口商品收购价格基本上是随行就市，由买卖双方商定。到1992年出口商品收购总额中90%已按市场价格收购。

农副产品，由外贸企业直接组织出口的收购价格为：

外贸收购价=国内收购价+质量、包装差价

工业品收购价格则分为两种情况：

其一，按国内同类商品作价原则，工业企业供出口的价格水平，执行国内出厂价格。

如在工厂仓库交货，出厂价格即为外贸进货价格；在本站码头等地交货的，以出厂价格加市内运杂费，作为外贸进货价格。计算公式是：

外贸进货价格=出厂价格=生产成本×（1+利润率）÷（1−税率）

其二，质量、包装均不相同的出口工业品价格，则外贸进货价格为：

外贸进货价格=出厂价格+（质量差价+包装差价）×（1+利润率）÷（1−税率）

出口商品代理结算价格的计算，实际上是按销差倒推法定价，即按出口卖价扣除国外运费、保险费、佣金、外贸企业代理手续费、银行财务管理费和需缴纳的关税等，其余为供货企业实得卖价。

$$\text{外贸企业与委托企业的代理价格}=\left(\text{出口商品到岸价格}-\text{支付国外运费}-\text{保险费}-\text{佣金}-\text{代理手续费}-\text{银行财务管理费}\right)\times\text{人民币外汇牌价}-\text{代垫国内费用}-\text{出口税费}$$

2）我国进口商品国内作价原则

中华人民共和国成立以来，我国进口商品的国内作价的变动大致经过了四个阶段：

（1）1953—1963年，在这一时期内，我国进口商品的国内作价办法不统一。

（2）1964—1980年，进口商品国内作价进入统一阶段。1963年12月，国务院颁发了《关于进口商品实行统一作价办法的暂行规定》，从1964年1月1日起，各种进口商品，无论从哪个国家进口，无论是中央部门或省、自治区、直辖市所属部门订货，都要尽可能地按照国内同类产品价格作价。其原则是国内价格与国际市场价格脱钩，以保持国内价格相对稳定。

（3）1981—1984年，这一时期进口商品国内作价试行贸易汇价，即国家制定了只供内部结算使用的贸易外汇内部结算价格。

（4）1985年以后，停止试行贸易汇价，外贸进口经营实行代理制，从而进口商品国内作价实行进口商品代理作价。

进口商品实行代理作价，也就是承办进口的外贸企业按照货物CIF价格，加上进口关税、国内税（产品税或增值税）、银行财务管理费和外贸代理手续费的计价办法，向订货部门拨交进口商品，代理价与国内同类商品的价差，由用户自负盈亏，外贸企业只按进口的到岸价格收取一定比例的手续费。外贸代理手续费率一般由外贸企业与订货单位根据不同进口商品的合理经营费用商定并在书面协议或合同中明确规定。

外贸代理进口的商品，其盈亏由国内委托单位负责，外贸采用单列结算的办法，按进口成本加手续费作为交货价格。其价格构成应包括：到岸价、进口关税、进口调节税、产品税或增值税、银行财务管理费、外贸代理手续费。

以CIF条件成交的进口商品价格的计算公式：

关税=CIF价格×关税税率

产品税或增值税=（CIF价格+关税）÷（1−产品税或增值税税率）×产品税或增值税税率

银行财务管理费=CIF价格×银行财务管理费率（一般为3%~5%）

外贸代理手续费=CIF价格×代理手续费（一般为1.5%~3%）

进口商品代理价格=CIF价格+关税+产品税或增值税+银行财务管理费+外贸代理手续费+外运劳务费

外运劳务费指外运公司办理进口商品国外运输的代办手续费。

目前，我国95%以上的进口业务，已实行代理作价制。进口商品95%为市场价格，约5%为国家定价，这5%主要是人民生活必需的粮食及用于粮食生产的化肥等，差价由国家补贴。

❖小资料

CIF

CIF价格是指以货物装上运载工具并支付保险费、运费为条件的价格，又称成本加保险费、运费目的港价格，英文简称CIF。根据国际商会修订公布的《2010年贸易术语解释的国际通则》，按照CIF价格成交，卖方必须：①负责租船订舱和投保，并支付有关运输和保险费；②办理出口手续和缴纳出口税，按合同期限装船，并及时向买方发出装船通知；③负担货物在装运港装上船之前的一切风险；④向买者提供合同规定的有关单据。买方必须：①按合同规定，受领卖方提供的各种单证，并支付货款；②支付卖方代办的有关事项的费用；③负担货物在装运港装上船后的一切风险；④在合同规定的目的港接卸货物，并负担卸货费用。

5.3 对外贸易经济效益的形成

5.3.1 经济效益概述

1）经济效益的概念

经济效益是指在经济活动中为了实现一定的经济目标所耗费的劳动和由此取得的成果之比。简言之，即投入产出之比。从事任何一项经济活动，都要投入一定量的劳动并取得相应的成果。经济效益的基本内容就是将投入和产出进行比较和评价。投入越少，产出越多，经济效益就越好；投入越多，产出越少，经济效益就越差。提高经济效益本质上就是时间的节约，是社会生产力发展的表现，反映生产力的水平。

2）对外贸易经济效益

对外贸易经济效益是指在一定时期内投入对外贸易领域的劳动（活劳动与物化劳动）和由此取得的成果之比。从对外贸易经济效益的构成来看，它包括两方面的内容：一方面是通过利用国内价值和国际价值的比较差异，输出本国有相对优势的产品，输入本国有相对劣势的产品，从而实现价值增值，实现社会劳动的节约；另一方面是输出本国相对富余的产品，换回本国所短缺的产品和资源，实现实物形态上国民经济综合平衡，扩大社会再生产规模，最终达到创造更多价值的目的。因此，对外贸易经济效益，一方面以价值增值表现，另一方面通过使用价值转换来表现。但二者殊途同归，最终都表现为社会劳动的节约，社会财富的增加。

从对外贸易经济效益的层次来看，对外贸易经济效益可以分为外贸宏观经济效益和外贸微观经济效益。外贸宏观经济效益又称外贸社会经济效益，是指通过对外商品和劳务的交换，对整个国民经济产生的经济效果。它不仅包括由对外贸易活动实现的直接的价值增值，还包括由对外贸易活动派生出的、间接的社会劳动节约，如通过引进先进技术实现的劳动生产率的提高，通过实物形态转换实现生产要素优化配置，进而实现的社会劳动节约等。外贸微观经济效益又称外贸企业经济效益，是指通过外贸活动，外贸企业所取得的盈利。外贸企业经济效益仅考察外贸企业财务账面上的、以货币形式出现的盈利或亏损。

5.3.2 对外贸易宏观经济效益和微观经济效益

对外贸易是一个特殊的经济部门，它联系着国内外的生产流通，有着特殊的职能，因此，其经济效益亦有着十分独特的形成过程。

1）外贸宏观经济效益的形成

(1) 利用“绝对差异”和“比较差异”，形成外贸宏观经济效益

对外贸易经济效益是外贸领域的投入与产出之比，这种比例关系所包含的经济内容和实质就是社会劳动的节约程度，因此，对外贸易经济效益还可以表述为通过对外商品和劳务的交换所节约的社会劳动。

进行对外贸易活动不仅可以通过对外交换取得本国国民经济发展短缺的使用价值，同时还可以通过交换获得价值的增值。价值增值本质上同社会劳动的节约是相同的，价值增值可以理解为投入一定量的劳动而获得比一般水平更多的新价值；社会劳动的节约可以理解为获得一定量的价值而为此投入的劳动少于一般水平。因此，对外贸易经济效益也就是通过对外交换所获得的价值增值。价值增值是由于存在着国内价值和国际价值之间的差异而产生、形成的。

国内必要劳动时间和世界必要劳动时间的差异导致国内价值和国际价值的差异，进而使得通过对外贸易活动可实现价值增值。国内价值和国际价值的差异可以归纳为两类：绝对差异和比较差异。绝对差异指同种商品的国内价值高于或低于国际价值，相对差异指不同种商品的国内价值和国际价值的差异在程度上的不同。这两类差异的存在都有可能使参加贸易的各方获得国别价值增值。我们将参加国际贸易的商品简化为两种：甲商品和乙商品。

①绝对差异。

设某国甲商品的国内价值低于国际价值，而乙商品的国内价值高于国际价值，该国通过发挥在甲商品上的绝对优势，出口甲商品，进口本国有绝对劣势的乙商品，获得国别价值增值（见表5-1）。

表5-1 **绝对差异举例**

商品	国内价值	国际价值
甲	4小时	6小时
乙	3小时	2小时

该国出口n件甲商品，内含4n小时国内价值，在国际市场上被承认为6n小时国际价值，用6n小时国际价值，可进口3n件乙商品，3n件乙商品在国内被承认为9n小时（3×3n）国内价值。通过出口n件甲商品，进口3n件乙商品，该国获得5n小时（9n−4n）的价值增值。

②比较差异。

第一，设某国甲商品和乙商品的国内价值均高于国际价值，该国出口国内价值高于国际价值程度较小的甲商品，即发挥其比较优势，进口国内价值高于国际价值程度较大的乙

商品，从而可获得国别价值增值（见表5-2）。

表5-2　　比较差异举例（一）

商品	国内价值	国际价值	比值
甲	2小时	1小时	2∶1
乙	6小时	2小时	3∶1

该国出口n件甲商品，内含2n小时国内价值，在国际市场上被承认为n小时国际价值，由于单位乙商品的国际价值含量为2小时，在等价交换原则下，n小时国际价值只可进口n/2件乙商品，而n/2件乙商品在国内市场上被承认为3n小时（6×n/2）国内价值，这样，通过进出口活动，该国以2n小时国内价值换得3n小时国内价值，实现了n小时的价值增值。

第二，设某国甲商品和乙商品的国内价值均低于国际价值，但甲商品国内价值低于国际价值的程度较小，乙商品国内价值低于国际价值的程度较大，因此，该国出口具有相对优势的乙商品，进口具有相对劣势的甲商品（见表5-3）。

表5-3　　比较差异举例（二）

商品	国内价值	国际价值	比值
甲	1小时	2小时	1∶2
乙	1小时	3小时	1∶3

该国出口n件乙商品，内含n小时国内价值，在国际市场上被承认为3n小时国际价值，可进口3n/2件甲商品，在国内被承认为3n/2小时国内价值，通过进出口活动，该国获得了n/2小时的价值增值。

（2）通过使用价值转换，形成外贸宏观经济效益

对外贸易的两个基本职能是进行使用价值转换和实现价值增值，二者是不可截然分开的。实现价值增值的同时，必然完成使用价值的转换。因此，利用国内价值和国际价值的“绝对差异”“比较差异”实现价值增值，必须建立在使用价值转换的基础上，使用价值是价值的载体，是物质承担者，没有使用价值的转换，就无以实现价值的增值。但使用价值在外贸经济效益形成中的作用，不仅仅限于在纯粹的商品流通中充当价值的载体，实现价值的增值，而且还包括由于使用价值对外转换在社会再生产中产生的新价值。

进行对外商品流通，是将本国的一部分产品和资源从经济循环中分离出来，在国际市场上转换成另一部分产品和资源，从而在一定程度上缓解国内产业结构不平衡对经济发展的束缚，扩大再生产规模，加速经济增长，使整个社会有可能获得更多新增价值。这种通过使用价值转换，调整国民经济比例关系，改善社会产品构成，使社会获得的较自我循环更多的新价值或劳动节约，也是外贸经济效益的组成部分。

2）对外贸易微观经济效益的形成

对外贸易企业经济效益直接形成于国内外市场的价格差，即从出口看，是指国内货源买入价与国际市场售出价之间的差价；从进口看，是指国际市场商品买入价与国内市场售出价之间的差价。这种价格差再减去商品流通费用即是外贸企业的盈利（若为负数则为亏

损），亦即外贸企业经济效益。

从理论上讲，在价格与价值大体一致的情况下，国内外市场价格差反映的是国内价值和国际价值之间的“绝对差异”和“比较差异”。在存在“绝对差异”的条件下，单纯的出口或进口即可取得对外贸易盈利，即当某一商品国内价值低于国际价值时出口，而当某一商品国际价值低于国内价值时则进口。而在“比较差异”条件下则需要通过出、进口双向循环贸易才可取得外贸盈利。这时，需要出口本国有比较优势的商品，进口本国比较劣势较大的商品，进出口贸易相结合，才能获利。

从实践上讲，外贸企业经济效益还受其他许多因素的影响，如企业经营管理状况、政府的政策措施、对外贸易体制等。

※小资料

2015年我国外贸发展质量和效益进一步提高

5.4 影响对外贸易经济效益的因素

对外贸易经济效益是多种因素合力作用的结果，同时，由于宏、微观外贸效益所包含的内容有差别，因此，各自的影响因素也不尽相同。

5.4.1 影响外贸宏观经济效益的主要因素

对外贸易社会经济效益是通过对外商品交换带来的价值增值，而价值增值是由国内外价值差异以及使用价值转换在社会再生产中发挥特定作用而形成的。因此，一切影响商品国内价值、国际价值以及二者之间相互关系的因素，一切影响使用价值在社会再生产中发挥作用、带来更多新增价值的因素，均影响外贸经济效益。

1）比较优势

对外贸易经济效益是通过对外贸易活动实现的价值增值，而价值增值是通过发挥比较优势取得的，即通过出口有比较优势的商品、进口有比较劣势的商品取得的。因此，比较优势是取得外贸经济效益的客观基础。

在古典贸易模型中，生产的唯一投入要素是劳动，一国的比较优势就取决于一国劳动生产率水平及其与世界劳动生产率水平的差异。一国劳动生产率水平决定该国大部分商品的社会必要劳动进而决定了该国大部分商品的国内价值量水平。国际价值是由世界必要劳动量决定的，后者又是由世界平均劳动生产率水平决定的。因此，国内价值和国际价值的差异主要是由一国劳动生产率水平与世界平均劳动生产率水平的差异形成的，二者差异的程度和方向，决定着国内价值和国际价值差异的程度和方向，进而决定了该国的比较优势，决定了该国获得外贸经济效益的量和层次。

如果一国劳动生产率水平大大高于世界平均劳动生产率水平，该国绝大部分商品的国内价值低于同类商品的国际价值，即在以国际价值为基础的对外交换中，该国每小时平均劳动投在各经济部门所形成的国内价值在国际市场上被承认为超过1小时的国际价值，那么该国就会以高于国内价值的国际价值输出商品，以低于国内价值的国际价值购买某些商品，以少量劳动按质的比例与多量劳动交换，从而取得外贸经济效益。该国取得外贸经济效益是凭借劳动生产率水平的绝对优势。

如果一国的劳动生产率水平低于世界平均劳动生产率水平，该国绝大部分商品的国内价值高于同类商品的国际价值，那么该国进行对外交换只能输出国内价值高于国际价值程度较小的商品，输入国内价值高于国际价值程度较大的商品，以少量社会劳动换回多量社会劳动，实现价值增值。这类国家取得外贸经济效益是利用了绝对劣势中的相对优势。

以上两类国家通过对外商品交换，都能够实现社会劳动的节约，形成外贸经济效益。生产率水平高的国家通过对外贸易所实现的价值增值量或社会劳动节约量并不一定绝对地多于劳动生产率水平低的国家，但是，由于二者劳动生产率水平与世界平均劳动生产率水平的差异方向不同，二者借以实现外贸经济效益的条件不同，决定了二者获得的外贸经济效益的层次上的不同。前一类国家劳动生产率水平处于绝对优势，它所取得的外贸经济效益也是绝对的；而后一类国家劳动生产率水平处于绝对劣势，通过对绝对劣势中相对优势的利用，形成外贸经济效益，但这种效益的获得是相对的，有局限性。因此，前者获得的外贸经济效益与后者相比是更高层次的外贸经济效益。

随着古典贸易模型的拓展，单一劳动要素假设被扩展为多种生产要素假设，从而比较差异不仅仅由劳动生产率决定，各国要素禀赋的差异也成为各国比较优势的决定性因素。

2）进出口商品结构

国内外价值的差异必须以一定的使用价值为载体表现出来。因此，不同使用价值结构，即进出口商品结构会影响国内外价值差异的程度与方向，进而影响外贸经济效益。

由于经济发展的不平衡，一国国内各部门各行业的劳动生产率水平参差不齐，甚至相差悬殊，与世界同行业平均的劳动生产率水平的差异程度更不可能相同。由于各部门劳动生产率水平相异，1小时国内平均劳动投入到不同经济部门、行业所形成的国内价值量也就不同。又由于各部门各行业劳动生产率水平与世界同行业平均劳动生产率水平的差异不尽相同，同一国内价值量在国际市场上得到承认的程度也就不同。因此，劳动生产率的双重差异——“内差异”和“外差异”使出口商品结构极大地影响了输出的国内价值量以及该国内价值量在国际市场上得到承认的程度。另外，由于相同的原因，同一国际价值量，由于其物质承担者不同，在国内市场上会被承认为不同量的国内价值，而对外贸易所实现的价值增值正是国内价值的增值。从以上分析可以看出，价值的物质承担者——使用价值的构成，即进出口商品的结构是影响外贸经济效益的重要因素。

此外，进出口商品结构对外贸的宏观效益有着更深的影响。进出口商品结构的安排合理与否，影响着对外商品流通对再生产促进作用的发挥。例如，理想的贸易格局应是出口长线产品，进口短线产品，缩小供给与需求的缺口，即只有符合国内供求结构差的进口，才有益于增加价值创造；如果进出口商品结构安排不当，出口商品集中在短线产品，加剧国内短缺，而进口商品却集中在长线产品。虽然这种进出口商品结构可能有利于通过国内外价值差异获得价值增值，但对国内社会再生产的顺利进行会产生不良影响，它不仅没有缓解国内产业结构对经济增长的制约，反而加剧了国内产业结构的不平衡。这种进出口商品结构下的对外贸易，其社会效益甚至为负。因此，进出口商品结构对外贸经济效益有着重大影响。

❖小思考

当前我国出口商品结构不断优化，主要表现在什么地方？

答：机电产品、高科技产品出口比重上升，初级产品出口比重下降。

3）价格机制

比较优势是实现贸易利益的基础，而比较优势得以实现的必要条件是价格信号的准确，因为只有当比较差异正确地表现为价格时，对外贸易才会依此进行，比较优势才会成为现实的贸易利益。一旦价格是扭曲的，由价格差表现出来的比较优势也是扭曲的、不真实的。因此，价格是否真实地反映价值、价格与价值的背离程度是影响外贸经济效益的关键因素。

如果一种商品的国内价格严重偏离国内价值，价格所表示的价值量大大高于实际的价值量，价格对价值的扭曲使所表现出来的商品国内价值大大高于同类商品的国际价值。这种国内价值的“高估”使实际上具有绝对优势或相对优势的商品貌似具有绝对劣势或相对劣势，使本该出口的商品成为事实的进口商品。同样道理，国内价值的“低估”也可能使本该进口的商品成为出口商品。因此，价格对价值的扭曲，会影响比较利益的表现，影响进出口商品最优结构的形成，进而影响实际的价值增值量或劳动节约量，影响外贸经济效益。

4）汇率机制

对外贸易是特殊的经济部门，它联系着国内外的生产和流通，在每一次对外商品交换中通常都要使用两种或两种以上的货币计价，这就使得通过交换实现的社会劳动节约或价值增值的表现更为复杂。通过交换实现的价值增值要得以正确表现和反映，一方面要求国内外价格都必须真实地反映商品的国别价值和国际价值，另一方面要求计价货币的“价格”，即汇率正确反映每一单位本币和外币所代表的价值量的关系，两个条件缺一不可。即使商品的国内外价格能正确反映商品的国内外价值，如果汇率不能正确反映参与交易的不同货币之间的比例关系，对外交换产生的价值增值也得不到正确反映，反之亦然。

如果汇率高估了每单位本国货币所代表的价值量，实际上出口可以节约劳动的商品似乎也成了亏损商品，而汇率的低估则可能使实际上没有优势的商品出口，似乎也能节约社会劳动。因此，汇率的高估或低估与价格对价值的扭曲对外贸经济效益具有相似的影响机制，会影响比较利益的表现与进出口商品最优结构的形成，从而影响外贸经济效益。

5）政府宏观调控

政府在实施宏观调控政策，如产业政策、就业政策以弥补市场缺陷，追求长期发展目标时，可在一定程度上改变比较利益格局，对外贸经济效益产生影响。

5.4.2 影响外贸微观经济效益的因素

外贸微观经济效益的表现形式是外贸企业的财务性盈亏，是由国内外价格差所直接决定的。在不存在价格、汇率扭曲的情况下，外贸的财务性盈亏应与比较利益所赋予的贸易经济性盈亏是一致的。此时，从事对外贸易活动的企业，从理论上讲其经营成果必须是盈利的，否则其资本就会转移到其他有可能盈利的经济部门。但在存在价格、汇率扭曲的情况下，外贸财务性盈亏就可能背离经济性盈亏，即财务性盈利或亏损的表象背后，其经济性盈亏可能存在与之不一致甚至相反的状况。

在市场机制充分发挥作用，价格与价值相一致、汇率准确反映货币之间比率的条件下，影响外贸微观经济效益的主要因素是企业的经营机制、管理机制等微观因素。而在存在各种扭曲的环境中，外贸微观经济效益的决定因素就要复杂得多，许多因素往往是外贸企业所不可控制的。

5.5 提高对外贸易经济效益的途径

制约和影响对外贸易经济效益的因素是多方面的，有国内的，也有国外的，有局部的，也有全局的，有价值的，也有使用价值的，它们交织在一起，错综复杂。因此，如何提高外贸经济效益也必然是一个十分复杂的问题。

5.5.1 提高外贸宏观经济效益的途径

提高外贸宏观经济效益，就是要积极合理有效地参与国际分工，发展对外贸易，最大限度节约社会劳动，促进国民经济的发展。这就要求有科学、严谨的宏观决策，包括制定产业政策，优化产业结构和进出口商品结构；建立高效的宏观调控体系，协调外贸宏观效益与外贸微观效益的关系；制定外贸发展战略，正确处理长远经济利益与当前外贸利益的关系；加快建立和完善社会主义市场经济体制，在国家宏观调控下使市场成为资源配置的基础性手段，使资源在全社会甚至国家间得到最佳配置，从而提高外贸宏观经济效益。提高外贸社会经济效益的措施主要体现在宏观政策层面上：

1）调整和优化产业结构及进出口商品结构，是提高外贸宏观经济效益的重要途径

对外贸易经济效益的重要源泉是商品国内价值和国际价值的差异，因此国内价值和国际价值的物质承担者——使用价值的构成，即进出口商品结构，无疑是提高外贸经济效益的关键。而优化进出口商品结构的前提条件是要优化本国的产业结构，因为产业结构是进出口商品结构的物质基础。优化产业结构和进出口商品结构，从而改善我国在国际分工中的地位，提高外贸经济效益。

当前，根据我国的供给结构和国际市场需求结构，我国确定优先发展机电仪化产业，扩大这类产品出口；努力提高轻纺产业中附加价值量，提高精细加工轻纺产品出口比例；积极发展高技术产业，开拓技术产品出口市场，这既符合我国经济发展现状和发展方向，又符合国际贸易的发展趋势。

对于进口，根据我国经济发展水平和产业结构升级的需要，我国将进口重点放在引进先进技术和关键设备上，使科技进步对经济发展起主要推动作用，同时兼顾原料性产品及消费品的进口。

※小资料

2019年中国医药外贸发展形势

新冠肺炎疫情给包括医药在内的全球产业链带来了冲击，加剧了市场供需失衡的状

况，但危机中也蕴藏机遇。中国医药保健品进出口商会最新发布的中国医药健康行业国际化形势年度分析指出，疫情过后，各国政府或将持续加大对公共卫生领域的投入，大力研发疫情中需求较大的血液制品、抗体和疫苗等产品，抗病毒、抗感染药物也将受到更多关注，从而促进各国医疗卫生体系的变革和全球医药产业的发展。在抗击疫情的过程中，中医药发挥的积极作用也将得到更多关注，或带来新的贸易发展机遇。

一、2019年进出口额创历史新高

面对全球经济增长乏力、经贸格局深度调整、各国政策不确定性因素增加等困难，2019年中国医药外贸扭转了上一年进出口总额和进口额负增长的颓势，强势反弹，进口、出口、进出口总额均呈现大幅增长，创下2011年以来的最高。据海关统计，2019年中国医药保健品进出口总额为1 456.91亿美元，同比增长26.85%。其中，出口总额为738.3亿美元，同比增长14.6%；进口总额为718.61亿美元，同比增长42.5%；贸易顺差为19.7亿美元，缩减至历史低位。创新药在发达市场的应用、新兴市场药品市场准入和使用扩大、各国医疗卫生体系的不断完善推动了全球医药市场的持续发展。中国医药市场进入大变革时代，创新与国际化成为企业的必然选择。同时，稳外贸、稳外资、促消费、减免税费等一系列政策措施为医药外贸的逆势增长提供了助力。

分国家看，美国仍保持中国医药产品第一大贸易伙伴地位，中美贸易摩擦未造成明显影响，中美医药进出口总额为258.57亿美元，同比增长17.89%。中国与德国、日本、印度、爱尔兰的贸易额排名分列第二至第五位。

二、"一带一路"市场持续升温

近年来，中国医药企业深耕"一带一路"市场成果显著，已进入收获期。来自医保商会的数据显示，2019年，中国对"一带一路"市场出口医药产品223.06亿美元，同比增长21.63%，比出口整体增速高7个百分点，占医药出口总额的29.1%。其中，对印度、越南、印度尼西亚、泰国、俄罗斯的出口额排名靠前，合计占比54.18%。从出口产品看，西药类出口149.57亿美元，占比66.89%；医疗器械类产品出口63.2亿美元；中药类出口10.83亿美元。同时，中国自"一带一路"沿线国家进口65.14亿美元，同比增长26.09%。新加坡、印度、马来西亚、以色列、泰国为前五大进口国，合计占比72.66%。从进口产品看，医疗器械类产品进口30.28亿美元，占比46.49%；西药类产品进口23.9亿美元；中药类产品进口10.95亿美元。

"一带一路"沿线国家庞大的人口基数和市场容量、沿线自贸区网络的不断完善都为医疗卫生合作夯实了基础。"一带一路"建设在促进医药贸易多元化、深化国际产能合作的同时，可推动全球医药产业发展更加均衡、包容和可持续，让越来越多的国家收获发展红利。近年来，越来越多的企业将"一带一路"沿线国家视为重点市场加力开拓。如东软医疗已与50余个"一带一路"沿线国家开展了经贸合作，康弘药业设立了"一带一路项目办公室"专注于沿线市场的开发。

三、多举措稳步走向国际市场

得益于企业竞争实力的增强，中国医药产品"出海"步伐正越走越稳。随着中国加入ICH（国际人用药品注册技术协调会），2019年国产新药"出海"取得新突破。2019年11月15日，百济神州自主研发的抗癌新药"泽布替尼"获美国食品药品监督管理局（FDA）

批准上市，这是中国公司自主研发的创新抗癌药首次获得FDA批准；12月20日，石药集团宣布，美FDA已批准集团的马来酸左旋氨氯地平片剂的新药上市申请（NDA）……继原料药、仿制药出海之后，中国创新药正逐渐走向国际高端市场。同时，中国药企的欧美国际注册认证工作也在稳步推进，为相关产品的市场准入奠定了基础。成本控制压力、原料药制剂关联评审政策的实施以及不断趋紧的环保政策使得原料药行业加速洗牌，中国医药企业的原料药制剂一体化趋势加快。同时，中等以上出口规模企业数量显著增长，出口集中度显著提升。2019年，出口超1亿美元、5 000万美元和1 000万美元的原料药企业数量分别增加了7.5%、11.8%和17.6%。

在开拓国际市场的过程中，不少中国医药企业通过海外并购实现海外营销渠道的开拓、产品线延伸、市场占有率提高、产业链布局、核心技术的掌握等。2019年，中国医药健康企业的海外并购涉及血液制品、仿制药、医疗器械、生物医药、营养保健等诸多细分领域。其中，美国为中企海外并购第一目的地。并购在细分领域具备优势的欧洲公司、为开拓东南亚医疗服务市场的并购以及为满足国内市场需求并购澳大利亚营养健康优势企业都是中企并购的重点方向。

资料来源　中国产业经济信息网．2019年中国医药外贸逆势高增显韧性［EB/OL］．［2020-04-08］．http：//www.cinic.org.cn/xw/schj/771162.html.

2）建立高效的宏观调控体系，协调外贸社会效益与外贸企业效益的关系

外贸社会效益与外贸企业效益是整体和局部的关系，二者既是统一的，又是相互矛盾的。外贸企业经济效益是外贸社会经济效益的组成部分，但外贸社会效益又不是外贸企业效益的简单相加。国家和外贸企业作为不同的利益主体，在经济行为中追求的效益目标必有差别。国家的外贸效益目标并不能涵盖所有的企业经济效益；外贸企业经济效益有时甚至和外贸社会效益相悖。因此，为了尽可能使两者统一起来，国家应加强宏观调控手段，充分发挥市场机制的作用，辅之以必要的行政手段，既满足外贸企业的效益目标，更要保证国家外贸宏观经济效益目标的实现。

3）加速建立和完善社会主义市场经济体制，是提高外贸宏观经济效益的保证

（1）建立和完善社会主义市场经济体制，可以使市场真正成为资源配置的基础性手段，促使我国经济同世界经济互接互补，更好地利用国际分工，提高生产力水平。

（2）建立和完善社会主义市场经济体制，可引入国际竞争，加速我国企业和国民经济的技术改造，推进产业结构、经济结构的优化。

（3）建立和完善社会主义市场经济体制，可促使外贸企业在市场竞争中求生存、求发展，从而从整体上提高外贸企业的经济效益。

5.5.2 提高外贸微观经济效益的途径

提高外贸企业经济效益，除了必须给企业创造平等竞争的宏观环境外，更要从微观层面上进行变革，挖掘企业内在潜力。

1）建立现代企业制度

提高外贸企业经济效益首先要建立产权清晰、权责分明、政企分开、科学管理的现代企业制度，要逐步推行股份制，使外贸企业真正成为自主经营、自负盈亏、自我发展、自我约束的独立生产者和经营者。

2）转换外贸企业经营机制

外贸企业的经营模式应由商品经营向资本经营转变。商品经营是以完成进出口商品计划为特征的，而资本经营是以利润最大化和资本增值为目的，以价值管理为特征，通过生产要素的优化配置和资产结构的动态调整，对企业所控制的内外部有形与无形资产进行综合运营的一种经营方式。实行资本经营，要求外贸企业按照资本运动的一般规律进行进出口活动，实现资产增值和效益最大化的目的。具体地说，外贸企业要建立最佳资本结构，以经济效益为中心，实行多元化、综合性经营。

优化资产结构是实行资本经营的基本要求。企业的资产结构优劣是影响企业经营效果的重要因素。企业的资本结构，不仅指所有权的比重，同时也包括各种融资方式的搭配，如自有资金、银行借款与债券、优先股、普通股的比例等。我国外贸企业目前自有资金比重很小，负债率很高，从而财务风险很大，这势必影响企业的稳定发展。负债量大意味着企业必须支付大量利息，无论企业盈利状况如何，利息是到期必须支付的固定支出。利息负担重，一旦出现利润下滑或资金短缺，极易造成企业违约甚至破产。我国外贸企业融资渠道单一，主要依靠国内银行借款。而银行贷款很大一部分是国家的政策性贷款。随着我国金融体制的改革并逐步与国际接轨，政策性贷款将减少。这就要求外贸企业必须开拓新的融资渠道，在市场经济环境中取得尽可能廉价、安全的资金供应，保证企业的资金需要。

3）大型外贸企业应走实业化、国际化、集团化的道路，实现综合经营、规模经营

外贸企业传统的单一商品经营模式已难以适应快速变化的国际经济环境，必须转向多元化、综合性经营，以增强抵御风险、综合利用生产要素的能力，外贸企业尤其是大型外贸企业，应加强横向、纵向联合，实行“一业为主，多种经营”的方针，扩大经营规模，实行规模经营。在经营进出口商品的同时，利用自身联系广、信息灵的优势，积极参与技术进出口贸易、国际服务贸易、国际投资等活动；在国内市场上，也应参与各种实业化经营，如种养业、制造业、运输业、房地产业、服务业等，形成国际化、实业化、综合化经营模式，使企业拥有的资源得到更有效的配置，降低企业运营成本，改变投入产出关系，增加企业盈利，从根本上提高企业创造效益的能力。

※小思考

规模经营能给外贸企业带来什么样的有利条件？

答：规模经营能给外贸企业带来的有利条件包括：

①降低成本，获得规模经济效益；

②能增强风险抵御力；

③为多元化、综合性经营提供条件；

④提升产品竞争力，利于开拓国外市场。

4）加速生产企业技术进步

影响外贸企业经济效益的一个重要因素是我国出口商品质量低，花色品种不能适应国际市场需求，包装简陋，交货不及时，从而使销价降低。因此，必须推行“以质取胜”战略，加大企业技术改造力度，用高新技术武装企业，增加产品技术含量，增加产品附加价值。在这方面提高外贸企业经济效益的潜力是很大的。

提高外贸产品附加值是提高外贸企业经济效益的必由之路，外贸企业要加强市场调研，适时推出新产品来提高附加值；改进工业设计，通过创新求变来增强国际市场竞争力和适应性；注重产品质量，以质量为依托来扩大外贸产品销量；增强批量出口创汇的能力，将外贸产品的附加值提高到一个新水平。

5）建立科学的企业管理制度

外贸企业内部经营管理制度的完善及科学与否，是影响企业经济效益的关键。外贸企业应按照社会主义市场经济的要求，建立以财务管理为中心、资金管理为重点，辅之以健全的劳动管理、人事管理、分配管理，建立约束和激励机制，从而提高企业经济效益。

6）培养人才，提高企业素质

在市场经济条件下，企业面临来自国内外的竞争。在竞争中能否占据有利地位，取决于诸多因素，而企业家和职工素质是极为重要的因素之一。企业竞争在很大程度上是人才的竞争，外贸企业要在竞争中取胜，提高企业经济效益，必须加强企业员工队伍的建设，要采取多种形式培养企业的经营决策人才和具体业务人才，建设一支有足够数量、高质量的员工队伍。

另外，企业文化在企业管理中具有凝聚、激励效能，其核心是企业精神，是企业的无形动力。通过外贸企业文化的建立，建立适应现代企业发展的企业精神，有利于调动广大外贸企业全体员工的积极性、创造性，提高企业的凝聚力，推动企业的发展，进而提高外贸企业的经济效益。

◈小资料

"一带一路"倡议对外贸人才提出新要求

"一带一路"由"丝绸之路经济带"和"21世纪海上丝绸之路"两部分组成，将东亚经济圈和欧洲经济圈紧密连接，形成了覆盖亚非欧等60多个国家的广大区域，国家数量众多、风土人情各异，且各具独立的政治特点和文化宗教信仰，这就需要一大批具备相关技能和优良素质的外贸人员，来推动中国与沿线国家企业的深入交流合作。总的看来，"一带一路"倡议对新形势下外贸人员的综合能力素质提出以下要求：

1.熟练的语言应用能力

"一带一路"是个覆盖面广、影响深远的系统工程，能够极大促进中国和沿线广大国家的沟通合作，语言作为交流的重要载体，其重要性日益凸显。因此，熟练掌握语言沟通和综合运用能力是外贸人员的必备素质。只有这样，外贸人员才能很好地尊重合作国家的文化传统和风俗人情，助力企业成功且可持续地走向国际市场，并加大国家间的跨文化交流。特别是，"一带一路"沿线的半数以上国家将英语作为官方语言，主要使用英语作为国际贸易的惯常语言，且进出口贸易流程中的各环节都需要使用英语。因此，英语语言应用能力的学习始终是外贸人才培养必须抓好的重要环节。

2.扎实的外贸实践操作和专业技术能力

外贸业务涉及寻找目标客户、交易磋商、签订合同、备货、租船订舱、办理保险、清关以及单证缮制等一系列环节，需要外贸人员具备市场调研及开发、商务谈判、制单跟单、报关报检等国际贸易实践操作能力。这些都是外贸人才应该具备的最基础也是重要的能力。同时，随着“一带一路”倡议的全面推进实施，交易涉及的产品或服务从种类和专业化程度上都将有所拓展，这就对外贸人员的专业技术能力提出了更高要求，需要对产品或服务的生产制造、指标要求有更深入的了解，甚至要达到熟练掌握和精通的程度。

3.创新实践跨境电商的综合运用能力

当前，我国跨境电子商务发展迅速，已经成为外贸企业新的盈利增长点，是传统外贸行业的新型发展趋势。由于跨境电商企业能够直接对接批发商和零售商，有时甚至可以直接抵达最终消费者，使贸易的中间环节大为缩减，商品流转的各项成本都大为减少，有效降低了贸易的综合成本。此外，跨境电商还具备流转速度快、支付便捷等诸多优势，使中国中小企业可以更快打入国际市场，有利于企业提高企业品牌知名度并提升持续盈利能力。同时，伴随着中国制造的不断迭代升级，“Made in China”的产品质量、品牌认可度和影响力、性价比等越来越获得国际社会的普遍认可，也为广大中小企业在全球市场的快速发展提供了有利契机。大量中小企业通过跨境电商的模式将外贸业务迅速转型升级，为跨境电商的迅猛发展提供了持续增长动力，同时也使得相关企业销售的产品品类和销售市场更加多元化，引发了企业对跨境电商创新实践人才需求的急剧增长。据统计，2017年，中国跨境电商运营人才缺口高达50万，未来3年跨境电商运营人才缺口将高达445万。

4.较强的跨文化交流能力

随着“一带一路”倡议全面推进，国际交往日益频繁，也推动了中国和沿线国家间的文化交流，促进区域文化艺术的共同发展。文化领域的交流和经济贸易的合作有较大的差异，文化交流更侧重于各个国家和地区在思想层面的相互交融与碰撞。由于文化、传统、宗教和信仰等方面的差异，各国家和地区之间不可避免地会产生各种冲突和矛盾，也给外贸人员带来严峻的挑战。因此，外贸人员必须加强对当地人文知识的学习，具备良好道德修养，以更为理性和包容的态度对待和尊重不同文化、艺术、思想之间的差异，更好地履行推动国际贸易长远发展的重任。

5.宽广的国际视野

在当下经济全球化趋势日益发展的时代背景下，在“一带一路”倡议的全面推进过程中，更加宽广的国际视野是对优秀外贸人才提出的更高要求，是紧跟时代发展潮流的应有之义，也是确保“一带一路”倡议能够落到实处的关键因素之一。外贸人员要着眼“一带一路”倡议的国际化要义，从更高和更多元的角度来认识自己的工作和使命，既要立足中国、瞄准当下，又要努力开拓国际化视野，主动了解国际形势、文化潮流、热点问题等国际事务，掌握相关处理原则和方法，全面提高中国企业的国际竞争力水平，促进国际贸易工作更加平稳有序发展。

资料来源　李细妹. 浅析“一带一路”倡议下高校外贸人才培养 [J]. 湖北经济学院学报：人文社会科学版，2019，16（2）：120-122.

本章小结

1.对外贸易价格是指进出口商品的国内外价格。就一国而言，进出口商品价格包括进口商品的国外价格、国内价格和出口商品的国内价格及国外价格。

2.国内外市场价格既有联系又有区别。正确处理国内外市场价格的关系，有利于充分发挥价值规律在国内外市场上的调节作用；有利于促进国内经济的发展，带动国内劳动生产率水平的提高；有利于减少政府对进出口商品价格的财政补贴；有利于经济效益的提高。

3.我国进出口商品的对外作价原则，应是在国际市场价格水平的基础上，充分考虑国别地区政策，体现具体的销售意图。

4.对外贸易经济效益分为外贸宏观经济效益和外贸微观经济效益，两者的形成机制和影响因素各不相同。

5.提高外贸宏观经济效益，必须调整和优化产业结构及进出口商品结构，建立高效的宏观调控体系，协调外贸社会效益与外贸企业效益的关系，加速建立和完善社会主义市场经济体制。

6.提高外贸微观经济效益的途径有六种：①建立现代企业制度；②转换外贸企业经营机制；③大型外贸企业应走实业化、国际化、集团化的道路，实现综合经营、规模经营；④加速生产企业技术进步；⑤建立科学的企业管理制度；⑥培养人才，提高企业素质。

主要概念和观念

★主要概念

对外贸易价格　外贸宏观经济效益　外贸微观经济效益

★主要观念

进出口商品对外作价原则　提高宏、微观对外贸易经济效益的途径

基本训练

★知识题

1.判断题

（1）如果某一商品国内价值与国际价值差别大，则价格差别也大；反之，差别小，价差也小。（　）

（2）国际市场价格相对比较稳定，不易变动。（　）

（3）我们应制定具有竞争力的低价策略来培育我国的名牌产品。（　）

（4）新商品可先以略低于国际市场价格水平的价格出售，待打开销路、占领市场后再逐步提高价格水平。（　）

（5）对外贸易经济效益从层次上可分为外贸宏观经济效益和外贸社会经济效益两种。（　）

（6）绝对优势是实现贸易利益的基础。（　）

2.单项选择题

（1）价格的基础是（　）。

A.劳动时间　B.生产效率　C.价值　D.货币

(2) 目前我国出口商品基本是按（　　）收购。

A.代理价格　　B.市场价格

C.划拨价格　　D.政府定价

(3) 外贸企业经济效益考察的对象是（　　）。

A.实现的社会劳动节约　　B.生产效率的提高

C.社会福利水平的提高　　D.企业财务性盈亏

(4) 当前我国确定的优先发展的出口产业为（　　）。

A.机电仪化产业　　B.纺织业

C.劳动密集型产业　　D.资本密集型产业

3.多项选择题

(1) 我国的商品价格体系按价格管理形式的不同划分为（　　）。

A.计划价格　　B.工业品价格　　C.交通运输价格

D.非计划价格　　E.农产品价格

(2) 我国的出口商品对外作价原则主要包括（　　）。

A.按国际市场价格水平作价　　B.要尽量制定高价获取利润

C.要尽量制定低价促进销售　　D.符合国别地区政策

E.要体现销售意图

(3) 对外贸易经济效益的两种表现形式为（　　）。

A.企业盈利　　B.价值增值　　C.使用价值转换

D.生产效率提高　　E.政府财政收入增加

(4) 影响外贸宏观经济效益的主要因素有（　　）。

A.比较优势　　B.进出口商品结构　　C.价格机制

D.汇率机制　　E.政府宏观调控

★技能题

假设某国生产的甲、乙两种商品国内外价值见表5-4。

表5-4　　**甲、乙两种商品国内外价值**

商品	国内价值	国际价值
甲产品	8小时	2小时
乙产品	9小时	3小时

那么，该国在________产品的生产上具有比较优势。设出口N单位________产品，可换回________单位________产品，实现________小时的价值增值。

观念应用

★案例分析

缩小服务贸易逆差

对于一个国家而言，出现贸易逆差并不奇怪，但我们仍需要对服务贸易逆差给予足够重视，并努力将其进一步缩小。为此，应做大国内生产类服务业与生活类服务业的体量，强化服务出口支撑力与供给力；延展与增强服务出口长板；弥补与加长服务出口短板；做足服务业的成色与质量。

数据显示，2020年前两个月，受新冠肺炎疫情影响，我国服务贸易额出现下降，但服务贸易逆差延续了2019年以来的缩小势头，结构改善。对一个国家而言，无论是经常项目还是资本项目，无论是货物项目还是服务项目，出现贸易逆差并不奇怪，但我们仍需要对服务贸易逆差给予足够重视，并努力将其进一步缩小。

服务贸易长久逆差，原因大致有四个方面：一是我国出口贸易低端商品偏多，出口服务产品质量参差不齐，转型升级力度不够大；二是国内服务业有效供给不足，掣肘了对外出口能力；三是我国服务产业或要素优势没有转化为出口贸易优势；四是相关出口平台与出口渠道比较狭小。因此，增强服务出口不仅要扩展产品的外销数量，还要提升符合外部需求的产品质量；不仅要大踏步地“走出去”，还要更大力度地“引进来”；不仅要巩固与挖掘存量市场，还要开拓与延展增量市场；不仅要打造广袤的营销网络与渠道，还要锻造足以充分供给的丰沛国内产能；不仅要在产品层面深耕，更要努力寻求持久驱动力。

具体措施如下：

第一，做大国内生产类服务业与生活类服务业体量，增强服务出口支撑力与供给力。一方面，要加快制造业服务化进程，鼓励和支持制造企业通过发展个性化定制服务、精准营销；另一方面，要鼓励高端装备、先进技术、优势产能向境外拓展业务，推动制造业国际合作向合作研发、联合设计、市场营销、品牌培育等高端环节延伸，同时继续扩大金融、电信以及互联网等服务领域的开放口径，通过引进优质外资形成服务市场“鲇鱼效应”，倒逼国内企业在服务上加快升级，进而增强出口产品国际竞争力。

第二，延展与增强服务出口长板。目前来看，我国新型生产要素正在加速积累，劳动力优势正逐步向人力资本优势转化，资本优势正逐步传导到技术、品牌、质量、服务、知识产权、标准等高级生产要素优势的积累中，新兴服务出口额占服务出口总额的比重逐步提高。为了稳固与加强这些长项，推动服务出口朝着高附加值领域跃进，可在加大出口退税、下调增值税税率等方面作出进一步探索。同时，注意促进新兴服务出口力量的渗透与互动，强化海外市场开拓的整体匹配能力。

第三，弥补与加长服务出口短板。知识产权与旅游服务是目前我国服务贸易逆差的两个重要来源。因此，一方面要通过科技银行等形式，加大科技成果向市场实用转化，支持企业开展知识产权质押融资，通过相关政策鼓励新技术应用；另一方面要加大对新技术、新知识型高端人才的培育，建立人力资本持续累积机制，同时鼓励产学研一体化建设，释放知识产权聚集与裂变功能，提升知识产权输出竞争力。在旅游服务出口领域，要利用技术赋能，加强对外旅游形象与旅游产品宣传，充分调动旅游企业优化国内旅游产品，丰富吸引海外游客的文化旅游元素。

第四，做足服务业的成色与质量。服务业出口其实就是企业在更宽幅和更纵深的市场参与国际竞争，对标国际规则是提升自身服务专业化、规范化和品牌化水平题中应有之义。一项对全球500强企业的跟踪调查表明，企业顾客满意度每提升1个百分点，5年后平均资产收益率提高11.3%。为增强中国服务出口比较优势，有必要在服务特色、服务内容丰富度以及服务信用丰满度等方面持续深耕。

资料来源　佚名. 合力缩小服务贸易逆差［EB/OL］.［2020-4-10］. http：//theory.people.com.cn/n1/2020/0410/c40531-31668294.html.

用所学的外贸价格与经济效益有关知识分析我国服务贸易当前存在的问题，并提出解决对策。

网上资源

1. https：//finance.sina.com.cn/

2. http：//www.cs.com.cn/

间的生产要素价格均等化。均衡的价格比率使厂商没有必要进行生产要素的直接跨国流动，即无资本流动。传统国际贸易理论没有给国际直接投资理论留下任何生长空间。

但是，若一国存在国际贸易的壁垒，使出口国成本递增，而进口国的该商品价格上升，从而刺激生产，使得进口国的生产要素报酬率提升，投资便会替代贸易。

有关对外贸易与国际直接投资相互关系的主要理论如下：

1）传统贸易理论关于资本流动与商品贸易的相互替代说

早在1957年，芒德尔（Mundell）就提出了著名的贸易与投资替代模型理论。该理论是建立在两个产品和两种生产要素的标准国际贸易模型基础之上的。利用标准的国际贸易模型，他考察了贸易和投资相互替代的两种极端情况，即禁止性投资如何刺激贸易，以及禁止性贸易如何刺激投资。在生产要素不能在两个国家间自由流动，而同时又不存在任何贸易障碍的情况下，只要存在资源禀赋的相对差异，两个国家之间就必然会发生贸易，贸易的结果会达到均衡并实现商品价格的均等进而实现要素价格的均等。假如某种外部原因使得资本在两个国家之间的流动障碍全部取消，但同时存在贸易障碍，则必然会引起资本边际收益的差异，资本的国际流动就必然会产生。资本的流动同样会达到均衡并导致资本要素价格和商品价格的均等化。因此，芒德尔实际上是使用要素比例理论解释商品的国际流动。由于贸易障碍会对两个国家之间的资本边际收益产生影响，因此贸易障碍在一定条件下会导致资本的国际流动或直接投资。

芒德尔贸易与投资替代模型的理论框架非常完美，论证推理严密，但是它必须在满足一系列的严格假设的理论前提下才能够成立。在现实经济中，尽管这种直接投资对国际贸易的替代现象确实存在，然而其替代的程度却跟芒德尔模型相距甚远。

2）新贸易理论关于外国直接投资与对外贸易互补共存说

（1）小岛清的边际产业扩张论（亦称切合比较优势论）

首先对芒德尔的贸易与投资替代模型提出挑战的是日本一桥大学的小岛清（Koyimo）教授。20世纪70年代后期到80年代中期，小岛清发表了国际直接投资和国际贸易方面的大量论著。小岛清强调了国际分工的重要作用，认为国际分工既能解释国际贸易，也能解释国际直接投资，因此国际直接投资和国际贸易可以统一在国际分工原则的基础上。

小岛清运用比较优势原理，并根据日本和美国企业跨国投资的实证分析，进一步提出如何实现与贸易互补的对外直接投资。小岛清将其称为边际产业扩张论。

边际产业扩张论的基本思想是：投资国的对外直接投资应从本国比较优势小或已处于比较劣势的边际产业开始依次进行，由于这些产业与东道国的技术差距较小，技术就容易为东道国所吸收和普及，进而就可以把东道国潜在的比较优势挖掘出来；通过产业转移，投资国可以集中力量创造和开发出新的技术和比较优势，使两国间的比较成本差距扩大，为更大规模的贸易创造条件。

可见，国际直接投资并不是对国际贸易的简单替代，而是存在着一定程度上的互补关系；在许多情况下，国际直接投资可以创造和扩大对外贸易。

无论是芒德尔的贸易与投资替代模型，还是小岛清的互补模型，都是从传统贸易理论的分析框架上衍生出来的，并没有经过实证的检验。这既有统计数据残缺不全的限制，也有统计方法与工具上的限制。

❈小思考

芒德尔的贸易与投资替代模型理论与小岛清的边际产业扩张论的主要区别是什么？

【分析提示】

从理论的前提条件、分析的角度、基本内容等不同角度入手。

(2) 李普西等人进一步论证贸易与直接投资是互相促进、互相补充的

20世纪80年代以来，贸易和直接投资的实证研究取得了突破性的进展。李普西和韦斯（Lipsey and Weiss，1981）、胡弗鲍尔等（Hufbauer et al.，1994）、格拉汉姆（Gramham，1996）的研究结果表明，第二次世界大战后的资本流动，尤其是国际直接投资的迅速增加，并没有影响到国际贸易的发展；相反，大量的统计数据显示，贸易与直接投资是互相促进、互相补充的。与此同时，许多学者关于日本、德国以及瑞典等国的实证研究也得出了类似的结论。

6.1.2 国际直接投资的贸易效应及机制

根据对外贸易与国际直接投资相互关系的理论，国际直接投资会对贸易产生影响。国际直接投资会因投资动因、行业与产品特性、各国政策的不同，对资本输入国（东道国）与资本输出国（母国）产生不同的贸易效应。

1）国际直接投资对资本输出国（母国）的贸易效应

一国在进行对外直接投资时，会对其本国的对外贸易产生影响。对外投资的贸易效应主要通过以下四个方面来体现：

(1) 出口引致效应

出口引致效应，是指由于对外直接投资而导致的原材料、零部件或设备等出口的增加。这些增加的出口可能来自跨国公司总公司对其国外分支机构的出口，也可能来自投资国其他供应商对跨国公司国外分支机构的出口。

(2) 出口替代效应

出口替代效应，是指由于对外直接投资而导致的出口减少，跨国公司将某产品的生产基地转移到国外后，东道国当地企业通过技术扩散或模仿，也开始生产该产品，替代进口或出口该产品，导致投资国出口减少。

(3) 反向进口效应

反向进口效应，是指由于对外直接投资而导致的进口增加。投资国通过对外直接投资的方式将某产品的生产基地转移到国外，再从国外分支机构进口该产品，进而导致投资国进口增加。

(4) 进口转移效应

进口转移效应，是指由于对外直接投资而导致的进口减少。某些产品原本由投资国生产，其生产所需要的投入品从国外进口。当通过对外直接投资方式将生产基地转移到国外后，投资国该产品的生产将减少，投入品的进口也相应减少，投入品的进口相应转移到新的国外生产基地。

一国对外直接投资对其对外贸易的影响程度将由这四种效应相互作用的净效应所决定。直接投资的不同类型、投资项目所处的不同阶段，各种贸易效应的强弱可有显著差异。

根据国际直接投资的投资动机，国际直接投资可分为出口导向型国际直接投资和进口替代型国际直接投资。

出口导向型的直接投资，出口引致效应、反向进口效应和进口转移效应较强，出口替代效应较弱，主要表现为资本输出国生产设备、原料出口量增加；同时，对生产所需的进口中间投入品的需求减少，从而引起资本输出国的进口减少。另一方面，由于海外分公司在当地生产的产品返销到投资国，会引起投资国进口增加。

进口替代型的直接投资，出口引致效应、出口替代效应和进口转移效应较强，反向进口效应较弱，主要表现为资本输出国生产设备、原料出口量增加；同时，对生产所需的进口中间投入品的需要减少，从而引起资本输出国的进口减少。另一方面，由于海外分公司产品在当地的销售并被出口到第三国，从而引起总公司的出口减少。

对外直接投资在投资的不同阶段，各种贸易效应也有明显差别。一般来说，这四种效应并不是同时出现的，较早开始发挥作用的是出口引致效应；随后，当国外分支机构的生产开始取得规模经济效益以后，出口替代效应开始出现；继之产生作用的是进口转移效应和反向进口效应（见表6-1）。

表6-1 海外直接投资对贸易的效应

四种效应	对外直接投资对贸易的效应	举例说明
出口引致效应	海外生产基地建设工厂所需要的生产设备以及生产所需要的原材料和零件，从投资国进口，增加投资国的出口	如作为初始投资的设备等的输出，原材料和零部件等中间投入物的输出
进口转移效应	随着生产设备向国外转移，对生产所需的进口中间投入品的需求减少，从而引起投资国的进口减少	如将需进口原材料的产品的生产基地转移到国外，减少本国原材料的进口
出口替代效应	海外分公司产品在当地销售并被出口到第三国，引起总公司的出口减少	如将原出口型产业通过对外直接投资的方式转移到国外，替代了本国该产业的出口
反向进口效应	海外分公司在当地生产的产品返销到投资国，引起投资国进口增加	如通过对外直接投资的方式将某产品的生产基地转移到国外，再从国外进口该产品

2）国际直接投资对资本输入用（东道国）的贸易效应及其机制

（1）国际直接投资对资本输入国（东道国）的贸易效应

资本输入国即东道国在引进国际直接投资时，对本国的贸易也会产生影响，其贸易效应可分解为以下三个方面：

①进口替代效应，指由于投资国的跨国公司将某产品的生产基地转移到东道国后，东道国当地企业通过技术扩散或模仿，也开始生产该产品，从而减少该种产品的进口。

②出口创造效应，指由于跨国公司在东道国投资办厂，促进东道国生产能力的提高和生产的扩大。跨国公司利用自己遍布世界各地的销售网，将产品输送到国际市场，从而可以带动东道国的产品出口，形成出口创造效应。

③进口引致效应，指由于东道国吸引外国直接投资在当地投资建厂，而导致其对生产该产品所需的原材料、零部件或设备等进口需求的增加。这些增加的进口可能来自跨国公司总公司对其国外分支机构的出口，也可能来自投资国其他供应商对跨国公司国外分支机

构的出口。

外国直接投资对东道国的贸易总效应，是上述三种贸易效应综合作用的结果。一般来说，产品面向国外市场的出口导向型外国直接投资有利于增加东道国出口，而产品面向国内市场的进口替代型外国直接投资则有提高扩大生产能力，满足国内需求，丰富国内市场，减少东道国同类产品的进口。但无论是出口导向型外国直接投资，还是进口替代型外国直接投资，只要它们在生产过程中依赖国外生产设备或原材料，就会增加东道国对这些生产设备或原材料的进口。

(2) 国际直接投资对东道国贸易效应的机制

东道国要从国际直接投资产生的贸易净增中分享更多的利益，关键是要充分利用三种贸易效应，有效把握直接投资对贸易的影响渠道。国际直接投资可从直接和间接两方面的渠道来影响东道国的贸易绩效。其具体机制为：

①大量利用当地原材料和零部件加工制造产品的外资项目，即使它们存在替代原料进口的情况，也会明显增加东道国工业品的出口。原因很简单，外商拥有现成的海外销售渠道和纯熟的营销技巧，高效先进的技术、工艺和较高的生产效率，因而产生出口效应。

②外国直接投资的进入可加速东道国某些进口替代产业向出口产业的转换。实证研究表明，在东道国政策调整中，跨国公司扮演了自由贸易重要支持者的角色，而在母国它们同样是自由贸易的主要推动力量。显然贸易环境越自由，越有利于东道国的出口。

③外国直接投资有助于提升东道国劳动密集型产品的出口，创造此类产品新的出口机会。对于诸多轻工产品来说，通过外资企业的分销渠道进入国际市场，同进口批发商、大型连锁店或最终用户建立稳固的关系是十分必要的。特别是，外资企业一般都具备迅速适应消费者口味变化、把握产业技术规模和安全标准、迅速树立新的产品形象的能力，因而在同等条件下，较之国内企业，外资企业的国外市场的进入障碍要少得多。外国直接投资还可通过加大技术投入使劳动密集型产品转换为附加值高的技术密集型产品。

④外国直接投资与当地资本的结合，可将东道国相关产业纳入跨国公司的分工网络，增加了高附加值产品出口的机会，对于东道国优化出口结构、提高国际分工地位意义重大。

⑤外国直接投资与国内企业广泛的供应关系，一方面可以使更多的国内企业成为间接出口者，另一方面又会使其在同外商的合作中逐渐成长为独立的出口企业。同时，外国直接投资还可以产生所谓的“市场进入外溢”，诸如国内企业可以分享外商贸易自由化的游说结果，减少进入外国市场的障碍；外商熟悉国际市场，可以成为国内企业获取国际市场信息、同国外贸易团体和产业组织建立联系的渠道；国内企业也有可能以较低的成本来使用跨国公司的资源。实证分析表明，在区位和经营上与跨国公司接近的企业，其出口能力的提高较快，相邻或相关企业进入外国市场的成本也相对较低。因此，外资企业是当地企业进入外国市场和获取技术信息的天然渠道，当地企业可以利用这一渠道分销货物。从外国投资者直接或间接提供信息和分销服务这个意义上说，它们的活动促进并改善了当地企业的出口前景。外资提高了东道国企业进入世界市场的可能性。

总之，外国直接投资不仅可以直接或间接地带动东道国出口规模的扩大，促进其出口额的净增，而且还会对东道国对外贸易结构的优化产生积极影响，从而产生更大的贸易效应。

6.1.3 国际直接投资类型与贸易结构

按跨国公司的投资动机、技术、生产结构和对东道国和东道地区的贸易影响，可以将国际直接投资分为两类：外向出口型国际直接投资（垂直跨国公司）和当地市场型国际直接投资（水平跨国公司）。

外向出口型国际直接投资（简称出口型外资）的动机主要是节省劳动成本，其特征是将劳动密集的生产环节转移到东道国或东道地区，其产品外销到世界各地。典型的例子是组装出口及加工出口，这类外资除要求东道国或东道地区提供低价劳动力之外，还要求其免税进口原材料和半成品。由于众多发展中国家和地区都能提供以上两个条件，出口型外资便格外抢手，从而导致其很强的流动性。许多发展中国家和地区专门建立出口加工区及经济特区，提供各种优惠措施来吸引跨国公司的出口型投资。

当地市场型国际直接投资（简称市场型外资）主要着眼于东道国或东道地区的当地市场。这类投资大多集中于具有收益递增的行业，即生产成本随其生产规模增加而降低，东道国或东道地区的市场规模及增长速度是决定这类投资的主要因素。制造业内的这类外资的技术含量较高，从而要求东道国或东道地区拥有一定数量的技术工人。因为市场型外资包括先进的技术，它对东道国或东道地区的人力资源及基础设施有更高要求，劳动力成本及免税等优惠措施对这类外资的影响有限。

不同类型的国际直接投资，对东道国或地区的贸易及其结构的影响存在很大的差异（见表6-2）。外向出口型国际直接投资，通常为跨国公司母国总部出口服务（如产品设计等）、关键零部件和中间产品，进口由东道国和地区的子公司加工组装的最终产品。当地市场型国际直接投资，因为总部和子公司各有一套生产设施服务于当地市场，母国与东道国或东道地区之间的国际贸易往来相对较少，主要表现为母国总部向东道国或东道地区子公司出口服务。

表6-2　**国际直接投资类型与贸易结构**

国际直接投资类型	母国		东道国/地区	
外向出口型	出口	服务、关键零部件和中间产品	出口	东道国/地区子公司加工组装的最终产品
	进口	东道国/地区子公司加工组装的最终产品	进口	服务、关键零部件和中间产品
当地市场型	出口	服务	出口	
	进口		进口	服务

从国际直接投资的四重效应角度考察外向出口型/当地市场型国际直接投资，不难发现以下特征：市场型外资更多地表现为贸易替代效应，而出口型外资更多地与贸易创造效应、贸易补充效应和市场扩展效应相联系。但是，如果只是基于此，就作出出口型外资更有利于发展中东道国和东道地区的国际贸易的判断，可能有失偏颇，因为这里主要考虑的是外国直接投资的直接、短期、静态的贸易效应；而外国直接投资对发展中东道国和东道地区的国际贸易的总体影响，除了直接、短期、静态的效应外，还表现为间接、长期、动

态的效应，并且在大多数情况下，后者可能发挥更大、更久的作用。

※小资料

国际直接投资贸易效应理论的新发展

利用外资是我国对外开放政策的基本内容，是建设中国特色社会主义的伟大实践之一。改革开放以来，我国利用外商投资从无到有，取得了一系列令人瞩目的成就，对外贸易也保持了持续的高速增长态势，二者之间有着紧密的联系。

6.2 中国吸收外国直接投资

6.2.1 中国吸收外国直接投资概况

自中华人民共和国成立至改革开放的近30年时间里，由于当时复杂的历史条件，我国利用外国直接投资基本是空白。自1979年以来，积极利用外资成为我国改革开放的重要组成部分，外国对华直接投资从无到有，规模不断扩大。1992年，外国直接投资首次超过对外借款而成为我国利用外资最重要的形式。

概括而言，改革开放以来，中国吸收外国直接投资的发展大致经历了以下几个发展阶段：

1）1979—1986年，起步阶段

以1979年7月我国颁布《中华人民共和国中外合资经营企业法》为开端，以1980年中央先后批准广东、福建两省在对外经济活动中实行特殊政策和灵活措施，以及以在深圳、珠海、汕头和厦门四城市设立经济特区为契机，外商对华直接投资正式起步。1984年以后，国家又先后开放了沿海14个港口城市和13个沿海经济开发区，对其利用外资实行优惠政策，同时采取了扩大地方外商投资审批权限等一系列有力措施，外商对华直接投资逐步发展起来。但由于20世纪70年代末80年代初正值我国实行改革开放的初期，投资环境不是很理想，外国直接投资不仅数量不多、规模较小、主要来自港澳台地区和集中分布在四个经济特区，而且外商的投资项目追求短期回报的特征十分明显（1979—1996年中国利用外国直接投资情况见表6-3）。

表6-3　**1979—1996年中国利用外国直接投资情况**

时间	外商投资项目累计（个）	年均项目数（个）	协议金额（亿美元）	年均协议规模（亿美元）	实际金额（亿美元）	年均实际规模（亿美元）
1979—1986年	7 819	977.38	191.59	23.95	65.95	8.24
1987—1991年	34 208	6 841.6	331.79	66.36	167.53	33.51
1992—1996年	241 317	48 263.4	416.98	833.60	1 515.36	303.07

资料来源　中国统计年鉴（各年）.

2）1987—1991年，稳步发展阶段

1987年以后，外商对华直接投资的环境进一步改善：1986年10月，国务院颁布了《关于鼓励外商投资的规定》及若干实施办法，改善了外商投资企业的生产经营条件，并对外商投资企业中的产品出口企业和先进技术企业给予更多优惠待遇；1987年12月，国家有关部门制定了指导吸收外商投资方向的有关规定；1988年，辽东半岛、山东半岛及其他沿海地区的一些市、县相继被辟为沿海经济开放区，国家批准海南建省并设立海南经济特区；1990年，国家又决定开发和开放上海浦东新区。上述规定和一些重大政策与措施的出台，旨在框定一个适当的外资企业、地区投资范围和构筑一个较为宽松的外国直接投资环境，从而带来了外国对华直接投资的持续稳步增长。

3）1992—1996年，持续快速发展阶段

自1992年邓小平南方谈话以来，外商对华直接投资的发展步入快车道。由于国务院进一步开放了6个沿江港口城市、13个内陆边境城市和18个内陆省会城市，我国出现了多层次、全方位、有重点的对外开放的新格局，利用外国直接投资出现了突飞猛进的发展，不仅投资额大幅度增长，一些跨国公司开始向中国投资，平均项目规模扩大，而且投资领域不断扩展，中西部地区利用外资步伐也逐渐加快。利用外资总体格局出现了历史性的转变，即吸引外国直接投资超过对外借款，成为中国利用外资最主要的方式。

自1993年以后，中国连续多年保持世界第二大受资国的地位，是世界上仅次于美国的第二大外国直接投资东道国（2002年曾超过美国排名首位）和发展中国家中最大的外国直接投资吸纳国，成为名副其实的国际直接投资的热点区域。

4）1997—2001年，调整阶段

1997—2001年，我国的引资工作遭遇极为严峻的挑战：一方面，亚洲金融危机爆发后，美欧资本向预期投资收益相对更高、更保险的发达国家及亚洲以外的区域转移；另一方面，我国不少周边国家（地区），包括受金融危机冲击较严重的国家（地区）为规避国际游资的危害，不约而同地将利用外资的重点转向吸收外国直接投资。此外，我国国有商业银行出现巨额不良资产，中创、海发、广投等金融机构的相继破产，以及有增无减的“资本外流”现象，对我国吸收外资产生了不容忽视的影响。在这一阶段，我国利用外国直接投资的增速明显放慢，甚至出现了负增长。

5）2002—2008年，吸收外商投资新阶段

2001年以后，由于国内外形势的变化，特别是2001年12月11日我国加入世界贸易组织，标志着我国对外开放进入新的发展阶段。这个阶段以加快提高外商投资的质量和水平为重点。外商投资鼓励类项目明显增多，投资结构持续优化，服务业成为外商新的投资热点，在华跨国公司追加投资剧增。其主要特征如下：

第一，吸收外资又好又快发展。

第二，外商投资企业成为我国高新技术产业主体。

第三，国家宏观调控积极引导外商投资。

第四，西部、中部、东北老工业基地吸收外资规模上新台阶。

第五，外资企业社会责任意识不断增强。

第六，外资法律制度进一步完善。

6）2009年至今，吸收外商投资创新突围阶段

2007年美国次贷危机及2009年欧洲主权债务危机，导致主要发达国家金融市场剧烈动荡，造成世界各国不同程度出现债务危机、银行挤兑、流动性紧张、借贷成本增加等现象，并波及中国经济。危机余波致使发达国家对外直接投资大幅度缩减、资本输出下降，也直接影响我国利用外资工作。在此背景下，我国外资主管部门待解问题是如何开启吸引外资新模式。我国经济步入“新常态”的同时，利用外资工作也正在经历“新常态”，诸如“FDI增速锐减”“外资隐形退潮”等观点引起社会广泛探讨。如何通过制度创新，持续增强我国利用外资的优势与活力，是当前利用外资政策的关键任务。

2009—2019年，我国FDI流入量全球排名较为稳定，FDI流入量总量变化幅度相对较小，中国已成为全球引资大国。但我国FDI流入量占GDP比重及排名情况并不突出，说明我国FDI增速慢于我国经济发展速度，也反映出我国外资工作需要得到更多重视。

1997—2019年我国利用外国直接投资情况见表6-4。

表6-4　**1997—2019年我国利用外国直接投资情况**

年份	合同利用外国直接投资项目（个）	合同利用外国直接投资金额（亿美元）	实际利用外国直接投资金额（亿美元）	实际利用外国直接投资金额增长率（%）
1997	21 001	510.03	452.57	—
1998	19 799	521.02	454.63	0.46
1999	16 918	412.23	403.19	−11.31
2000	22 347	623.8	407.15	0.98
2001	26 140	691.95	468.78	15.14
2002	34 171	827.68	527.43	12.51
2003	41 081	1 150.69	535.05	1.44
2004	43 664	1 534.79	606.30	13.32
2005	44 001	1 890.65	603.25	−0.50
2006	41 473	1 937.27	658.21	9.11
2007	37 871	—	747.68	13.59
2008	27 514	—	923.95	23.58
2009	23 435	—	900.33	−2.56
2010	27 406	—	1 057.35	17.44
2011	27 712	—	1 160.11	9.72
2012	24 925	—	1 117.16	−3.70
2013	22 773	—	1 175.86	5.25
2014	23 778	—	1 195.62	1.68
2015	26 575	—	1 262.67	5.61
2016	27 900	—	1 260.01	−0.21
2017	35 652	—	1 310.35	4.00
2018	60 533	—	1 349.66	3.00
2019	40 888	—	1 381.00	2.32

注：从2007年起商务部不再对外公布外资合同金额数据。

资料来源　中国统计年鉴（各年）和商务部统计数据.

1997—2019年，我国实际吸引外国直接投资累计达19 958.31亿美元，跨国公司对中国的投资环境信心十足，我国利用外国直接投资取得了举世瞩目的成就。

❋**小资料**

外国直接投资的基本形式

6.2.2 外国直接投资促进了我国对外贸易的发展

改革开放以来，我国对外贸易的巨大发展，与外国直接投资的快速发展有着直接的关联。外国直接投资已成为我国对外贸易发展的重要推动力量。

外国直接投资对我国的对外贸易的促进作用主要体现在四个方面：①它使我国迅速进入全球分工体系，利用我国的资源优势促进出口增长，以换取本国发展所需的外汇。②优化了我国的对外贸易结构。一方面提升了出口商品结构，由初级产品出口为主向工业制成品出口为主转变；另一方面提升了进口商品结构，由消费型进口转变为生产型进口。③促进了我国对外贸易方式的改变。④推动了我国外向型经济的发展，为我国对外贸易的发展创造了良好的外部环境。

1）外国直接投资促进了我国对外贸易规模的迅速扩大

外国直接投资对促进我国进出口增长发挥了重要作用。

(1) 外商投资弥补了我国生产要素不足，为进出口的增长提供了必要的物质补充。出口贸易主要受国内生产要素供给的制约和世界市场需求的影响。我国作为一个发展中国家，资本、技术短缺是长期存在的制约因素，外国直接投资的流入大大增加了我国生产要素的供给，改善了生产资源的配置，提高了生产能力。

(2) 外商投资企业是我国对外贸易的生力军。从外商投资企业进出口与我国国有企业进出口规模的比较来看，自1999年起，外商投资企业的进出口总额已超过国有企业，并呈现逐年上升的趋势。外商投资企业的进出口贸易对我国对外贸易发展的促进作用已超过国有企业。这进一步说明了外商投资企业对我国扩大对外贸易规模的重要性。

从外商投资企业进出口商品总值统计数据来看（见表6-5），随着外商投资在1986—2018年期间的逐年大规模增长，外商投资企业进口额、出口额占全国的进口总额、出口总额的比重分别由1986年的5.6%、1.9%增长到2018年的43.6%、41.7%。其增幅之大、增速之快，在全世界范围内均属罕见，外商投资企业在我国进出口贸易中的地位已是头角峥嵘。

表6-5　**1986—2018年外商投资企业进出口商品总值统计**　金额单位：亿美元

年度	进出口			进口			出口		
	全国	外商投资企业	比重（%）	全国	外商投资企业	比重（%）	全国	外商投资企业	比重（%）
1986	738.46	29.9	4.0	429.0	24.0	5.6	309.4	5.8	1.9
1987	826.53	45.8	5.6	432.2	33.7	7.8	394.4	12.1	3.1

续表

年度	进出口			进口			出口		
	全国	外商投资企业	比重（%）	全国	外商投资企业	比重（%）	全国	外商投资企业	比重（%）
1988	1 027.8	83.4	8.1	552.7	58.8	10.6	475.2	24.6	5.2
1989	1 116.8	137.1	12.3	591.4	88.0	14.9	525.4	49.1	9.4
1990	1 154.4	201.2	17.4	533.5	123.0	23.1	620.9	73.1	12.6
1991	1 357.0	289.6	21.3	637.9	169.1	26.5	719.1	120.5	16.8
1992	1 655.3	437.5	26.4	805.9	263.9	32.7	849.4	173.6	20.4
1993	1 957.0	670.7	34.3	1 039.6	418.3	40.2	917.4	252.4	27.5
1994	2 366.2	876.5	37.0	1 156.2	529.3	45.8	1 210.1	347.1	28.7
1995	2 808.6	1 098.2	39.1	1 320.8	629.4	47.7	1 487.8	468.8	31.5
1996	2 898.8	1 371.1	47.3	1 388.3	756.0	54.5	1 510.5	615.1	40.7
1997	3 251.6	1 526.2	47.0	1 423.7	777.2	54.6	1 827.9	749.0	41.0
1998	3 239.5	1 576.8	48.7	1 402.4	767.2	54.7	1 837.1	809.6	44.1
1999	3 606.3	1 813.3	50.8	1 657.0	858.8	51.8	1 949.3	886.3	45.5
2000	4 743.1	2 367.4	49.9	2 251.0	1 172.7	52.1	2 492.1	1 194.4	47.9
2001	5 097.7	2 591.0	50.8	2 436.1	1 258.6	51.7	2 661.6	1 332.4	50.1
2002	6 207.9	3 302.2	53.2	2 952.2	1 602.9	54.3	3 255.7	1 699.4	52.2
2003	8 512.1	4 722.5	55.5	4 128.4	2 319.1	56.2	4 383.7	2 403.4	54.8
2004	11 547.3	6 631.6	57.4	5 614.2	3 245.6	57.8	5 933.1	3 386.1	57.1
2005	14 219.1	4 442.0	31.2	6 599.5	3 875.0	58.7	7 619.5	4 442.0	58.3
2006	17 604.4	5 637.8	32.0	7 914.6	4 724.9	59.7	9 689.8	5 637.8	58.2
2007	21 761.8	6 953.7	32.0	9 561.2	5 597.9	58.5	12 200.6	6 953.7	57.0
2008	25 632.6	7 904.9	30.8	11 325.6	6 194.3	54.7	14 306.9	7 904.9	55.3
2009	22 075.4	6 720.7	30.4	10 059.2	5 454.0	54.2	12 016.1	6 720.7	55.9
2010	29 740.0	8 622.3	29.0	13 962.5	7 383.9	52.9	15 777.5	8 622.3	54.6
2011	36 418.6	9 952.3	27.3	17 434.8	8 646.7	49.6	18 983.8	9 952.3	52.4
2012	38 671.2	10 226.2	26.4	18 184.1	8 715.0	47.9	20 487.1	10 226.2	49.9
2013	41 589.9	10 437.2	25.1	19 499.9	8 745.9	44.9	22 090.0	10 437.2	47.2
2014	43 015.3	10 746.2	25.0	19 592.4	9 089.4	46.4	23 422.9	10 746.2	45.9
2015	39 530.3	10 046.1	25.4	16 795.6	8 288.7	49.4	22 734.7	10 046.1	44.2
2016	36 855.6	9 167.7	24.9	15 879.3	7 707.7	48.5	20 976.3	9 167.7	43.7
2017	41 071.4	9 775.6	23.8	18 437.9	8 615.8	46.7	22 633.5	9 775.6	43.2
2018	46 224.2	10 358.4	22.4	21 357.3	9 318.2	43.6	24 866.8	10 358.4	41.7

资料来源　中国统计年鉴（各年）和商务部统计数据.

（3）通过增辟销售渠道，外国直接投资对我国对外贸易市场的扩大产生积极作用。实践表明，通过与外商举办合资企业，国内企业借助外商原有的国际销售网络和先进的销售经验与技巧，能使合资企业商品较快进入国际市场，从而扩大出口规模，增强国内商品的国际竞争力。同时，越来越多的跨国公司来华进行大规模直接投资，使我国对外贸易的市场结构得到了改善，分散了风险，增强了应变能力，缓解了我国出口市场过于集中的现状，有助于出口多元化战略的实施，适应了我国外贸不断扩张的需求。

（4）外国直接投资增加了我国的外汇储备。1989—2018年外商投资企业进出口贸易绩效分析见表6-6，从中可以看出，外商投资企业从整体上看其进口规模均大于出口规模，且进口规模占全国的比重也相应较高，但2008年出口规模首次超过进口规模0.62个百分点。1986—1997年的发展趋势表明外商投资企业的进出口差距正在缩小，1997年进口与出口的水平已十分接近。1998年外商投资企业出口额首次超过进口额，实现贸易顺差42.45亿美元。2008年外商投资企业出口额为7 906亿美元，占全国出口总值的55.34%，顺差达到1 706亿美元。外商投资企业产品在国内市场销售，大量替代了进口，增加了我国的外汇储备，弥补了外汇短缺局面，国民经济实力增强。

表6-6　**1989—2018年外商投资企业进出口贸易绩效分析**　金额单位：亿美元

年份	全国进出口总额	外资企业进出口总额	外资企业占全国进出口总额比重（%）	全国进出口总额增长率（%）	外资企业进出口总额增长率（%）	外资企业的贡献率（%）
1989	1 116.8	137.1	12.28	8.7	67.12	61.91
1990	1 154.4	201.2	17.03	3.4	46.76	170.55
1991	1 357.0	289.3	21.33	17.6	43.91	43.59
1992	1 655.3	437.2	26.42	22.0	51.02	49.54
1993	1 957.0	671.2	34.27	18.2	53.50	77.52
1994	2 366.2	923.0	39.01	20.9	37.52	61.55
1995	2 808.6	1 098.2	39.10	18.7	18.98	39.6
1996	2 989.8	1 371.1	47.30	3.2	24.85	303.56
1997	3 251.6	1 526.2	46.95	12.2	11.31	44.09
1998	3 239.5	1 576.8	48.68	−0.4	3.32	—
1999	3 606.3	1 813.3	50.78	11.3	15.00	132.74
2000	4 743.0	2 367.4	49.91	31.5	30.56	97.02
2001	5 097.7	2 591.0	50.83	7.5	9.50	126.67
2002	6 207.9	3 302.2	53.19	21.77	27.45	126.09
2003	8 512.1	4 722.5	55.52	37.12	43.01	115.87
2004	11 547.3	6 631.6	57.34	35.66	40.43	113.38
2005	14 219.1	8 317.2	58.48	23.15	25.41	109.76
2006	17 604.4	10 362.69	58.86	23.81	24.60	103.31
2007	21 761.8	12 551.64	57.68	23.62	21.12	89.45
2008	25 632.6	14 099.21	55.00	17.79	12.33	69.32
2009	22 075.4	12 174.78	55.15	−13.88	−13.65	98.35
2010	29 740.0	16 006.15	53.82	34.72	31.47	90.64
2011	36 418.6	18 598.99	51.07	22.46	16.20	72.13
2012	38 671.2	18 941.2	48.98	6.19	1.84	29.75
2013	41 589.9	19 183.15	46.12	7.55	1.28	16.92

第6章

中国对外贸易与国际直接投资

学习目标

通过本章学习，你应该达到以下目标：

知识目标：熟悉国际直接投资对资本输出国和东道国的贸易效应；了解外国直接投资对我国外贸的促进作用及我国“走出去”战略的实施。

技能目标：较好地把握我国“走出去”战略实施的背景、内容和必要性，能结合具体情况较合理地提出我国企业“走出去”的方案、计划。

能力目标：能够理论联系实际，运用国际直接投资的贸易效应的有关理论，分析引进外国直接投资对我国外贸的影响与作用。

第二次世界大战以来，国际资本流动日趋频繁、日益扩大，逐渐超过了以往最具影响的货物贸易而成为世界经济一体化的主导力量。改革开放以来，利用外资已成为我国对外开放的基本内容之一。利用外资，尤其是吸引外国直接投资，与对外贸易一起，构成了我国对外经济交往的主渠道，二者相辅相成、相互促进，使我国对外贸易与吸收外国直接投资均取得了举世瞩目的成就。

6.1 对外贸易与国际直接投资理论

对外贸易与外国直接投资是发展中国家对外经济活动的两大支柱，二者对国内经济的影响在有些方面有着异曲同工之功用，但二者对经济的作用点、作用方式、作用力度存在很大差别。众多的研究成果从不同的角度、运用不同的理论框架和分析工具探索对外贸易与外国直接投资的关系，得出的结论各异，但至少在一点上达成共识：对外贸易与外国直接投资虽然是两种不同形式、不同内容的对外经济活动，但彼此不是独立的，二者之间存在很强的相关性。

6.1.1 对外贸易与国际直接投资相互关系的理论溯源

在传统国际贸易理论框架下，国与国之间的商品贸易不存在障碍，无贸易壁垒，生产要素在各国内部可充分自由流动，一国出口较密集地使用其丰裕生产要素制造的商品，进口较密集地使用其稀缺生产要素制造的商品，从而达到资源上的优势互补，实现国与国之

续表

年份	全国进出口总额	外资企业进出口总额	外资企业占全国进出口总额比重（%）	全国进出口总额增长率（%）	外资企业进出口总额增长率（%）	外资企业的贡献率（%）
2014	43 015.3	19 835.58	46.11	3.43	3.40	99.24
2015	39 530.3	18 334.81	46.38	−8.10	−7.57	93.39
2016	36 855.6	16 875.37	45.79	−6.77	−7.96	117.64
2017	41 071.4	18 391.35	44.78	11.44	8.98	78.54
2018	46 224.2	19 676.64	42.57	12.55	6.99	55.70

注：外资企业的贡献率=外资企业进出口总额增长率÷全国进出口总额增长率×100%

资料来源　中国统计年鉴（各年）和商务部统计数据.

2）外国直接投资优化了我国对外贸易商品结构

改革开放以来，我国对外贸易商品结构，尤其是出口商品结构发生了显著变化，外国直接投资的大量流入，对对外贸易商品结构的优化也发挥了十分重要的作用，具体体现在以下几个方面：

（1）外国直接投资推动了我国出口商品结构的优化

出口贸易结构是一国产业国际竞争水平的直接反映。改革开放初期，我国出口商品以石油、煤炭、农产品等原材料和初级产品为主，1980年工业制成品出口所占比重不足50%。改革开放以来，特别是20世纪90年代以来，在我国对外贸易规模迅速扩大的同时，对外贸易的出口商品结构不断优化，实现了从以初级产品为主向以工业制成品为主的根本性转变。

我国出口贸易结构的迅速升级是伴随着外国直接投资的迅猛增长而产生的，而且外商投资的产业分布与我国出口产业分布的重叠较显著，出口结构变化与外国直接投资产业流向呈现跟踪性变化。如我国出口结构中，机电产品、纺织品与服装、皮革、文化用品、家用电器、塑料及金属制品、电子通信设备等所占比重上升较快，而这些行业也正是外资进入较密集且外资企业出口比重较高的行业。

❈小思考

你认为我国的外资企业投资集中在第二产业且出口的商品中工业制成品比重都在90%以上的主要原因是什么？

答：①工业制成品附加值高；②我国劳动力报酬低；③我国工业有一定基础，能提供必要的厂房、设备、人才等。

（2）外国直接投资优化了我国的进口商品结构

随着外商对华直接投资的不断发展，外商投资企业的进口规模扩大，占我国总进口的比重也呈上升趋势，对我国进口商品的构成也产生了重大影响，提高了中间产品在进口中的地位，使其成为我国进口的主要商品。

外商投资企业进口的发展，不仅缓解了我国资本设备进口的资金压力，扩大了进口规模，而且其进口产品结构向中间投入品的转移，也促进了我国进口结构的优化。

3）外国直接投资促进了我国对外贸易方式的多样化

按照贸易方式不同，进出口贸易可以分为一般贸易和加工贸易两种方式，加工贸易的进口对象一般是原材料或中间品，加工后出口的货物是中间品或最终商品。外国直接投资改变了我国长期以来以一般贸易为主的格局，极大地带动了加工贸易的发展，使加工贸易占据了我国对外贸易的半壁江山。从我国对外贸易方式的发展情况看，20世纪80年代，尽管在外商投资企业中加工出口贸易已占其出口总额的近79%，但由于其间外商投资企业出口只占中国出口总额的约10%，中国对外贸易的主要方式仍然是一般贸易形式。20世纪90年代以来，随着外商投资的快速发展，由于外资企业从事加工贸易的比例远高于国内一般企业，外国直接投资的发展成为加工贸易扩张的主要推动力，外商投资企业出口大多以加工贸易方式进行。因此，我国对外贸易中一般贸易的比例逐年下降，加工贸易比例不断上升，逐渐成为中国对外贸易的主要形式。据统计，我国加工贸易出口额占总出口额的比重，1981年仅为4.81%，1985年为12.49%，1990年增至40.94%，1995年达到49.54%，2015年上升到35.1%。2018年我国加工贸易总额占当年进出口总额的27.46%，其中，加工贸易出口额为52 676亿元，同比增长2.5%；加工贸易进口额为31 097亿元，同比增长6.6%。

4）外国直接投资推动了我国外向型经济的发展

外商投资企业的对外贸易活动还通过间接方式对我国对外贸易的总体发展产生积极的外部经济效应，如带动国内配套及相关产业产品出口，提高相关产品出口的竞争力；帮助拓展国内产品出口的国际市场规模和销售渠道；通过与国内出口企业的竞争来促进国内企业深化内部改革，提高经营管理水平；为国内企业提供营销经验示范效应等。外国直接投资推动了我国外向型经济的发展。外国直接投资所带进的资本、技术和先进的管理方式，推动了中国对外贸易规模的扩大和进出口结构的优化，促进了中国经济与世界经济的联系与分工合作，加速了中国经济与世界经济的融合。中国经济离不开世界，世界经济更需要中国。中国已成为世界贸易大国和国际直接投资的主要目的地。

但值得注意的是，外国直接投资在对对外贸易及国民经济产生积极影响的同时，也存在着负面的影响和隐忧，主要体现为：

（1）我国出口对外资企业的依赖程度过高，若发生特殊情况（如经济危机），大量外商投资额被从国内抽走，将对国民经济造成沉重的打击。

（2）我国外资高度集中在第二产业，其带来的积极效应如资本积累效应、技术进步效应、国际竞争力提高效应等也主要集中在第二产业，具有强化我国经济二元结构倾向的作用，使第二产业的发展脱离第一产业、第三产业的支撑。

（3）部分外商投资企业产品国内销售比例过大，冲击了民族工业市场，并形成局部垄断局面。

（4）引资过程中部分淘汰产业和污染产业的进入，也会对我国的环境保护和经济可持续发展产生不利影响。

6.2.3 发展对外投资，实施“走出去”战略

随着中国加入世界贸易组织，我国改革开放与现代化进程进入新的发展阶段，我国利用外资也正从资本内流为主向“引进来”“走出去”并举的模式转换。实施“走出去”战

略，发展对外投资，是对外开放向纵深发展的重要步骤。

1）实施“走出去”战略

（1）实施“走出去”战略的背景环境

根据国际政治经济环境的变化和国内经济发展对战略性资源需求加大的形势，中共中央党的在十五大上提出了“鼓励能够发挥我国比较优势的对外投资，更好地利用两个市场、两种资源”的战略方针。1999年2月国务院办公厅转发外经贸部、国家经贸委、财政部《关于鼓励企业开展境外带料加工装配业务的意见》，从指导思想和基本原则、工作重点、有关鼓励政策、项目审批程序、组织实施等五个方面提出了支持我国企业以境外加工贸易方式“走出去”的具体政策措施。随后，国务院各有关部门又分别制定了具体实施的配套文件。这标志着我国“走出去”开放战略的启动。2001年，实施“走出去”战略正式写入我国“十五”计划，成为我国“十五”计划期间对外开放的一项重大措施，也是将我国对外开放推向一个新阶段的重大步骤。

（2）“走出去”战略的核心内容

实施“走出去”战略的核心内容是：国家鼓励各类有条件的国内企业，积极地以不同形式“走出去”，开展战略资源开发和能够发挥我国比较优势的对外投资，开拓市场，扩大工程承包和劳务合作，带动产品、设备和技术出口，弥补国内资源不足，促进经济结构调整，拓展我国经济发展的空间，同时发展我国具有国际竞争力的跨国公司。

“走出去”战略的实施，是为了适应经济全球化趋势和世界经济结构加快重组的新形势，在更大的范围内和更高的层次上发展开放型经济。

2）我国对外投资发展概述

（1）对外投资规模越来越大

改革开放至今，经过40多年的探索和发展，中国海外投资的步伐越来越大。从产品输出、劳务输出，到资本输出，尤其是金融资本输出，中国对外投资的路径，正随着中国对外开放水平提高而逐渐向境外上市、股权置换、跨国并购等国际通行的跨国投资方式转型。自2014年起，随着“一带一路”倡议的推进实施、丝路基金与亚洲基础设施投资银行（简称“亚投行”）的筹备成立，中国的对外投资迎来新纪元。

在世界经济增长动力不足、货物贸易增速放缓、全球直接投资流量持续萎缩的背景下，2018年中国经济平稳向好，对外直接投资稳步有序发展，投资流量全球第二，投资存量全球占比进一步提高，对中东欧、北美和非洲投资实现较快增长，流向服务业的投资比重继续加大，地方企业非金融类对外投资逆势上扬，境外企业收益再投资规模和占比进一步提高。

2018年，全球外国直接投资流出量连续第三年下滑，根据联合国贸发会议发布的《世界投资报告2019》，当年全球对外直接投资流量为10 141.7亿美元，同比上年的14 254.4亿美元减少了28.9%。面对错综复杂的国际投资大环境，中国深入贯彻新发展理念，落实高质量发展要求，加大政策引导和公共服务力度，2018年对外投资稳中有进，对外直接投资流量的全球占比创历史新高，位列全球第二，连续第三年对全球外国直接投资流出量的贡献度超过一成，投资存量全球占比进一步提高，对全球外国直接投资的影响力进一步扩大。根据《2018年度中国对外直接投资统计公报》，2018年中国对外直接投资流量为1 430.4亿美元，同比下降9.6%，尽管对外直接投资规模有所收缩，但投资结构进一步优化，投资质量效益得到提升（如图6-1所示）。

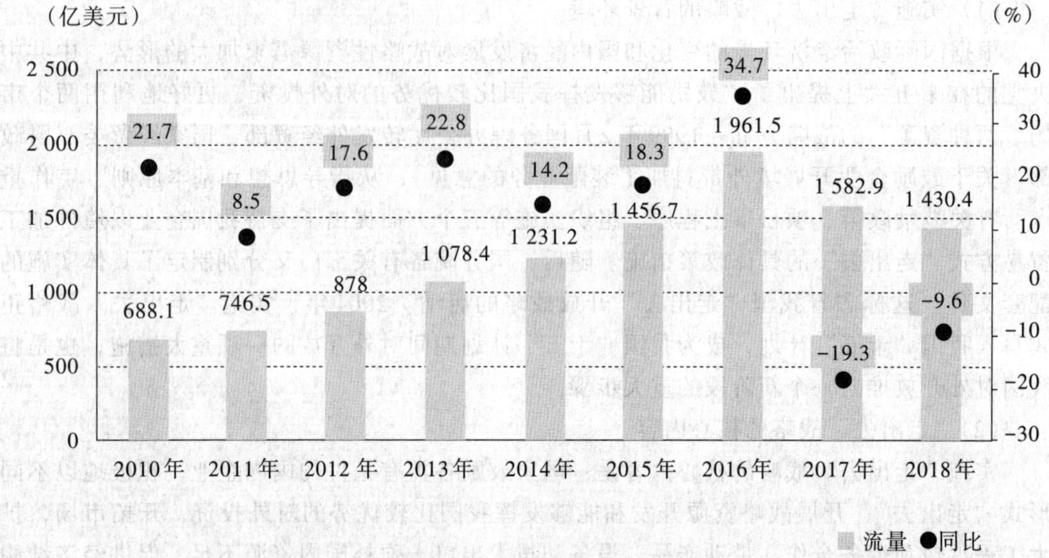

图6-1　2010—2018年中国对外直接投资流量

数据来源　商务部，国家统计局，国家外汇管理局.2018年度中国对外直接投资统计公报［EB/OL］.［2020-04-10］. http：//www.gov.cn/xinwen/2019-09/13/content_5429649.htm.

（2）对外投资方式不断创新

在较长的一段时间里，我国的对外直接投资主要采用合资经营、合作生产和独资经营这类传统投资经营方式，经过近几年的高速发展，投资方式也已逐步转向包括收购兼并以及BOT（建设-经营-转让）等多种形式在内的综合模式。从早期的建点办“窗口”，发展到投资办厂，并带动跨国并购、股权置换、境外上市、设立研发中心、创办工业园区和科技园区等多种形式。

（3）对外投资领域逐步拓宽

我国的对外直接投资地区和行业分布广泛，遍布全球178个国家和地区，维尔京群岛、开曼群岛、澳大利亚、新加坡、香港特别行政区等国家和地区成为中国内地对外投资主要目的地，对外投资主要涉及商务服务业、批发和零售业、采矿业、交通运输业、制造业等行业。对外承包工程市场多元化发展。在巩固亚非传统市场的同时，拉美、中亚等非传统市场不断开拓，进军发达国家市场也取得积极进展。对外承包工程高端领域比重有所增加。同时，对外投资合作健康有序发展，与“一带一路”沿线国家合作成为亮点。

2018年中国对外直接投资规模实现增长最快的前三大地区为中东欧16国、北美和非洲，中国对上述地区的投资流量分别为6.1亿美元、87.2亿美元和53.9亿美元，同比分别增长64.9%、34.2%和31.5%，占当年中国整体对外投资流量的比重分别为0.4%、6.1%和3.8%。

2018年，中国在非洲的直接投资主要流向刚果（金）、南非、莫桑比克、赞比亚、埃塞俄比亚、安哥拉和肯尼亚；中国在北美的直接投资流向美国74.8亿美元，同比增长

16.3%，流向加拿大15.6亿美元，同比大幅增长387.5%。2018年，中国对拉丁美洲的直接投资流量实现增长，流向拉美的投资为146.1亿美元，同比增长3.8%，占当年中国对外直接投资流量的10.2%，主要流向英属维京群岛、开曼群岛、巴西、墨西哥和委内瑞拉。

2018年，中国对亚洲、大洋洲和欧洲直接投资流量出现下降。亚洲依然是吸收中国外国直接投资最大的地区，2018年中国流向亚洲的投资流量为1 055.1亿美元，同比下降4.1%，下滑态势趋缓，对亚洲的投资流量占当年中国整体对外直接投资流量的比重为73.8%，较上年增加4.3个百分点。中国对大洋洲和欧洲当年直接投资呈现较大下滑，投资流量分别为22.2亿美元和65.9亿美元，同比分别下降56.5%和64.3%，占当年中国整体对外投资流量的比重分别为1.5%和4.6%。

此外，第三产业仍是我国对外投资主力军，从投资流量看，2018年中国对外直接投资流向第一产业13.7亿美元，占对外投资总额的1%；流向第二产业316亿美元，占比22.1%；流向第三产业1 100.7亿美元，占比77%。

从投资存量看，《2018年度中国对外直接投资统计公报》数据显示，截至2018年末，中国对外直接投资存量的78%集中在第三产业，金额为15 457.9亿美元，主要分布在租赁和商务服务、金融、批发和零售、信息传输/软件和信息技术服务、房地产、交通运输/仓储等领域。第二产业中国对外直接投资存量为4 236.4亿美元，占中国对外直接投资存量的21.4%，其中制造业（不含金属制品/机械和设备修理业）1 820.3亿美元，占第二产业的43%；采矿业（不含开采辅助活动）1 662.8亿美元，占39.3%；建筑业416.3亿美元，占9.8%；电力/热力/燃气及水的生产和供应业337亿美元，占7.9%。第一产业（农/林/牧/渔业，但不含农/林/牧/渔服务业）128.4亿美元，占中国对外直接投资存量的0.6%

（4）对外投资主体不断多元化

①有限责任公司、股份有限公司和外商投资企业对外投资相对活跃。

《2018年度中国对外直接投资统计公报》显示，2018年末，中国进行对外直接投资的企业有27 091家，有限责任公司、股份有限公司、外商投资企业（含港澳台资）对外投资表现活跃，对外投资的企业数量整体占比较上年均有提高；私营企业、国有企业、个体经营企业、股份合作企业对外直接投资企业数量各自所占比重同比均有减少；集体企业对外直接投资企业数量整体占比与上年持平。

2018年末，有限责任公司、股份有限公司、外商投资企业（含港澳台资）对外直接投资企业数量分别为11 787家、3 013家和2 346家，整体占比分别为43.5%、11.1%和8.7%，较上年分别增加2.1个百分点，0.2个百分点和0.3个百分点，有限责任公司依然是中国对外直接投资最主要和最活跃的投资企业类型。私营企业、国有企业、个体经营企业和股份合作企业2018年末对外直接投资企业数量分别为6 583家、1 335家、654家和429家，整体占比分别为24.3%、4.9%、2.4%和1.6%，比重较上年各下降了1.4个百分点、0.7个百分点、0.1个百分点和0.2个百分点。

②地方对外投资实现较快增长。

从地方对外非金融类直接投资流量看，2018年，东部、中部和东北三省对外直接投资流量一改上年下滑态势，实现较快增长。根据《2018年度中国对外直接投资统计公报》，2018年东部、中部和东北三省对外非金融类直接投资流量分别为758.2亿美元、101.4亿美元和22.4亿美元，同比分别增长18%、33.2%和17.3%，占地方投资流量的比重分别为77.2%、10.3%和2.3%，占比较上年分别增加2.7个百分点、1.5个百分点和0.1个百分点。西部地区2018年对外非金融类直接投资未能延续上年增长，呈现下降，当年对外投资流量100.6亿美元，同比下降19.2%，占地方对外投资总量的10.2%，比重较上年减少4.5个百分点。

③地方企业和非公控股主体对外投资占比上升。

2018年，地方企业非金融类对外直接投资在上年大幅下降的基础上，逆势上扬，实现增长。《2018年度中国对外直接投资统计公报》显示，2018年地方非金融类对外直接投资流量982.6亿美元，同比增长14%，占全国非金融类直接投资流量的81%。广东、上海、浙江、山东、北京、江苏、福建、河南、海南和天津为当年地方对外直接投资流量规模最大的10个省份（直辖市），除河南属中部地区，其他均在东部地区。

从各地对外非金融类直接投资看，2018年，广东、上海和浙江依然是仅有的三个拥有百亿美元投资流量规模的省份（直辖市），对外投资流量分别为160.6亿美元、153.3亿美元和122.8亿美元，占地方对外投资流量比重分别为16.4%、15.6%和12.5%。

（5）对外投资质量不断提升

中国对外投资始于改革开放，但真正快速发展是在党的十八大之后，特别是推进“一带一路”建设之后。目前的对外直接投资已不仅是简单地修公路、承包建筑，而且包括装备制造出口、开展国际产能合作等。中国的对外投资和中国的对外贸易紧密联系在一起，当把中国的资金和技术投资到海外时，也带动了中国的装备、管理、服务乃至标准“走出去”，可以和外贸协同推动，有利于推动中国从贸易大国走向贸易强国。

（6）对经济发展促进作用日益凸显

“走出去”有助于我国充分利用两个市场、两种资源，扩大我国与其他国家的经贸合作，使我国企业在参与国际竞争中得到锻炼和成长，有利于实现中国经济的可持续发展，体现在对外承包工程新签大项目多，带动出口作用明显。

（7）中外双方互利共赢

“走出去”扩大了我国与投资合作东道国的共同利益，为其带去人才、资金、技术和生产能力，增加了当地税收，部分解决了当地就业，增强了当地自主发展能力，有利于增进务实合作和相互理解。“走出去”企业境外文化及利益融合进程不断加快，属地化经营程度不断提高，环境保护、劳工权益等社会责任问题日益得到重视。目前，纳入我国商务部统计范围的境外经贸合作区已有113家，截至2019年底我国企业已在57个国家在建或已建成201家境外经贸合作区，其中138家位于“一带一路”沿线国家。截至2018年9月，纳入商务部统计范围的合作区累计投资366.3亿美元，入区企业4 663家，上缴东道国税费30.8亿美元。可见，中国境外经贸合作区不仅成为推动东道国经济发展的重要引擎，还在助力东道国增加就业、实现可持续发展目标等方面发挥重要作用。

❈小资料

我国对外投资结构持续多元　企业对外投资方式不断创新

3）发展对外投资的必要性

21世纪，经济全球化已成为不可逆转的发展趋势。加入世界贸易组织后，我国面临更广泛的国际竞争，“走出去”是对外开放向纵深拓展的重要举措。推动有比较优势的国内产业开拓国际市场、扩大利用国外资源，是我国参与经济全球化的必然选择。

（1）发展对外投资适应了经济全球化加速发展的必然要求

经济全球化把整个地球整合成了一个“地球村”，各国企业开展跨国经营已形成趋势和潮流。中国能否有效拓展经济发展空间，利用国外资源和市场方面取得新的突破，是关系到中国今后发展全局和前景的重大战略问题。随着我国被接纳为世界贸易组织成员和对外开放程度的不断扩大，国界对国际竞争的屏蔽作用越来越小，国内企业面临着发展空间受到挤压，甚至丧失本土生存空间的危险。同时，就业的压力、资源保障以及生态环境的制约，要求中国必须顺应经济全球化的潮流，不仅要“引进来”，而且要“走出去”，建立一个在全球化环境中资源能够双向流动的经济体系，确保中国现代化目标的实现和长期持续的发展。

（2）发展对外投资是规避贸易壁垒、确保出口持续增长的有效途径

随着国际竞争的日益激烈，形式各异的贸易保护主义措施盛行，这些以绿色壁垒、技术壁垒、反倾销等为主要手段的贸易保护主义措施，给我国出口贸易造成了巨大威胁。实施“走出去”战略，开展境外加工贸易，在当地设厂、生产、销售，一方面可以合法避开某些国家对制成品进口的关税和非关税壁垒，维持原有的市场，开辟新的市场；另一方面，可以利用对外直接投资的出口引致效应，带动我国的原材料、零部件和技术、设备等出口，实现出口长期持续增长。

（3）发展对外投资是有效利用国外资源、保证资源供应的捷径

世界上任何一个国家都不可能拥有经济发展所需要的全部资源，都会遇到资源约束的问题。为了满足本国经济发展的需要，就需要从国外输入各种自然资源和生产要素，与此同时，也向国外输出相对充裕的各种资源和生产要素。利用本国和他国的不同资源和要素优势，在国家间实现资源和要素的合理流动与重新组合配置，获得绝对和相对利益，这是实施“走出去”战略，发展对外投资的一个重要动因。资源，特别是关系到国计民生的战略资源，仅依靠传统的贸易渠道获得是不稳定的。而通过对外投资，直接参与和控制某些短缺的战略性资源的生产，对于保证战略性资源的稳定供应具有不可替代的作用。

长期以来，我国虽然是世界矿产资源的大国，但是中国的优质能源和部分工业生产所迫切需要的矿产资源十分匮乏。另外，作为世界上数一数二的矿石进口大国，我国在国际市场上却缺乏商品的定价权，我国对许多矿产产品的进口受国际矿业巨头的影响巨大，不

利于我国在动荡的国际市场中掌握重要的战略资源。因此，发展对外投资是有效地利用国内外两种资源、两个市场，为经济发展提供资源保障、促进我国经济持续发展的捷径。

（4）发展对外投资是调整经济结构的有效途径

我国经济正经历由卖方市场向买方市场的转变，这在宏观经济生活中表现为相对过剩经济、企业微利、一般宏观经济政策难以启动消费等。我国经济发展正步入有效需求不足的阶段，经济结构性调整势在必行。

发展对外投资，可以为促进经济结构调整和产业结构优化配置提供更为广阔的空间。拓展新的经济发展空间，培育新的经济增长点，也有助于使衰退产业逐步退出，增强中国经济发展的动力和后劲。

对外投资可以从两个方面为产业结构升级提供更大的转换空间。一方面，具有竞争优势的企业和产业，通过对外投资，整合国外资源，进一步强化自身优势，提升优势产业在经济中的地位；另一方面，通过对外投资，将已失去或正在失去优势的产业转移到要素成本具有相对优势的国家和地区，延续这部分的盈利能力，同时也为国内产业的调整、新兴产业的发展提供空间。因此，国家的对外投资政策应视为国内产业政策的延伸，根据国内产业发展的趋势与目标，有针对性地对处于不同发展阶段的产业提供对外投资的服务与扶持。

（5）发展对外投资是发展中国跨国公司的必由之路

要增强我国经济的国际竞争力，就需要建立我国自己的跨国公司。现在中国已经有许多公司进行跨国经营，但是进入世界500强的数量不多。跨国公司作为当前投资与贸易的主体，对母国的经济快速发展起着重要的促进作用。因此，在21世纪，我国要大力发展自己的跨国公司，要形成若干有国际影响力的大跨国公司，就必须加快发展海外投资。“走出去”战略的实施，将有力地催生和培育我国的跨国公司，加速我国跨国公司的成长壮大。

※小资料

2019中国100大跨国公司榜单

2019年9月1日，中国企业联合会、中国企业家协会连续第九年推出中国100大跨国公司分析报告，发布“中国100大跨国公司及跨国指数”。

2019中国跨国公司100大及其跨国指数有以下主要特点：

1.规模和入围门槛继续提高

2019中国跨国公司100大海外资产总额为95 134亿元、海外营业收入为63 475亿元、海外员工总数为1 391 971人，分别比上年提高8.93%、6.41%和7.31%；2019中国跨国公司100大入围门槛为98.58亿元，比上年提高26.36亿元。

2.跨国指数稳步提高

2019中国跨国公司100大的平均跨国指数为15.96%，比上年提高0.16个百分点，比2011中国跨国公司100大的平均跨国指数提高3.72个百分点。

2019中国跨国公司100大的海外资产占比、海外营业收入占比、海外员工占比分别为16.96 %、20.17%、10.74%，与2011中国跨国公司100大相比海外资产占比、海外营业收入占比、海外员工占比分别提高了2.23、2.83、6.07个百分点。

3.发达地区占多数，国有企业占主导地位

2019中国跨国公司100大跨国指数中，中国石油天然气集团有限公司、中国石油化工集团有限公司、中国中信集团有限公司、中国远洋海运集团有限公司、腾讯控股有限公司、中国海洋石油集团有限公司、中国化工集团有限公司、华为投资控股有限公司、国家电网有限公司、中国交通建设集团有限公司位列前10位，其中国有企业8家，民营企业2家。

2019中国跨国公司100大覆盖16个省、自治区、直辖市，主要在经济发达地区，其中北京占43%，广东占12%，上海占9%，山东占7%，浙江占6%，江苏占4%，河南、云南各占3%，安徽、辽宁、湖南、湖北、甘肃各占2%，河北、福建、新疆各占1%。

2019中国跨国公司100大中，民营企业27家，国有及国有控股公司73家，其中中央企业38家。

“中国100大跨国公司及跨国指数”是中国企业联合会在中国企业500强、中国制造业企业500强、中国服务业企业500强的基础上，依据企业自愿申报的数据，参照联合国贸易和发展组织的标准产生的。中国100大跨国公司是由拥有海外资产、海外营业收入、海外员工的非金融企业，依据企业海外资产总额的多少排序产生；跨国指数则按照（海外营业收入÷营业收入总额+海外资产÷资产总额+海外员工÷员工总数）÷3×100%计算得出。

资料来源 佚名. 2019中国100大跨国公司发布［EB/OL］.［2019-09-01］. http://finance.sina.com.cn/roll//doc-iicezueu2573871.shtml?cre=tianyi&mod=pcpager_china&loc=18&r=9&rfunc=76&tj=none&tr=9.

4）发展对外投资，实施“走出去”战略的政策措施

（1）分阶段推进对外投资的发展

吸收我国利用外资实施“引进来”战略的经验，“走出去”战略的实施也作出分几步走的阶段性安排。

从国际经验看，当一国人均国内生产总值处于400~1 500美元时，对外投资将显著增加。我国人均国内生产总值正处在上升阶段，如果采取适宜的政策，我国对外投资将会实现快速的增长。未来5~10年，将是我国大规模对外投资的起步阶段，主要目标是在实践中逐步摸索和建立适合我国企业跨国经营的对外投资方式、地域、途径和管理体制。除大型资源型开发项目外，投资规模相对较小，投资企业以改制后的国有企业、外向型企业和有实力的民营企业为主体，投资领域主要是国内有比较优势的产业以及与国内企业跨国经营相配套的研发、销售和生产环节。

未来20年，我国对外投资将进入稳步发展阶段，主要目标是初步建立国际化的生产体系，形成一批中等规模的跨国公司和企业，逐步培养起国际化的综合物流和金融运作能力。之后在更长时期内，形成一批具备在全球市场上配置资源、具有很强创新能力的大型的跨国公司，形成全球生产体系。

（2）选择对外投资的战略重点

根据我国现阶段的国情，可以选择以下几个领域作为对外投资的战略重点：

①在国外投资建设国内有短缺趋势的战略性资源和初级产品的长期稳定供应地，如油气、矿产、木材及纸浆生产基地。这类项目投资大，市场和投资风险高，建设周期长，项目建设不仅会涉及采掘、加工、运输、仓储、销售、融资、投资方式等极其复杂的系统问

题，而且还往往涉及国际政治、经济、技术和生态环境等不可预见性因素。需要政府为企业创造条件，进行必要的组织协调，调动各方面的积极因素进行建设。

②投资开发人力资源密集型产品的长期稳定的海外市场和需求源。涉及人力资源密集型产品的产业包括：劳动密集型的一般工业制成品加工工业，贸易、物流和分销、金融保险、专业服务等劳动密集型服务业，人才和技术相对密集型的高新技术产业。这些领域的多数企业普遍规模小，跨国经营的融资能力有限，也缺少国际化的经验和人才。因此，政府应在融资、税收、外汇和出入境等方面制定有时限、有条件、有标准的支持性措施，使这些领域中有实力的企业率先“走出去”。

③我国有竞争优势的产业，如家电、纺织品、制衣、食品加工和某些轻工业。一些质量价格有明显优势的产品，可以通过对外投资在当地设立企业，把国内过剩的生产能力、原材料及零部件转移到国外。

④通过对外投资寻求建立国际信息网络、国际商业资讯中心、一些生产环节和研发机构。通过建立信息、资讯、研发、技术支持以及物流的国际化网络，可以为更多的国内企业和海外中资企业服务。

(3) 促进对外投资的措施建议

在对外投资促进措施的具体运用上，应广泛借鉴发达国家与新兴工业化经济体的经验，构建对外投资促进体系。

我国现有的对外投资鼓励政策，还存在诸多不足甚至缺位，应着重在以下几个方面改进和强化对外投资促进措施：

①规范信息服务，加强技术援助。我国在提供海外投资信息方面与发达国家相比，存在很大的差距。信息的采集不规范，缺少信息资料的加工整理，信息服务没有明确的机构，信息发布缺乏权威渠道。信息服务体系的不健全直接影响了信息的质量和数量，影响了企业的跨国经营决策。信息服务的改善不仅可降低企业海外投资的信息搜寻成本，提高决策的科学性，亦可为政府的海外投资援助提供可靠的依据，使有限的援助资源充分发挥作用。

②针对大型企业与中小企业的不同需求，有针对性地采取不同的鼓励援助措施。根据我国现阶段对外投资的实力和目标，应鼓励投资主体的多元化，而不同类型主体对政府援助的需求是不同的。培育中国大型跨国公司是增强国家竞争力的重要方面，大型企业本身往往具备对外扩张所需的信息搜寻、资金技术供应等商业条件，政府的作用主要应体现在为其营造有利的国际环境。例如，加强双边政府合作，由本国政府出面，与外国政府达成市场准入许可；争取国外的大型投资项目等，尤其是在市场化程度较低的发展中国家进行较大规模的投资，政府的上述推动作用是不可或缺的。广大中小型企业的对外投资，则需要政府较为具体的扶持，例如，为中小企业对外投资提供政策性融资、贴息以及税收等方面的优惠，为中小企业对外投资提供人员培训服务等。

③加强对外投资鼓励的区域导向，重点开拓发展中国家和新兴市场国家投资市场。发达国家虽然是国际直接投资的主要目的地，但近年来发展中国家和新兴工业化国家市场投资环境有所改善，在国际投资中的比例呈现上升的趋势，而且我国企业现有的特定优势与这类国家的区位优势的匹配相对较好，能吻合双方的利益与需要。因此，我国的对外投资

促进政策应与外交政策和区域合作政策有机结合，采取区域、国别导向与协调措施，既要实现重点布局，又要避免“一窝蜂”现象。应针对发展中国家投资风险大、资金供应缺乏等具体困难，着重在投资担保、融资等方面采取切实可行的措施。

发展中国家与新兴工业化国家由于经济发展水平以及市场发育程度的限制，投资风险较大，许多发达国家为此特别加强政治风险及非商业风险的担保机制。我国现有投资保险覆盖范围很小，主要只是针对直接带动出口的境外带料加工项目，尚未建立起国外投资保险体系。提供投资保险是促进国外投资的基本措施，除了加大政府担保力度外，还应充分利用国际组织的作用。例如，多边投资担保机构（MIGA）即是为在发展中国家直接投资提供担保的重要国际机构，可对不同形式的投资提供灵活的保险服务，保险期最长达20年。值得重视的是，多边投资担保机构不仅为私人资本投资提供担保，也为国有企业的投资活动提供担保。它提供的投资担保在促进国际资本在中国的投资活动方面，发挥了重要的作用。然而中国作为多边投资担保机构的正式成员，却尚未能有效利用该机构的投资担保功能，为中国海外投资提供保障。在国内投资保险服务供应严重不足的情况下，应最大限度地利用国际资源，用足多边投资担保机构的国别担保额度，并利用它的再保险网络，扩大保险容量。

④建立健全投资促进机构，投资促进的重点应是从吸引资本内流转向促进资本内、外流并举。我国各地的投资促进机构在促进吸收外国直接投资方面的成效是显著的。但迄今为止，其工作重点尚集中于促进内流投资。随着我国利用外资模式转变为“引进来”“走出去”并举的双向模式，应加快整合投资促进的资源，增加投资促进机构的职能。事实上，内流与外流投资促进所需的资源虽然各有所侧重，但在很大程度上是重叠的、互补的。例如，投资促进的信息服务网络、与政府及产业的联系渠道、人力资源等方面都可共享资源，建立内流、外流投资相互融合的促进体系，可提高资源利用效率，增强投资促进效果。

本章小结

1.对外贸易与外国直接投资是发展中国家对外经济活动的两大支柱。二者虽然是两种不同形式、不同内容的对外经济活动，但彼此不是孤立的，而是存在着很强的相关性。

2.国际直接投资对资本输出国（母国）的贸易效应主要体现在四个方面：出口引致效应、出口替代效应、反向进口效应和进口转移效应；对资本输入国（东道国）的贸易效应则主要体现在进口替代效应、出口创造效应和进口引致效应三个方面。

3.利用外资是我国对外开放政策的基本内容，是建设中国特色社会主义的伟大实践之一。改革开放以来，我国利用外商投资取得了一系列令人瞩目的成就，对外贸易也保持了持续的高速增长态势，二者之间有着紧密的联系。外国直接投资对我国的对外贸易的促进作用主要体现在四个方面：①它使我国迅速进入全球分工体系，利用我国的资源优势促进出口增长，以换取本国发展所需的外汇。②优化了我国的对外贸易结构。一是提升出口商品结构，由初级产品出口为主向工业制成品出口为主转变；二是提升进口商品结构，由消费型进口转变为生产型进口。③促进了我国对外贸易方式的改变。④推动了我国外向型经济的发展，为我国对外贸易的发展创造了良好的外部环境。

4. 随着中国加入世界贸易组织，我国改革开放与现代化进程进入新的发展阶段，我国利用外资也正从资本内流为主向“引进来”“走出去”并举的模式转换。在国际政治经济环境的变化和国内经济发展对战略性资源需求加大的形势背景下，我国政府提出了鼓励国内企业对外投资的“走出去”战略。

主要概念和观念

★主要概念

出口引致效应　出口替代效应　反向进口效应　进口转移效应

★主要观念

相互替代说　互补共存说　“走出去”战略

基本训练

★知识题

1. 判断题

（1）当前世界经济一体化的主导力量是国际货物贸易。（　）

（2）对外投资的出口引致效应会导致资本输出国的原材料、零部件或设备等出口的增加。（　）

（3）国际直接投资对东道国的进口替代效应会使其减少出口，扩大进口。（　）

（4）当前我国利用外资的最主要形式是外国直接投资。（　）

（5）外商投资企业的进出口额仅次于国有企业，是我国对外贸易的生力军。（　）

2. 选择题

（1）发展中国家对外经济活动的两大支柱是（　）。

A. 对外贸易　B. 对外借款　C. 外国直接投资　D. 对外工程承包

（2）提出边际产业扩张论的是（　）。

A. 芒德尔　B. 小岛清　C. 胡弗鲍尔　D. 李普西

（3）国际直接投资对资本输入国（东道国）的贸易效应主要体现为（　）。

A. 进口替代效应　B. 出口创造效应　C. 进口引致效应　D. 反向进口效应

（4）外商在华投资企业的进出口贸易中最主要的贸易方式是（　）。

A. 加工贸易　B. 转口贸易　C. 一般贸易　D. 过境贸易

（5）中国对外投资累计最多的地区是（　）。

A. 北美　B. 非洲　C. 拉美　D. 港澳地区

★技能题

1. 简述芒德尔的贸易与投资替代模型理论。

2. 简述国际直接投资对资本输出国（母国）的贸易效应。

3. 简述国际直接投资对东道国的贸易效应。

4. 外国直接投资对我国对外贸易的促进作用表现在哪些方面？

5. 我国为何要进行对外投资？

观念应用

1.说明我国发展对外投资、实施“走出去”战略的政策措施。

2.收集有关数据和资料，说明我国自入世后在吸收外国直接投资方面呈现出什么样的特点。

★案例分析

中国吸收外资继续稳居发展中国家首位、全球第二位

2020年联合国贸易和发展会议发布的最新一期的《全球投资趋势监测报告》显示，2019年全球跨境投资直接投资（FDI）为1.39万亿美元，同比下降了1%，而且FDI的下降持续多年。2018年比2017年下降了6%，2017年比2016年下降了21.9%，2016年比2015年下降了5.4%。所以跨境投资低迷这个概念是成立的。

2019年，我国外资工作最突出的表现是在全球经济增长放缓、跨国投资低迷、国际环境不确定性增加、各国引资竞争加剧的条件下，吸收外资实现逆势增长，按人民币计，达到9 415.2亿元，比上年增长5.8%；以美元计，为1 381.4亿美元，比上年增长2.4%。规模再创历史新高，稳居发展中国家首位、全球第二位。

为什么中国表现比较好呢？我们认为主要原因是党中央、国务院高度重视对外开放和利用外资工作。围绕稳外资工作，2019年我国连续发布实施了新的外商投资法、国务院稳外资20条、新版外资准入负面清单等一系列法规政策，持续优化营商环境，打出了稳外资的“组合拳”，有力稳定了外商投资的预期，提振了投资信心。

2019年的表现，我们概括有五个亮点或者趋势：

第一，市场主体越来越多。全年新设外资企业4.1万家，日均设立112家，截至2019年底，我国累计设立外资企业数突破100万家，达到1 001 377家，这在我国利用外资乃至对外开放的进程中具有标志性意义。此外，开展进出口业务的外资企业有8.4万家，占我国外贸企业总数的16.8%，进出口额达12.6万亿元，占全国进出品总额比重为39.9%，成为稳外贸的生力军。

第二，引资结构越来越优。服务业吸收外资6 817.7亿元，同比增长12.5%。其中，信息传输、软件和信息技术服务，租赁和商业服务业吸收外资分别同比增长29.4%和20.6%。制造业中，医药制造业、电器机械和器材制造业、仪器仪表制造业外资分别增长61.3%、41.2%和48.2%。三星、SK海力士、康宁显示、卡特彼勒、英力士、松下、埃克森美孚等制造业巨头纷纷加大对华投资，全年实际投入均超过1亿美元。这对推动我国供给侧结构性改革、弥补产业升级短板、增加高质量商品和服务供给发挥了积极作用。

第三，引资质量越来越高。高技术产业吸收外资增长25.6%，其中高技术服务业增长44.3%。如科学研究和技术服务业增长了68.4%，合同外资1亿美元以上的大项目123个，同比增长了78.3%。新产业、新业态、新商业模式等“三新”经济活动吸收外资同比增长了11.4%，有力地助推了我国经济发展新旧动能转换。

第四，引资布局越来越好。东部地区外资同比增长6.6%，占全国比重达到86.2%，发挥了稳外资“压舱石”的作用。其中，上海、山东、浙江、河北同比分别增长了15.1%、23.5%、12.7%和19.7%，海南连续两年实现成倍增长。近年来，国家出台了一系列政策措

施，鼓励中西部和东北地区承接外资转移，取得积极成效。中部地区外资稳步增长，其中，江西、湖南同比分别增长了10.3%和43.8%。西部地区中，广西、云南、贵州、新疆、青海、甘肃6个省区实现两位数及以上的增长。东北地区外资同比增长5.7%，其中吉林同比增长23.9%。

第五，外资“朋友圈”越来越大。2019年，投资来源地国家和地区达到179个，比上年又增加了5个。“一带一路”沿线国家、东盟国家对华投资同比分别增长36%和40.1%。其中，新加坡、泰国同比分别增长51.1%和140.6%。欧盟成员国中，荷兰、爱尔兰、瑞典投资同比分别增长43.1%、311.4%和141.3%。

资料来源　中国网财经. 2019年中国吸收外资态势如何？商务部说了这五大亮点［EB/OL］.［2020-01-21］. http：//finance.china.com.cn/news/20200121/5178989.shtml.

运用所学知识说明外商为什么热衷于来华投资。

网上资源

http：//www.mofcom.gov.cn

第7章

中国货物贸易

学习目标

通过本章学习，你应该达到以下目标：

知识目标：掌握出口依存度、产业内贸易、货物贸易结构、加工贸易等基本概念。

技能目标：掌握中国各阶段，特别是改革开放后中国货物贸易发展特点、货物贸易结构和贸易方式的变化；了解中国货物贸易在世界贸易中的地位和影响。

能力目标：掌握中国货物贸易发展、进出口结构和贸易方式的特点及发展趋势。

我国已经成为世界第一货物贸易大国。根据世界贸易组织（WTO）统计数据，2013年中国进出口总额达到4.16万亿美元，首次超越美国成为货物贸易第一大国，这是我国开放型经济发展的重要里程碑，是我国坚持改革开放和参与经济全球化的重大成果。此后我国持续保持世界第一货物贸易大国地位，2015年创造了5 700亿美元的进出口贸易顺差世界历史最高纪录，成为名副其实的"世界工厂"。2018年中国进出口总额达到4.6万亿美元，增幅创新高，再次稳居世界第一贸易大国。我国货物贸易的发展不仅带动国内经济的发展，拉动国内就业，提高国民收入，同时，通过货物进出口参与国际分工和竞争，与世界各国在经济上相互融合，共同推动了全球化深入发展，为世界经济增长作出了巨大贡献。

7.1　货物贸易概述

7.1.1　货物贸易的范畴

货物贸易（Goods Trade）是指有形的、实物形态的、看得见的商品在国家之间的进出口贸易活动，又称有形商品贸易（Tangible Goods Trade）。货物贸易进出口必须办理海关手续，能够从海关统计数据中反映出来。

国际贸易中的货物种类繁多，为便于国际货物贸易的统计和国与国之间的对比，1950年7月12日联合国经济社会理事会正式通过国际贸易标准分类（Standard International Trade Classification，SITC），该标准分类是一种用于国际贸易商品的统计和对比的标准分类体系，目前为世界各国政府普遍采纳。目前该标准分类经历了四次修改，最近的一次修改是2006年3月经联合国统计委员会第三十七届会议通过的第四次修订版。

《国际贸易标准分类》将商品分为10个部门、67类、262组、1 023个分组和2 970个基本目号，数字表示分组。如果对分组再进行细分，四位数字表示品目，六位数字表示细目。

第0部门——食品和活动物；

第1部门——饮料及烟草；

第2部门——非食用原料（不包括燃料）；

第3部门——矿物燃料、润滑油及有关原料；

第4部门——动植物油、脂和蜡；

第5部门——未另列明的化学品和有关产品；

第6部门——主要按原料分类的制成品；

第7部门——机械及运输设备；

第8部门——杂项制品；

第9部门——《国际贸易标准分类未另分类》的其他商品和交易。

一般把第0部门到第4部门的商品称为初级产品，把第5部门到第8部门的商品称为制成品。

❈小资料

《国际贸易标准分类》部分目录

7.1.2 中国货物出口贸易的发展

1）党的十一届三中全会以前中国出口贸易的发展（1950—1978年）

从中华人民共和国成立后到党的十一届三中全会的近30年间，中国在对外贸易方面基本上推行的是“互通有无，调剂余缺”的总原则，贸易战略是极端内向的进口替代战略，货物贸易出口的主要目的是不断获取进口物资的外汇来源。

中华人民共和国成立初期的国民经济恢复时期，由于长期的战争，工农业生产遭到严重破坏，出口货源十分有限。1950年出口额仅5.5亿美元，出口商品主要是农副土特产品及原料，货物出口依存度比较低，一直徘徊在4%～4.6%之间。

1953年中国开始实施第一个五年计划，国家有计划地采取有效措施，积极增加出口，“一五”计划完成时，中国货物贸易出口额已达到15.97亿美元，并从1956年起，扭转了几十年来的贸易逆差局面，实现了贸易顺差。除了出口传统的农副产品外，中国增加了轻纺产品的出口，打破了由资源密集型产品出口一统天下的格局，但由于出口资源密集型产品见效快、国际市场扩张、国内产业结构的发展相对于外贸扩大而停滞等原因，资源密集型产品在出口总额中的比重依然不断上升。

中国第二个五年计划时期，出口贸易出现了较大幅度波动。由于受“大跃进”“左”的指导思想的影响，外经贸部门提出“大进大出”，1959年出口贸易额达到22.61亿美元，比1950年增长了3倍多，超越了国力所能承担的范围，再加上国外环境恶化，导致1960年出口贸易大幅度下降，外贸出口依存度下降到4.34%。此后，中国出口贸易规模一直起起落落，到1965年出口贸易额才恢复到36.95亿美元。“文化大革命”期间，出口贸易规模严重缩小，1969年出口贸易额仅22.04亿美元，与1959年大体持平。整个20世纪60年代，中国出口贸易一直停滞不前。1960—1970年，中国出口贸易增长率降到了1.3%的低水平，出口贸易依存度由4.3%降低到2.5%，低于50年代的水平。1970年以后，在周恩来、邓小平的主持下，中国国民经济有所恢复，对外贸易得以发展，1978年出口贸易额达到97亿美元，比中华人民共和国成立初期的1950年增长了16.6倍。

在中华人民共和国成立至改革开放前的近30年中，中国货物出口年均增长率为10.8%，货物出口贸易规模逐渐扩大，但受国内政治、经济政策和国际环境的影响，中国货物出口增长波动较大；此外，中国货物出口在世界出口贸易中的地位也有所下降。1953年中国货物出口贸易额占世界出口贸易总额的比重为1.23%，到1978年则下降到0.75%。中国在世界货物出口贸易中的位次，由1953年的第17位降为1978年的第32位。这说明中国出口贸易规模虽然有所扩大，但其发展速度大大低于世界货物出口贸易的平均发展速度。

2）改革开放新时期中国出口贸易的发展（1978—2001年）

1978年底党的十一届三中全会以后，中国实行改革开放政策，国民经济得以全面迅速发展，对外贸易进入了一个前所未有的新的发展时期。出口贸易的发展呈现出以下特点：

（1）出口贸易规模迅速扩大

2000年，中国出口贸易额突破2 000亿美元，达到2 492亿美元，相当于1978年的25.5倍，出口贸易占国民生产总值的比重由4.7%上升到23.1%。出口规模的扩大同时也提升了中国货物出口额在世界出口总额中所占比重，2000年中国商品出口额占世界商品出口总额的比重提高到3.9%，在世界商品出口额中的排名提前至第7位。

（2）出口依存度提高

出口依存度是从对外贸易依存度发展而来，是指一个国家或地区的国民经济对出口贸易的依赖程度，是用本国或地区的出口贸易额在国内生产总值中的比重表示的。出口依存度提高，说明出口贸易对经济增长的促进作用增大，反之，则说明出口贸易的促进作用减小。

中国对外开放之初，中国出口贸易依存度较低，到1980年仅为6%，以后随着中国货物出口规模的迅速扩大，中国出口依存度不断提高，即使在20世纪90年代中后期，中国出口由于亚洲金融危机的影响而出现大幅度滑坡，但出口依存度依然保持在高位，1998年和1999年分别达到19.1%和18.5%，2000年更高达23.1%。

中国外贸出口依存度的大幅度提高，一方面说明出口主导型的外向型经济的基础已经建立，出口贸易对中国经济的增长已起到了日益明显的推动作用；另一方面也说明中国生产国际化程度正在迅速提高，中国经济已逐步融入全球经济体系。

（3）出口地理方向主要集中在发达国家和地区

由于改革开放初期发达国家与我国在绝大多数产品生产中比较优势的差距最大，形成产业间分工和产业内分工的可能性也最大，生产结构的互补性最强，美国、日本、德国、英国、荷兰等发达国家始终是中国高度依存的出口市场。1996年，这些国家的市场占中国出口总额的48%。同时，在国家积极引进外资的政策推动下，我国与韩国、新加坡和中国台湾的双边贸易扩大，成为中国大陆出口的新市场。此外，中国香港作为转口贸易中心，把内地产品推向美、日、西欧市场，对内地产品出口的重要性有增无减。

（4）出口竞争力有所提高，但整体竞争力不强

实施改革开放政策之后，我国外贸企业的国际竞争力有所提高，但整体竞争力不强，贸易效益低下，缺乏核心竞争力，主要表现在：第一，出口制成品加工程度低，技术含量和附加值低。例如，2000年，中国已经是世界纺织品和服装出口大国，但服装出口一般以中低档为主，中国服装出口企业的出口利润最高不过2%，平均单件服装创汇不到4美元，仅为日、法、德等国家的几十分之一。第二，产品消耗大量资源，缺少核心技术和自主品牌，只能单纯依靠低价竞争。2000年，中国GDP大约占世界总量的4%，但石油消费居世界第二，消耗量约占全球总量的7%，发电量消耗占全球总量的13%，钢材消耗占全球总量的27%，水泥消耗占全球总量的40%，煤炭消耗31%。第三，低价竞销导致出口贸易条件恶化。一些企业对自己生产的产品不掌握关键技术，因为竞争激烈，只能低价竞销，不仅造成增产不增收，贸易条件恶化，而且容易引起世界各国对我国实施反倾销。

3）入世后中国出口贸易的发展（2002—2008年）

2001年11月11日，中国在多哈签署了加入世界贸易组织议定书。2002年1月1日中国正式加入世界贸易组织以来，中国对外贸易增长速度连续六年保持在20%以上，货物出口贸易进一步扩大。

（1）出口贸易规模进一步扩大

2002年，即中国“入世”后第一年，货物贸易出口增加到3 256亿美元，年增长率为22.4%，2004年进一步增加到5 934亿美元，年增长率达到35.4%。在世界贸易中的位次从第五位上升到第三位。之后，国家为了进一步优化出口商品结构、合理保护和利用国内环境资源，通过加征出口关税和降低出口退税等手段继续加大对“两高一资”产品出口调整力度，使总体出口增速在2007年下半年开始趋缓，但2007年我国的出口贸易额仍达到12 180亿美元，同比增长25.7%。中国出口额占世界出口总额的比重提高到8.8%，世界排名跃居到第二位。

（2）出口商品结构升级加快

加入WTO以后，除了进出口额的增长外，在市场倒逼、政策引导的共同作用下，中国出口结构的升级也令人瞩目。一方面，国家通过采取禁止加工贸易、下调出口退税率甚至取消出口退税、征收出口关税等措施，遏制部分高耗能、高污染和资源性商品的出口；另一方面，出口企业加强技术研发、品牌培育和质量管理，出口商品的技术含量和附加值明显提升，逐步从主要依靠低成本、高能耗的劳动密集型产品和资本密集型产品出口转向高新技术密集型产品出口，高新技术产业逐步形成核心竞争力，中国在全球分工体系中的地位明显上升。2007年高新技术产品出口3 478.3亿美元，同比增长23.6%，高于纺织服装、鞋类和箱包等劳动密集型产品的平均出口增长率，机电产品和高新技术产品出口比重上升，出口贸易环境有所改善。

(3) 市场多元化战略初见成效

加入WTO后，中国在履行自己入世承诺的同时也享有WTO协议之下的权利，有力地促进了中国出口市场多元化战略的发展。在2002年到2008年期间，中国（内地）与前十大贸易伙伴的双边贸易额均保持两位数增长。2002年，中国（内地）出口贸易对象前十国（地区）依次是：美国、中国香港、日本、欧盟[①]、东盟、韩国、中国台湾、澳大利亚、加拿大、俄罗斯，2008年中国（内地）出口国家（地区）排名有了明显变化，前十大出口贸易对象依次为：欧盟、美国、中国香港、日本、东盟、韩国、俄罗斯、中国台湾、澳大利亚、加拿大。欧盟取代美国成为中国最大出口市场。此外，中国（内地）对前十大贸易伙伴以外的国家和地区的出口贸易额呈现快速增长的势头，特别是对东盟、印度、巴西和南非等新兴市场的出口占出口总额的比重在持续增长，成为中国出口市场多元化的新亮点。

4）金融危机后中国出口贸易的发展（2009年至今）

2008年，受世界金融危机的影响，中国出口贸易增长率回落到17.2%，但出口贸易额仍达到14 285.5亿美元。2008年之后，国际金融危机的深层次影响不断显现，特别是欧洲主权债务危机持续发酵，世界经济复苏势头受挫，经济增速明显放缓。2009年是新世纪以来中国对外贸易发展最为困难的一年，世界经济深度衰退，外需严重萎缩，中国出口贸易额大幅下降。针对国际金融危机造成的严峻复杂形势，中国政府及时出台了一系列稳定外需的政策措施，在逆境中实现了新发展。

（1）国际市场份额持续提升

尽管由于世界贸易额下降等因素影响，中国出口贸易额震荡下滑。但就国际横向比较而言，中国出口贸易仍好于其他主要出口国，我国出口年均增速达6.5%，远高于世界贸易平均增速。出口贸易额占国际市场份额持续提升。根据世界贸易组织公布的数据，2009年中国出口占全球出口比重由上年的8.9%提高到9.6%，超过德国成为世界第一出口大国。此后，中国政府进一步出台稳定外贸增长的政策措施，缓解进出口企业困难，增强了企业信心，促进外贸增速回升，转方式、调结构步伐加快，出口贸易质量进一步提高。2015年我国国际市场份额升至约13.8%，是中国改革开放后我国国际市场份额上升最快的一年，并创造了5 945亿美元的最高贸易顺差纪录。到2019年为止，中国连续10年保持全球出口贸易额首位。

（2）出口质量和效益提高

2008年亚洲金融危机以后，国内供给侧结构性改革持续推进，产业加快升级，外贸企业加大自主创新投入，积极培育自主品牌，开发具有自主知识产权的产品，构建自主营销渠道，参与更高层次的国际分工，培育以技术、标准、品牌、质量、服务为核心的对外经济新优势，在创新发展、转型升级方面取得新优势、新成效，出口质量和效益得到提高，主要表现在：第一，一般贸易快速发展，占出口的比重超过50%；第二，出口商品结构由以消费品为主向消费品和资本品并重转变，我国铁路、通信、船舶、航空航天等大型成套设备出口年均增速保持在10%以上；高质量、高技术、高附加值产品出口增势强劲，

① 欧盟：1994年前称欧共体，包括比利时、丹麦、英国、德国、法国、爱尔兰、意大利、卢森堡、荷兰、希腊、葡萄牙、西班牙，1995年后增加了奥地利、芬兰、瑞典，自2004年5月起，增加了塞浦路斯、匈牙利、马耳他、波兰、爱沙尼亚、拉脱维亚、立陶宛、斯洛文尼亚、捷克、斯洛伐克，自2007年1月起，增加了罗马尼亚、保加利亚。2016年6月24日英国退出欧盟。

集成电路、光伏、通信、电力、医疗器械等出口增速快于平均水平；第三，出口市场结构更加多元化，对发展中国家和新兴市场出口占外贸出口的比重持续保持在45%左右。在“一带一路”倡议提出之后，“一带一路”沿线国家成为拉动我国出口贸易发展的新动力。2019年，我国对“一带一路”沿线国家的出口突破52 585亿元人民币，占我国外贸总额的比重超过1/4；第四，国内区域布局更加均衡，中西部地区依托自身优势，加快对外开放步伐，积极承接东部地区产业转移，中西部地区出口占全国外贸出口的比重呈快速增长势头。

（3）外贸新业态成为增长动力

首先，在外贸转型升级基地、贸易促进平台和国际营销网络“三项建设”的带动下，一大批外贸企业从供给侧发力，加快转型升级，加大技术创新、管理创新力度，不断提升国际竞争力，具有自主品牌、自主知识产权、自主营销渠道以及高技术、高附加值、高效益的产品出口增速高于传统商品。截至2019年，跨境电子商务、市场采购贸易①等新型商业模式已连续4年保持高速增长，成为新的外贸增长点。

其次，民营企业成为外贸发展的重要力量，2001年我国民营企业出口占比仅为7.3%，2015年达到45.2%，在我国出口中的比重首次超过外资企业（见表7-1）。

表7-1　**2010—2019年中国出口分企业性质**　金额单位：亿美元

年份	2010	2011	2012	2013	2014	2015	2016	2017	2018	2019①
总值	15 777.5	18 983.8	20 487.1	22 090	23 422.9	22 735.3	20 981.5	22 635.2	24 874.0	18 251.1
国有企业	2 343	2 671.6	2 562.5	2 489.9	2 564.9	2 423.9	2 156.1	2 312.3	2 572.6	1 745.3
占比（%）	14.9	14.1	12.5	11.3	11.0	10.7	10.3	10.2	10.3	9.6
外商投资企业	8 622.3	9 952.3	10 226.2	10 442.6	10 747.3	10 047.3	9 169.5	9 775.6	10 360.2	7 132.0
占比（%）	54.6	52.4	49.9	47.3	45.9	44.2	43.7	43.2	41.7	39.1
其他企业	4 812.2	6 360	7 698.4	9 167.7	10 115.2	10 278.3	9 147.9	10 547.3	11 941.3	9 373.8
占比（%）	30.5	33.5	37.6	41.5	43.2	45.2	43.6	46.6	48.0	51.4

注：2019年为1—9月份数据。

资料来源　商务部《中国对外贸易形势报告（2019年春季）》.

最后，中国持续推动外贸制度创新、管理创新和服务创新，积极培育贸易新业态新模

① 根据中华人民共和国海关总署2014年发布的《关于市场采购贸易监管办法及其监管方式有关事宜的公告》，市场采购贸易方式是指由符合条件的经营者在经国家商务主管等部门认定的市场集聚区内采购的、单票报关单商品货值15万（含15万）美元以下，并在采购地办理出口商品通关手续的贸易方式。

式，促进外贸转型升级，加快新旧动能有序转换。截至2019年，中国已设立35个跨境电商综合试验区和14个市场采购贸易方式试点，跨境电子商务、市场采购贸易方式等新业态新模式快速增长，成为外贸新的增长点。据中国海关统计，2018年中国跨境电商零售进出口总额为1 347亿元，同比增长50%。2019年前三季度，跨境电商进出口保持两位数增长。2019年5月，中国正式启动二手车出口业务，京津等首批开展二手车出口业务的10省市均已顺利实现出口。不断涌现的外贸新业态成为中国出口贸易增长的新动力。

（4）出口发展支持体系不断完善

2008年以后，世界经济深度衰退，外需严重萎缩，中国出口贸易额大幅下降。针对国际金融危机造成的严峻复杂形势，中国政府及时出台了一系列稳定外贸增长的政策措施，坚持远近结合，既注重稳增长，也注重调结构、转方式，推动出台了培育外贸竞争新优势、促进进出口稳增长调结构、推进大通关建设、改进口岸工作、促进跨境电子商务发展、加强进口等政策文件；在完善出口退税分担机制、加大信保支持力度、减轻企业负担、提高贸易便利化水平、加快外贸新业态发展、支持先进装备和技术进口等方面出台一系列政策措施，为企业减负助力，营造良好环境。近年来，海关认真贯彻落实党中央、国务院决策部署，大力压缩整体通关时间，不断深化“放管服”改革，持续优化口岸营商环境。2019年，我国进口、出口整体通关时间比2018年分别压缩42.3%、42.4%，缩短至41.4小时和4小时。由于政策支持力度空前，缓解进出口企业困难，增强企业信心，效果明显。尽管由于国际市场萎缩等因素影响，中国出口贸易额震荡下滑，但就国际横向比较而言，中国出口贸易仍好于其他主要出口国。

7.1.3 中国进口贸易的发展

1）中国进口贸易不断发展

中国进口贸易水平在中华人民共和国成立前很低，1948年只有2亿美元，进口的商品绝大部分是一般生活消费品和奢侈品，生产资料所占比重一般不超过10%。

20世纪50年代，中国需要进口大量物资以恢复和发展经济，国内市场对货物进口需求很大。但以美国为首的主要资本主义国家对中国实行封锁和禁运。在这种历史条件下，中国一方面开展反封锁、反禁运斗争；另一方面积极从苏联、东欧国家组织中国短缺物资的进口，从1950年至1959年，中国进口总值从5.8亿美元增至21.2亿美元，增长了2.66倍，有力地促进了国民经济的恢复和发展。

20世纪60年代，中国的进口贸易出现了先上升继而下降的波动。60年代初期，根据当时国民经济的特殊需要，我国对进口商品结构作了相应的调整，进口贸易得到了很大的发展，1966年进口贸易额达22.48亿美元，创中华人民共和国成立以来的最高水平。但在60年代后半期，进口贸易连年下降，由1966年的22.48亿美元下降到1969年的18.25亿美元。

20世纪70年代，中国的进口贸易也经历了上升、下降再上升的变化过程。1974年进口额为76.19亿美元，比1970年的23.2亿美元增长了2倍多。但是，1974年以后又连续两年下降，1976年下降到65.8亿美元，比1974年下降了14%。此后，进口贸易又有所恢复，1978年进口额在历史上首次突破100亿美元，达108.93亿美元，比此前历史最高水平的1974年增长了43%。

20世纪80年代以后，随着新的战略思想的实施和国民经济的调整，中国进口贸易得到了持续稳定的发展。1980年进口总值突破200亿美元，比上一年增长了22%。1993年又突破1 000亿美元，达1 039.5亿美元。1995年进口总值为1 238亿美元，比1994年增长14.2%。1996年进口额达到1 388.3亿美元，比1995年增长12%。

中国加入世界贸易组织后，在享受权利的同时，也认真地履行了承诺的义务。国内市场不断开放，中国进口贸易迅猛发展，2001年以来，中国进口贸易的平均增长率一直高于世界及亚洲各国进口的平均增长率。

2）中国进口政策不断深化

随着中国经济发展方式的转变，中国政府改变了对进口的战略定位，更加重视进口的作用，实施积极的进口促进战略，出台了一系列扩大进口贸易规模、促进贸易平衡的政策。2012年出台的《国务院关于加强进口促进对外贸易 平衡发展的指导意见》进一步完善了进口促进政策，拓宽了进口渠道，有力地促进了机械设备、工业原料和消费品进口增长。2014年10月出台的《关于加强进口的若干意见》提出了促进进口八个方面的政策措施。近年来，由于国内投资、消费仍保持较快增长，能源资源类产品和部分消费品、投资品进口需求旺盛，进口量继续增加，先进设备、关键零部件进口基本稳定，部分大宗商品进口量保持增长。2019年，我国进口总额达到14.3万亿元人民币，已经连续10年保持全球第二大进口国地位。进口增加既是中国经济快速发展的必然结果，也是中国对外贸易政策变化的结果。中国进口贸易的发展不仅在国内经济社会发展中发挥着重要作用，也为全球贸易增长和经济复苏作出了积极贡献。

中国进口政策沿革主要经历了1949年至1978年改革开放期间的进口起步阶段，1979年至2001年入世前的出口为主、进口为辅的阶段，以及2002年至2016年从鼓励出口向“坚持出口和进口并重”转变的三大阶段。着眼于2018年的对外贸易工作，中央政府在2012年提出要“扩大进口”，并于2017年提出要“积极扩大进口”，这一深刻转变反映出中国对于进口贸易在对外贸易政策制定中的重视程度正在不断强化。

(1) 1949—1978年，进口起步阶段

1949年到1978年改革开放期间，是中国进口贸易的起步阶段。中华人民共和国成立初期，为了迅速扭转对外贸易的长期逆差，全面实施对外贸易领域的社会主义改造，实现对外实行统制贸易、对内在经济上自力更生的政策目标，中国政府在外汇使用、贸易企业经营范围、信贷等领域采取了一定的限制手段，以达到对私营进出口商的限制、利用、改造并逐步予以替代的目的。在对外贸易统制政策时期（1949—1953年），在国际方面，中国的政治、安全和经济形势非常复杂；在国内方面，多年内战刚刚结束，抗美援朝战争任务极为繁重。这使得该阶段对外贸易政策的出发点和落脚点都体现出战时经济的特点。1950年12月，中国政府颁布了《中华人民共和国对外贸易暂行管理条例》，后又颁布了《中华人民共和国暂行海关法》，采取对外贸易企业和外商机构审批登记制度和进出口商品分类管理制度，逐步建立进出口许可证制度、外汇管制制度和审核进出口价格制度等，这些规章制度适用于外国在华的5 000多家进出口公司和国内4 000多家私营进出口商。这一阶段实行进口控制和进口替代战略的目的主要是保证有限的外汇能够集中用于国民经济最紧要的地方。经过三年经济恢复阶段，中国进入了国民经济建设时期，从1953年开始正

式实施计划经济，将国民经济纳入单一计划经济轨道，确定了优先发展重工业的战略。由于西方国家的封锁和禁运，中国大力发展重化工业，支持大中型骨干企业。在该阶段，中国在对外贸易方面实行进口替代贸易战略（1953—1979年）。从1953年到改革开放，中国长期实行进口替代战略，相关的对外贸易政策主要有以下四个方面：一是实行保护性关税。二是实行进出口计划管理。三是实行进出口经营权管理。四是实行外汇管制。

（2）1979—2001年，出口为主、进口为辅阶段

1978年改革开放后，中国对外贸易开始实行进口替代与出口导向相结合的战略，对外开放的方针在于“促进出口、限制进口，保护与促进国民经济发展，保证国家关税收入”。在对外贸易方面，引入了国际贸易的比较优势理论，在劳动密集型产业内，通过引进外资等一系列增强竞争力的措施，采取鼓励出口的政策；而在资本和技术密集型产业，则继续实行进口替代战略。另外，尤其值得注意的是，20世纪90年代以来，中国形成了一套较为完整的加工贸易政策体系。

（3）2002—2016年，进出口并重阶段

以2001年正式加入WTO为标志，中国的对外开放进入了一个崭新阶段，开始以鼓励出口为对外贸易政策的导向，也开始面临更加严格的国际约束，并逐步向“坚持出口和进口并重”的阶段转变。中国商务部数据显示，中国不仅全面履行了“入世”时的承诺，还在WTO减让的基础上进一步扩大了开放。在货物上，中方多次自主降税。2017年对包括服装、化妆品在内的187个税目的产品大幅自主降税。在服务上，中国加入时承诺开放100个部门，目前已在不同程度上开放了近120个部门。例如，中国在自贸试验区中金融、分销、交通运输等领域的开放程度均超过了加入WTO时承诺的水平。

（4）积极扩大进口阶段

中央政府于2012年提出了要“扩大进口”，并于2017年提出要“积极扩大进口”，这反映出了中央政府对进口工作的重视。

2011年12月14日闭幕的中央经济工作会议提出了2012年中国外贸的发展路径与目标：保持外贸政策连续性和稳定性，保持出口平稳增长，推动出口结构升级，加强和改进进口工作，积极扩大进口，促进贸易平衡。对比前一年强调的“坚持出口和进口并重”，此次会议明确提出了要“加强和改进进口工作，积极扩大进口，促进贸易平衡”。2012年1月1日起，中国对730多种商品实施较低的进口暂定税率。商务部外贸司也表示，“十二五”期间，中国将进一步采取措施扩大进口。2012年4月30日，国务院出台了《关于加强进口促进对外贸易平衡发展的指导意见》（以下简称《指导意见》），提出“要在保持出口稳定增长的同时，更加重视进口，适当扩大进口规模，促进对外贸易基本平衡，实现对外贸易可持续发展”。2014年10月发布的《关于加强进口的若干意见》提出了促进进口八个方面的政策措施。李克强总理在2018年《政府工作报告》中强调，要“积极扩大进口”，下调汽车、部分日用消费品等商品的进口关税，促进产业升级和贸易平衡发展。商务部会同发展改革委、财政部等20个部门起草形成了《关于扩大进口促进对外贸易平衡发展的意见》并提出，在稳定出口国际市场份额的基础上，充分发挥进口对提升消费、调整结构、发展经济、扩大开放的重要作用，推动进口与出口平衡发展。该文件正式强调了“积极扩大进口”在贸易政策中的重要性。

进口贸易对于市场竞争、要素供给、消费结构调整、技术进步、制度创新、产业发展均发挥着重要作用。一方面，扩大生产型中间品及部分高科技最终品的进口有助于增加国内优质生产要素的有效供给，促进生产要素从引进、培育到释放的战略提升，为国内产业转型注入更多竞争，并从技术溢出效应中获益；有助于激发国内产业经济发展和制度创新的活力，逐步推动制造业和服务业跨入全球价值链的中高端。另一方面，扩大消费品进口有利于增强国内经济发展活力、增强百姓获得感和幸福感，还可以成为各国妥善处理和解决与他国贸易摩擦乃至潜在冲突的手段之一。

具体来看，扩大进口的作用主要表现为以下几点：

①扩大进口有助于促进产业结构的转型和升级；

②扩大进口有助于推动消费结构的转型和升级；

③扩大进口意味着进口贸易规模和结构的全方位优化；

④扩大进口有利于促进贸易平衡和缓解贸易摩擦；

⑤扩大进口体现了中国在推动全球化过程中的大国责任担当；

⑥扩大进口反映了中国支持多边自由贸易的坚定态度。

中国所追求的高水平的对外开放，不再单纯追求贸易的体量和规模，而是更加注重质量和效益。扩大进口有利于补齐国内贸易转型升级的短板，丰富国内整体产品的供给，优化国内市场竞争格局，也会对国内同类产品形成较大的竞争压力，倒逼国内企业加大研发投入、加强人才引进、加快技术进步、提高产品质量，从供给端提升产品活力和竞争力，从世界角度看，也为其他国家提供了更多机会。中国进口贸易的发展不仅在国内经济社会发展中发挥着重要作用，也为全球贸易增长和经济复苏作出了积极贡献。

❈小资料

《关于加强进口的若干意见》

7.1.4 中国货物贸易发展趋势展望

当前世界经济贸易仍处于危机后的深度调整阶段，总体增长乏力，国际市场需求低迷，贸易保护主义、逆全球化思潮蔓延，恐怖袭击频发、欧洲难民问题和英国脱欧等地缘政治风险因素加大了世界经济与贸易增长的不确定性，新兴经济体总体经济增速预计将有所加快，但发展不平衡问题依然存在，这些问题的存在都给中国对外贸易的发展带来压力。

1）当前国际经济贸易环境新特点

（1）新冠肺炎疫情蔓延增加了国际经济贸易发展的不确定性

正当全球化大势与逆全球化势力博弈胶着之时，2020年初蔓延全球的新冠肺炎疫情通过贸易、投资、金融、产业链、人员跨境流动等渠道给全球经济及贸易发展带来新的变数和巨大挑战，如果美欧等发达国家和地区疫情控制不好，全球经济有可能遭受重创，其严重程度可能超过2008年全球金融危机和之后的欧债危机，国际贸易可能衰退，全球产业分工体系或将受到破坏。新冠肺炎疫情对未来国际贸易发展的影响主要体现在以下四个方面：

第一，可能引发全球经济衰退。疫情出现后，尽管各国采取措施应对疫情蔓延，包括对疫情严重地区采取入境管制、旅行禁令、取消大型赛事、停工停产等措施，但仍有可能演变为一场“大级别疫病”。全球正常的生产贸易活动受到严重影响，加大全球经济下行压力，甚至造成衰退。国际货币基金组织（IMF）此前认为，若中国经济二季度恢复正常水平，将下调2020年全球经济增长预期0.1个百分点至3.2%。随着全球疫情升级，IMF可能进一步下调全球经济增长预期。经济合作与发展组织（OECD）2020年3月2日预测，2020年全球经济增长2.4%，为2009年以来新低。如疫情在亚洲、欧洲和北美蔓延，2020年全球经济增长可能会降至1.5%。

第二，全球市场震荡。全球疫情加速扩散引发恐慌情绪，全球主要股指下跌。2020年3月初仅一周的时间，欧洲斯托克50指数、伦敦金融时报股价指数、巴黎CAC40指数、法兰克福DAX指数等均暴跌11%～12%，美国道琼斯从近期最高点已暴跌14%，美股恐慌指数（VIX）一周内翻倍。虽然疫情对股市的冲击是短暂的，但若疫情持续蔓延，全球股市将进一步受挫。全球大宗商品市场受到冲击，原油价格大幅下跌。在全球市场避险情绪下，美国国债收益率突破历史低点，黄金明显走强。市场对全球宽松流动性的预期大幅上升，已有40多个央行加入货币放水行列，美联储2020年3月3日晚紧急宣布将联邦基金利率下调50个基点到1%～1.25%。

第三，冲击全球产业链和供应链。全球化生产和交易网络中，疫情防控带来的停工减产及延迟复工，将加大全球供应链风险。作为世界工厂，中国是全球制造业供应链的枢纽，2019年中国制造业占全球制造业总产出的比重约为30.9%。2020年2月，中国PMI大幅下降。根据欧盟委员会的推算，中国制造业生产每减少100亿美元，世界其他各国的生产及销售就被拉低67亿美元。中国出口额占世界出口总额的比重约为13%，韩国、意大利、日本的出口占全球总出口比重均高于2%，这意味着全球服装、鞋帽、机电、运输设备等行业将受到较大冲击。

第四，逆全球化和保护主义势力借势猖獗。在发达国家逆全球化和保护主义抬头的情况下，西方一些国家政客从狭隘的政党和个人利益出发，操纵舆论和民意，一些国家出现种族、民族、国别等身份歧视。

（2）世界经济贸易环境不稳定加剧了大国之间战略竞争

当前，世界经济仍处于经济周期性回落调整阶段，同时叠加新冠肺炎疫情的冲击，疫情对全球经济与贸易发展和各国政策体系带来巨大挑战，主要发达国家未来经济政策取向变数增加。美联储加息预期时有反复，企业投资和消费者信心不足，贸易保护主义抬头，制造业活力减弱，实体经济相对疲软，经济走势的不确定性增大。得益于低油价和持续宽松的货币政策，欧元区和日本经济增长有望进一步趋稳。但发达经济体货币宽松政策的空间接近极限，政策边际效用在减弱；在英国脱欧、难民问题和地缘政治等因素影响下，欧洲经济不排除回升受阻的可能；由于日元升值抑制出口，日本经济增速回升的动力依然不足。新兴市场和发展中国家经济增长仍然面临许多困难，资本外流风险依然存在，结构性改革有待进一步深化。初级产品价格低位震荡仍将影响巴西、俄罗斯和南非等资源出口依赖型国家的经济复苏步伐。大国之间战略竞争加剧，对我国来说，一方面外部疫情会出现向我国输入性回流，一定程度上加剧我国疫情防控压力。另一方面，外部疫情影响会通过贸易、投资、金融、产业链、人员跨境流动等渠道，对我国产生多重不利影响，并给全球增长带来更大压力，使我国经济增长和社会发展面临新的挑战。

(3) 国际贸易格局继续深刻演变

随着主要经济体结构调整的进行，全球价值链进入重构期，以“消费国–生产国–资源国”为核心链条的全球贸易大循环发生重大调整，经济全球化路径深刻变化。传统的消费大国尤其是美国正大力推进“再工业化”，部分进口商品和生产环节被国内生产替代。部分发达国家的跨国公司出于贴近市场、降低成本等方面的考虑，从离岸生产转向近岸、在岸生产，缩短全球供应链，将一些高附加值生产环节重新转移回去。在经贸规则领域，多边贸易体制举步维艰，自由贸易区迅猛发展，全球贸易碎片化风险上升。

(4)“逆全球化”升温，国际贸易投资环境恶化

当前世界经济增速放缓，需求回升乏力，国际市场竞争加剧，再加上英国脱欧、欧洲极右翼政党兴起等都表明发达经济体民粹主义思潮盛行，主要经济体在经济政策上“逆全球化”倾向愈发严重。一是单边主义和保护主义盛行，拖累国际贸易和世界经济增长。美国与中国、欧洲、墨西哥等经济体之间的贸易摩擦，冲击多边贸易体制和正常国际贸易秩序，对全球经济复苏构成威胁。日本和韩国针对半导体材料出口限制方面的冲突升级，负面影响已扩大至两国科技等其他领域。贸易保护主义对全球价值链、产业链、供应链产生破坏。二是多边贸易体制的权威性受到严重削弱，新一轮谈判难以取得预期的成果。与WTO非歧视原则不同，双边或区域自贸协定具有一定排他性，区外经济体存在被歧视和边缘化的风险。三是不少政客把经济问题政治化，为了争取选票，不惜把攻击矛头对准反映国际贸易自由化与投资便利化要求的措施和政策。这些混乱现象反映了当前世界经济的一系列深层次结构性失衡和利益矛盾，对国际贸易和世界经济的持续稳定增长构成威胁。

2）当前中国货物贸易发展趋势展望

(1) 国内经济长期向好的基本面没有改变

2019年是中华人民共和国成立70周年，是全面建成小康社会、实现第一个百年奋斗目标的关键之年。中央经济工作会议和《政府工作报告》指出，我国发展仍处于并将长期处于重要战略机遇期，拥有足够的韧性、巨大的潜力和不断迸发的创新活力，中国经济长期向好的态势不会改变。2019年一季度，中国经济运行总体平稳，好于预期，新旧动能转换加快实施，改革开放继续有力推进，为全年经济稳定健康发展打下良好基础。一季度，国内生产总值同比增长6.4%。全国规模以上工业增加值同比增长6.5%。经济结构调整优化，转型升级成效明显，全国工业产能利用率为75.9%，与历史同期相比，为2013年以来的次高点，供给质量明显提升。高技术产业增加值和战略性新兴产业增加值同比分别增长7.8%和6.7%，快于规模以上工业1.3个百分点和0.2个百分点。固定资产投资同比增长6.3%，其中高技术制造业投资同比增长11.4%，增速比全部投资快5.1个百分点。城乡居民收入稳定增长，全国居民人均可支配收入同比实际增长6.8%，比上年同期加快0.2个百分点。中国经济高质量发展为外贸发展提供了强有力的支撑。

（2）国内经济面临下行风险，增加了外贸发展压力

现阶段中国经济新老矛盾交织，周期性、结构性问题叠加，经济运行总体平稳，但稳中承压、稳中存忧，经济运行仍然面临不少困难和问题，外贸发展的困难不容低估。外贸企业融资难、融资贵问题有所缓解，但还没有根本解决。劳动力、土地等要素价格仍维持高位。中美贸易摩擦导致前期“抢出口”挤占部分2020年出口份额。部分企业受加征关税影响，加快了全球布局的步伐，产能和订单转移加快。

3）中国对外贸易发展面临诸多有利条件

2019年，中国外贸发展面临的形势复杂严峻，不确定、不稳定因素增多。但同时也要看到，中国外贸发展仍然具有强有力的支撑，存在诸多有利条件，表现在：

一是外贸政策环境不断优化。

近年来，中国实施积极的进口促进战略，主动扩大进口，促进对外贸易平衡发展。2018年，中国多次下调部分商品的进口关税，总体关税水平由9.8%降至7.5%，平均降幅达23%。2019年中国加大力度支持先进技术、重要装备和关键零部件进口，进一步完善汽车平行进口等政策措施，为扩大进口增添动力。中国政府继续推动稳外贸政策举措的深入落实，加强相关的政策储备，包括：优化金融服务，加大出口信保、融资信贷等政策支持力度；持续改善营商环境，进一步完善出口退税政策，提高部分产品出口退税率；加大减税降费力度，削减进、出口环节制度性成本，降低企业负担，激发市场活力；加大非商业性境外办展资金支持；加快提升贸易通关便利化水平，等等。

二是国内高质量发展带动外贸稳中提质。

当前，中国经济已由高速增长阶段转向高质量发展阶段，中国政府坚持以供给侧结构性改革为主线，坚持新发展理念，推动国内经济转型升级和产业结构优化调整，促进中国产业迈向全球价值链中高端。2018年，规模以上工业战略性新兴产业增加值同比增长8.9%，高技术制造业增加值同比增长11.7%，装备制造业增加值同比增长8.1%。2019年3月，高技术制造业、装备制造业和消费品制造业PMI分别为52.0%、51.2%和51.4%，均明显高于制造业总体。国内产业升级以及战略性新兴产业快速发展带动相关产品和技术进出口，高质量、高技术、高附加值产品出口稳步增长，促进外贸结构更加优化。2018年，机电产品进出口规模达2.4万亿美元，创历史新高。高新技术产品进出口规模达1.4万亿美元，占进出口总额的30.7%。中国经济发展新动能不断壮大，经济高质量发展为外贸发展奠定了坚实基础。

三是外贸结构调整、动力转换加快。

中国政府扎实推进贸易强国建设，全力推动外贸稳中提质。持续推进国际市场布局、国内区域布局、经营主体、商品结构、贸易方式“五个优化”，大力推动外贸转型升级基地、国际营销服务网络、贸易促进平台“三项建设”，推动外贸结构优化发展。大力促进加工贸易转型升级，支持中西部和东北地区承接梯度转移，推进加工贸易保税维修等新业态发展。持续培育外贸新优势，不断挖掘外贸发展内生动力，持续加大对跨境电商、市场采购贸易等外贸新业态新模式的扶持力度，扎实推进35个跨境电商综合试验区、14家市场采购贸易方式试点。外贸新业态新模式正成为外贸稳定增长的新动力。

❖小资料

外贸稳增长、调结构政策措施及其落实

❖小资料

中国18个自由贸易区的战略定位

2020年2月，商务部印发《关于应对新冠肺炎疫情做好稳外贸稳外资促消费工作的通知》，提出要深入贯彻习近平总书记关于疫情防控工作重要讲话和指示批示精神，落实党中央、国务院决策部署，坚决打赢疫情防控的人民战争、总体战、阻击战，统筹做好疫情防控和经济社会发展，积极做好稳外贸稳外资促消费工作，把疫情对商务发展的影响降到最低。

具体措施包括：支持外贸新业态新模式发展，加强出口信用保险支持，积极应对境外贸易限制措施，深化服务贸易创新发展，鼓励企业用好自贸协定优惠政策。要实施好外商投资法及实施条例等法律法规，指导外资企业用足用好应对疫情各项支持政策措施，加强外资大项目跟踪服务，创新和优化招商引资方式，指导自由贸易试验区、国家级经济技术开发区等开放平台抓防控促发展，加强外资企业动态监测，有针对性地加强服务和指导。要设立海外疫情应对快速反应机制，为境外中资企业做好协调服务。

4）货物贸易发展下行压力仍然较大

其原因主要有以下3个方面：

（1）国际市场需求疲弱

2008年国际金融危机以来，发达国家投资活动低迷，对能源资源、中间产品、机械设备的需求不振，使得投资品国际贸易增长显著放缓。在经济低增长的环境下，发达国家消费者信心不足，耐用品消费增长有限；新兴经济体增速总体放缓，拖累居民收入增长，需求不振使得消费品国际贸易缺乏增长动能。在新冠肺炎疫情暴发之前，WTO初步预计，2020年世界货物贸易量将增长2.7%，但疫情增加了未来一段时期国际贸易不确定性，全球贸易量增长会进一步降低。

（2）货物贸易传统竞争优势继续弱化

中国货物贸易发展受发达国家和其他发展中国家的“双头挤压”：一方面，中国与发展中国家在劳动密集型产业方面的竞争更加激烈，传统竞争优势相较于其他发展中国家正在减弱；另一方面，中国与发达国家资本、技术密集型领域以互补为主的关系将发展为互补与竞争并存关系，尤其新兴产业发展将面临发达国家更严苛的遏制，新的竞争优势在形成过程中注定不会一帆风顺。

（3）货物贸易领域摩擦加剧

受全球贸易保护主义愈演愈烈的影响，货物贸易领域摩擦加剧。中国一直是某些国家和地区实施贸易保护主义的首要对象，涉及的国家和地区既包括美国、欧盟、日本、澳大利亚等发达国家和地区，也包括印度、韩国、土耳其、墨西哥等发展中国家，制造贸易摩擦的手段从反倾销、反补贴和保障措施到技术性贸易壁垒、知识产权、社会责任、人权标准、人民币汇率制度等，中国钢铁、纺织服装、有色金属制品、铝业和光伏等重点产品是摩擦焦点。2020年以后，随着新冠肺炎疫情影响的扩散，全球范围内贸易保护主义还将进一步升温，针对中国产品的贸易摩擦依然频发，中国已经进入一个贸易摩擦的多发期，严重影响相关行业出口。

7.2 货物贸易商品进出口结构

货物贸易结构是指一定时期内一国进出口贸易中各类商品的构成，即某大类或某种商品的进出口贸易额与整个进出口贸易额之比。货物贸易结构可以反映出该国的经济发展水平、产业结构状况、科技发展水平等。

7.2.1 改革开放前的货物贸易商品进出口结构

中华人民共和国成立前，中国进出口贸易水平很低，就货物出口而言，主要是农副土特产品；进口的商品绝大部分是一般生活消费品和奢侈品，如棉纺织品、毛织品、煤油、香烟、奶粉、糖果、化妆品等，生产资料所占比重很少，一般不超过10%。

中华人民共和国成立后，货物出口商品结构逐渐优化，但直到改革开放前，始终以初级产品出口为主。1950年，在中国出口商品构成中，初级产品所占比重高达90.3%，而工业制成品仅占9.7%。随着国民经济的逐渐恢复，出口商品除了传统的农副土特产品外，逐渐增加了工业品的出口，如棉纱、棉布、钢材及少量的成套设备。到1957年，初级产品在出口总额中的比重降至79.4%，工业制成品上升到20.6%。随着工业生产的发展，中国出口商品构成中工业制成品所占比重不断上升，到1978年，工业制成品所占比重已升至46.5%，初级产品所占比重降至53.5%，较之20世纪50年代，出口商品结构有了较大改善，但初级产品所占比重仍然高于工业制成品，这表明中国出口商品结构还比较落后。

就进口货物而言，为恢复工农业生产，20世纪50年代的货物进口结构中，生产资料所占比重为91.5%，消费资料只占8.5%。进口生产资料中，属于生产手段的成套设备和机电产品占进口总值的51%。此外，我国还进口了大量的工农业生产、交通运输和国防工业所需要的物资及原材料。各类物资的进口，不仅打破了以美国为首的世界主要资本主义国家对中国的封锁禁运，而且对恢复和发展国民经济、提高中国的生产能力，改善人民生活，稳定市场物价都起了重要的作用。

20世纪60年代，消费资料的进口比重不断上升，生产资料进口的比重相应下降，消费资料进口的比重由50年代末期的8.5%上升到28.4%，增长两倍多（在调整时期，所占比重更大，1963年和1964年，平均占进口总值的44%，增幅高达4倍多）。消费物资的大量进口缓解了因“文化大革命”造成的国内市场物资匮乏，改善了人民生活。但是生产资料进口所占的比重在这一时期不断下降，由50年代的91.5%下降到71.6%。其中属于生产手段的成套设备和机电产品的进口，也由原来的51%下降到20.4%。

20世纪70年代，从进口商品结构来看，从1970年至1979年，生产资料进口的比重达81%，较20世纪60年代有较大的增长，消费资料进口的比重则下降为19%。生产资料的进口中，除成套设备及新技术占进口的比重有所增长外，工业生产所需原材料的进口增幅较大，由原来的42%上升到52%。

7.2.2 改革开放时期的货物贸易商品进出口结构

1）出口商品结构

改革开放以来，中国货物出口商品结构发生了根本性变化，表现为：

（1）工业制成品出口占据主导地位

1980年出口商品中初级产品出口额为97.62亿美元，占当年商品出口总额的53.4%，工业制成品出口额为85.10亿美元，占当年商品出口总额的46.6%。1981年，工业制成品的出口比重（53.3%）第一次超过了初级产品的出口比重，此后，中国出口商品结构一直是工业制成品比重大于初级产品比重，从1992年开始，工业制成品的出口比重达到80%以上。至此，中国货物贸易出口商品结构已顺利地完成初步升级，工业制成品占据了绝对的主导地位，2007年，初级产品的出口占出口总额的5.1%，工业制成品占94.9%。之后，初级产品与工业制成品之间的比重基本维持在5%左右。由此说明，中国货物进出口贸易的资源配置功能已从改革开放前主要依靠初级产品出口创汇、进口生产资料的模式，完成了转向制造业内部不同行业之间的资源转移，通过一般加工产品的出口和高新技术产品的进口，实现资源从一般加工制造业向高新技术产业转移。

（2）出口商品由以劳动密集型商品为主向以资本、技术密集型商品为主转变

在改革开放初期，根据劳动力资源的比较优势，中国在原有的工业基础上大力发展出口导向型的劳动密集型产业，并迅速在中国沿海开放地区形成了以轻纺、服装、机电组装为主的一大批劳动密集型产业群，促进了中国出口贸易的迅猛发展和出口商品结构的升级。1986年，纺织品和服装取代了石油成为中国第一大类出口商品，标志着中国货物出口从资源密集型为主转变为以劳动密集型为主。

进入20世纪90年代以后，中国出口商品结构开始逐步实现第二个转变，即由以粗加工制成品出口为主向以精加工制成品出口为主转变，努力增加附加价值高的机电产品、轻纺产品和高技术产品的出口，鼓励那些在国际市场上有发展前景、竞争力强的拳头产品出口。1995年，机电产品的出口额占中国出口总额的比重为29.5%，取代纺织品和服装成为第一大类出口商品，这是中国出口商品结构的第三个转变。此后机电产品一直稳居出口商品首位，标志着我国出口商品结构已经从以劳动密集型为主向资本密集型为主转变，整体工业水平提高。

加入WTO之后，中国劳动密集型产品出口比重不断下降，资本、技术密集型产品出口比重不断上升。2003年，我国的资本、技术密集型产品出口比重首次超过劳动密集型产品的出口比重，资本、技术密集型产品成为出口主导产品。2007年，国家取消或降低了钢材等712种高能耗、高污染和资源性产品出口退税，开征或提高142种产品出口关税，降低服装等2 268种易引起贸易摩擦商品的出口退税，取得了明显成效。从出口商品结构看，消费类产品出口增长仍然较快，传统劳动密集型产品附加值不断提高，通信设

备、医疗器械等产品出口快速增长，“两高一资”产品（高能耗、高污染和资源性产品）出口过快增长势头得到遏制。纺织服装、鞋类和箱包等劳动密集型产品出口增长平稳，机电产品增长快速。这一时期出口商品结构的特点主要表现为：消费类产品出口增长仍然较快，传统劳动密集型产品附加值不断提高，通信设备、医疗器械等产品出口快速增长，“两高一资”产品出口大幅下降，出口制造业在产业链的位置逐渐上升。

2008年以后，美、欧、日经济陷入深度衰退，发展中国家经济普遍遇到较大困难，国际市场需求大幅萎缩，国际金融危机对劳动密集型产品出口的影响也在加深，但由于中国劳动密集型产品具有需求弹性相对较小的特性，这类产品的出口相对平稳。再加上中国政府在2008年8月后连续3次提高出口退税率，纺织服装、鞋类、箱包、家具出口仍有所增长。

而由于大多数机电产品和高新技术产品属于耐用消费品和投资品，受金融危机的冲击更为明显，从2008年11月开始，我国机电产品和高新技术产品出口增速大幅回落。

2010年，我国机电产品和高新技术产品出口开始快速增长，年增长率分别达到30.9%与30.7%。机电产品出口占比由1985年的6.1%上升至2018年的58.7%，接近出口贸易额的六成水平；其中，电器及电子产品出口4.63万亿元，同比增长5.4%；机械设备出口2.87万亿元，同比增长1.4%。同期，纺织服装等7大类劳动密集型产品出口3.31万亿元，同比增长6.1%。高新技术产品出口占比由1999年的12.7%提升至2018年30%。出口商品结构进一步优化。

2）进口商品结构

从20世纪80年代至2008年国际金融危机爆发这一期间，进口商品结构也呈现出逐步优化的趋势，有三个显著特征：

（1）工业制成品进口稳步上升

1980年，中国货物进口商品中工业制成品的进口额为130.6亿美元，在当年商品进口总额中的比重为65.2%。随着中国对外贸易规模的扩大，工业制成品进口比重呈稳步上升的趋势。到90年代以后，工业制成品的进口比重一直占80%左右，其中，1993年最高，为86.3%，2000年，工业制成品的进口额增长到1 784亿美元，比1980年增长了12.7倍；工业制成品进口额占当年进口总额的79.3%，比1980年提高了14.1个百分点，此后，初级产品和工业制成品进口的比重较为稳定。2008年，中国进口工业制成品7 703.1亿美元，同比增长8.1%，占当年中国进口总值的68%。此后一直在该值附近波动，2018年，中国进口工业制成品占比为67.1%。

（2）资本、技术密集型产品进口大增

随着国内产业结构的不断升级，中国对国外先进技术和成套设备的需求日益增加，资本、技术密集型产品的进口比重呈上升趋势，仅2000年进口的高新技术产品就达525亿美元，在进口总额中的比重从原来的10%提高到45%左右，成为进口的主导产品，对中国传统产业的技术改造、新兴产业的建立、总体产业结构的升级和经济增长方式的转变起到了重要作用。

（3）初级产品进口比重下降，但国内短缺的投资类、资源类商品进口大幅增加

1980年，中国货物进口商品中初级产品的进口额为69.6亿美元，占当年进口总额的

34.8%。到2000年，中国货物进口商品结构中初级产品的进口比重下降到了20.7%。此后，初级产品进口比重较为稳定。2008年中国进口初级产品3 627.8亿美元，增长49.2%，占当年中国进口总值的32%，比2007年提高6.6个百分点。

在初级产品进口结构中，各类商品所占比重的变化却不完全一致。由于国内市场对国外高新技术产品、机器设备、国内短缺原材料、能源产品的需求上升，这些货物的进口贸易增长较快，在初级产品进口中的比重大幅度提高。如铁矿砂、原油、成品油等中国短缺的资源性产品，2004年的进口额分别是1.5亿吨、9 031万吨和2 780万吨，年增长率分别达到36.6%、34.4%和28.6%；到2007年，铁矿砂、原油、成品油三种商品的进口量更是突增到38 309万吨、16 317万吨和3 380万吨。

2008年国际金融危机爆发后，在坚持实施应对国际金融危机一揽子计划的作用下，进口商品结构进一步优化，先进技术设备进口快速增长，生物技术产品、航空航天技术产品、计算机集成制造技术产品等高新技术产品进口年增速均在15%以上，为国内产业结构调整提供了支撑。从分类来看，金属加工机床、起重机械等机械设备进口下降，在一定程度上反映出中国装备制造业竞争力不断提升，进口替代效果增强。进口商品结构呈现以下特点：

（1）大宗商品进口贸易条件改善

近年来，我国大宗商品进口总体上平稳增长，大豆、铁矿砂和原油进口量分别增长8%、10%和4%左右，有力地保障了国内工业生产和居民生活需要。由于大宗商品国际市场价格持续下行（见表7-2），中国进口贸易条件有所改善，我国铁矿砂、原油、天然气、大豆等大宗商品进口量稳步增加。2019年，我国进口铁矿砂10.69亿吨，同比增加0.5%；进口原油5.06亿吨，同比增加9.5%；进口天然气9 656万吨，同比增加6.9%；进口大豆8 851万吨，同比增加0.5%。此外，肉类产品进口增长比较快，全年进口猪肉210.8万吨，同比增加75%；进口牛肉165.9万吨，同比增加59.7%。

表7-2　　国际大宗商品价格变动（美元计价，年增长率）（%）

年份	2014	2015	2016	2017	2018	2019	2020
石油	−7.5	−47.2	−15.7	23.3	29.4	−9.6	−6.2
非燃料初级产品	−5.4	−17.1	−1.0	6.4	1.6	0.9	1.7
食品	−1.4	−16.8	0.0	3.9	−0.6	−3.4	2.8
饮料	20.1	−7.2	−3.1	−4.7	−8.2	−5.1	6.2
工业用农产品	−7.5	−11.5	0.0	5.2	1.9	−5.7	−1.9
金属	−12.2	−27.3	−5.3	22.2	6.6	4.3	−6.2
制成品	−0.4	−3.1	−5.1	−0.3	1.9	1.4	−0.2

注：1.制成品：占发达国家货物出口83%的制成品的出口单位价值；石油：英国布伦特原油、迪拜原油及西得克萨斯原油的平均价格；非燃料初级产品：以2002—2004年在世界初级产品出口贸易中的比重为权数。

2.2019年和2020年数据为预测值。

资料来源　国际货币基金组织.世界经济展望报告［EB/OL］.［2020-02-24］. https://www.imf.org/external/chinese/.

(2) 民生类消费品进口增加

从2015年开始，我国每年均有推出降低进口关税的政策，2015年涉及749项商品，2016年涉及787项商品，2017年降低187种产品的进口关税税率。2018年，下调了汽车、抗癌药等进口关税。纳入降税范围的进口商品清单包括服装鞋帽、厨房和体育健身用品、洗衣机、冰箱、水产品、矿泉水、洗涤用品、护肤美发用品、医药健康类等民生类消费品。关税平均税率下调超过50%，降幅较大，目前我国的加权平均关税只有4.4%；进口药进医保，部分原料零关税；汽车整车平均税率为13.8%，零部件平均税率为6%。

进口关税的持续下调对我国扩大进口起到了很强的刺激作用。2019年中国消费品进口同比增长19%，其中，人用疫苗进口同比增长近90%，医药品进口增长25.8%，水果、化妆品、水海产品进口同比大幅增长了近四成。电动载人汽车进口同比增长1.2倍。民生消费类产品进口的快速增长，能够更好地满足人民对更高品质生活的追求，有利于促进我国经常项目的收支平衡，是中国主动开放市场、主动融入世界经济、主动推动经济全球化的重大举措。这既是中国在更高水平上扩大对外开放的重要一步，也将有力推动中国对外开放打开崭新的局面。

2018年、2019年，我国已经举办了两届中国国际进口博览会，累计意向成交额分别达到578.3亿美元和711.3亿美元，增长率为23%。进博会为国内消费者提供了一个与世界一流产品和服务直接接触的机会，中国扩大进口将给世界的共同发展带来巨大机遇。

(3) 机电产品进口增长提速

2012年我国政府出台《关于加强进口促进对外贸易平衡发展的指导意见》，进一步拓宽了机械设备、工业原料和消费品进口渠道，当年高新技术产品和机电产品进口额分别为5 067.5亿美元和7 823.8亿美元，同比分别增长9.5%和3.8%，其中自动处理设备及其部件、集成电路、汽车增长较快。2013年，中国进口机电产品8 401亿美元，同比增长7.3%，增速比上年提高3.5个百分点。2015年，在进口额大幅下降的背景下，中国先进设备、关键零部件进口基本稳定。中国高新技术产品进口额同比基本持平。此后，我国扩大进口和优化进口结构的政策效应明显，先进技术、关键零部件和重要设备等高新技术产品进口保持了较快增长。2018年我国机电产品进口金额为9 655.61亿美元，同比增长13%。达到历年来进口的最高水平。2019年中国机电产品进口同比下降6%，但是进口金额也达到了9 077.64亿美元。

7.3 货物贸易方式

国际货物贸易方式是指国际货物贸易中买卖双方采用的具体方法。不同的交易对象、不同的商品，在国际贸易中既可以采用单一的贸易方式，也可以把不同的贸易方式结合使用。

7.3.1 中国货物贸易方式的分类

中国对外贸易方式可以分为一般贸易、加工贸易和其他贸易方式。

1) 一般贸易

传统意义上的一般贸易是指在进出口贸易中，一国单纯或绝大部分使用本国资源和原材料进行生产和出口产品。

2）加工贸易

加工贸易是指从境外进口全部或部分原料、零部件、元器件、包装物料，利用国内的生产能力和技术，加工成制成品后复出口并获得相应利润的经营活动，通常包括来料加工和进料加工两种方式。

来料加工又称作对外加工装配业务，广义上的来料加工包括来料加工和来件装配两个方面，是指国内的厂商利用外商提供的原料、零部件、元器件、包装物料，按照外商提出的规格、质量和技术标准要求进行生产加工成制成品或半成品，交由外商销售，加工厂商不负责盈亏，只收取加工费（工缴费）。

进料加工是指国内企业购入国外的原料、零部件、元器件、包装物料，利用国内的生产能力和技术，加工成产品出口，并获取相应的利润。

3）其他贸易方式

其他贸易方式是指货物进出口中，除了一般贸易和加工贸易外的其他方式，例如易货贸易、外商投资企业投资设备和保税仓库进出境货物等方式。

7.3.2 中国货物贸易方式构成与变迁

货物贸易方式构成是指一般贸易方式、加工贸易方式及其他贸易方式三种贸易方式在对外贸易货物中的出口额、进口额或进出口额占总出口额、总进口额或总进出口额中的比重。

中国的加工贸易是改革开放后从无到有迅速发展起来的。1980年，中国加工贸易额只有16.7亿美元，占中国货物贸易进出口总额的比重仅为4.4%。20世纪90年代以后，加工贸易得到很大发展，1996年，加工贸易进出口额已达1 466.1亿美元，在中国货物贸易进出口总额中的比重跃升到50.6%，成为开放型经济的重要组成部分，对推动外贸发展和稳定就业发挥了重要作用。在中国加入WTO以后，尽管加工贸易在我国对外贸易方式中所占比重不断下降，但是直到2008年国际金融危机以前，加工贸易出口一直占中国货物贸易出口的半壁江山。

2008年爆发的全球性金融危机对我国一般贸易与加工贸易带来的影响是不同的。我国一般贸易出口产业链相对较长，抵御国际市场波动的能力较强，国际金融危机的影响直到2009年才开始出现，其占总额比重也下降到44.1%。我国的加工贸易以IT等机电产品为主，两头在外，产业链相对较短且与国际产业链联系紧密，在国际金融危机爆发初期受国际市场需求萎缩的影响更加直接、更为明显。

2010年以后，我国进出口企业加快转变增长方式，提高自主营销比重，一般贸易增长呈现快于加工贸易的态势，一般贸易出口占比逐步恢复到一半以上。随着中国外贸企业自主开拓国际市场能力进一步增强，一般贸易发展好于整体，而加工贸易一直延续负增长态势，占进出口总额的比重进一步下降。2019年，我国一般贸易进出口总额达18.61万亿元，同比增长5.6%，占我国外贸总值的59%，比2018年提升1.2个百分点。其中，出口总额为9.95万亿元，同比增长7.8%；进口总额为8.66万亿元，同比增长3.1%。加工贸易进出口总额为7.95万亿元，同比下降5.1%，占进出口总额的25.2%。贸易方式结构进一步优化。

除一般贸易与加工贸易方式之外，近年来，跨境电子商务、市场采购贸易、外贸综合服务企业等新型贸易方式蓬勃发展，成为货物贸易发展的新热点。从2014年开始，跨境电子商务增速连续三年高达30%以上，市场采购贸易方式出口增长60%左右，新型贸易方式顺应了个性化的全球消费潮流，也契合了帮助广大中小企业发展外贸业务的市场需要，正逐步成为外贸发展的新增长点。

2018年贸易方式不断优化，一般贸易出口占比升至58%（如图7-1所示），跨境电商、市场采购快速增长。

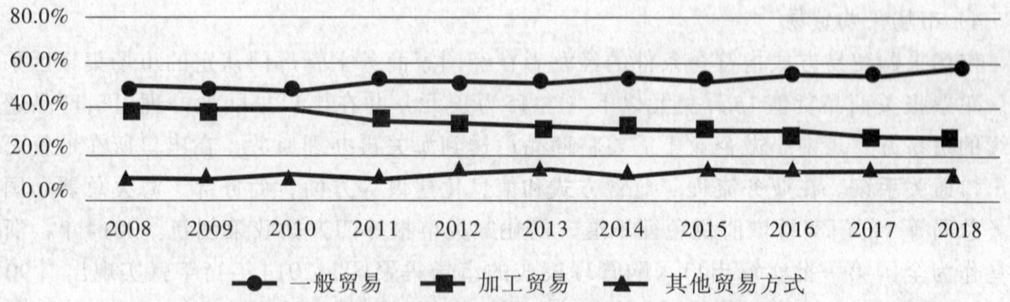

图7-1 2008—2018年我国进出口贸易方式的变化①

除一般贸易与加工贸易方式之外，近年来，跨境电子商务、供应链管理服务商、外贸综合服务企业、市场采购贸易等新型贸易方式蓬勃发展，成为货物贸易发展的新热点。

1）跨境电子商务

跨境电子商务极大地克服交易对象之间时间和空间的限制，通过电子商务平台将买卖双方集结到一起，提高交易匹配的概率，从而扩大国际贸易的交易规模和空间。2012—2017年，中国跨境电子商务交易规模从1.86万亿元人民币增长到6.3万亿元人民币，发展速度较快。在市场分布上，2017年中国跨境电商出口额主要分布在美国、俄罗斯、欧盟等国家和地区，新兴市场中，面向巴西、韩国和印度的跨境电子商务出口交易额增长较快，随着中国推行“一带一路”倡议，中国与中亚、中东欧国家间的跨境电子商务交易额稳步增长，另外非洲、中东、拉美等地市场前景也较为广阔。

2）专业化的供应链管理服务商

随着分工深化和贸易、物流、商务等活动不断深入融合，传统产业边界不断模糊并在产业融合过程中产生供应链管理服务商。供应链管理服务商可分为供应链集成服务商和供应链专业化服务商。供应链集成服务商集采购、仓储、加工、包装、分销、配送与信息处理为一体，为广大中小贸易企业、物流企业、电子商务企业提供专业化的数字化平台技术和物流供应链定制化解决方案，如上海春宇供应链管理有限公司。专业化供应链服务商为相关贸易、制造和物流企业提供专业化支付、市场分析和涉外法律服务等，如四海商舟、四方科技集团等。

3）外贸综合服务企业

外贸综合服务企业接受国内外客户委托，依法签订综合服务合同，运用互联网、大数据技术，为中型、小微企业提供报关、商检、退税、物流、结算、信保等专业化服务，帮助其开拓国际市场，也使中小型制造企业集中资源在产品研发、技术、品牌等核心环节。

① 根据中华人民共和国海关总署数据整理。

相比缺乏渠道和外贸技能的中小型制造企业，专业化的外贸综合服务企业由于具备较强的进出口业务优势和互联网技术应用与大数据分析处理能力，能够有效降低成本，提高通关和外贸效率。2017年9月，商务部、海关总署、国家税务总局、国家质检总局和国家外汇管理局等5部门，联合下发了《关于促进外贸综合服务企业健康发展有关工作的通知》，进一步促进外贸综合服务企业的发展，加快建立与外贸综合服务企业相适应的政策框架和管理模式。

4）市场采购贸易

市场采购贸易方式指符合条件的经营者在经国家商务主管部门认定的市场集聚区采购的、单票报关商品货值15万美元以下（含15万美元）并在出口采购地办理出口产品通关手续的贸易方式。中小微企业不需要将商品运送到海关再办理通关，在出口所在地就可办理出口通关手续。在业务流程、监管方式和信息化建设等方面，商务部、海关总署、国家税务总局等8部门实行增值税免征不退、简化归类申报等四方面政策创新。2014年，浙江义乌作为全国第一批实行出口采购管理模式的市场集聚区，2014年当年就实现出口90亿美元，同比增长150%。随后，经国务院批准，江苏海门叠石桥国际家纺城、浙江海宁皮革城和江苏省常熟服装城、广东省广州花都皮革皮具市场、山东省临沂商城工程物资市场、湖北省武汉汉口北国际商品交易中心、河北省白沟箱包市场分别作为第二批和第三批试点单位，实行市场采购贸易。

7.3.3 中国加工贸易发展

1）我国加工贸易的发展历程

加工贸易是国际上通用的一种贸易方式，也是我国参与国际分工、发展对外贸易的重要途径之一。改革开放40多年来，加工贸易实现了高速度、跨越式发展，为推进我国贸易大国进程、推动产业结构升级、带动国内就业、促进区域协调发展作出了重要贡献。当前和今后一段时期，加工贸易仍是我国深度融入经济全球化、利用国际国内两个市场两种资源的重要载体，也是我国进一步吸纳就业、培养人才、增强国际竞争力的重要方式。

从贸易方式看，我国经历了从“三来一补（来料加工、来样加工、来件装配和补偿贸易）”到进料加工，从“两头在外”的作坊到以外商投资企业为主体，从简单技术加工装配到以机电、高新技术产品加工贸易为主的结构转换。

从地域范围看，我国最早的加工贸易企业出现在深圳，然后在珠江三角洲、长江三角洲一带得到迅速发展，如今正通过深加工结转方式逐步向中西部地区延伸。

从加工方式看，加工贸易发展初期仅仅包括简单的来料加工、进料加工方式，发展至今，较灵活的OEM、ODM等方式已普遍存在。其间，加工贸易的发展在我国呈现明显的阶段性：

（1）改革开放之初至20世纪80年代中期

此阶段的加工贸易以来料加工为主，投资主体是与港、澳、台毗邻的东南沿海地区的乡镇企业，主营港澳地区转移过来的服装、玩具等劳动密集型产品的加工生产，工艺简单，加工费低廉，经香港的转口贸易占据了其中相当大的比例。

（2）20世纪80年代后期至90年代初

加工贸易以进料加工为主，亚洲“四小龙”成为加工贸易的投资主体，它们向我国转移的服装、纺织、皮革制品等传统的劳动密集型产业，是我国加工贸易发展的直接动力。

（3）20世纪90年代初期至21世纪初期

以跨国公司为主的外国直接投资成为我国加工贸易发展的主要动力，电子、电气设备、办公用品、通信、计算机及生物制药等高科技产业的中间产品的生产及制成品的组装在东南沿海较发达地区稳步拓展，我国出口产品结构逐步优化，加工贸易由此呈现出劳动密集型行业与资本技术密集型行业并重的态势。

（4）21世纪初期至2008年国际金融危机爆发前夕

进入21世纪以后，我国加工贸易仍占优势地位，但增长势头有所趋缓，尤其是2006年9月，国家调整加工贸易政策，扩大了加工贸易禁止类和限制类商品范围，加工贸易增速放缓。从投资主体来看，以跨国公司为代表的外商投资企业依然是我国加工贸易投资的主体，同时民营企业增长迅速。进料加工依然是我国加工贸易的主要方式，产品结构中机电产品和高新技术产品出口占出口产品绝对优势，增幅明显；加工贸易企业的国内分布和出口市场集中度较高。

（5）2008年国际金融危机爆发至今

我国加工贸易以IT等机电产品为主，两头在外，产业链相对较短且与国际产业链联系紧密。2009年，受国际市场需求萎缩的影响，我国加工贸易出口首次出现负增长，此后随着外部需求状况改善，加工贸易订单和出口逐步恢复，出口增长率有所回升，但是从2015年开始，我国加工贸易出口额的总体趋势出现增速回落，在我国对外贸易出口中所占比重也逐步降低（见表7-3）。

表7-3　**2010—2019年中国出口（分贸易方式）**　金额单位：亿美元

年份	2010	2011	2012	2013	2014	2015	2016	2017	2018	2019
总值	15 777.5	18 983.8	20 487.1	22 090.0	23 427.5	22 749.5	20 981.5	22 635.2	24 874.0	18 251.1
一般贸易	7 206.1	9 170.3	9 879.0	10 875.3	12 036.8	12 157.0	11 310.4	12 300.9	14 009.9	10 676.6
占比（%）	45.7	48.3	48.2	49.2	51.4	53.4	53.9	54.3	56.3	58.5
加工贸易	7 402.8	8 352.8	8 626.8	8 608.2	8 843.6	7 977.9	7 156.0	7 588.3	7 971.7	5 348.4
占比（%）	46.9	44.0	42.1	39.0	37.7	35.1	34.1	33.5	32.0	29.3
其他	1 168.6	1 460.6	1 981.4	2 606.5	2 547.1	2 614.6	2 515.1	2 746.0	2 892.4	2 226.0
占比（%）	7.4	7.7	9.7	11.8	10.9	11.5	12.0	12.1	11.6	12.2

注：2019年为1—9月份数据。

资料来源　商务部《中国对外贸易形势报告（2019年春季）》。

近年来，加工贸易发展面临新形势，呈现出新趋势、新特点：一是全球产业竞争格局深度调整，新型国际分工体系正逐步形成。二是加工贸易呈现“向内”“向外”双向转移，我国参与国际分工的角色和方式发生转变。三是产业转移过程伴随产业结构优化提升、产业链地位提升、产品附加值提升等“三个提升”。四是中西部承接加工贸易转移方兴未艾，国内区域布局进一步优化。

2）我国加工贸易的发展趋势

（1）加工贸易增速放缓

加工贸易对推动我国对外贸易的发展和稳定就业发挥过重要作用，是我国对外贸易的主要活动方式。1981—1998年，加工贸易占进出口比重由6.0%大幅扩大至历史最高值53.4%，占据了中国外贸的半壁江山。近年来，一般贸易比重不断提升，加工贸易的比重不断下降，2019年，加工贸易进出口比重下降至58.5%。同时，在中国加入WTO之后，加工贸易的发展速度有所放缓，原因有两点：第一，中国加工贸易发展面临“双重挤压”。近年来全球经济增长低迷，国际需求不振，全球产业结构深度调整，发达国家大力推进“再工业化”和“产业回归”，吸引高端制造业回流；与此同时，中国劳动力、土地等要素成本上升，传统竞争优势有所削弱，一些中低端加工制造业产能和订单开始向更具有成本优势的周边国家和其他发展中国家转移。第二，加工贸易增速放缓也是中国贸易方式和结构优化的必然结果，是中国优化对外贸易结构、提质增效的表现。随着我国产业配套能力逐步增强，原材料和中间产品的国内采购比例上升，加工贸易进出口额自然减少。

（2）加工贸易产业结构不断优化

中国加工贸易的发展是从劳动密集型产品开始的，但是，具有一定技术水平的机械设备、电子产品、家用电器、飞机零部件等资本、技术密集型产品在加工贸易中的比重正在逐年提高，产品的规格和品质都有了根本性的变化。2012年，我国以加工贸易方式进出口高新技术产品总额为6 677亿美元，占同期我国高新技术产品进出口总额的75.3%。其中，进口高新技术产品总额为2 359.8亿美元，占同期我国高新技术产品进口总额的65.6%；以加工贸易方式出口高新技术产品总额为4 317.2亿美元，占同期我国高新技术产品出口总额的82%。加工贸易增值率达到了82.9%，但近年来通过加工贸易方式的高新技术产品贸易整体呈现较为平稳趋势。2018年，中国高新技术产品进出口总额达到14 085.65亿美元，但是通过加工贸易方式出口的高新技术产品占比下降至51.2%，进口下降至41.84%。

在商务部公布的《对外贸易发展“十三五”规划》中明确指出：继续发展传统劳动密集型加工贸易产业，鼓励电子信息、移动通信等辐射和技术溢出能力强的先进制造业加工贸易发展，促进提质增效。

为保持外贸稳定增长、优化进出口商品结构，近年来我国对加工贸易禁止类商品目录进行多次调整，2020年4月10日，商务部再次调减加工贸易禁止类商品目录，将已不属于“两高一资”的产品从目录中剔除。现行禁止类商品目录主要包含石化、皮革、钢铁、有色金属、木浆等生产过程能耗、污染和监管风险较高的产品，共计1 862个10位海关商品编码的产品被列入目录，加工贸易产品结构也将会进一步优化。

（3）国家引导加工贸易向中西部梯度转移

我国加工贸易首先是在广东、上海、江苏、山东和福建等东部沿海省市发展起来的，中西部加工贸易虽起步较晚，但发展较快。

为了促使我国加工贸易区域布局更加合理，从2007年开始，我国对加工贸易政策进行了重大调整。首先，对东部和中西部地区实施了差别政策：东部地区新设立的外贸企业，不予批准限制类商品加工贸易业务，而中西部地区A类和B类实行银行保证金台账空转管理，如此安排主要是为了引导加工贸易向中西部梯度转移。其次，加大在西部地区培育加工贸易梯度转移重点承接地，平稳推进中西部地区产业转移承接工作。

在商务部公布的《对外贸易发展“十三五”规划》中，国家对如何支持内陆地区承接产业转移提出了具体的安排：稳妥推进国内外企业将整机生产、零部件、原材料配套和研发结算环节向内陆沿边地区转移，形成产业集群。对海关特殊监管区域设立向中西部倾斜，培育和建设一批加工贸易转移重点承接地，加大对加工贸易梯度转移重点承接地的支持力度，重点加强承接地的公共服务平台建设、员工技能培训、招商引资、就业促进等工作。在严禁污染产业和落后产能转入的前提下，结合国家重点产业布局，综合运用财政、土地、金融等差异化政策，支持加工贸易向中西部地区转移。

（4）产业链条不断延伸

国际金融危机对我国加工贸易冲击较大，传统劳动密集型加工贸易行业更为严重。面对近年来国内要素价格趋高、资源环境约束趋紧、工业综合成本上升等不利因素，国内加工贸易发展大省纷纷加快转型升级的步伐。2010年年底，商务部会同国家发展改革委等六部委研究出台了《促进加工贸易转型升级的指导意见》，明确了推动转型升级的指导思想、原则、目标及相关政策，对未来加工贸易的发展起到重要指导作用。

在商务部公布的《对外贸易发展“十三五”规划》中进一步明确了要发挥沿海地区转型升级示范带动作用，促进沿海地区加工贸易转型升级，向品牌、研发、分拨和结算中心等产业链高端延伸。加快珠三角加工贸易转型升级示范区建设，总结推广东莞、苏州加工贸易转型升级试点城市以及示范企业经验。

从当前我国加工贸易所显示的特点来看，我国加工贸易正步入理性增长和良性发展的轨道，“调结构、转方式”迈出实质性步伐，质量和效益型增长初步显现。

※小资料

促进加工贸易创新发展

本章小结

1. 我国已经成为世界第一货物贸易大国。2013年中国进出口总额达到4.16万亿美元，首次超越美国成为货物贸易第一大国，2015年仍创造了5 700亿美元的进出口贸易顺差世界历史最高纪录，成为名副其实的“世界工厂”。

2. 货物贸易是指有形的、实物形态的、看得见的商品在国家之间的进出口贸易活动，又称有形商品贸易。货物贸易能够从海关统计数据中反映出来。《国际贸易标准分类》将商品分为10个部门、67类、262组、1 023个分组和2 970个基本目号。

3. 我国货物贸易出口从中华人民共和国成立至今经历了4个阶段。现阶段由于国际金融危机深层次影响显现，中国货物贸易出口受到极大挑战，中国政府及时出台了一系列稳定外需的政策措施，在逆境中实现了新发展。国际市场份额持续提升，出口质量和效益提高，外贸新业态成为增长动力，出口发展支持体系不断完善。

4. 在中华人民共和国成立前中国进口贸易水平很低。中华人民共和国成立后，国内需要进口大量物资以恢复和发展经济，中国的进口贸易也经历了上升、下降再上升的变化过程。20世纪80年代以后，随着新的战略思想的实施和国民经济的调整，中国进口贸易得到了持续稳定的发展。随着中国经济发展方式的转变，中国政府改变了对进口的战略定位，中国扩大进口和优化进口结构的政策效应明显。中国是全球第二大进口国，进口增加既是中国经济快速发展的必然结果，也是中国对外贸易政策变化的结果。

5.货物贸易结构是指一定时期内一国进出口贸易中各类商品的构成，即某大类或某种商品的进出口贸易额与整个进出口贸易额之比。货物贸易结构可以反映出该国的经济发展水平、产业结构状况、科技发展水平等。改革开放以来，中国货物出口商品结构发生了根本性变化：工业制成品出口占据主导地位，出口商品结构由以劳动密集型商品为主向以资本、技术密集型商品为主转变。进口商品结构进一步优化，大宗商品进口增长平稳，进口贸易条件改善，机电产品进口增长提速，能源资源类产品进口需求旺盛，部分消费品、投资品进口增加。

6.国际货物贸易方式是指国际货物贸易中买卖双方采用的具体方法。货物贸易方式构成是指一般贸易方式、加工贸易方式及其他贸易方式三种贸易方式在对外贸易货物中的出口额、进口额或进出口额占总出口额、总进口额或总进出口额中的比重。2010年以后，我国进出口企业加快转变增长方式，提高自主营销比重，一般贸易增长呈现快于加工贸易的态势，一般贸易出口占比逐步恢复到一半以上。加工贸易在我国进出口额中所占比重进一步下降。

7.除一般贸易与加工贸易方式之外，近年来，跨境电子商务、供应链管理服务商、外贸综合服务企业、市场采购贸易等新型贸易方式蓬勃发展，成为货物贸易发展的新热点。

主要概念和观念

★主要概念

货物贸易　出口依存度　出口地理方向　货物贸易结构　对外贸易方式　一般贸易　加工贸易

★主要观念

贸易大国　贸易强国　外贸发展新动能

基本训练

★知识题

1.单项选择题

（1）2013年中国进出口总额达到4.16万亿美元，超越美国成为货物贸易第（　）大国。

A.1　　B.2　　C.3　　D.4

（2）目前，我国（内地）货物贸易最大的贸易伙伴是（　）。

A.日本　　B.中国香港　　C.美国　　D.欧盟

（3）目前，我国出口创汇最大类的出口商品是（　）。

A.轻纺产品　　B.机电产品　　C.石油　　D.农副产品

（4）为提高出口商品竞争力，保持对外贸易发展后劲，我国应使（　）尽快上升为出口的主导产品。

A.创汇农产品　B.机电产品　C.高科技产品　D.轻纺产品

(5) 2014年以后，中国货物贸易方式以（　）为主。

A.一般贸易　B.加工贸易　C.易货贸易　C.租赁贸易

2.多项选择题

在下列产品中，我们一般把（　）称为制成品。

A.饮料及烟类　B.未列名化学品及有关产品

C.主要按原料分类的制成品　D.动植物油脂

E.机械及运输设备

★技能题

1.联系实际分析中国货物贸易发展中存在的主要问题。

2.简述当前中国货物贸易商品进出口结构的特点。

3.联系实际分析加工贸易在我国对外贸易中占比下降的原因。

观念应用

★案例分析

新冠肺炎疫情影响下我国对外贸易情况

2020年1—4月，受疫情影响，我国进出口总额为9.07万亿元，同比下降4.9%。其中，出口4.74万亿元，同比下降6.4%；进口总额为4.33万亿元，同比下降3.2%；贸易顺差为4 157亿元，同比下降30.4%。

外贸运行主要呈现以下特点：

从市场看，对新兴市场出口好于传统市场。对新兴市场出口下降2.2%，占比较上年同期提升2.2个百分点至50.9%。其中，东盟成为我国第一大出口市场，我国对东盟出口增长3.9%，拉动我国出口同比增长0.5个百分点。对传统市场出口下降10.4%，占比下降至49.1%。

从经营主体看，民营企业出口表现好于整体。民营企业出口同比下降2.7%，降幅低于整体3.7个百分点，显示出较强韧性，占比提升1.8个百分点至51.7%。国有企业、外资企业出口分别下降6.5%、10.7%。

从主要出口商品看，机电产品占比提升。机电产品出口同比下降5.9%，好于整体0.5个百分点，占比提升0.2个百分点至58.8%。服装、玩具等七大类劳动密集型产品出口下降10.2%。另外，口罩、防护服等防疫物资出口快速增长，带动纺织品出口增长5.9%。

从贸易方式看，一般贸易份额保持稳定。一般贸易出口同比下降6.3%，占比保持在58.5%。加工贸易出口同比下降10.9%，跌幅较一季度收窄8.2个百分点，但仍深于整体，占比下降1.5个百分点至28.4%。

进口降幅扩大，大宗商品进口走势出现分化。1—4月进口同比下降3.2%，降幅较一季度扩大2.5个百分点。原油、天然气、成品油进口同比下降7.4%、13.7%、25.7%，分别拉低进口增速0.9、0.3、0.3个百分点。集成电路、铁矿砂、煤炭进口同比分别增长14%、15.9%、20.6%。

在党中央的坚强领导下，我国疫情防控有力推进，企业复工复产逐步达到正常水平，国务院及时出台一系列稳外贸政策措施，支持企业纾困发展。广大外贸企业争先作为，抓住时机抢订单抢出口，积极开拓市场。在政策红利逐步释放、4月进出口降幅有所收窄的同时，我们也要看到，境外疫情扩散蔓延势头并没有得到有效遏制，国际市场需求严重萎缩，国际产业链供应链受到严重冲击，不确定性、不稳定性因素显著增多，我国外贸面临的形势仍然十分严峻，外贸下行压力依然较大。

资料来源　商务部.新冠肺炎疫情影响下我国对外贸易情况［EB/OL］.［2020-04-10］. http：//www.mofcom.gov.cn/article/ae/sjjd/202005/20200502962835.shtml.

讨论：

（1）当前中国对外贸易发展的不利因素有哪些？

（2）分析我国出口企业的应对措施。

网上资源

1.http：//www.customs.gov.cn

2.http：//www.exportchina.com

3.http：//www.mofcom.gov.cn

第8章

中国技术贸易

学习目标

通过本章学习，你应该达到以下目标：

知识目标：掌握技术贸易、专利权、专有技术、技术引进、技术出口等基本概念。

技能目标：掌握技术贸易的主要内容和贸易方式以及中国技术贸易在不同时期的特点。

能力目标：正确理解和把握今后中国技术引进和技术出口基本原则。

国际技术贸易是当今国际经济交往的重要形式及国际经济合作的主要内容之一，中国技术贸易从技术引进开始，20世纪80年代以后，不仅技术引进的规模不断扩大，高新技术产品出口也有了较大发展，已经成为拉动中国经济增长的重要力量和对外经济技术合作的主要方式之一。

8.1　技术服务贸易概述

8.1.1　"技术"和"技术贸易"

1）技术的含义

技术（Technology）一词源于希腊文"Techno"及"Logy"。根据联合国贸易和发展会议的定义，技术是指人类制造某种产品，应用某种工艺或提供某种产品，应用某种工艺或提供某种服务的系统知识。具体来说，技术包括三项内容：①产品的制造方法，采用的工艺或提供的服务或技能；②技术情报，又称信息技术；③设计、安装、开办、维修或管理工厂或工商业的专门知识或服务等。

2）技术贸易的概念

技术贸易又称有偿技术转让，联合国在《国际技术转让行动守则草案》中，把技术转让定义为："关于制造产品、应用生产方法或提供服务的系统知识的转让。"并明确指出"单纯的货物买卖或只涉及租赁的交易都不包括在技术转让的范围之内"。

按交易当事人所处的国家（地区）的不同，技术贸易可以分为国内技术贸易和国际技术贸易。

国内技术贸易是指一国境内的不同当事人之间按一般商业条件进行的技术转让或技术

使用许可行为。

国际技术贸易是指不同国家的当事人之间按一般商业条件进行的技术跨越国境的转让或技术使用许可行为。

3）技术贸易的内容

技术贸易的标的物是无形的技术知识，包括：专利技术、商标和专有技术。而技术贸易，尤其是国际技术贸易，一般只是使用权的买卖，技术所有权并不随之转移。因此，技术贸易的内容包括工业产权（专利权和商标权）的转让与许可、专有技术和商业秘密的转让。

（1）专利权

专利权是指获得法律地位的专利发明人所获得的使用专利发明的独占权利，它包括专有权（所有权）、实施权（包括制造权和使用权）、许可使用权、销售权和放弃权。简言之，专利权就是专利持有人（或专利权人）对专利发明的支配权。

在我国，专利权是按申请在先原则授予的。专利权受到专门法律《中华人民共和国专利法》（以下简称《专利法》）的保护。

专利权具有以下明显的特点：

①专利权是一种法律赋予的权利。发明人通过申请，专利机关经过审查批准，使他的发明获得了法律地位而成为专利发明，而他同时也因之获得了专利权；这种权利的产生与物权的自然产生是不同的。

②专利技术是一种知识财产、无形财产。专利权是一种特殊的财产权。

③专利权是一种不完全的所有权。专利权的获得是以发明人公开其发明的内容为前提的，而公开了的知识很难真正为发明人所独有。

④专利权是一种排他性（独占性、专有性）的权利。对特定的发明，只能有一家获得其专利权，也只有专利权人才能利用这项专利发明，他人未经专利权人的许可，不能使用该专利发明。

⑤专利权是一种有地域性的权利。专利权只在专利权批准机关所管辖的地区范围内发生效力。

⑥专利权是一种有时间性的权利。专利权的有效期一般为10~20年。超过该有效期，专利权即失去效力。

❖小资料

我国国际专利申请量跃居世界第一

（2）商标权

商标权是商标的使用者向主管部门申请，经主管部门核准所授予的商标专用权。商标权是重要的工业产权之一，经注册核准的商标，是商标所有人的财产。因此，商标权是一种财产性质的权利。

在我国，商标权是依注册在先原则而取得的。但在少数国家，商标权是由于商标的首先使用而获得的。

商标权的内容包括使用权、禁止权（禁止他人使用）、转让权、许可使用权和放弃权。商标权受《中华人民共和国商标法》（以下简称《商标法》）的保护。

商标权的特点是：

①商标权是一种排他性权利。

②商标是一种无形的知识财产。商标权是一种特殊的财产权。

③商标权是有时间性但又可无限延期的权利。与专利权期满不可延期不同，商标权到期可续展延期，且延期次数不限。

④地域性。商标权只在注册机构所管辖地区范围内有效。

在技术贸易中，商标作为贸易的对象有两种做法：

第一种，单纯转让，即只将商标本身和商标权本身转让给他人，自己不再使用。

第二种，商标连同企业或者与商标有关的那一部分业务一起转让。

（3）专有技术和商业秘密

专有技术的一般含义是指为制造某一特定产品或使用某一特定的工艺所需要的一切知识、经验和技能，它包括各种工艺流程加工工艺、产品设计、图纸、技术资料、配方、技术规范等秘密的技术知识，在某些情况下，还包括有关管理、商业、财务等方面的内容。

专有技术的表现形式，既可以是有形的，如图纸、配方、公式、操作指南、技术记录、实验报告等，也可以是无形的，如技术人员所掌握的、不形成书面的各种经验、知识和技巧。无论哪一种形式体现的专有技术，其内容一般都是秘密的，而且对生产具有一定的实用价值。

专有技术也是一种无形的知识财产，但它在不少方面与专利技术不同：

①专有技术是不受专利法保护的，其原因是它没有申请或不能申请专利。

②专有技术是保密的，而专利则是公开的，因为取得专利时，技术内容要向公众予以公布。

③专有技术不像专利那样有一定的保护期限，专有技术的保护期限，取决于对它的保密。当它被公众所知后，也就不成其专有技术了。

④专有技术既可通过文字、图纸来体现，也可能是人们头脑中掌握的知识技能，而专利则必须通过书面说明书来体现。

⑤专有技术的内容比专利的内容广泛，专利仅是有利于工业目的的内容，而专有技术的内容除用于工业生产目的的技术之外，还包括商业、管理等有助于工业发展的技术。

但专有技术和专利技术还是有较深的联系：

①专有技术与专利技术都是人类创造性思维活动的成果，都是非物质形态的知识。

②专有技术与专利技术通常共处于实施一项技术所需的知识总体之中，即实施一项技术仅有专利技术是不能完全实施的，必须同时具有专有技术，才能使一项技术得以顺利实施。

③在技术贸易中，一项技术转让合同往往同时包括专有技术与专利技术许可两项内容，它们相互依存，共同完成一项技术转让交易。

商业秘密是指不为公众所知悉、能为权利人带来经济利益、具有实用性并经权利人采取保密措施的技术信息和经营信息。

专有技术和商业秘密除需用保密手段得到保护以外，也需要法律的保护。在实践中，专有技术和商业秘密是援引民法典、反不正当竞争法和刑法等取得保护，但受法律保护的力度远比专利技术受到专利法保护的力度小。

8.1.2 技术贸易的方式

技术贸易采用的方式主要有许可贸易、特许专营、技术服务和咨询、合作生产，以及含有知识产权和专有技术转让的设备买卖等。

1）许可贸易

许可贸易又称为许可证贸易。它是指知识产权或专有技术的所有人作为许可方，通过与被许可方（引进方）签订许可合同，将其所拥有的技术授予被许可方，允许被许可方按照合同约定的条件使用该项技术，制造或销售合同产品，并由被许可方支付一定数额的技术使用费的技术交易行为。

根据许可方授权程度大小，许可贸易可分为以下五种形式：

（1）独占许可

它是指在合同规定的期限和地域内，被许可方对转让的技术享有独占的使用权，即许可方自己和任何第三方都不得使用该项技术和销售该技术项下的产品。

（2）排他许可，又称独家许可

它是指在合同规定的期限和地域内，被许可方和许可方自己都可使用该许可项下的技术和销售该技术项下的产品，但许可方不得再将该项技术转让给第三方。

（3）普通许可

它是指在合同规定的期限和地域内，除被许可方允许使用转让的技术和许可方仍保留对该项技术的使用权之外，许可方还有权再向第三方转让该项技术。

（4）可转让许可，又称分许可

它是指被许可方经许可方允许，在合同规定的地域内，将其被许可所获得的技术使用权全部或部分地转售给第三方。

（5）互换许可，又称交叉许可

它是指交易双方或各方以其所拥有的知识产权或专有技术，按各方都同意的条件互惠交换技术的使用权，供对方使用。

许可贸易是国际技术贸易中使用最为广泛的技术贸易方式，按其标的内容可分为专利许可、商标许可、计算机软件许可和专有技术许可等形式。

2）特许专营

特许专营是指由一家已经取得成功经验的企业，将其商标、商号名称、服务标志、专利、专有技术以及经营管理的方式或经验等全盘地转让给另一家企业使用，由后一企业（被特许人）向前一企业（特许人）支付一定金额特许费的技术贸易行为。

3）技术服务和咨询

技术服务和咨询是指独立的专家或专家小组或咨询机构作为服务方应委托方的要求，就某一个具体的技术课题向委托方提供高知识性服务，并由委托方支付一定数额的技术服务费的活动。技术服务和咨询的范围及内容相当广泛，包括产品开发、成果推广、技术改造、工程建设、科技管理等方面，大到大型工程项目的工程设计、可行性研究，小到对某个设备的改进和产品质量的控制等。企业利用“外脑”或外部智囊机构，帮助解决企业发展中的重要技术问题，可弥补自身技术力量的不足，减少失误，加速发展自己。

❖小思考

技术服务和咨询与许可贸易有何不同？

4）合作生产

对于合作生产，有多种不同的理解。从国际技术贸易的角度来看，合作生产是指分属不同国家的企业根据其签订的合同，由一方提供有关生产技术或各方提供不同的有关生产技术，共同生产某种合同产品，并在生产过程中实现国际技术转让的一种经济合作方式。

合作生产中的一方或各方拥有生产某种合同产品的特别技术，在合作生产过程中通过单向许可或双向的交叉许可的方式，可能再辅以一定的技术服务咨询，从而实现国际技术转让。

合作生产作为一种国际技术贸易方式，它并不是一种独立的基本的技术贸易方式，实际上它只不过是建立在各方合作生产目的之上的许可贸易和技术服务咨询而已。这种技术贸易的目的与单纯的技术贸易不同，它是为各方的合作生产服务的。

5）含有知识产权和专有技术转让的设备买卖

在国际贸易实际业务中，在购买设备特别是关键设备时，有时也会含有知识产权或专有技术的转让内容。这种设备买卖也属于技术贸易的一种方式。但是，单纯的设备买卖，即不含有知识产权和专有技术转让的设备买卖属于普通商品贸易，不是技术贸易。

含有知识产权和专有技术转让的设备买卖，其交易标的包含了两方面的内容：一是硬件技术，即设备本身；二是软件技术，即设备中所含有的或与设备有关的技术知识。这些技术知识又分为两部分：一部分属于一般的技术知识，另一部分是专利技术和专有技术。这种设备的成交价格中不仅包括设备的生产成本和预得利润，而且也包括有关的专利或专有技术的价值。在这种设备的买卖合同中含有专利和专有技术许可条款以及技术服务和咨询条款。

这种方式的技术转让在发达国家与发展中国家的技术贸易中占有相当大的比重。它也常用于工程承包中。

8.2 技术引进

技术引进是指一国通过各种方式从他国获得先进技术成果的活动，包括购买专利技术和专有技术、技术咨询、引进成套设备及其技术、聘请专家与派出技术人员培训、引进经营管理方法，以及所必须附带的设备、仪器和器材等。技术引进作为一个特定的概念，应该包含以下内容：(1) 技术引进是一种跨国行为。(2) 技术引进与设备进口有着本质的区别。设备进口仅指从国外购进机器设备而不买入软件技术。技术引进是指从国外购入软件技术或与此同时附带进口机器设备。(3) 技术引进必须有技术的自我消化吸收。

8.2.1 技术引进的意义

技术引进是后进国家利用国际技术资源发展本国经济的捷径，使后进国家可以从一个较高的起点起步，进而赶上发达工业化国家的经济发展水平。

技术引进对中国经济发展的作用主要表现在：

1）有助于加速技术进步的进程

根据一般规律，一项较重大的基础科研成果，从研究、实验、设计到投入生产，技术创新国需要10~15年的时间，而且成本高，而技术引进国只需要两三年时间就可以使之产业化，达到提高国内生产技术水平的目的。通过引进先进技术可以加速中国技术进步的进程，较快地缩小与世界技术先进国家的差距。

2）有利于提高出口商品的竞争能力

在国际市场的激烈竞争中，科学技术水平的高低往往起着重要的作用。技术引进可以获得国外新技术、先进设备和管理经验，迅速提高国内生产技术水平，以提高产品质量，降低生产成本，进入引进技术-提高技术水平-增强出口竞争能力-再引进技术的良性循环。

3）有利于培养科学技术人才和现代化管理人才

技术引进包括引进管理经验和引进人才的内容，同时也通过引进来造就现代化科学技术的专家和善于组织管理现代化大生产的管理人员。

8.2.2 中国技术引进的发展阶段

我国的技术引进工作从20世纪50年代开始，迄今经历了以下四个阶段：

1）初级阶段（1950—1978年）

从1950年到1978年，我国共签订技术引进合同845项，合同总额为119.72亿美元，其中成套设备的进口约占90%以上。技术引进以许可证贸易、咨询服务、技术贸易、合作生产等方式为主，这一阶段技术引进的主要特点是：

(1) 以进口成套设备、新建大型企业为主；

(2) 外汇渠道主要是中央外汇和政府间的记账贸易，基本上没有利用外资引进技术和进口设备；

(3) 引进项目的实施主要是以中央部门为主进行谈判、签约、执行合同和建设。

2）发展时期（1979—1994年）

1979年实行改革开放政策以后，我国从具体的国情出发，根据经济建设的需要，20世纪80年代中后期，我国政府颁布了《中华人民共和国技术引进合同管理条例》及其实施细则，控制引进总规模，调整引进重点，技术引进迎来了新高潮，1979—1994年，我国对外签订技术引进合同共5 784项，合同总金额为539.8亿美元。这一时期中国的技术引进出现了三个明显的变化：

(1) 从进口大型成套设备转向引进单项技术。

(2) 从引进技术主要为新建企业服务转向为现有企业技术改造服务。

（3）技术引进方式多样化。许可证贸易、顾问咨询、技术服务以及合作生产等多种方式齐头并进，有力地加快了我国企业的技术进步和新产品的开发，促进了对外贸易的发展。

3）迅速发展时期（1995—2001年）

1995年是我国技术引进大发展的一年，共签订技术进口合同3 629项，合同金额130.33亿美元，合同金额比1994年同期增长217.85%，占国家进口总额的10%。技术许可、技术服务、顾问咨询和合作生产方式在技术引进中所占的比例不断加大。引进的技术涉及能源、机械、电子、石化、冶金、城建、航空、邮电、纺织等领域。

这一时期技术引进的主要特点是：

（1）技术引进的规模在每年150亿美元上下浮动。

（2）引进技术含量不断提高，软件技术的比重逐步增加，成套设备、关键设备、生产线等硬件技术比重逐步下降。

（3）技术来源地越来越向美国、欧盟、日本等少数工业发达的国家和地区集中。

（4）技术引进行业主要集中在电子、通信、能源、机械、化工等行业。

（5）技术引进的主体主要是国有企业、外资企业，特别是跨国公司内部的技术转移所占比重逐步增加。

（6）技术引进主要集中在东部地区。

4）成熟发展时期（2001年至今）

2001年12月我国加入世界贸易组织对我国扩大技术引进起到了积极推动作用，我国技术引进工作走向成熟发展时期。技术引进质量稳步提高，技术来源地扩大，产业结构升级加快，技术引进的比例更为合理，技术引进的法制规范明显改善。通过技术引进后消化吸收再创新，节能环保产业、新一代信息技术等战略新兴产业实现了跨越式发展，一批关键技术研发取得突破。目前，中国在通信设备、高铁、航空、船舶、水电站等高端设备制造领域已经进入国际先进行列。

8.2.3 现阶段中国技术引进的特点

1）技术引进规模受国内外政治经济形势影响较大

从2001年至2018年，我国技术引进规模总体呈现出上升态势，但是其间也有几次波动（见表8-1）。

表8-1 **2001—2018年中国技术引进项目、合同金额及技术费** 金额单位：亿美元

年份	2001	2002	2003	2004	2005	2006	2007	2008	2009
合同	3 900	6 072	7 130	8 605	9 901	10 538	9 773	10 170	9 964
金额	90.90	173.89	143.51	138.56	190.43	220.23	254.15	271.33	215.72
技术费	43.95	143.12	95.23	96.25	118.27	147.56	194.06	235.47	186.08
年份	2010	2011	2012	2013	2014	2015	2016	2017	2018
合同	11 253	12 202	12 988	12 448	9 340	7 676	6 806	7 361	7 174
金额	256.36	321.59	442.74	433.64	310.85	281.54	307.28	328.27	331.34
技术费	218.47	279.90	416.91	410.94	304.46	227.67	301.57	318.98	322.71

资料来源 国家统计局，科学技术部.中国科技统计年鉴［M］. 北京：中国统计出版社，2001—2019.

2002年，我国技术引进合同达到6 072项，合同金额达173.89亿美元，比2001年提高将近1倍。之后，我国技术引进项目连年递增，至2008年，我国技术引进合同达到10 170项，合同金额达271.33亿美元，是历年来的最高水平。2009年受国际金融危机的影响，我国技术引进的项目和资金都有所下滑。但同时，我国制造业产业升级转型力度加大，技术引进的规模于2011年突破了300亿美元大关，到2012年，我国技术引进规模创下了442.74亿美元的历史记录。2012年以后，我国无论在技术引进项目还是技术引进资金方面都有所下滑，但基本维持在300亿美元以上，2018年达到331.34亿美元。

造成这种局面的原因主要来自内外两个方面：外因是世界经济复苏势头明显减弱；内因是受内需不振、出口萎缩、资本外流、成本上升等因素影响，我国经济增速进一步放缓，制造业企业利润整体下滑，加之人民币贬值预期增强，企业引进国外技术成本上升，导致制造业企业对于投资引进国外技术的动力不足，进而造成我国技术引进下降。

2）技术引进质量不断提高

我国传统技术引进以关键设备、成套设备等硬件设备为主。随着中国硬件市场逐步成熟以及企业数字化转型目标的加速实现，我国装备制造业逐步采用国产设备以代替国外设备，降低了对进口硬件设备的需要。中国的技术引进市场逐步从硬件向软件和服务方面转型。在技术引进资金中，技术费所占的比重不断提高，2001年，我国技术引进资金中，技术费占48.3%，至2002年，技术费达143.12亿美元，比2001年同期增长31.5%；技术费占合同总金额的82.3%，技术费占比增加近34个百分点，技术引进质量进一步提高，2018年，技术费在技术引进资金中所占的比重高达97.39%。技术引进质量的提高促进了我国新兴产业的发展和新兴业态的出现，推动了供给侧结构性改革的深化和经济发展方式的转变，促创新、稳增长、调结构、惠民生作用更加突出。通过技术引进后消化吸收再创新，节能环保产业、新一代信息技术、高端装备制造业等战略型新兴产业实现了跨越式发展，中国在通信设备、高铁、航空、船舶、水电站等高端设备制造领域已经迈入国际先进行列。

3）技术引进的方式灵活多样

随着我国综合国力的提高，我国技术引进的方式有所改进，从最初的重“硬”偏“软”，以进口成套设备、生产线为主的传统的技术引进方式向以专有技术许可、专利技术许可、技术咨询和技术服务、合作研发等多种技术引进方式共存的新局面转变。

从表8-2中可以看出，专有技术的许可或转让，技术咨询、技术服务和专利技术的许可或转让（包括专利申请权的转让）在我国技术引进中所占的比重不断上升，而成套设备、关键设备、生产线等在我国技术引进中所占比重不断下降。至2018年，我国专有技术的许可或转让合同成交额达157.50亿美元，占技术引进总额的47.5%，是我国技术引进的最主要方式；专利技术的许可或转让（包括专利申请权的转让）合同金额达63.62亿美元，占合同总金额的19%，列居第二位；接下来为技术咨询、技术服务以及计算机软件的进口，分列第三、第四位；而成套设备、关键设备、生产线等技术进口合同金额为3.12亿美元，占合同总金额的比重不足1%，与2001年37%的比重相比，足以说明我国在技术设备的引进方式上已完全改变了过去单一地通过成套设备进口方式引进技术，而是更多地通过技术转让、技术许可、顾问咨询和技术服务、合作生产等方式开展技术引进活动。

表8-2 2001—2018年按引进方式分的国外技术引进合同金额 单位：亿美元

年份	2001	2008	2010	2015	2016	20117	2018
总　计	90.90	271.33	256.36	310.40	307.28	328.27	331.34
专利技术的许可或转让（包括专利申请权的转让）	48.18	17.66	19.01	28.15	29.76	43.08	63.62
专有技术的许可或转让	127.69	126.52	94.11	147.79	164.41	168.05	157.50
技术咨询、技术服务	213.69	79.38	74.75	77.62	84.23	69.03	53.66
计算机软件的进口	65.20	8.60	22.96	8.86	5.56	23.19	36.39
商标许可	4.47	1.38	4.22	2.54	1.89	5.12	5.72
合资生产、合作生产等	62.29	9.42	8.22	7.40	13.96	13.49	3.87
为实施以上内容而进口的成套设备、关键设备、生产线等	33.58	21.08	27.16	1.95	4.10	2.24	3.12
其他方式的技术进口	5.18	7.29	5.92	4.34	3.36	4.08	7.47

资料来源　国家统计局，科学技术部.中国科技统计年鉴［M］.北京：中国统计出版社，2001—2019.

4）技术引进来源国别渐显多元化趋势

改革开放之初，我国技术贸易伙伴只有十几个。截至2018年，技术引进的来源国家和地区超过80个，利用多国的技术优势，拓展技术引进渠道，打破少数国家对我国的技术封锁。目前，我国技术引进主要来源仍然是欧盟、日本和美国等发达国家和地区，其中，欧盟从2006年开始一直是我国技术引进的最大来源地，我国与欧盟每年签订的技术引进合同金额占我国技术引进合同总金额的1/3左右，商务部数据显示，截至2019年2月，中国自欧技术引进合同金额累计达2 167.6亿美元，项目数达56 482个。美国和日本分列第二、三位。此外，我国从东亚、南亚及其他发展中国家的技术引进力度也在加大。技术引进来源国别多元化，有助于我国兼收并蓄，拓展技术引进渠道，利用多国的技术优势，避免造成对某一来源的过分依赖，更有利于打破少数国家对我国的技术封锁。

8.2.4　中国引进技术中存在的问题

技术引进是推动中国技术进步与经济发展的重要途径，特别是中国加入世界贸易组织之后，中国技术引进不断走向成熟，但也存在一些问题，主要体现在：

1）技术引进的行业和地区分布不均

根据《中国科技统计年鉴》历年来的统计数据，我国技术引进主要集中在制造业，技术引进资金占全部资金的80%左右，2018年制造业技术引进合同金额为282.78亿美元，占全部技术引进合同金额比例达85.34%；居第二位的是信息传输、软件和信息技术服务业，技术引进资金占全部资金比例徘徊在5%左右，而农、林、牧、渔业，采矿业，住宿和餐饮业，金融业，水利、环境和公共设施管理业，教育等行业的技术引进资金一直不足亿美元。

在技术引进地区分布方面，我国东部地区技术引进一直占据主体地位，技术引进支出所占比例基本在60%以上，2018年达到76%；其次为中部以及西部地区，东北地区技术引进份额在全国所占比例最小。

2）专有技术引进较多，专利技术引进较少

从技术引进方式上看，专有技术的许可或转让与技术咨询、技术服务为技术引进的主要方式，分别占到合同金额的47.6%与16%，为引进技术进口的成套设备、关键设备、生产线等占到合同金额的1%，专利技术的许可或转让仅占合同金额的不到2%。专有技术依靠技术保密来维护其垄断利润，在合同签订前，技术引进方难以对该技术有充分的了解。而且，专有技术不像专利技术那样受到法律充分保护，其引进较专利技术的引进更为复杂，保密条款限制了技术引进方同国内其他机构在此技术上进一步研发，过多地引进专有技术不利于对技术的消化吸收。由于专有技术涉及保密条款，很难基于该专有技术与相关企业进行联合技术开发，这就大大限制了该技术的溢出效应，专有技术引进的同时往往会涉及相关设备的进口，增加了技术引进的成本。

3）对国际技术贸易活动规则缺乏了解和深入分析

随着经济的迅猛发展和蕴含知识的产品贸易与对外服务的迅速增加，知识产权保护受到西方发达国家的特别重视。此外，研究、咨询、金融、商务等知识密集型服务业在国际经济交往中增长的速度越来越快，所占的比重越来越大。

由于我国对知识产权保护的国际规则缺乏深入了解和分析，许多人对国际技术贸易的非凡性、复杂性和程序知之甚少，以至于在技术贸易中束手无策，在签订技术贸易合同时，只重视有关技术价格确定、技术资料交付、支付方式等方面的内容，而忽视了考核与验收、技术服务与咨询、保密责任等所谓“软条款”的内容。此外，由于我国在过去的技术引进中，一是缺乏对引进技术的产权保护，二是缺乏自我知识产权保护意识，造成进一步引进技术的困难，丧失进一步吸收创新的权利，无法对引进技术进行吸收创新，致使近些年高新技术类无形资产流失达到了触目惊心的程度。

4）发达国家的出口管制政策是中国对外贸易摩擦频发的主要影响因素

我国引进的技术主要来源于欧美、日韩等发达国家和地区，许多发达国家为了保持本国的技术优势，仍然对我国实行技术封锁和管制，制定各种政策限制关键的、前沿的技术与核心技术出口，出口的基本是较为成熟的一般性技术和设备，我国引进的所谓高新技术与世界高精尖技术相比，层次相对较低，技术含量并不高，远跟不上国际高新技术的发展。

8.3 技术出口

技术出口是指境内公司、企业、科研机构以及其他组织或者个人（不包括外商投资企业以及外国在中国的公司、企业以及其他经济组织和个人），通过贸易或者经济技术合作途径（不包括对外经济技术援助和科技合作与交流项目）向境外的公司、企业、科研机构以及其他组织或者个人提供技术。在我国，技术出口包括技术出口和成套设备及高技术产品出口，前者是无形产品，后者是技术含量高的有形产品输出。中国技术出口起步较晚，直到20世纪80年代，中国才开始实施技术出口，进入21世纪后，技术出口也成为我国出口贸易中发展最快的一类。

8.3.1 中国技术出口发展概况

20世纪50—70年代，我国通过对外经济援助的方式向第三世界发展中国家提供某些技术和成套设备，援建这些国家的农业、铁路、公路、水利等项目。但真正具有商业性质的技术出口是从20世纪80年代开始的，到目前经历了四个发展阶段：

1）技术出口探索阶段（1980—1985年）

20世纪80年代初期中国开始尝试对外技术转让，当时技术出口合同总额每年在1 000万美元左右，1980—1985年，共签订技术出口合同仅40项，合同总金额为0.68亿美元。

这一时期技术出口的特点是：技术出口额很小；凭机遇、无计划、自发地进行；以工业发达国家为主要出口地区；国家没有明确的归口管理部门、管理法规及相应的鼓励、扶持政策；出口内容主要是新技术、新工艺等软件技术，如杂交水稻技术、高炉喷煤粉技术、顶燃热风技术、VC二步发酵法技术曾分别向美国、卢森堡、英国、瑞士进行转让。

2）技术出口起步阶段（1986—1988年）

1985年，中国在"七五"计划中首次提出了积极扩大技术出口的方针，1986年10月国家就技术出口措施等方面作了原则规定，确定了归口管理部门、技术出口政策、审批权限和程序，这标志着技术出口进入了有组织、有管理和积极稳妥的发展阶段。出口金额和品种逐年增加，以技术出口带动成套设备出口的项目增加，1987年技术出口额达1亿美元，1988年上升到2亿美元。技术出口市场除了发达国家外，还包括发展中国家，但前者仍占相当大的比重。技术出口内容除单纯转让软件技术外，成套设备出口、技术服务贸易的内容和方式也在增加。

3）技术出口初级发展阶段（1989—1997年）

1989年我国技术出口进入新的发展时期，1990—1997年，我国共签订技术出口合同6 269项，合同总金额达203亿美元。这一时期技术出口的特点是：

(1) 技术出口增长速度明显加快。1989年我国技术出口合同金额为8.82亿美元，1991年猛增到12.27亿美元，1993年为21亿美元，1995年为25.32亿美元，1996年为46.94亿美元。

(2) 以成套设备为载体的技术出口明显增多，涉及机械、电力、建材、轻工、船舶、航空、电子等行业。1997年大型成套设备出口占技术出口总额的55%，而1995年高达94%。

(3) 市场多元化取得进展。1997年我国技术出口国别和地区已达到110个，对发展中国家的出口份额占总出口总额的70%左右，虽然向发达国家的技术出口所占比例降低，但其绝对额仍在上升。

(4) 技术含量不断提高，技术出口已初具规模。成套设备的出口开始从小型成套设备逐步向大型成套设备发展，随着门类齐全、具有相当规模和较高水平的中国工业生产体系和科研体系的形成，中国已经拥有多层次的技术资源。技术出口由集中在少数领域向多数领域扩大。1997年，中国技术出口额为55亿美元，占外贸出口总额的3%，占我国机电产品出口总额的9.2%，这标志着我国技术出口已初具规模。

4）技术出口迅速发展时期（1998年至今）

1995年以后，我国对外技术出口进入到快速增长期，技术出口总额从1995年的101亿美元上升到2015年的最高点6 653亿美元。我国技术出口进入迅速发展时期有两大标志：一是1999年年初，我国提出“科技兴贸”战略；二是“入世效应”。随着我国技术投入不断增加，我国信息技术、生物技术、新材料技术、新能源技术广泛渗透，带动几乎所有领域进行了以绿色、智能、泛在为特征的群体性技术革命。大数据、云计算等不断涌现，为技术出口快速发展创造了广阔的空间。技术的进步推动技术出口加速发展，技术出口市场进一步多元化，技术出口领域扩张到更多行业。这一阶段我国已经完成了从单纯引进技术向引进技术与技术出口相结合的转变，出口涉及计算机、通信、软件、机械、汽车、化工、冶金、农业、医药等诸多领域，技术出口主体不仅有外资企业、国有企业，民营科技企业也积极加入到技术出口行列，同时技术出口的国家和地区增多。除了工业发达国家之外，向发展中国家出口明显增加。政府制定了鼓励技术出口的优惠政策，对企业出口给予信贷、税收等优惠政策或给予一定的补贴，鼓励出口企业到境外注册商标或出国参展等，我国技术出口已经展现出了旺盛的发展活力。

8.3.2 中国技术出口发展的主要特点

我国技术出口起步较晚，从20世纪80年代开始，我国技术出口呈现出以下特点：

1）高新技术产品出口仍然是我国技术出口的重要载体

高新技术产品是指以新原理、新技术、新工艺、新材料生产出来的，具有较高科技含量和较高附加价值的产品，如航空航天设备、计算机、药品、科学仪器、电气机械。这类产品技术含量高、附加值高，属于技术密集型和资本密集型产品，需要一个国家具有较高的技术水平和产业体系作为支撑。

高新技术产品是技术贸易的重要载体。目前，我国技术出口以高新技术产品出口为主。改革开放以来，我国产业技术通过自主创新、对引进技术的消化吸收再创新，以及对传统工业的技术改造，现已形成较为完整的工业体系，拥有大量成熟的产业化技术，技术出口配套能力大大增强。20世纪90年代以来，我国已成功实现电力、通信、建材生产、石油勘探、汽车制造、化工和冶金技术出口并带动大量成套设备出口，对提高产业技术水平、推动出口结构优化、促进经济社会发展发挥了重要作用。

2）高新技术产品出口在我国对外贸易出口中所占比重稳步提高

1995年，我国高新技术产品出口额为101亿美元，占出口商品比重仅为6.8%。2000年以后，高新技术产品出口的年平均增长率达到38.99%，2003年的出口增长率高达62.6%，同时，对我国对外贸易出口的贡献率也在逐步提高。2015年，我国高新技术产品出口额为6 653亿美元，占我国出口商品的比重提高到29.3%。虽然我国技术出口能力逐渐提升，但受外部经济环境的影响，发展下行压力有所增加，从2011年开始，我国高新技术产品出口增速有所放缓，2016年一度出现了负增长，之后的2017年与2018年我国高新技术产品出口的增长率又恢复到10%以上。但是，2004年以后，高新技术产品出口对我国对外贸易出口的高效率一直保持在30%左右，已逐渐成为外贸出口新的生力军（见表8-3）。

表8-3 高新技术产品出口统计 金额单位：亿美元

年份	商品出口	高新技术产品出口		
	总额	出口额	同比增长（%）	占出口商品比重（%）
1995	1 488	101	—	6.8
2000	2 492	370	49.9	14.9
2001	2 662	465	25.3	17.5
2002	3 256	679	46.1	20.9
2003	4 384	1 103	62.6	25.2
2004	5 934	1 654	54.5	27.9
2005	7 620	2 182	31.8	28.6
2006	9 689	2 815	29.0	29.0
2007	12 180	3 478	23.6	28.6
2008	14 307	4 156	16.3	29.0
2009	12 016	3 769	-9.3	31.4
2010	15 779	4 924	30.6	31.2
2011	18 986	5 488	11.5	28.9
2012	20 488	6 012	9.6	29.3
2013	22 090	6 603	9.0	29.9
2014	23 423	6 605	0.0	28.2
2015	22 735	6 653	0.7	29.3
2016	20 974	6 039	-0.1	28.8
2017	22 634	6708	11.1	29.6
2018	24 867	7430	10.8	29.9

资料来源 国家统计局，科学技术部．中国科技统计年鉴［M］．北京：中国统计出版社，1995—2019.

3）技术出口结构优化，技术含量不断提高

随着中国深入实施创新驱动发展战略，技术投入不断增加，通过引进、消化、吸收、再创新，中国以电子及通信设备制造业为代表的高新技术产业实现了跨越式发展，技术创新活力持续释放。尽管对外贸易下行压力加大，但是我国高附加值的技术出口逆势增长，尤其是信息技术和高端制造技术领域出口增长迅猛，技术出口结构明显优化。目前，技术咨询与技术服务出口占了我国技术出口总额的一半以上；“十三五”以来，我国软件出口规模实力明显提升，价值链持续向高端跃升。软件出口的强劲增长推动了出口的发展，尽管面临全球政治局势动荡、贸易增速低迷、贸易保护主义持续等挑战，但是随着智能制造、网络经济、数字经济加快发展，新技术、新模式、新业态不断涌现，全球软件市场对我国软件出口需求仍在扩大，2019年，中国软件和信息技术服务业实现出口505.3亿美元，同比增长达到22.6%。表8-4为2010—2019年中国软件和信息技术服务业出口规模及增速。

表8-4　　2010—2019年中国软件和信息技术服务业出口规模及增速　　金额单位：亿美元

年份	2010	2011	2012	2013	2014	2015	2016	20117	2018	2019
金额	97.03	143.39	194.16	253.56	300.57	333.93	342.30	375.56	412.27	505.3
增长率（%）	—	47.8	35.4	30.6	18.5	11.1	2.5	9.7	9.8	22.6

❖ **小资料**

数字服务出口按下“快进键”

4）技术出口管理日趋法制化

20世纪80年代初期，我国技术出口额很小，凭机遇、无计划、自发地进行。进入20世纪90年代以后，我国政府开始对技术出口实施法治化管理，设立专门部门，确定技术出口的程序和审批权限，制定鼓励技术出口的优惠政策，对企业出口给予信贷、税收等优惠政策或给予一定的补贴，鼓励出口企业到境外注册商标或出国参展等；同时，我国加大了对知识产权的保护力度，通过不断完善国内知识产权法律体系，积极参加国际性或者区域性组织，签订知识产权保护国际公约，使国内知识产权保护制度与国际贸易的结合越来越紧密，扩大了知识产权保护的地域范围，有力地支持了我国技术出口参与国际竞争。

5）技术出口市场由集中向多元化转变

我国（内地）技术出口市场主要依赖中国香港、美国和欧盟。我国（内地）与中国香港、美国的咨询服务贸易均呈顺差状态，而咨询服务贸易逆差主要来自欧盟、日本和韩国。由于我国（内地）技术引进也主要来源于这些发达国家和地区，核心技术受制于人，我国（内地）高新技术产品出口遭遇到的技术性贸易壁垒的阻碍很大。20世纪90年代以后，在保持对发达国家出口增速的同时，我国加大了对发展中国家的技术出口。目前，我国（内地）已与132个国家和地区建立了技术贸易联系，我国技术出口的最主要目的地为美国、中国香港和日本。随着技术创新能力的提升，我国（内地）对伊朗、美国、新加坡、瑞典、芬兰等国家的技术出口发展极为迅速。

6）出口主体仍以外资企业为主

在我国改革开放的发展进程中，一批跨国公司将高技术产品的加工基地转入我国国内，外资企业技术出口所占份额迅速提高到60%以上。近年来，我国民营科技企业凭借诸多自主研发的科技创新项目，在竞争中实现了“人无我有，人有我精”。民营科技企业虽然规模并不大，但是已经展现出强劲的出口发展活力。目前，外商投资企业仍然是我国第一大技术出口企业的类型，占技术出口总额的70%以上。民营企业为我国第二大技术出口企业主体。我国大型国有企业技术出口在改革开放后下滑明显。我国技术出口中外资企业占比过大，虽然增加了我国技术出口总量，但技术出口的附加值留在我国的极少，关键技术、核心技术基本控制在外方手里，从而制约了我国的技术贸易发展和产业转型升级。

7）技术贸易摩擦进一步加剧

随着我国高技术产品出口在国际技术贸易市场份额逐步扩大，遭遇的各种知识产权争端和技术性贸易壁垒层出不穷。中国是贸易保护主义最大受害国，已连续23年成为遭遇反倾销调查最多的国家，连续10年成为遭遇反补贴调查最多的国家，全球约有1/3的调查针对中国。中国光伏、轮胎等工业制成品在世界主要出口市场接连遭受贸易救济调查，机电、轻工、医药等涉及实用新型等专利纠纷的产品也频遭美国“337调查”。2019年1—11月，我国产品共遭遇来自28个国家和地区发起的101起贸易救济调查，其中反倾销57起，反补贴29起，保障措施15起；涉案金额总计324亿美元。与上年同期相比，案件的数量和金额分别增长了38%和108%。发达国家和部分新兴经济体不断通过各种贸易保护措施打压中国高技术产品的出口，我国高技术产业最迫切需要解决的是提高自主创新能力和掌握核心技术，才能保证我国高技术产业稳定、健康、快速发展，保证我国高技术产品出口规模的持续增长。

※小资料

中国知识产权保护制度的形成与发展

8.4 技术进出口的管理

我国对技术引进与技术出口采取统一管理制度。我国技术贸易管理的基本原则是：技术进出口应当符合国家的产业政策、科技政策和社会发展政策，有利于促进我国科技进步和对外经济技术合作的发展，有利于维护我国的经济技术权益，促进国民经济和社会发展。国家准许技术的自由进出口，但法律、行政法规另有规定的除外。

为了规范技术进出口管理，维护技术进出口秩序，促进国民经济和社会发展，中国根据《中华人民共和国对外贸易法》及其他有关法律的有关规定制定并颁布了《中华人民共和国技术进出口管理条例》，并于2002年1月1日起实施。

8.4.1 我国技术引进的管理

1）我国对技术引进的政策

（1）国家鼓励先进、适用的技术进口

根据《中华人民共和国对外贸易法》第九条、第十条的规定，属于禁止进口的技术，不得进口。属于限制进口的技术，实行许可证管理；未经许可，不得进口。进口属于限制进口的技术，应当向国务院外经贸主管部门提出技术进口申请并附有关文件。技术进口项目须经有关部门批准的，还应当提交有关部门的批准文件。国务院外经贸主管部门收到技术进口申请后，应当会同国务院有关部门对申请进行审查，并自收到申请之日起30个工作日内作出批准或者不批准的决定。技术进口申请经批准的，由国务院外经贸主管部门发给技术进口许可意向书。进口经营者取得技术进口许可意向书后，可以对外签订技术进口合同。

（2）技术进口许可证的申请

进口经营者签订技术进口合同后，应当向国务院外经贸主管部门提交技术进口合同副本及有关文件，申请技术进口许可证。国务院外经贸主管部门对技术进口合同的真实性进行审查，并自收到前款规定的文件之日起10个工作日内，对技术进口作出许可或者不许可的决定。属于限制进口技术的进口申请人，向国务院外经贸主管部门提出技术进口申请时，可以一并提交已经签订的技术进口合同副本。国务院外经贸主管部门依照规定对申请及其技术进口合同的真实性一并进行审查，并自收到前款规定的文件之日起40个工作日内，对技术进口作出许可或者不许可的决定。申请人凭技术进口许可证或者技术进口合同登记证，办理外汇、银行、税务、海关等相关手续。

（3）技术引进合同登记管理

进口属于自由进口的技术，合同自依法成立时生效，不以登记为合同生效的条件。技术进口经许可的，由国务院外经贸主管部门颁发技术进口许可证，技术进口合同自技术进口许可证颁发之日起生效。设立外商投资企业，外方以技术作为投资的，该技术的进口应当按照外商投资企业设立审批的程序进行审查或者办理登记。经许可或者登记的技术进口合同终止的，应当及时向国务院外经贸主管部门备案。

（4）保密义务

技术进口合同的受让人、让与人应当在合同约定的保密范围和保密期限内，对让与人提供的技术中尚未公开的秘密部分承担保密义务。在保密期限内，承担保密义务的一方在保密技术非因自己的原因被公开后，其承担的保密义务即予终止。国务院外经贸主管部门和有关部门及其工作人员在履行技术进口管理职责中，对所知悉的商业秘密负有保密义务。

（5）技术进口合同的让与人应当保证自己是所提供技术的合法拥有者或者有权转让、许可者

技术进口合同的受让人按照合同约定使用让与人提供的技术，被第三方指控侵权的，受让人应当立即通知让与人；让与人接到通知后，应当协助受让人排除妨碍。技术进口合同的受让人按照合同约定使用让与人提供的技术，侵害他人合法权益的，由让与人承担责任。技术进口合同的让与人应当保证所提供的技术完整、无误、有效，能够实现约定的技术目标。

（6）技术改进在技术进口合同有效期内，改进技术的成果属于改进方

技术进口合同期满后，技术让与人和受让人可以依照公平合理的原则，就技术的继续使用进行协商。

（7）限制性条款

在技术进口合同中，不得含有下列限制性条款：①要求受让人接受并非技术进口必不可少的附带条件，包括购买非必需的技术、原材料、产品、设备或者服务；②要求受让人为专利权有效期限届满或者专利权被宣布无效的技术支付使用费或者承担相关义务；③限制受让人改进让与人提供的技术或者限制受让人使用所改进的技术；④限制受让人从其他

来源获得与让与人提供的技术类似的技术或者与其竞争的技术；⑤不合理地限制受让人购买原材料、零部件、产品或者设备的渠道或者来源；⑥不合理地限制受让人产品的生产数量、品种或者销售价格；⑦不合理地限制受让人利用进口的技术生产产品的出口渠道。

2）中国技术引进的基本原则

我国对技术引进的总原则是大力提倡并鼓励引进国外先进的、适用的技术，为此还制定了引进技术的基本原则，主要包括以下几个方面：

（1）合法性

技术引进必须依法进行，除国家规定属于自由进口的技术只需办理登记手续，不需要审批之外，进口属于限制进口的技术必须依法经过有关政府部门的审批，不得进口国家明令禁止进口的技术。

（2）经济性

技术引进项目必须能充分利用我国资源、技术力量及现有的生产经营条件，以获取宏观及微观的经济效益，宏观效益是国家层面的，微观效益是企业层面的。此外，经济效益还包括直接经济效益和间接经济效益。直接经济效益指技术引进对成本、销售及利润等方面的影响，可以直接从企业财务分析中反映出来。间接经济效益既指对企业在技术优势、品牌效应及产品市场竞争力等无形资产方面的影响，又指对社会就业、环保及地方经济发展的影响。引进技术时，可采用多渠道筹资，如利用外国政府贷款、混合贷款、出口信贷、国际金融机构贷款和商业银行贷款等，降低技术引进成本。

（3）先进性和适用性

《中华人民共和国技术进出口管理条例》第七条明确规定："国家鼓励先进、适用的技术进口。"在我国多年的技术引进管理工作实践中，对技术先进性、适用性正逐步形成一个比较清晰的标准，主要要求如下：

①在引进的技术中，应以软件技术为主、以成套设备等硬件技术为辅。

②注重引进实用技术，如产品的工艺技术、制造技术和管理技术等，以利于对现有企业的技术改造和产品更新。

③强调引进能填补国内空白的技术，避免重复引进。

④强调引进"兼容能力强"的技术，即引进的技术能与国内的技术配套使用，以充分发挥现有企业的潜力。

⑤优先引进出口创汇能力强的技术项目，以利于扶持或创建出口创汇能力强的工业项目。

⑥鼓励技术贸易与投资相结合，即允许外国的投资者以其技术作为股本与中国企业共办合资企业，从而达到引进国外先进技术的目的。

※小资料

新版《中国制造2025》重点领域技术创新路线图发布

8.4.2 我国对技术出口的管理

1）我国技术出口的管理政策

（1）国家鼓励成熟的产业化技术出口

根据《中华人民共和国对外贸易法》第九条、第十条和《中华人民共和国技术进出口管理条例》的相关规定，技术出口项目分为禁止出口、限制出口和自由出口三类。国务院外经贸主管部门会同国务院有关部门，制定、调整并公布禁止或者限制出口的技术目录。属于禁止出口的技术，不得出口。属于限制出口的技术，实行许可证管理；未经许可，不得出口。出口属于限制出口的技术，应当向国务院外经贸主管部门提出申请。

（2）技术出口的申请与审查

国务院外经贸主管部门收到技术出口申请后，应当会同国务院科技管理部门对申请出口的技术进行审查，并自收到申请之日起30个工作日内作出批准或者不批准的决定。限制出口的技术须经有关部门进行保密审查的，按照国家有关规定执行。技术出口申请经批准的，由国务院外经贸主管部门发给技术出口许可意向书。申请人取得技术出口许可意向书后，方可对外进行实质性谈判，签订技术出口合同。

（3）技术出口合同的生效

申请人签订技术出口合同后，应当向国务院外经贸主管部门提交下列文件，申请技术出口许可证：①技术出口许可意向书；②技术出口合同副本；③技术资料出口清单；④签约双方法律地位的证明文件。国务院外经贸主管部门对技术出口合同的真实性进行审查，并自收到前款规定的文件之日起15个工作日内，对技术出口作出许可或者不许可的决定。技术出口经许可的，由国务院外经贸主管部门颁发技术出口许可证。技术出口合同自技术出口许可证颁发之日起生效。出口属于自由出口的技术，实行合同登记管理。出口属于自由出口的技术，合同自依法成立时生效，不以登记为合同生效的条件。出口属于自由出口的技术，应当向国务院外经贸主管部门办理登记，并提交下列文件：①技术出口合同登记申请书；②技术出口合同副本；③签约双方法律地位的证明文件。国务院外经贸主管部门应当自收到《中华人民共和国技术进出口管理条例》第四十条规定的文件之日起3个工作日内，对技术出口合同进行登记，颁发技术出口合同登记证。技术出口合同的主要内容发生变更后，应当重新办理许可或者登记手续。经许可或者登记的技术出口合同终止的，应当及时向国务院外经贸主管部门备案。

（4）申请人凭技术出口许可证或者技术出口合同登记证办理外汇、银行、税务、海关等相关手续

（5）保密义务

国务院外经贸主管部门和有关部门及其工作人员在履行技术出口管理职责中，对国家秘密和所知悉的商业秘密负有保密义务。

（6）出口核技术、核两用品相关技术、监控化学品生产技术、军事技术等出口管制技术的，依照有关行政法规的规定办理

2）我国技术出口的原则

《中华人民共和国技术进出口管理条例》第三十条规定："国家鼓励成熟的产业化技术出口。"当前对于什么是"产业化技术"尚无统一定义。一般认为，产业化技术，特别是

成熟的产业化技术是指脱离了实验室阶段，具有专业化、规模化、市场化，在生产中已经被广泛应用的技术。

在商务部与科技部联合发布的《关于鼓励技术出口的若干意见》里，明确表示中国会通过政策扶持、加强国际合作、完善管理和服务等三方面支持企业积极出口成熟的产业化技术。同时，在落实好现行政策的基础上，积极提供金融保险支持，推动科研机构承接境外研发业务，鼓励科技型企业"走出去"。利用各种促进平台，组织举办技术出口推介和洽谈会，宣传我国优势技术。推动技术出口服务体系建设，加强对知识产权的管理和保护。通过完善财政、金融和税收政策，推动知识产权管理和保护，建设技术出口服务体系和交易平台，为企业开拓国际市场营造良好的政策环境。

在具体操作上，在扩大技术出口规模的同时，要重点注意以下几个问题：

(1) 继续坚持以技术出口带动其他产品出口

以技术出口带动设备、零部件和原材料等其他产品出口，实际上是技术出口国通行的做法，我国在实践中也取得了很好的经济效益，应该继续坚持。

(2) 广泛开拓发展中国家市场

我国是一个发展中国家，大多数技术的水平介于发达国家和发展中国家之间，但更接近于发展中国家。根据国际技术贸易的一般规律，技术贸易一般是从技术比较先进的国家流向技术比较落后的国家，或从发达的国家流向发展中国家。因此，我国技术出口的主要目标应该是发展中国家。

(3) 技术出口不应该影响我国产品已占有的国际市场

技术出口会提高技术进口国相关产品的生产能力，因此在出口技术之前，要对技术出口的目标市场进行调查，如果我国同类产品已在该市场占有一定的市场份额，则应对该国的技术出口进行限制，否则会使我国同类产品丧失在该国已取得的市场份额。

(4) 对生命周期长的技术，应先出口产品后出口技术

技术也具有从产生、发展到灭亡的生命周期，典型的技术生命周期一般要经过介绍期、成长期、成熟期和衰亡期四个阶段。但不同的技术生命周期的长短不同，对于生命周期相对较长的技术，在其介绍期和成长期不应出口技术，以避免影响产品的出口，应当等到该产品技术进入到成熟期或衰退期后再出口，从而为企业获取最多的利润和利益。

(5) 国家对经济发展急需的重点项目予以资助

国家对经济发展急需的重点项目予以资助，如设立技术和成套设备出口的买方信贷和卖方信贷，银行优先安排技术出口资金，给予一些重点技术出口企业对外融资的权利等。

(6) 鼓励采用贸工技银相结合的方式出口技术

应把具有市场和信息优势的外贸企业、拥有生产优势的生产企业、拥有技术优势的科研单位和拥有资金优势的银行结合起来，建立贸工技银联合体，参与国际市场竞争。

(7) 技术出口要符合国家外交政策和安全利益

在出口敏感领域的技术时，必须考虑与国家外交政策的协调和对国家安全的影响。

中国境内的技术出口经营者在技术出口之前，首先需要明确该出口技术是否属于国家限制出口或禁止出口的技术。

确定欲出口技术是否属于限制出口或禁止出口技术的方法有如下三种：

第一，技术出口经营者根据最新的《中国禁止出口限制出口技术目录》确定自己的技术是否属于禁止出口或限制出口的技术。

第二，通过中国专利局的保密审查程序确定某技术是否属于需要保密的技术。

从理论上讲，中国专利局保密审查程序认定为需要保密的技术才可能会涉及限制进出口的技术。中国专利局保密审查程序认定为不需要保密的技术，不可能会是限制进出口的技术。因为中国专利局保密审查程序认定为不需要保密的技术就是可以在所有国家和地区申请专利的技术，因为专利申请被公开后，对全球来讲都是可自由获知的，没必要也无法实现对该技术的进出口限制。

第三，通过办理限制出口技术出口申请程序，由限制出口技术出口主管部门审核该技术是否属于限制出口技术。

（8）技术出口必须综合权衡经济效益，不能损害国家重大经济利益

技术出口必须综合权衡经济效益，高新技术一般属于知识密集型、技术密集型和资金密集型技术，是知识经济的代表，但是基于知识和技术的特征，高新技术的流失非常容易。在同国外企业签订技术出口合同时不能只重视价格的高低、技术的交付和支付方式，而忽略了服务咨询、保密责任、使用传播条款，以免导致国家重大经济利益的损失。

（9）我国政府或中方当事人对引进的技术承担了保密和不出口义务时，严禁将引进技术再出口

当前科学技术已经成为推动经济发展最活跃、最具革命性的生产要素。科技发展水平成为国家竞争力的核心体现，作为创新和市场的纽带，技术贸易受到普遍关注，我国也把技术贸易列为对外经济与贸易发展的重要领域之一，《中华人民共和国国民经济和社会发展第十三个五年规划纲要》中明确指出："努力实现我国技术贸易总量和质量显著提升，技术进出口服务和管理体系逐步完善，基本形成覆盖技术进出口全链条的服务体系。"技术贸易的发展会进一步提升我国国民经济和社会发展水平。随着科技的迅速进步，技术贸易的结构升级，从工业经济时代以钢铁等传统技术为主，发展为以高端制造技术和信息技术为主，我国信息技术和高端制造技术贸易增长迅猛，结构明显优化。

同时，技术引进加快推动现阶段我国正在进行的供给侧结构改革，促创新、稳增长、调结构、惠民生的作用更加突出；技术贸易又进一步促进了我国新兴产业的发展和新兴业态的出现，推动我国供给侧结构性改革的深化和经济发展方式的转变。

本章小结

1.技术贸易又称有偿技术转让，联合国在《国际技术转让行动守则草案》中把技术转让定义为"关于制造产品、应用生产方法或提供服务的系统知识的转让"。技术贸易的内容包括工业产权（专利权和商标权）的转让与许可、专有技术和商业秘密的转让。技术贸易采用的方式主要有许可贸易、技术服务与咨询、特许专营、合作生产，以及含有知识产

权和专有技术许可的设备买卖等。

2.引进技术是指一国通过各种方式从他国获得先进技术成果的活动，包括购买专利技术和专有技术、技术咨询、引进成套设备及其技术、聘请专家与派出技术人员培训、引进经营管理方法，以及所必须附带的设备、仪器和器材等。

3.我国的技术引进工作从20世纪50年代开始，迄今经历了四个阶段。2001年12月中国加入世界贸易组织对中国扩大技术引进起到了积极推动作用，我国技术引进工作走向成熟发展时期。中国技术进口规模受国内外经济形势影响较大，技术引进质量不断提高，技术引进的方式灵活多样，技术引进来源国别渐显多元化趋势。

4.技术出口是指境内公司、企业、科研机构以及外国在中国的公司、企业以及其他经济组织和个人，通过贸易或者经济技术合作途径（不包括对外经济技术援助和科技合作与交流项目）向境外的公司、企业、科研机构以及其他组织或者个人提供技术。

5.我国真正具有商业性质的技术出口是从20世纪80年代开始的，到目前为止经历了四个发展阶段。现阶段我国高新技术产品出口在我国对外贸易出口中所占比重稳步提高，但增速放缓，技术出口结构优化，技术含量不断提高。技术出口由自发进行向有组织管理转变，管理日趋法治化。技术出口市场由集中向多元化转变；出口主体开始多样化转变，但仍以外资企业为主；技术贸易摩擦进一步加剧。

6.我国对技术引进与技术出口采取统一管理制度。我国技术贸易管理的基本原则是：技术进出口应当符合国家的产业政策、科技政策和社会发展政策，有利于促进我国科技进步和对外经济技术合作的发展，有利于维护我国的经济技术权益，促进国民经济和社会发展。国家准许技术的自由进出口，但法律、行政法规另有规定的除外。

主要概念和观念

★主要概念

技术贸易　专利权　商标权　专有技术　许可贸易　高新技术产品　出口管制　限制性条款

★主要观念

技术引进　消化吸收　知识产权保护

基本训练

★知识题

1.判断题

（1）专有技术是一种无形的知识财产，专有技术的表现形式，既可以是有形的，也可以是无形的。（　）

（2）采用排他许可的贸易方式，在合同规定的期限和地域内，许可方和任何第三方都不得使用该项技术和销售该技术项下的产品。（　）

（3）20世纪80年代初期中国开始尝试对外技术转让，以发展中国家为主要出口地区。（　）

（4）含有知识产权和专有技术许可的设备的买卖也属于技术贸易。（　）

2.单项选择题

(1) 我国专利权的确定，采用的原则是（　　）。

A.先声明原则　B.先使用原则　C.先注册原则　D.无异议注册原则

(2) 我国技术引进主要集中在（　　）。

A.软件和信息技术服务业　B.交通运输业

C.制造业　D.居民服务业

(3) 我国技术引进的最主要方式是（　　）。

A.专利技术许可　B.专有技术许可

C.技术咨询、技术服务　D.成套设备进口

(4) 在技术引进地区分布方面，我国（　　）技术引进一直占据主体地位。

A.东部地区　B.西部地区　C.中部地区　D.东北地区

(5)（　　）是我国技术出口额最大的行业。

A.专有技术转让　B.技术咨询与技术服务

C.软件业　D.生物技术研发

★技能题

1.简述技术贸易的主要内容和贸易方式。

2.同样是无形的知识财产的专有技术，它与专利技术在哪些方面有所不同？二者的联系有哪些？

3.中国技术引进在不同时期的特点和今后发展的基本原则是什么？

4.中国技术出口的原则及应注意的问题有哪些？

观念应用

★案例分析

从技术引进到技术输出

一批国内企业在合力攻关过程中共同成长，与西门子、三菱重工、壳牌等世界行业巨头同台竞技，打破对进口技术装备的“迷信”，使“中国制造”扬眉吐气。

这是一个在荒漠上崛起的具有战略意义的世界级工程，是中国建设史上保障国家能源安全的超级示范工程。

它承载着我国煤炭清洁化利用和破解煤炭产能过剩困局的重任；承担着“后石油时代”为我国能源装备制造提供技术战略储备的使命。

作为全球单套规模最大的煤制油项目，神华宁煤集团在实施过程中充分发挥“国家示范型实验室”作用，联合国内29家企业和科研院所攻关完成37项重大技术、装备及材料国产化任务，项目国产化率超过98%，打破了国外技术垄断，且多项指标居于世界领先水平。引领一批国内企业，在与欧美日制造业巨头的竞争中成功“逆袭”。

打破国外技术垄断

煤炭间接液化是将煤炭经过一系列化学反应“变”成油和气，是煤化工领域最高深的“魔术”。

21世纪初，国家提出推进煤制油项目示范开发建设工作。2004年1月，国家发展改革

委批复神华宁煤集团建设煤炭间接液化示范项目。此时，我国煤炭间接液化技术还是一片空白。南非沙索公司拥有比较成熟的煤炭间接液化技术，具有商业化装置运行和管理实践经验。为引进国外技术，神华宁煤集团拟与南非沙索公司合资合作建设该项目。“岂料，掌控核心技术的沙索坐地起价，不断提出附加条件。谈判一路磕磕绊绊，这一谈就是10年，依然没有得到想要的结果，技术入股，恒定收益率，即不管项目盈亏，都必须支付相应资金给沙索。对方开出的条件反而愈发苛刻，引进技术之路走不通。”神华宁煤集团副总经理姚敏说。

在此期间，国内煤炭直接液化和间接液化制油自主关键技术取得重大突破，2009年，中科合成油公司煤炭间接液化技术试验装置产出产品。

但是，中科合成油技术（高温费托合成技术）还有待进一步在大型商业化工程建设与运行方面积累经验。当时只在十几万吨的项目上实现了工业化运行。而神华宁煤集团要建设400万吨/年煤炭间接液化项目，风险相当大。如果失败，损失的不仅仅是500多亿元的投资。

如何抉择？技术被国外垄断，发展总会受到掣肘。

知难不畏，绝壁可攀。

神华宁煤集团誓要打破国外垄断，为国内科技创新、民族工业发展争口气。

“我们对国内外技术进行了综合比较，认为国内自主研发技术在多项技术经济指标上处于国际领先水平，已具备建设大型工业化项目的能力，神华宁煤集团决定采用具有自主知识产权的中科合成油公司中温浆态费托合成成套技术，独资建设400万吨/年煤炭间接液化项目。”姚敏说。

借助该项目，神宁煤业集团联合国内一大批装备制造企业开展了37项重大技术、装备及材料的国产化任务，重点开展了中科合成油公司费托合成及加工成套技术的百万吨级工业化示范，10万标立方米/小时空分成套技术和2 200吨干粉煤加压气化炉技术等重大技术、设备及关键材料国产化，项目国产化率高达98%。

只有把核心技术掌握在自己手中，才能真正掌握竞争和发展的主动权。自主国产化战役，终结了“洋货”暴利，大大降低了煤化工项目建设成本。

宁夏吴忠仪表公司为煤制油气化装置生产的阀门，价格仅为国外同类产品的一半，使用寿命却是国外同类产品的五六倍，煤制油项目由此节省10亿元费用。沈阳鼓风机集团10万空分用压缩机组研制出炉后，成功叫板西门子产品，对方价格从每套1.7亿元下调到1.2亿元。

“我们不掌握的技术，外企开价畸高或封锁，一旦我们掌握，价格马上就断崖式下跌。原计划投资550亿元，现在预计投资500亿元左右，减降成本10%，根源在于核心技术实现国产化。”神华宁煤集团董事长邵俊杰说。

神华集团董事长张玉卓表示，通过国产化的成功示范，我们成功开发出国产煤制油成套大型工艺技术，突破了工程化及大型装备制造、成套设备集成技术难题，打破了煤制油化工核心技术、装备及材料的长期国外垄断，逐步探索出了符合我国国情的科技含量高、附加值高、产业链长的煤炭深加工产业发展模式，为适应后石油时代、抢占技术制高点提供技术战略储备。

“中国制造”扬帆出海

煤气化是煤制油化工项目的龙头装置，也是关键装置。

在全球范围，煤气化技术屈指可数，且工业化运行成功业绩少之又少。国内外典型的煤气化技术包括美国GE公司的水煤浆加压气化工艺、多喷嘴对置式水煤浆加压气化，荷兰壳牌公司的SCGP煤粉加压气化技术和德国西门子GSP气化技术。但较前两者GSP干煤粉气化技术在实验室数据分析中具有设计理念先进、煤种适应性强、技术指标优越、自动化水平高等特点。

2010年10月，日耗煤2 000吨的GSP气化炉在神华宁煤集团投入试运行，首次工业化应用的GSP干煤粉气化技术，先后出现点火烧嘴点火成功率低、气化炉投煤不稳定、煤粉流量波动大、水冷壁烧损、气体带灰多、管线阀门磨损等问题，严重制约装置长周期稳定运行。

“我们建议西门子集团对气化装置进行改造，却遭到了对方极力的反对，”神华宁煤集团煤制油分公司总工程师黄斌说，“我们真的等不起，时间来不及、资金耗不起，等下去只能拖垮整个企业。”

“我们自己改造！”带着傲慢的德国专家只回应了两个字——“做梦！”，并签下了对改造后的装置不再承担责任的协议。

黄斌与技术团队经过两年多时间的技术攻关，先后对气化的关键路径和环节进行了5 000多次革新，工艺设计不合理、联锁控制烦冗、粗煤气灰含量高等诸多问题逐一解决。改造后的GSP气化技术从原始开车运行不到2小时到单炉创下累计运行1 633小时的历史纪录，实现工业化应用，并分享了西门子GSP干煤粉气化技术50%的专利分红。

为了摆脱气化的专利制约，真正掌握干煤粉气化技术的核心，使神华宁煤自己的专利技术付诸工业生产，黄斌又和他的团队组织开展了日投煤2 200吨干煤粉全套气化技术的研发工作，并最终形成具有自主知识产权的“神宁炉”，获得15项发明专利。

“‘神宁炉’解决了GSP气化技术只能吃‘精煤’的缺陷，能‘通吃’各种煤，为劣质煤清洁利用提供途径。国外能做的，中国的产业工人也能做，而且一定能做得比他们更好！”黄斌自豪地告诉记者。

核心竞争力不断增强，创新产品市场前景广阔。

2016年9月23日，这一刻值得铭记，这一刻也将永远定格。

在大洋彼岸的美国得克萨斯州，姚敏代表神华宁煤集团与美国顶峰集团签署了“神宁炉”气化技术许可合同，神华宁煤集团也由此真正迈出了从技术引入向技术输出坚实的一步，为中国制造走向世界树立了典范。

不仅如此，一批国内企业在合力攻关过程中共同成长，与西门子、三菱重工、壳牌等世界行业巨头同台竞技，打破对进口技术装备的“迷信”，使“中国制造”扬眉吐气。

杭氧公司以10万空分设备示范项目为契机，加大国外市场开拓力度，成功中标伊朗卡维、布什尔项目，市场占有率大幅提升。

依托煤制油项目的研发成果，河钢集团舞阳钢铁公司的钢板获得广泛认可，出口到中亚、中东地区，用中国钢板推动中国制造“走出去”。

江苏海鸥冷却塔公司在煤制油项目中研发大型环保冷却塔群成功，随后成功中标土耳其速马电厂项目，进入西门子全球采购系统，打入美国市场，收购马来西亚、中国台湾等国家和地区的企业。

接受记者采访时，河钢集团舞阳钢厂董事长邓建军、杭氧公司总工程师周志勇等人认为，实施国产化有效提振了我国能源装备制造企业信心，提升了企业的业绩，使它们与国外老牌知名企业同台竞技、抢占市场有底气，一批项目开始改用“中国制造”。

资料来源　佚名. 从技术引进到技术输出［N］. 人民日报，2017-02-20.

讨论：根据当前我国技术引进的特点，组织学生辩论技术引进的作用及今后我国技术引进的原则。

网上资源

1.http：//www.services-trade.com

2.http：//www.mofcom.gov.cn

3.http：//www.chinawto.gov.cn

4.http：//www.safe.gov.cn

5.http：//www.stats.gov.cn

第9章

中国服务贸易

学习目标

通过本章学习，你应该达到以下目标：

知识目标：掌握国际服务贸易、跨境交付、商业存在、境外消费、自然人流动等基本概念。

技能目标：掌握国际服务贸易发展和中国服务贸易进口与出口中的不同特点；了解中国对服务业开放所作承诺的主要内容。

能力目标：正确理解和把握现阶段中国为应对服务贸易自由化所采取的政策措施。

服务贸易是随着第二次世界大战后世界经济结构的调整，作为建立在新技术革命和产业升级基础上的新兴产业而迅速发展起来的。自20世纪60年代以来，世界服务贸易作为特殊的贸易活动加速发展，其增长的速度远远超过了世界货物贸易的增长速度。1979年世界服务贸易以24%的增长速度超过了增幅21.7%的世界货物贸易。这是世界服务贸易的增长速度首次超过世界货物贸易的增长速度。与此同时，国际服务贸易结构也走向高级化。服务贸易已日益成为影响各国经济发展的重要力量，不仅在各国产业结构升级和支柱产业的战略替代方面发挥了巨大作用，而且在各国国际收支平衡中也发挥着重要的缓冲作用，因此成为衡量一国国际竞争力的一项重要标准，更成为推动全球经济强劲、平衡、可持续增长的重要动力，世界经济已经步入服务经济的时代。

9.1 服务贸易概述

9.1.1 服务的概念

服务是相对于货物而言的一个经济学概念。服务是指对其他经济单位的个人、商品或服务增加价值，并主要以活动形式表现的使用价值或效用。

与有形商品相比，服务具有以下特征：

1）贸易标的的无形性和公共性

无形性是服务的最主要特征，在世界贸易组织《服务贸易总协定》按行业领域划分的12个大类服务贸易中，大多表现为无形产品。

服务贸易的无形性可以从两个不同的层次来理解。首先，服务的特质及组成元素，很多都是无形无质的，让人不能触摸或凭肉眼看见其存在，因此，服务提供者通常无法向顾客介绍形态确定的服务样品；其次，服务贸易的无形性还指服务不仅其特质是无形无质的，甚至使用服务后的利益也很难被察觉，或是要等一段时间后，服务消费者才能感觉到“利益”的存在。

但是，服务的无形性不是绝对的，在具体业务中，除了单纯的无形产品的交易外，有的还包含作为服务载体组成部分的有形商品的交易。很多服务需要有关人员利用有形的实物，才能正式生产，才能真正提供及完成服务程序。比如餐饮业服务中，不仅有厨师的烹调服务过程，还有菜肴的物质加工过程。

与货物贸易不同的是，大多数服务贸易商品具有“公共性”的特征。服务贸易商品所有者可以重复出售其产品，所有权并不会因为被出售而转移。如教育服务、健康服务以及娱乐、文化等服务可以用同样的资源和信息同时为两个以上的客户提供服务。

2）生产、交易与消费的同步性和不可储存性

与有形商品相比，服务具有不可分离的特征，即服务的生产过程、交易过程与消费过程同时进行，也就是说，国际服务贸易商品是以贸易作为生产的前提条件，生产、交易与消费同时进行。生产结束，交易与消费也同时结束。如国际旅游服务，生产开始也就是提供旅游服务的开始，旅游消费同时进行，生产结束，旅游消费也同时结束。

服务的生产与消费同步性又派生出服务不可储存性的特点。服务人员提供服务之时，也正是顾客消费服务之时，二者在时间和空间上不可分离。服务一旦被生产出来，就必须被消费，否则就会造成损失，如车船的空位等。

3）服务消费的差异性

差异性是指服务的消费效果及其质量水平往往存在显著差别。服务行业是以“人”为中心的产业，由于人类个性的存在，一方面，受服务人员自身因素（如心理状态）的影响，即使同一服务人员所提供的服务也可能会有不同的水平；另一方面，消费者本身的因素（如知识水平、兴趣和爱好等）也直接影响服务的质量和效果。差异性的特点使得对于服务的质量检验很难采用统一的标准。

此外，服务还有其他一些特征，如顾客参与性、小服务圈与规模经济的难题等。同时，服务与有形商品之间也存在着一定的替代性和统一性。

※小思考

服务贸易与传统的货物贸易相比，有哪些特点？

9.1.2 服务贸易的概念

服务贸易是随着第二次世界大战后世界经济结构的调整、服务业的兴起和发展而开始普遍使用的术语。“国际服务贸易”一词源于关贸总协定20世纪70年代的谈判决议，在概念上有狭义和广义之分，狭义的国际服务贸易是有形的，即发生在国家之间的符合严格服

务定义的直接服务（劳动力）的输出与输入活动；广义的国际服务贸易则不仅包括有形的劳动力的输入输出，也包括无形的提供者与使用者在没有实体接触的情况下的交易活动。

世界贸易组织（WTO）在《服务贸易总协定》中将服务贸易描述为“服务提供者在本国境内向他国境内消费者提供服务或在本国境内向其他国家消费者提供服务，或通过在其他国家设立商业存在或自然人的商业现场向消费者提供服务”，并概括了服务贸易的四种方式：跨境交付、境外消费、商业存在和自然人流动。服务贸易中的跨境交付、商业存在和自然人流动主要是通过提供服务获得外汇收入，提供这些服务的就是出口方，获得这些服务的就是进口方；境外消费在统计上被算作进口，提供有关服务的一方获得外汇收入，自然就成为服务的出口方。

国际货币基金组织（IMF）在国际收支表中，对服务贸易有明确的定义：服务项目涉及居民与非居民之间发生的服务交易，同货物生产所不同的是，服务并不生产某种有形的物质产品；而且在服务的生产发生之前，一国的服务生产者与另一国经济体的服务消费者就已事先作出安排。

WTO和IMF关于服务贸易的定义各有侧重，WTO关于服务贸易的定义注重国际服务的贸易方式，以各种不同的交易方式制定贸易规则，并通过减让表规则处理市场准入和国民待遇问题，而忽略其量化概念。WTO关于服务贸易的数据也是基于IMF的统计，但明确地把政府的公共服务部门排除在外，即使政府提供的公共服务具有商业性质。IMF关于服务贸易的定义更注重国际服务贸易在一个国家或地区产生的外汇收入与支出的数额，而忽略服务的不同交易方式。

9.1.3 国际服务贸易的内容

根据IMF《国际收支手册》第五版的分类，服务贸易分为11大类：运输服务，旅游服务，保险服务，金融服务，通信邮电服务，建筑安装与承包劳务，政府服务，专利使用和特许服务，计算机和信息服务，电影、音像服务和其他商业服务等。IMF关于服务贸易的统计数据，更适用于专家学者进行宏观经济的分析研究，适合作为政府部门制定宏观经济发展政策时的参考依据。

WTO关于服务贸易的分类更适用于国家关于各服务业的开放政策，以及对WTO以及其他国家和地区的开放承诺。WTO在《服务贸易总协定》中将服务贸易按行业领域分为12个大类，即商业性服务，通信服务，建筑服务，销售服务，教育服务，环境服务，金融服务，健康及社会服务，旅游及相关服务，文化、娱乐及体育服务，交通运输服务和其他服务。具体内容如下：

1）商业性服务

商业性服务是指在商业活动中涉及的服务交换活动，一共有6类这种服务，其中既包括个人消费的服务，也包括企业和政府消费的服务，分别是专业性（包括咨询）服务、计算机及相关服务、研究与开发服务、不动产服务、设备租赁服务和其他服务。

2）通信服务

通信服务主要指所有有关信息产品、操作、储存设备和软件功能等的服务。通信服务由公共通信部门、信息部门、关系密切的企业集团和私人企业间进行信息转接和服务提供，主要包括邮电服务、信使服务、电信服务、视听服务和其他电信服务。

3）建筑服务

建筑服务主要指工程建筑从设计、选址到施工的整个服务过程，具体包括：选址服务，涉及建筑物的选址；国内工程建筑项目，如桥梁、港口、公路等的地址选择等；建筑物的安装及装配工程；工程项目施工建筑；固定建筑物的维修服务；其他服务。

4）销售服务

销售服务指产品销售过程中的服务交换，主要包括：商业销售，主要指批发业务；零售服务；与销售有关的代理费用及佣金等；特许经营服务；其他服务。

5）教育服务

教育服务指各国间在高等教育、中等教育、初等教育、学前教育、继续教育、特殊教育和其他教育中的服务交往，如互派留学生、访问学者等。

6）环境服务

环境服务指污水处理服务、废物处理服务、卫生及相似服务等。

7）金融服务

金融服务主要指银行和保险业及相关的金融服务活动。

8）健康及社会服务

健康及社会服务主要指医疗服务、其他与人类健康相关的服务以及社会服务等。

9）旅游及相关服务

旅游及相关服务指旅馆、饭店提供的住宿、餐饮服务，膳食服务及相关的服务，以及旅行社及导游服务。

10）文化、娱乐及体育服务

文化、娱乐及体育服务指不包括广播、电影、电视在内的一切文化、娱乐、新闻、图书馆、体育服务，如文化交流、文艺演出等。

11）交通运输服务

交通运输服务主要包括：货物运输服务，如航空运输、海洋运输、铁路运输、管道运输、内河和沿海运输、公路运输服务，也包括航天发射以及运输服务，如卫星发射等；客运服务；船舶服务（包括船员雇用）；附属于交通运输的服务，主要指报关行、货物装卸、仓储、港口服务，起航前查验服务等。

12）其他服务

其他服务是指上述服务种类之外的服务。

以上这12个服务大类又如树枝状地层层分类，细分为160多个小类。如在商业性服务中有专业性服务、计算机及相关服务、研究与开发服务、不动产服务、设备租赁服务和其他服务6个分类。而专业性服务下又有法律服务、税收服务、城市规划和风景建筑服务等11个小类。

《服务贸易总协定》对服务类别的分类和定义不是一成不变的，服务贸易理事会下设的具体承诺委员会，负责有关服务类别和分类调整的技术性工作。例如，在通信服务中下设的电子邮件、语音邮件等都是近些年新添的科目。

※小资料

《国际服务贸易统计制度》

9.1.4 国际服务贸易发展的特点

国际服务贸易是伴随着国际货物贸易的发展而发展起来的。第二次世界大战以后，随着金融、电信、运输、旅游、信息、技术等产业的高速发展，这些领域内的服务业不断扩大。20世纪60年代以后，世界服务贸易作为特殊的贸易活动更是加速度发展，其增长速度远远超过了世界货物贸易的增长速度。进入21世纪后，国际服务业得到更加迅速的发展，服务贸易成为国际贸易的重要内容之一。与国际货物贸易发展相比，国际服务贸易的发展具有以下明显特点：

1）服务贸易已成为当今国际贸易中发展最为迅速的领域

在第二次世界大战之前，服务贸易是作为货物贸易的辅助项目发展起来的。直到第二次世界大战以后，随着社会经济的发展和科学技术的进步，国际服务贸易逐步成为国际贸易的主流。从20世纪70年代开始，世界各国服务业迅速发展，国际服务贸易规模不断扩大。据世界贸易组织统计，20世纪70年代期间，世界服务贸易出口与货物贸易出口均保持快速增长且大体持平，年均增长17.8%。从20世纪80年代开始，世界服务贸易出口平均增速开始高于货物贸易，到了90年代，服务贸易平均增速呈波动下降趋势，约为6%，恢复到与货物贸易基本持平的状态。跨入21世纪后，由于服务业信息化、现代化加速大大提高了服务业的可贸易性，世界服务贸易进入稳定增长期，增幅开始逐渐回升，促进了世界服务贸易的快速发展。据世界贸易组织统计，世界服务贸易年出口规模从1万亿美元增加到2万亿美元，大约用了10年时间，而从2万亿美元扩大到4万亿美元，只用了7年时间，到2015年，经过不到4年的时间，国际服务贸易出口额首次超过5万亿美元。世界服务贸易出口总额已从1980年的3 957亿美元上升到2015年的50 108亿美元，期间增长了11.66倍，年均增长率约为7.57%。然而，受到2020年1月新冠肺炎疫情的冲击，全球服务贸易增长减弱。根据世界贸易组织发布的2020年第一季度《全球服务贸易晴雨表》报告，自2019年年底至2020年第一季度，全球服务贸易增长继续呈放缓态势；全球服务贸易最新数值为96.8，低于2019年9月份的98.4，也远低于100的基准值，表明全球服务贸易增长低于趋势水平。其中，航空客运和集装箱运输下降幅度最大。

2）国际服务贸易结构从传统服务贸易向以知识技术的密集使用为特征的新兴服务贸易转型升级

20世纪70年代，国际运输、国际旅游等传统劳动密集型、资源密集型服务贸易的份额高达70%。进入21世纪后，由于运用了大量先进的技术手段，许多独立经营的新兴服务行业不断出现，尤其以咨询、计算机和信息服务、金融服务等现代服务业为代表的高附加值服务贸易发展最快，属于传统服务贸易的运输服务、旅游服务在国际服务贸易中的占比出现一定程度的下降。目前，在国际服务贸易中，国际金融服务、计算机和信息服务以及专利权使用费和特许费的出口额占国际服务出口总额的比重有所提高，但是，其他服务贸易出口占总额的比重仍然占50%以上。可以预计，以知识技术的密集使用为特征的新兴服务贸易将进一步取代劳动密集型、资源密集型的服务贸易。

3）国际服务贸易竞争加剧，服务贸易领域的国际经贸规则面临重构

服务贸易一直是经济发达国家的强项，无论是在经济实力还是在游戏规则制定方面发达国家都拥有着突出的优势。

从国际服务贸易地理分布上讲，国际服务贸易的发展很不均衡，西欧和北美的国际服务贸易一直具有较强竞争优势。1980年以来，美国、英国、德国、法国和日本等发达国家一直居服务贸易出口前5名。2019年进出口规模居于前五位的国家为：美国、中国、英国、德国、法国；出口规模居于前五位的国家为：美国、英国、德国、法国、中国；进口规模居于前五位的国家为：美国、中国、德国、法国、英国。除建筑服务外，在新兴服务业领域，发展中国家与发达国家供给能力的差距被拉大，如在专利和特许权使用费、金融、保险以及文化休闲服务的出口市场中，发达国家都占据了80%以上的市场份额。从服务贸易商品结构上讲，发达国家和新兴工业化国家与地区主要输出技术、知识和资本密集型服务，如银行、保险、通信服务、数据处理、技术服务、咨询、广告等领域，而发展中国家则主要发展劳动密集型服务，劳动力输出、旅游、运输是其最主要的服务贸易方式。

发达国家力争在巩固服务贸易国际竞争制高点地位的同时，积极推进服务贸易规则谈判，不断提高服务业开放标准，服务贸易领域国际规则制定权争夺更加激烈。

4）跨国公司的迅速发展加强了服务的国际化

跨国公司在金融、信息和专业服务方面都是重要的供应者，其中许多公司在世界范围内设立全球事业部、研发中心、采购中心等并以此为节点编织全球服务的供应链，推动服务贸易的全球供应链在广度和深度上都获得极大的发展。推动这种趋势发展的主要动力如下：

（1）跨越国境数据资料的流动和世界信息网的建立，使跨国公司有能力提供越过其传统部门的各种服务，如银行提供非银行服务。

（2）跨国公司需要扩大其活动以继续为顾客服务，这在保险和银行业上表现得更为明显。国际保险公司传统上一直为国际原料和制成品贸易服务。在银行部门，跨国公司势力尤强。跨国银行网络迅速扩大，以满足国际贸易发展的需要，同时扩大了国际金融市场活动的空间，国际商业支持服务也使广告公司和专业服务，如会计、法律和咨询服务得以扩大。

（3）为数不多的跨国公司提高了供应世界市场各种服务的能力，合并引起跨国服务公司的诞生。它们有能力向几个市场提供各种服务，或把商品与服务结合起来进行。它们有更好的进入金融领域、扩大信息系统的潜力，把交钥匙工程、设计和其他劳务结合。在工业广告中少数占统治地位的公司将其活动范围扩大到市场研究、公共关系和经营咨询领域。

5）服务外包成为新的服务贸易方式

服务外包是随着信息技术（IT）的发展和应用而产生的商业模式创新。服务外包是指企业将价值链中原本由自身提供的具有基础性的、共性的、非核心的IT业务和基于IT的

业务流程剥离出来后，外包给企业外部专业服务提供商来完成的经济活动。服务外包按照内容分类主要分为3种，即信息技术外包（Information Technology Out-sourcing，ITO）、业务流程外包（Business Process Outsourcing，BPO）和知识流程外包（Knowledge Process Outsourcing，KPO）。服务外包按业务细分则分为研发外包、软件外包、设计外包、金融服务外包、财务管理外包、公共服务外包等。作为经济全球化深入推进与产业分工细化的结果，服务外包已经成为全球产业链发展的重要途径之一。随着跨国公司的战略调整以及系统、网络、存储等信息技术的迅猛发展，由商业服务业务流程外包和与计算机服务相关的信息技术外包组成的服务外包正逐渐成为服务贸易的重要形式，并进一步发展到以新产品开发和研发为代表的知识服务外包。联合国贸发会议估计，未来5～10年全球服务外包市场将以30%～40%的速度递增。2020年，全球服务外包市场将超过150万亿美元。这些数据表明，服务外包正以其不可替代的优势成为国际商务活动中的新宠。

发达国家和地区是主要服务外包输出地，在全球外包支出中，美国占了约2/3，欧盟和日本占了近1/3，其他国家所占比例较小。发展中国家是主要的服务外包业务承接地，其中亚洲是承接外包业务最多的地区，约占全球外包业务的45%。中国、印度、爱尔兰、菲律宾和俄罗斯等20多个国家是全球外包市场的主要竞争者。随着全球服务外包业的日益发展和完善，中国和印度已成为吸引发达国家制造业和服务业外包的最主要地区。

9.2 中国服务贸易发展

我国服务贸易起步于20世纪80年代，虽然起步较晚，但发展速度较快。尤其是中国加入世界贸易组织以后，服务贸易的领域不断拓宽，规模不断扩大，服务业水平不断提高，对国民经济的发展贡献越来越大，在世界服务贸易中的份额和排名不断提升。

9.2.1 中国服务贸易发展进程

中国服务贸易的发展分成三个阶段：

1）服务贸易发展初显雏形（1949—1979年）

中华人民共和国成立之初，由于受国际冷战局势的影响，我国对外贸易的主要对象是苏联和东欧社会主义国家，贸易商品以货物为主。服务贸易主要集中在人才交流以及技术援助等领域。从国内产业结构来看，这一时期，我国经济建设以发展制造业为主，服务业处于被忽略的地位，电信、金融、运输、旅游等服务行业完全为国有国营。与发达国家相比存在巨大差距，结构不合理、生产服务不发达、技术含量低等问题突出。但这个时期的服务业对于中国的经济建设也起到了积极的作用。

2）服务贸易重新起步（1980—2001年）

1979年我国开始发展对外工程承包，20世纪80年代后国内旅游服务开始对外开放，之后我国服务业开放领域越来越宽，金融、经营管理咨询、人员培训、货物追加服务等进出口服务项目也随之发展，同时，外国直接投资开始进入餐饮、海上石油勘探、融资租赁、金融等行业。20世纪80年代是中国服务贸易重新起步上升时期，服务贸易发展起点低，1982年，我国服务贸易进出口总额仅为44亿美元。服务贸易商品结构以劳动密集型服务为主，主要集中在传统货物贸易服务领域。1991年以后，随着冷战的结束，世界形势趋于缓和，世界各主要经济体都开始注重各国国内经济与贸易的发展，为我国服务贸易的发展提供了一个良好的外部发展环境。同时，由于中国经济体制改革的不断深化，市场经济体制逐步完善，国内市场对交通运输、银行、教育、餐饮、旅游等需求激增，为我国服务贸易的发展提供了良好的基础条件。整个20世纪90年代，我国服务贸易的年均增长率平均为15.8%，高于国民经济的年增长速度，也高于国内服务业的年增长速度。2001年，我国服务贸易进出口总额达到726亿美元。

3）服务贸易蓬勃发展时期（2002年至今）

2001年12月中国加入世界贸易组织以后，中国履行入世承诺，市场宏观环境更加开放，服务贸易进入快速扩张时期，年均增长率接近19%，是全球平均增长水平的2倍。服务贸易的贸易总额方面，2003年，中国服务贸易进出口总额首次突破1 000亿美元，跻身世界10大服务贸易强国之列，一跃成为全球服务贸易的重要国家之一。期间受美国次贷危机影响，2009年中国服务贸易出口与进口分别显现出下滑与停滞现象，但服务贸易进口贡献度与进口拉动度在2009年对经济保持了正向作用。到2015年，我国服务贸易进出口的世界排名进一步上升到第二位，成为名副其实的世界服务贸易进出口大国。与此同时，中国的服务贸易结构发生了重要的转变，旅游、建筑、运输等传统服务行业逐渐被高附加值的咨询、计算机、信息服务、专利业务、广告宣传等新兴服务行业所取代，在服务出口中的规模优势也得到了进一步的巩固，经济效益逐步提高。

中国服务贸易进出口总体情况见表9-1。

表9-1 **中国服务贸易进出口总体情况（BPM6）**①

年份	中国进出口额		中国出口额		中国进口额		贸易差额
	金额（亿美元）	同比增长（%）	金额（亿美元）	同比增长（%）	金额（亿美元）	同比增长（%）	金额（亿美元）
1982	47	—	27	—	20	—	7
1983	48	1.4	28	3.6	20	-1.5	8
1984	59	24.9	31	11.7	29	43.3	2
1985	56	-5.5	31	0.3	25	-11.7	6
1986	61	9.2	39	24.6	23	-9.8	16
1987	66	7.0	41	5.7	25	9.2	16
1988	87	32.5	51	24.9	36	45.0	15
1989	101	16.2	62	21.6	39	8.5	23
1990	124	22.8	81	30.0	44	11.3	37
1991	137	10.1	95	18.4	41	-5.3	54

① 自2015年起，国家外汇管理局国际收支编制原则由国际货币基金组织《国际收支手册》第五版（BPM5）转换为《国际收支与国际投资头寸手册》第六版（BPM6）。与之前相比，第六版口径有三项主要变化：一是加工贸易从货物贸易调整至服务贸易；二是转手买卖从服务贸易调整至货物贸易；三是新版表式中借方用负值表示，服务贸易分类和细项名称略有调整。

续表

年份	中国进出口额		中国出口额		中国进口额		贸易差额
	金额（亿美元）	同比增长（%）	金额（亿美元）	同比增长（%）	金额（亿美元）	同比增长（%）	金额（亿美元）
1992	220	61.0	126	31.7	94	128.9	32
1993	266	20.9	146	15.9	120	27.6	26
1994	365	37.1	202	38.5	163	35.4	39
1995	496	36.0	244	20.9	252	54.7	−8
1996	506	1.9	280	14.6	226	−10.5	54
1997	622	23.0	342	22.4	280	23.8	63
1998	519	−16.6	251	−26.8	268	−4.0	−17
1999	610	17.6	294	17.2	317	17.9	−23
2000	712	16.7	350	19.3	362	14.3	−12
2001	784	10.2	392	11.8	393	8.6	−1
2002	928	18.2	462	18.0	465	18.5	−3
2003	1 066	15.0	513	11.0	553	18.9	−40
2004	1 452	36.2	725	41.3	727	31.5	−2
2005	1 683	15.9	843	16.3	840	15.5	3
2006	2 038	21.1	1 030	22.1	1 008	20.1	22
2007	2 654	30.2	1 353	31.4	1 301	29.0	52
2008	3 223	21.4	1 633	20.7	1 589	22.1	44
2009	3 025	−6.1	1 436	−12.1	1 589	0.0	−153
2010	3 717	22.9	1 783	24.2	1 934	21.7	−151
2011	4 489	20.8	2 010	12.7	2 478	28.2	−468
2012	4 829	7.6	2 016	0.3	2 813	13.5	−797
2013	5 376	11.3	2 070	2.7	3 306	17.5	−1 236
2014	6 520	21.3	2 191	5.9	4 329	30.9	−2 138
2015	6 531	0.2	2 174	−0.8	4 357	0.7	−2 183
2016	6 610	1.2	2 084	−4.1	4 526	3.9	−2 442
2017	6 799	2.90	2 122	1.82	4 677	3.34	−2 555
2018	7 569	11.33	2 327	9.66	5 242	12.08	−2 915
2019	7 434	−1.78	2 420	4.00	5 014	−4.35	−2 594

资料来源　根据国家外汇管理局数据整理。

9.2.2 中国服务贸易发展的特点

1）服务贸易发展趋势良好

改革开放前，我国服务贸易的开展主要是服务于当时的政治和外交需要，服务贸易规模统计资料几乎是一片空白。20世纪80年代以后，随着改革开放步伐的加大及国内服务业的发展，我国服务贸易增长十分迅速。除个别年份外，中国服务贸易进出口增速一直高于同期世界服务贸易平均进出口增速和服务贸易主要进出口国家（地区）的增速。加入WTO以后，我国更是积极参与国际服务贸易的开放，服务产业日益成长壮大，对外服务贸易快速发展，2010—2014年我国服务贸易年均增长接近17%，高出国内生产总值（GDP）年均实际增速近8%、高出国内生产总值（GDP）年均名义增速7%。之后，我国服务贸易进入一个平稳发展的新时期，2016—2019年，我国服务贸易每年保持着5万亿元人民币的进出口总额，2019年中国服务贸易进出口总额为5.42万亿元，同比增长2.8%。[①]同时，服务贸易进出口额在对外贸易进出口总额（货物和服务进出口额之和）中所占的比重不断提高，从2011年的10.3%升至2019年的17%，服务贸易的发展为中国对外贸易的平稳发展以及中国国内经济增长作出了重要贡献。同时，我国服务贸易对世界服务贸易增长的贡献率稳步提升，世界排名不断上升，国际排名从2015年起持续保持第二的位置，已经成为世界服务贸易大国。

※小资料

国家级新区服务贸易创新发展试点特色

2）服务贸易结构不断升级优化

经过多年的积累，我国劳动力优势逐步向劳动力资源、人力资本优势转化，资本优势也逐步传导到技术、品牌、质量、服务、知识产权、标准等高级生产要素优势中。随着生产要素优势逐步转化为服务贸易产业优势，我国包括建筑服务、信息和计算机服务、咨询服务、商务服务以及离岸服务外包在内的人力资源服务贸易发展迅速，高铁、桥梁、电站等建筑服务，以及软件外包、信息技术服务、呼叫中心等服务领域已经形成一批国际知名服务产品和服务跨国公司，伴随着货物贸易优势发展起来的运输、保险服务发展稳步增长。据官方数据，2019年中国知识密集型服务进出口额同比增长10.8%，高于服务进出口整体增速8个百分点，占服务进出口总额的比重比上年提高2.5个百分点。其中，个人文化娱乐服务、计算机和信息服务、金融服务延续快速增长态势，进出口增速分别为19.4%、18.9%、18.7%[②]。新兴服务贸易快速增长，提高了中国服务贸易附加值，促进了知识技术密集型企业发展，为国内产业结构升级作出了积极贡献。

---

① 中国新闻网．2019年中国服务贸易逆差同比减少1 760亿元［EB/OL］．［2020-02-11］．http：//tradeinservices.mofcom.gov.cn/article/tongji/guonei/buweitj/swbtj/202002/98220.html.

② 中国新闻网．2019年中国服务贸易逆差同比减少1 760亿元［EB/OL］．［2020-02-11］．http：//tradeinservices.mofcom.gov.cn/article/tongji/guonei/buweitj/swbtj/202002/98220.html.

3）中国服务贸易成为全球服务贸易增长的最大贡献者之一

随着中国经济转型升级步伐加快，服务业在经济中的地位不断上升，尤其是新兴服务业发展迅速，中国服务贸易的国际竞争力也在不断增强，中国对全球服务贸易发展的贡献越来越大。

2008年之后，全球经济急于从国际金融危机中复苏，而中国服务贸易2010—2014年年均增长接近17%，高于全球服务贸易年均增长速度7个百分点；其中服务出口年均增长速度为7.3%，高于全球服务出口年均增速3.3个百分点；中国服务进口年均增长速度为13.6%，高于全球服务进口年均增速9.7个百分点。中国服务贸易的高速发展，刺激了全球服务市场需求，为2008年之后全球服务贸易增长作出了巨大贡献。

2018年以来全球贸易摩擦加剧，贸易增长压力增大，受全球制造业活动和投资力度减弱影响，主要经济体服务贸易增长速度显著放缓，但中国服务贸易仍保持较高增速。2019年第一季度，世界服务出口出现0.07%的负增长，其中美国服务出口增长仅0.43%，同期中国服务出口增长5.7%，显著高于全球平均水平，中国服务与中国市场成为推动全球服务进口增长的最大贡献者。

4）服务外包成为促进服务贸易出口的新动力

服务外包产业在中国发展的时间不过10多年，由于中国在信息通信技术（ICT）等关键基础设施、人力资本结构、科技创新、语言文化等诸多领域形成的综合优势以及云计算、大数据、移动互联等技术快速普及应用，为培育服务外包竞争新优势发挥了重大的作用，中国服务外包产业向价值链高端升级加速，在经济发展新常态下逆势增长。目前，在以数字技术和数字经济为代表的新一轮科技革命及产业变革的驱动下，制造服务化、服务外包化趋势增强，服务外包规模稳步提升，产业结构高端化升级态势明显。通过向标准化、数字化、智能化、融合化的“四化”转型，中国服务外包市场潜力加速释放，行业深度不断拓展，转型新动能加速培育，生产性服务外包发展迅速，向全球价值链高端环节跃升，服务外包结构进一步优化。

※小资料

新冠肺炎疫情全球蔓延对我国服务外包产业发展的挑战

5）服务贸易逆差不断扩大但增速放缓

与货物贸易持续高额顺差不同，我国服务贸易逆差的规模不断扩大。根据国家外汇管理局2015年实行的新的服务贸易统计口径，1998年以前，除个别年份出现小额逆差外，我国服务贸易保持了极小幅度的顺差，但服务贸易规模亦非常有限。1997年亚洲金融危机后，外接加工贸易订单萎缩，我国服务贸易开始出现贸易逆差。2001年，随着中国加入WTO以后国内服务领域的逐渐开放，进口服务需求快速增长，进一步扩大了服务贸易逆差，2003年达到这几年来的最高水平（见表9-1），之后开始回落。从2005年开始，中国服务贸易逆差局面得以扭转，2005—2007年，中国服务贸易顺差从3亿美元上升到52

亿美元，保持了较好的发展态势。2008年，受金融危机影响，中国服务贸易各行业出口增速普遍受阻，进口增速快于出口，逆差规模激增。2009年服务贸易出口下滑12%，服务贸易逆差激增至153亿美元，是我国服务贸易有史以来逆差最大的一年。之后我国服务贸易逆差规模迅速扩大，2013年突破1 000亿美元大关，2014年达到2 137亿美元，之后我国服务贸易逆差增速放缓，2016年扩大到2 601亿美元。2019年，我国服务贸易出口总额增长8.9%；进口总额减少0.4%；服务贸易逆差为15 024.9亿元人民币，同比下降10.5个百分点。①

6）中国服务贸易市场保持高度开放

服务贸易市场对外开放的实质是服务进口的扩大，具体包括两个层次：一个层次是允许外国服务产品的进口；另一个层次是给予外国服务提供者市场准入的权利。

入世促进了我国服务业的开放，根据加入WTO的承诺，我国外资政策调整最集中的领域是服务贸易，分销、银行、保险、证券、电信、建筑、法律、旅游、交通等众多服务贸易领域的承诺得到落实。在WTO分类的160多个服务贸易部门中，我国已经开放了100多个，占62.5%。2010年，中国全面兑现了入世的有关承诺，市场达到了前所未有的开放深度，中国服务业的开放程度已经接近发达国家水平。

从服务业外商投资的内部结构来看，受国内管制架构的制约，一些直接服务于国民经济的重要行业，如金融、电信等专业化服务还没有完全市场化和产业化，仍具有一定程度的垄断性质，但这些行业对优化产业结构、促进产业升级、培育要素市场具有十分重要的意义。

9.2.3 中国服务贸易的发展展望

在世界经济与贸易增长乏力的背景下，国际产业转移的重心开始由制造业向服务业转移，服务业占世界经济总量的比重达到70%左右，国际服务贸易发展势头强劲，金融、保险、旅游和咨询等服务业是产业国际转移的重点领域。进入21世纪以来，服务贸易在结构性调整中爆发出新的增长力，显现出新的发展态势。世界贸易组织发布的《2018年世界贸易报告》预计，2030年全球服务贸易在贸易中的占比将提升至25%，其中发展中国家的占比将提升至57%。

1）服务业转型升级为服务贸易发展奠定了良好产业基础

随着供给侧结构性改革的深化，服务业日益成为中国国民经济的支柱性产业。2018年，中国服务业增加值在国内生产总值（GDP）中占比为52.2%，服务业对GDP的贡献率为59.7%，比2000年提升了23.5个百分点。2019年1—9月，中国服务业生产指数增长7.0%。同时，服务业转型升级步伐加快，新一代信息技术如互联网、物联网、云计算、大数据、人工智能技术等与服务业的融合发展，促进了信息传输、软件技术服务、商务服务业等新兴服务业蓬勃发展，催生了平台经济、体验经济和分享经济等一大批新产业、新技术、新业态、新模式。在服务业发展的带动下，中国服务贸易快速增长，年均增速均高于全球服务贸易年均增速，技术、知识密集型和高附加值服务出口占比持续提升，人力资源密集型和中国特色服务出口优势进一步巩固，服务贸易在开放型经济发展中的战略地位

① 中国新闻网．2019年中国服务贸易逆差同比减少1 760亿元［EB/OL］．［2020-02-11］．http://tradeinservices.mofcom.gov.cn/article/tongji/guonei/buweitj/swbtj/202002/98220.html.

显著提升，中国服务贸易大国地位将进一步巩固，服务贸易成为全球经济增长的重要引擎，继续为全球服务贸易发展作出重要贡献。

2）制度体系日益完善为服务贸易发展提供了良好发展环境

服务贸易重要性日益凸显，中央和地方政府不断探索并出台促进服务贸易发展的相关举措，中国服务贸易进入增速趋稳、结构趋优的新阶段。2019年以来，自贸试验区建设和深化服务贸易创新发展试点加快推进，通过深化服务领域的对内对外开放、改善投资环境等举措，各地正在加快形成区域服务贸易发展新优势。中国服务外包示范城市成为我国服务外包产业的重要载体和支撑，在产业集聚、引领示范、创新发展等方面发挥了重要作用。粤港澳大湾区、长三角一体化规划以及新增的自贸试验区都加大了服务贸易创新优化发展的力度，各地正在快速推进中医药服务出口基地、文化服务出口基地、数字服务出口基地的建设工作。此外，中国国际进口博览会、中国国际服务贸易交易会等国家级展会呈常态化、多元化发展趋势，为中国乃至世界服务贸易进出口提供新平台。相关政策及措施的落实推进将进一步完善中国服务贸易管理体系，在推动服务贸易区域协调发展的基础上，实现服务贸易的高质量发展。

3）服务贸易的国内外发展环境复杂多变

第一，国内服务贸易环境不断优化，发展潜力巨大。一是服务业快速增长为服务贸易发展奠定了良好基础。当前中国正处于经济结构转型升级的关键阶段，服务贸易发展的产业基础不断壮大，以互联网信息技术为依托的新业态和商业模式不断涌现，离岸服务外包业务和跨境电子商务发展迅猛。二是相关政策体系逐步完善，为服务贸易发展提供有力支撑。中央和地方政府不断探索出台促进服务贸易发展、扩大服务业开放的新举措。相关政策的落实推进将进一步完善中国服务贸易管理体制，提高服务贸易开放程度，提升服务贸易便利化水平，推动服务贸易规模与质量双双提升。但是，我国国内服务贸易的发展环境仍需进一步优化，亟待解决的问题主要集中在以下几个方面：一是各级政府部门、地方政府和国内企业要充分认识服务贸易的发展规律，建立发展服务贸易的工作联动机制。二是完善服务贸易出口退（免）税政策，加强发展服务贸易的支持力度。三是加快服务贸易中高端人才的培养，健全服务贸易统计指标体系。

第二，“一带一路”建设助推服务贸易发展。随着“一带一路”建设向纵深推进，相关国家在中国服务外包市场占比不断提升。与此同时，中国深入推进与相关国家的国际产能和装备制造合作，将有力促进工程承包、研发设计、运营维护等与制造业密切相关的服务贸易发展，并推动第三方咨询与认证、金融保险、物流采购等服务型企业“走出去”。

第三，国际服务贸易外部环境存在着困难与机遇。目前，世界经济复苏动力依旧不足，与服务贸易密切相关的货物贸易及航运业持续低迷，金融市场风险有所上升，新兴市场与发展中国家（地区）对服务业的开放更加谨慎，世界服务市场陷入萎缩的风险加大。另外，与服务业相关的跨国投资仍保持快速增长。除金融服务跨境并购放缓外，房地产和交通服务跨境并购表现强劲。传统服务业依然是今后一个时期跨境投资的主要领域。

第四，新冠肺炎疫情增加了世界经济发展的压力。2020年初暴发的新冠肺炎疫情，使世界经济面临着巨大的风险，其严重程度可能超过2008年全球金融危机和之后的欧债危机，外部疫情影响会通过贸易、投资、金融、产业链、人员跨境流动等渠道，给全球增长带来更大压力。世界主要经济体包括美国、英国、法国、德国、日本、意大利等国，采取了从未有过的严控措施，包括国家间、城市间、社区间的隔离，开始封锁彼此的交通和人员往来。这是自第二次世界大战后从未发生过的现象。特别是2020年3月中旬以后，美国的疫情日益严重，市场对于经济衰退的恐慌更加难以遏制，出现了股市、债市、黄金等全跌的现象。全球服务业受到了更广泛的冲击，零售业、交通业、房地产业和旅游业等行业的活动出现了迄今为止最大幅度的下滑。随着消费需求下降、出口受阻、供应链中断等市场阻滞的发生，有可能会出现债务违约或金融系统困局，即从企业财务问题发展成市场信用问题，最后演变成金融问题。在贸易领域，全球规则的重塑将加剧，全球化分裂继续。以上情况，都将对我国服务贸易的发展产生多重不利影响，并对我国经济增长和社会发展带来新挑战。

❈ **小资料**

2020年1—4月我国服务贸易发展情况

综合来看，虽然外部环境存在风险和挑战，但中国服务进出口正处于转型发展的关键时期，产业基础持续改善，政策支持力度加大，国内经济环境持续优化，国际市场更趋多元，为我国服务进出口快速增长创造了良好环境，推动服务贸易发展潜能持续释放，在中国对外贸易中的重要性将持续提升。

中国服务贸易年均增速均高于全球服务贸易年均增速，技术、知识密集型和高附加值服务出口占比持续提升，人力资源密集型和中国特色服务出口优势进一步巩固，服务贸易在开放型经济发展中的战略地位显著提升，中国服务贸易大国地位进一步巩固，中国服务贸易将继续为全球服务贸易发展作出重要贡献，将成为推动服务贸易成为全球经济增长的重要引擎。

本章小结

1.根据世界贸易组织《服务贸易总协定》的定义，国际服务贸易指“服务提供者从一成员境内向其他成员境内的服务消费者提供服务并获得外汇收入的过程”，据此将服务贸易分为跨境交付、商业存在、境外消费、自然人流动4种具体的形式。

2.服务贸易已成为当今国际贸易中发展最为迅速的领域；国际服务贸易结构从传统服务贸易向以知识技术的密集使用为特征的新兴服务贸易转型升级；国际服务贸易竞争加剧，服务贸易领域的国际经贸规则面临重构；跨国公司的迅速发展，加强了服务的国际化。

3.服务外包成为新的服务贸易方式。服务外包是指企业将价值链中原本由自身提供的具有基础性的、共性的、非核心的IT业务和基于IT的业务流程剥离出来后，外包给企业外部专业服务提供商来完成的经济活动。服务外包按照内容分类主要有3种，即信息技术外包（Information Technology Out-sourcing，ITO）、业务流程外包（Business Process Outsourcing，

BPO）和知识流程外包（Knowledge Process Outsourcing，KPO）。

4.2015年，我国服务进出口的世界排名进一步上升到第二位，成为名副其实的世界服务贸易进出口大国。

主要概念和观念

★主要概念

国际服务贸易　跨境交付　商业存在　境外消费　自然人流动

★主要观念

服务外包　服务贸易竞争力

基本训练

★选择题

1.国际服务贸易的地区发展极不平衡，1980年以来，（　　）一直居服务贸易出口前5名。

A.美国、日本、俄罗斯、荷兰和印度　　B.美国、英国、德国、法国和日本

C.美国、中国、德国、法国和日本　　D.美国、日本、中国、法国和印度

2.一成员的企业通过在另一成员境内设立附属企业或分支机构提供服务，这种服务贸易形式被称为（　　）。

A.跨境交付　　B.商业存在　　C.境外消费　　D.自然人流动

3.从服务贸易逆差的来源构成看，我国服务贸易逆差第一位的是（　　）。

A.旅游　　B.建筑　　C.运输　　D咨询

4.2015年，中国服务进出口在世界服务进出口中排在第（　　）位。

A.一　　B.二　　C.三　　D.四

5.从市场来看，（　　）一直是中国服务贸易最大逆差来源地。

A.欧盟　　B.美国　　C.中国内地　　D.东盟

★技能题

1.分析国际服务贸易发展的特点及其迅速发展的原因。

2.试述中国服务贸易发展的特点。

3.中国服务贸易发展的三大目标和六项任务分别是什么？中国应如何扩大服务贸易出口？

观念应用

★案例分析

人工智能进入快速发展期　智能互联网时代到来

AlphaGo战胜李世石让各界意识到了人工智能技术正在日渐成熟，其应用潜力不可限量。业内预计，从2017年开始，人工智能技术将进入快速发展期，智能互联网时代也将随之到来。

事实上，谷歌、亚马逊、IBM、百度等国内外公司已经在人工智能领域深耕多年，相

关应用也已经取得实质性突破。人工智能正在成为新一轮技术和产业变革的趋势，全球从芯片到互联网几乎所有的行业巨头都正在把发展重心转向人工智能。

市场研究公司Gartner已将人工智能列为2017年技术和产业发展的第一战略性技术，并预计2017年全球将有超过60%的大企业开始应用人工智能技术。美国斯坦福大学的研究则认为，2017年将是人工智能应用开始普及的重要一年。届时，人工智能将开始在医疗、制造业、交通、能源、金融等众多领域得到应用，会大大提升这些行业的发展水平，并能够为用户提供更为优质的服务。

百度、阿里、腾讯等互联网企业已进行了大量的前期研究，而联想、华为、京东等企业也已开始在这一领域展开积极布局。业内普遍认为，我国在人工智能领域和国际领先水平的差距并不大，在不少细分领域还处于国际先进水平。2017年，相应的人工智能应用在我国将开始涌现，这将大大促进我国人工智能技术的应用和发展水平。

联想集团总裁兼首席执行官杨元庆表示，随着人工智能技术的应用，我国互联网正在从PC互联网、移动互联网进入智能互联网时代。

资料来源　佚名. 智能互联网来了［N］. 经济参考报，2017-01-04.

学生分小组讨论：

1.如何看待“创新是推动服务外包发展的核心驱动力”这一观点？

2.联系实际讨论智能互联网时代的到来对服务外包商业模式的创新有什么影响；我国服务外包产业方应采取什么策略措施以适应新形势，把握新机遇，实现快速健康发展。（提示：从服务外包业务的范围、服务外包接/发包的模式、服务外包人才培养的要求、服务外包人员的从业方式等方面分析）

网上资源

1.http：// www.catis.org.cn

2.http：//www.services-trade.com

3.http：//www.mofcom.gov.cn

4.http：//www.safe.gov.cn

第10章

中国与WTO

学习目标

通过本章学习，你应该达到以下目标：

知识目标：了解世界贸易组织、倾销、补贴、技术性贸易壁垒等基本概念。

技能目标：了解外国对中国出口商品的反补贴调查、反倾销调查的原因。

能力目标：掌握应对国外反倾销、反补贴和技术性贸易壁垒的对策。

10.1 WTO

10.1.1 WTO简介

WTO，全称World Trade Organization；中文全称为世界贸易组织，简称世贸组织，负责管理世界经济和贸易秩序，总部设在瑞士日内瓦。1994年4月15日被宣布取代成立于1947年的关税及贸易总协定，1995年1月1日正式开始运作，1996年1月1日，正式取代关贸总协定临时机构。与只适用于商品货物贸易的关贸总协定相比，WTO涉及的范围涵盖了货物贸易、服务贸易以及知识产权贸易，是具有法人地位的国际组织，在调解成员争端方面具有更高的权威性。WTO与IMF（国际货币基金组织）、WB（世界银行）一起被称为世界经济发展的三大支柱。

作为世界贸易秩序的组织者，WTO的主要职能具体包括：

（1）组织实施世界贸易组织负责管辖的各项贸易协定、协议，积极采取各种措施努力实现各项协定、协议的目标。并对所辖的不属于“一揽子”协议项下的诸边贸易协议如《政府采购协议》《民用航空器贸易协议》等的执行管理和运作提供组织保障。

（2）为成员提供处理各协定、协议有关事务的谈判场所，并为世界贸易组织发动多边贸易谈判提供场所、谈判准备和框架草案。

（3）解决各成员间发生的贸易争端，负责管理世界贸易组织争端解决协议。

（4）对各成员的贸易政策、法规进行定期审评。

（5）协调与国际货币基金组织和世界银行等国际经济组织的关系，以保障全球经济决策的凝聚力和一致性，避免政策冲突。

WTO的目标是建立一个完整的包括货物、服务、与贸易有关的投资及知识产权等在内的更具活力、更持久的多边贸易体系，以包含关贸总协定贸易自由化的成果和乌拉圭回合多边贸易谈判的所有成果。

其宗旨包括：

①提高生活水平，保证充分就业，大幅度稳步地提高实际收入和有效需求。

②扩大货物、服务的生产和贸易。

③坚持走可持续发展之路，各成员应促进对世界资源的最优利用，保护和维护环境，并以符合不同经济发展水平下各成员需要的方式，加强采取各种相应的措施。

④积极努力以确保发展中国家，尤其是最不发达国家，在国际贸易增长中获得与其经济发展水平相应的份额和利益。

WTO通过实施市场开放、非歧视和公平贸易等原则，来实现世界贸易自由化的目标。

1）非歧视原则

（1）最惠国待遇原则

最惠国待遇原则指，一成员方将在货物贸易、服务贸易和知识产权领域给予任何其他国家（无论是否属于世界贸易组织成员）的优惠待遇，立即和无条件地给予其他各成员方。在国际贸易中，最惠国待遇的实质是保证市场竞争机会均等。

（2）国民待遇原则

国民待遇原则是指，对其他成员方的产品、服务或服务提供者及知识产权所有者和持有者所提供的待遇，不低于本国同类产品、服务或服务提供者及知识产权所有者和持有者所享有的待遇。国民待遇原则本质上意味着在征收国内税费和实施国内法规时，成员对进口产品和本国（或地区）产品要一视同仁，不得歧视。

2）透明度原则

透明度原则是指，成员方应公布所制定和实施的贸易措施及其变化情况（如修改、增补或废除等），不公布的不得实施，同时还应将这些贸易措施及其变化情况通知世界贸易组织。成员方所参加的有关影响国际贸易政策的国际协议，也在公布和通知之列。

3）自由贸易原则

自由贸易原则是指，在世界贸易组织框架下，通过多边贸易谈判，实质性削减关税和减少其他贸易壁垒，扩大成员方之间的货物和服务贸易，实行贸易自由化。WTO成员要履行WTO的义务，与此同时，WTO成员也享受一系列WTO赋予的权利。权利与义务平衡是WTO的最大特点。

4）公平竞争原则

公平竞争原则是指在世界贸易组织框架下，成员方应避免采取扭曲市场竞争的措施，纠正不公平贸易行为，在货物贸易、服务贸易和与贸易有关的知识产权领域，创造和维护公开、公平、公正的市场环境。

WTO禁止成员采用倾销或补贴等不公平贸易手段扰乱正常贸易的行为，并允许采取反倾销和反补贴的贸易补救措施，保证国际贸易在公平的基础上进行。

10.1.2 WTO与中国

2001年12月11日，中国正式加入WTO，标志着中国的产业对外开放进入了一个全新的阶段。

国内有学者称：1978年中国共产党的十一届三中全会、1992年邓小平的南方谈话，以及2001年加入WTO，是中国改革开放的三个里程碑。1978年前，中国只是世界人口第一大国。而今，中国的出口贸易、外汇储备、贸易经常收支盈余、主力银行时价总值、对美国政府债券的持有、汽车的生产与销售市场等，都占据了世界第一的地位。

WTO给中国带来了更佳机遇、更大发展与更多实惠。

WTO给中国带来了全新的对外经济贸易的法律制度。WTO使中国彻底摒弃了过去靠计划管理对外经济贸易的体制。之前，中国的对外贸易主要靠计划、配额、许可证以及通过对外汇和外贸经营权的控制来进行管理。加入WTO后，中国建立了与WTO规则相符合的以对外贸易法为核心的全新的外经贸法律体系，对海关法、商检法、外汇管理等诸多领域的法律法规也进行了全面的修订。全面对接国际通行规则的法律体系为中国对外贸易的快速发展打下了良好的基础。现在，除少数几种产品维持国营贸易外，所有产品取消配额、许可证，放开经营，实行自由贸易；中国彻底放开了外贸经营权，历史上第一次对不同类型的企业，包括私人企业在外贸经营权上实行国民待遇，允许其经营国际贸易，这大大激活了其从事国际贸易的积极性。

WTO使中国提高了对知识产权的保护水平。加入WTO前，中国对专利权、软件的保护落后于不少国家，对地理标识权、布图设计专有权缺乏应有的保护，对侵权盗版等刑事犯罪也缺乏相应立法及惩戒手段。加入WTO后，中国对专利法、商标法、著作权法等都进行了必要的修改、增补与调整，建立健全了现代知识产权保护制度，不仅有利于促进中国科学技术的发展，也有利于对国外高科技的引进，有利于吸引高水平的外商投资。

WTO促使中国改进了利用外资的法律制度。加入WTO前，中国利用外资的法律制度带有明显的让外资为中国创收外汇，限制内销，要求其自行解决外汇平衡，主动出口的特点。加入WTO后，中国修改了这些与WTO规则不符的条文，从而使利用外资的法律更具有先进性、竞争性。外商投资企业已经成为中国经济及对外贸易发展的一支主力军。

加入WTO全面改善了中国的对外贸易环境。此前，中国出口产品在美国不能享有长期的、稳定的、无条件的最惠国待遇，要年复一年地由美国国会批准。加入WTO才彻底解决了这一问题。毫无疑问，这有利于中美经贸关系的友好发展。不加入WTO，中国随时会受到他国“两反一保”或其他歧视性的贸易限制，不享有任何WTO的权利。加入WTO后，中国基本上扭转了这一被动局面。

此外，WTO给中国带来的还有很多难以用数字表示的益处：加入WTO才真正使中国在制定国际贸易规则上有了自己的话语权、制定权。这对在规则中反映、体现中国的诉求，乃至广大发展中国家的诉求至关重要。中国在WTO中拥有自己的法律地位，发挥自己的作用，这不但体现了中国应有的形象，也使WTO更加完整，更加名副其实。

中国在WTO不但有了话语权，还有了相对公正的，可以说理、评判是非的讲坛，可以通过WTO的争端解决机制来伸张正义，维护自己的权益。之前，当出现对中国出口产品无端歧视、无理限制时，我们只能被拖进进口方的司法程序，很难得到公正的对待。加入WTO给中国解决与其他成员的贸易争端提供了一个相对公平、有效的平台，我们作为成员方，积极运用这个平台，有效地维护了中国以及中国企业的贸易权益。

当然，也必须看到，WTO给中国企业带来了相当的挑战与压力，如需要降低关税、开放市场，面临进口产品的竞争，从事出口时面临严格的国际规范与标准，面临人民币的升值压力，等等。但事实证明，中国企业很快地适应了WTO的新环境，提高效率，挖掘潜力，克服困难，不断发展壮大。

WTO不仅仅是一个国际组织、一套法律制度，它更是一种文化。WTO给中国带来了一系列的新观念，新概念，如最惠国待遇、国民待遇、非歧视原则、统一实施法律、透明度、有限政府、司法审查、市场准入、贸易救济、知识产权保护等，不一而足。这些观念不但是企业维护自身权益的法宝，也是中国进一步改革开放需要考虑的要素。

加入WTO首先是给中国带来了经济贸易的发展机遇，带来了新的机制与文化，使中国在世界经济中获得了举足轻重的地位。当然，世界也从中国加入WTO以及中国经济的快速发展中，获得机会与利益。这是标准的多赢之局。

10.1.3 WTO的改革

在全球经济治理中，以GATT（关税及贸易总协定）/WTO（世界贸易组织）为代表的多边贸易体制是经济全球化发展的重要制度保障。第二次世界大战后的70多年来，GATT/WTO的原则及规则极大消除了国际贸易壁垒，加强了各国间的经济协调，为世界经济贸易发展提供了保障性、可预见性和强大推动力。1995年1月1日，WTO取代GATT开始负责全球贸易规则的制定与实施，这标志着多边贸易体制进入一个新时代，实现了二战结束前夕人们关于建立全球贸易组织的设想。

自成立以来，WTO在取得许多引以自豪的成绩、获得诸多赞誉的同时也始终面临着一些突出问题。自1999年WTO西雅图部长级会议以来，多边贸易体制需要进行改革逐渐成为一种广泛共识，有关改革的声音不断涌现，并提出了多种改革选择。尤其是近十年，WTO改革成为各成员讨论的中心话题之一，美欧一些学术机构多次举行专题研讨，为WTO改革建言献策。但由于缺乏强有力的成员推动，WTO改革一直未能取得重大进展，仅仅是停留在纸面上。

自2017年底以来，有关新一轮WTO改革的话题再次持续升温。在沉寂多年后WTO改革之声再起，其在于WTO正面临自建立以来的生死存亡危机。这既有WTO自身亟待改革创新的内在动因，也有来自美国的单边主义、贸易保护主义对全球贸易体系破坏的外在冲击。

1）WTO规则体系已不适应新的国际经济关系

在过去20余年，世界经济发生翻天覆地的变化，全球科技革命蓬勃发展，数字贸易迅速扩展，全球产业链布局深刻变化，新兴经济体崛起。然而，世界贸易组织规则体系未能与时俱进，不仅规则供给不足，而且制定新规则、完善现有规则的职能反被削弱和边缘化，造成全球多边贸易治理严重滞后于世界经济贸易发展现实。为提高世界贸易组织的适应性并保持其有效性，焕发多边贸易体制活力，积极应对当前和未来的挑战，有必要进行必要改革来推进WTO体系现代化。

2）WTO谈判功能和决策效率低下日渐凸显

作为全球贸易的核心机构、全球经济治理的重要机制，组织多边贸易谈判是WTO的重要职能之一。然而，WTO框架下的多边谈判只在有限程度上取得进展，比如达成了《贸易便利化协定》《扩大信息技术产品协定》以及取消农业出口补贴等，但在一些关键议题谈判上没有取得突破或令人满意的结果。自1995年成立以来，WTO框架下未能完成一轮多边谈判，自2001年启动的多哈回合谈判至今一直无法达成最后的一致，而且谈判工作已停顿多年。多元化的利益诉求和缺乏领导力，让164个成员达成协商一致的决定，变得极为困难。

在多边谈判久拖未决的同时，通过双边或区域贸易协定实现更深入融合的动力持续增强，且相关谈判不断取得突破。近年一些重要的区域或双边贸易协定已经生效或即将生效，比如《全面与进步跨太平洋伙伴关系协定》（CPTPP）、《欧盟-日本经济伙伴关系协定》、《欧盟-加拿大综合经济与贸易协定》、《美加墨贸易协定》（USMCA）和非洲大陆自由贸易区等。实际上，在过去十多年间，全球贸易自由化的推进、贸易壁垒的下降，在很大程度上是由双边或区域贸易协定所引发的。面对这种态势，有必要增强多边谈判的灵活性，适用更有效率的谈判模式，以维护WTO在规则制定中的核心地位。这对于一个拥有不同规模、不同优先次序和不同发展阶段的164个成员的系统来说，似乎是一条显而易见的道路。

3）WTO争端解决机制恐将陷入瘫痪

WTO争端解决机制（DSB）被誉为“WTO皇冠上的明珠”，它通过负责裁决成员间的贸易争端，保障了WTO原则及规则的有效落实和执行。但美国不满WTO争端解决机制的工作。美国表示，WTO法官经常逾越其职权范围，给成员强加新的义务。美国提出要恢复无约束力的、WTO成立之前的争端解决机制的要求。由于美国阻挠DSB上诉机构法官遴选进程，上诉机构濒临“停摆”局面。WTO上诉机构应由7名成员组成，目前仅有3名在任，其中2名的任期于2019年12月到期。若在此之前成员仍不能及时纳新，上诉机构将无法运行。一旦出现这种情形，相当于全球贸易治理倒退20年。

4）美国的单边主义、保护主义对WTO造成前所未有的冲击

原本倡导多边主义的美国在特朗普领导下转向单边主义。特朗普政府一直公开质疑多边贸易机制和WTO规则的合理性，指责WTO“功能不健全”，批评WTO“对美国不公”，誓言对WTO全面改革，甚至要改变WTO的基本规则。口头上特朗普政府多次威胁“退出WTO”，行动上更是绕开WTO原则和规则，采用国内法对其他贸易伙伴加征关税甚至发动贸易战。欧盟、日本等发达成员同样担忧美国的贸易保护主义做法，为维护WTO的完整性，将美国挽留或限制在WTO框架内行事，同时可以实现其共同的诉求，欧盟、日本等加强了与美国的合作，并尽力迎合美国需求，表示要联手全面改革WTO。

5）中美经贸关系重大调整也是推动WTO改革的一个缘起

特朗普政府执政后发布的第一份《国家安全战略》，明确把中国作为直接威胁和竞争对手。自2018年以来中美贸易战及中美贸易谈判更成为国际关注的焦点。在中美关系紧张背景下，中国成为部分矛盾的焦点，长期争论的世界贸易组织改革问题再次凸显。美国欲借世界贸易组织改革之机，再次把矛头对准中国，联手欧日来解决“对中国的不满”。美欧日结成三方联盟，提出WTO改革建议的相关内容都是与中国经贸摩擦中的争议问题。它们认为，中国现行的产业补贴、国有企业、知识产权保护、强制技术转让等做法是“非市场导向的政策与做法”，构成了歧视性，扭曲了市场竞争，属不公平贸易行为。而WTO改革就是要解决它们与中国经贸关系中的焦点问题，约束中国的发展模式和经济体制，取

消中国的发展中成员身份。

可见，开启新一轮改革是WTO多年来所形成的多重矛盾的叠加暴发。面对世界贸易组织处于成立以来最困难的时刻，进行必要的改革成为各成员的普遍共识，更新、完善多边贸易体系的机会也再次出现。

❖小资料

WTO改革是未来国际经贸规则博弈的主战场

从WTO成立至今转眼间又过去了近1/4个世纪。这25年，也恰恰是世界经济发展变化最为迅速的25年：全球化达到了前所未有的高度，地球村从概念变为现实，国际生产体系和全球价值链不断成熟，各国经济前所未有地相互依赖成为全球经济的一个部分或一个环节。在这种情况下，从经济学角度来看，世界经济发展所要求的已经远远不仅是各国开放市场、取消关税和壁垒，让外国的产品自由进出，而是全球生产要素自由流动、自由组合、自由生产。它不仅是跨国公司在甲国生产出产品以后自由地进入乙国和丙国（所谓“边境措施”），而是打开各国的边界，让跨国公司在甲乙丙丁诸国自由地安排其生产环节；不仅是生产要素在甲乙丙丁诸国自由地流动和组织，让原材料、零部件、半成品、产成品在各国间多次跨境流动，而且是各国具有保障生产活动得以有效运行的基本相同的企业制度、市场规则、竞争规则和真实成本，这就是所谓的“边境内措施”。

WTO所面对的世界已经不是1995年WTO成立时的世界，当然更不是WTO前身关税与贸易总协定（GATT）成立的1947年的世界。当今时代所面对的是一个前所未有的一体化国际生产场景，WTO过去的贸易规则显然应对不了这种场景下的问题。WTO必须改革已成共识，围绕WTO改革的博弈早已展开。而改革的方向必然是顺应经济全球化和国际生产一体化的大趋势，各国更加大幅度地开放市场，打破壁垒，减少补贴，建立公平竞争的市场规则和企业制度基础。经过中美、日美、欧美以及中欧谈判过程，这一共识基本形成。

未来博弈重点：如何解决规则缺失、失当和模糊

然而，有了这些共识和大原则，并不会使围绕WTO改革的博弈变得轻松。如何落实这些原则，以什么速度推进改革进程，如何形成规则的细节和实施机制，规则是否有例外，哪些国家能享有例外，都是未来博弈的重点领域。具体而言，在我们看来，规则缺失、规则失当和规则模糊是WTO运作迟滞、日渐失灵的主要原因。而如何解决规则缺失、规则失当和规则模糊，也恰恰是未来博弈的重点。

比如，作为一个由一百多个成员组成的集团，WTO要求凡事一致同意显然是一个失当的规则。多哈回合谈判历经20年无果而终被广泛诟病，浪费了大量时间、精力和成本，还付出了巨大机会成本。其原因之一就是各国难于就关键问题一致同意。同样由于这一原则，美国一国即可阻挠WTO上诉法官遴选以及争端解决机制的运作。再比如，根据GATT到WTO的规则，发展中国家可以享受特殊待遇，但究竟谁是发展中国家基本上靠自我认定，这样的规则缺失和模糊必然导致无休止的争论。

案例来源　王跃生．WTO改革是未来国际经贸规则博弈的主战场［N］．第一财经日报．2019-05-13.

10.2 WTO进出口公平贸易制度与中国对外贸易的发展

进出口公平贸易制度就是指进出口经营者在从事进出口贸易活动时应该依法经营、公平竞争。对于不公平竞争行为，有关主管部门有权采取相应的管理措施。

商务部数据显示，2018年以来，中国面临的贸易摩擦形势复杂严峻。2018年1到11月，中国产品共遭遇来自28个国家和地区发起的101起贸易救济调查。其中反倾销57起，反补贴29起，涉案金额总计324亿美元。与上年同期相比，案件的数量和金额分别增长了38%和108%。从行业来看，钢铁、化工、建材是立案数量较多、涉案金额较大的行业；从国别来看，美国、印度、加拿大、澳大利亚等是对中国产品发起贸易救济调查数量较多的国家。

中国已连续20年成为遭遇反倾销、反补贴调查最多的国家。中国已经成为第一货物贸易大国，巨大的出口体量使贸易摩擦难以避免。未来中国将面临数量更多、力度更大的贸易摩擦；不过中国应对贸易摩擦的机制也越来越成熟，手段和经验也越来越丰富。

10.2.1 反倾销制度与中国对外贸易的发展

倾销是指一国（地区）的生产商或出口商以低于其国内市场价格或低于成本的价格将其商品挤进另一国（地区）市场的行为。倾销不仅会严重损害进口国与之竞争的厂商与产业，而且会严重扰乱正常的贸易秩序。因此，倾销被认为是国际贸易违背公平竞争与公平贸易规则的不正当的商业竞争行为。

1）反倾销制度的内容

判断倾销的标准有三：第一，来自外国的出口产品以低于正常价格的价格在本国市场上销售，即存在倾销的幅度；第二，对被倾销国同类产品工业造成了实质性损害，或形成了实质性损害威胁，或实质性阻碍某项新兴工业的建立；第三，倾销与损害之间存在因果关系。

（1）倾销幅度的确定

倾销幅度即为出口价格低于正常价格的差额。因此，确定倾销幅度，关键是确定出口价格、正常价格和二者之间的比较规则。

①出口价格。出口价格是指出口商将其产品出售给进口商的价格。

②正常价格。确定正常价格有三种方法：

第一，出口国国内销售价格。它指被指控倾销产品或与其相同或相似的产品在调查期间，在出口国国内市场上已付或被约定应付的价格。

第二，向第三国的出口价格。当不存在或无法确定倾销产品的国内销售价格时，进口国可采用倾销产品向第三国出口的可比价格确定正常价格。

第三，结构价格。所谓结构价格，是指被指控倾销产品的生产成本加合理的管理费用、销售费用和一般费用以及利润。

③出口价格和正常价格的比较。在确定出口价格和正常价格之后，应对两种价格作必要的调整，把两种市场上的相同或同类产品的价格放在同一市场环境中进行比较。

（2）损害的确定

对一项倾销产品是否采取反倾销措施，还需要确定该项产品的倾销是否对进口方的国内产业造成了损害，以及损害与倾销之间是否存在因果关系。这里所说的损害是指因倾销行为对一国国内产业造成实质性损害威胁，或对这种产业的建立构成严重阻碍。这里所说的国内产业是指出口国国内生产相同或类似产品产业的生产者全体，或虽不构成全体，但包括其国内生产相同或类似产品产业的大部分生产者。如果两个或两个以上国家通过一体化具备单一的、统一的市场时，整个一体化区域内的产业也被称为国内产业。

2）外方对中国出口商品的反倾销

随着有关关税的降低和非关税壁垒的逐步减少，尤其是配额及许可证措施的限制使用，反倾销措施已经逐步演化为世界各国最普遍使用的维护公平贸易环境、抵制不公平竞争的重要手段之一。

外方对中国出口商品进行反倾销的首例案件是1979年8月欧共体对中国糖精发起的反倾销案。随着中国改革开放的深入和中国对外贸易的迅速发展，外方对华提出的反倾销指控愈演愈烈。尤其近年来，一些国际组织和国家对华商品的反倾销指控更是大幅增加，中国产品受到的反倾销指控位居全球之首。

（1）中国出口产品遭受反倾销指控的特点

中国出口产品遭受反倾销指控的情况，可以归纳出以下特点：

①反倾销案件迅速增多。从1979年欧共体对中国出口产品实施第一起反倾销起，外方对中国的反倾销呈逐渐上升趋势。据世界贸易组织的数据，截至2018年年底，中国已经遭受1 482件反倾销调查，占全球反倾销调查总数的24%，高居世界各国之首，是遭受反倾销调查排名第二的韩国的3倍多。

②反倾销国家越来越多。美国是中国最大的出口市场，也是对中国实施反倾销最多的国家。在反倾销实践中，发达国家提起的反倾销案件一般占65%以上，但是自20世纪90年代以来，一些发展中国家如阿根廷、智利、巴西、尼日利亚、印度、墨西哥也开始对中国提起反倾销调查，并且将中国列为头等目标。发展中国家对华发起反倾销调查的平均数为76起，占对世界各国发起反倾销调查总数平均（230起）的三成，对华实施反倾销措施平均为57起，亦占对世界各国实施反倾销措施总数平均的三成。

③反倾销涉及产品的范围越来越广泛。外国对中国反倾销的对象集中于中国的大宗传统出口商品、优势商品和具有发展前途的商品。在22个HS二级产品分类中，除油脂、宝石、武器、艺术品和未分类产品外，其他17类产品全部涉及。1995—2001年，中国遭反倾销案数最多的6类产品依次为贱金属制品（案件数占比25.0%）、化工产品（案件数占比22.7%）、机电和音像设备（案件数占比10.4%）、杂项制品（案件数占比7.7%）、纺织品（案件数占比5.0%）、玻璃和陶瓷制品（案件数占比5.0%），6类产品的案件数所占比例之和为75.8%。发达国家和发展中国家的对华反倾销均以化工产品、贱金属制品以及玻璃和陶瓷制品为重点。从上述分析可以看出：第一，某些反倾销案件具有明显的产业特征，例如钢铁、化工等均属于敏感行业，并且就业集中，发达国家和发展中国家都实行保护政策，因而反倾销的发案率明显偏高。第二，发展中大国工业门类齐全，与中国交叉重叠的

产业比一般发展中国家更多，因此，随着中国出口市场多元化战略的推进，遭到发展中大国的反倾销指控增多也有一定的必然性。第三，随着中国各类制成品出口额的不断增加，与许多发展中国家的贸易摩擦明显增多，中国遭受反倾销涉及的国家和产品的范围也越来越广。

④对中国产品倾销的确定带有很大主观性和歧视性。市场经济地位是反倾销调查确定倾销幅度时使用的一个重要概念。自加入世界贸易组织以来，中国政府一直在努力争取国际贸易各国承认中国的完全市场经济地位，获得市场经济地位将有利于中国外贸进出口的发展。事实上，我国入世后没几年就发现非市场经济条件成为贸易摩擦的重要根源。2004年左右曾有过一波对该问题的研究热。但近几年被再次提起和关注，主要原因是2016年11月所谓15年过渡期届满。据商务部统计，截至2016年5月，已有81个国家承认中国市场经济地位。但2017年，美国、欧盟、日本再次否定中国市场经济地位，这会继续影响反倾销、反补贴调查中价格和成本确定标准，使我国企业和产品在贸易救济调查和贸易争端裁决中处于不利位置，而且显然不乏政治意图。

（2）中国商品遭受反倾销指控的原因

中国产品被征收反倾销税主要有以下几个方面的原因：

①WTO限制非关税措施的使用使反倾销的作用更加突出。WTO严格限制非关税壁垒措施的使用，但允许采用反倾销手段，因此，一些WTO成员将反倾销作为贸易保护的主要工具。

②国外歧视性反倾销政策导致对华反倾销案件的增多。长期以来，一些国家一直对中国采取歧视性反倾销政策，改革开放了40多年的中国依然被看作非市场经济国家，并采用不合理的“替代国价格比较”办法衡量中国产品是否倾销，导致中国产品被裁定存在倾销或存在高幅度倾销。

③国际市场竞争日趋激烈。中国出口竞争力的相对提高导致反倾销措施的滥用。近20多年来，中国外贸出口迅猛增长。中国产品的劳动力和原材料优势使得中国产品在竞争中处于有利地位，于是，中国产品成为众矢之的。

④国内个别企业低价竞销。有关调查数据显示，在中国出口的160种商品中，有120种商品的出口价格比应有价格低20%。通常情况下，在贸易实践中，国际市场的价格指数每年一般上升3%，而中国商品的出口价格指数却连年下降，很明显，中国商品的出口价格存在偏低的现象。特别是随着中国出口数量的迅猛增长，中国出口商品对进口国的同类商品构成威胁不言而喻。

⑤国内部分企业不积极应诉。由于反倾销应诉需要支付几十万美元的巨额资金，企业难以承受，再加上反倾销应诉时间需半年甚至一年以上，并须提交企业的重要资料，因此，企业的应诉积极性不高。在已经发生的反倾销案件中，相当多的出口产品因中国企业不参与应诉或不积极应诉而被征收高额反倾销税。

随着中国对外开放程度的进一步加大，中国企业将越来越多地参与世界经济，同时也必将面对外国政府对中国出口产品越来越多的反倾销指控。因此，中国出口企业必须积极应诉，维护自身的权利。

※小资料

《中国入世议定书》(以下简称《议定书》) 第15条的规定

根据《议定书》第15条的规定，其他WTO成员在对中国企业发起反倾销调查时，如果中国企业不能证明其所处产业具备市场经济条件，则反倾销当局可以采用替代国价格进行倾销的认定和计算。

根据1994年GATT的反倾销协定，确定商品是否存在倾销行为应比较商品的出口价格与“基准价格”。对市场经济国家来说，“基准价格”由其国内市场价格认定；对非市场经济国家来说，国内价格不能作为“基准价格”，要选择替代国价格作为“基准价格”。

虽然《议定书》第15条并未认定中国是一个“非市场经济国家”，但外界还是更多地将其解读为是对中国“非市场经济地位”的定性。

“非市场经济地位”，犹如悬在中国企业头上的达摩克利斯之剑，在客观上鼓励了一些国家运用该条款作为贸易保护手段。

例如，在美国对华光伏产品反倾销案中，选择以泰国为替代国，而泰国的生产成本远高于中国，在此基础上判定的反倾销初裁税率最高达249.96%。

资料来源　张维. 中国连续19年成受到反倾销反补贴调查最多国家［N］. 法制日报，2015-07-03.

3）应对国外反倾销措施的对策

反倾销措施作为WTO允许采用的贸易政策工具，在中国加入WTO后可能产生更多的针对中国的反倾销案件，因此，中国政府和出口企业必须有相应的对策。

(1) 争取中国的市场经济地位

在国外对中国的反倾销案件中，中国企业面临的最大问题就是中国被视为“非市场经济国家”。经过中国政府和企业的努力，一些国家的态度已经有所改变，新加坡、新西兰、澳大利亚等国相继把中国从非市场经济国家名单中删除，在判定中国产品是否存在倾销时采取个案处理、分别对待的办法。只要中国企业提供有说服力的材料证明自己达到了有关规定的要求，将可以享受市场经济国家待遇或裁决的低税率。

(2) 提高企业应诉的积极性

对于国外的反倾销指控，中国企业往往不应诉，从而招致最高额的反倾销税率。企业不应诉原因是多方面的：一是企业应诉意识不强，认为国外市场可有可无。二是高额的律师费及相关费用使企业产生顾虑。三是企业在反倾销调查中需要提供重要的财务数据等商业秘密。

为鼓励企业积极应诉，商务部专门制定了旨在落实“谁应诉谁受益”的原则的规定，对表现积极的给予奖励，对不应诉或在应诉中表现消极的给予处罚。这些规定的落实已经初见成效。

(3) 提高产业和企业的管理水平

中国很多出口产品的倾销是由于国内某些行业和部门不了解国际市场的长期发展趋势，盲目生产，造成国内生产严重过剩，不得不低价出口。

(4) 加强商会、协会的行业宏观调控

外经贸管理部门应通过商会或行业协会等加强对外贸企业生产经营的管理、指导和协调，全盘考虑全国外贸产品的生产和出口布局，合理调节出口产品的数量和结构，及时有效地指导出口产品的价格水平，以避免出口价格过低，从而招致国外反倾销。

（5）完善反倾销预警系统

中国应该建立反倾销的信息中心，及时收集信息，掌握动态，提供咨询，形成一套较完善的反倾销预警机制。一旦发现对中国反倾销的倾向，及时作出反应。有关部门正在努力构建商品价格、数量分析监控体系，找出可能被国外提出反倾销的重点商品。中国五矿化工进出口商会已经初步设立针对包括钢坯等40余种五矿化工重点商品的自动预警机制，运用计算机系统自动分析出口产品价格、数量趋势，对可能引发国外反倾销的出口产品作出预警。

（6）争取采用价格承诺与自限数量方式

在反倾销应诉中，价格承诺与自限数量是WTO《反倾销协议》中所允许的协商解决方式。如果不能使进口国确信不存在倾销，就应争取用价格承诺和自限数量的方式解决纠纷。

（7）积极利用WTO争端解决机制

对于违反WTO规则的成员，中国应该将争议提交WTO争端解决机构予以解决，维护中国的合法权益。

4）中国进口反倾销

通过依法、公正、合理地实施贸易救济措施，可以遏制倾销、补贴产品对国内产业的冲击，维护公平竞争的贸易秩序，并使受损害产业生产经营得以恢复，产业竞争力得到提升。同时，开展反倾销调查的目的，是维护公平的竞争环境和正常的贸易秩序，而不是盲目地保护国内产业。

我国在1997年颁布了《中华人民共和国反倾销和反补贴条例》（简称《反倾销和反补贴条例》），加入WTO前，中国每年对外反倾销调查立案极少，加入WTO以来反倾销调查立案数开始增加，表明加入WTO后受国外进口产品冲击，中国运用WTO规则维护产业安全及本国企业在国际贸易中合法权益的能力大大增强。加入WTO以来，受外国进口产品冲击，中国对外反倾销立案数量逐年增加，反倾销法律法规逐步完善，涉及行业和产品范围日趋扩大，企业自身反倾销意识逐步提高。虽然中国进口反倾销有了一定进展，但与发达国家相比，中国对外反倾销仍存在许多问题，如反倾销行业过于集中，征收反倾销税率较低，调查期限不灵活，反倾销措施与外资政策重点冲突，国内从事反倾销专业人才缺乏等。

10.2.2 反补贴制度与中国对外贸易的发展

补贴是指一成员方政府或任何公共机构向“某些企业”（即指一个企业或产业或一组企业或产业）提供的财政资助以及对价格或收入的支持，以直接或间接增加从其领土输出某种产品或者减少向其领土内输入某种产品，或者对其他成员方利益形成损害的政府性措施。《反倾销和反补贴条例》规定，外国政府或者公共机构直接或间接地向产业、企业提供的财政资助或者利益为补贴。

1）反补贴规则的内容

很多国家为了促进出口，常常采用各种方式来进行补贴。补贴的结果是降低了企业的出口成本，从而使得企业能够以较低的价格出口数量更多的产品。

与倾销一样，出口补贴会对进口国的同类企业造成损害。为了防止各国政府政策对国际市场的扭曲和维护国际上的公平竞争，关贸总协定和WTO允许各国采取反补贴措施。同时，为了防止各国政府借反补贴为名实行贸易保护，关贸总协定和WTO对补贴和反补贴也作了明确的界定。

补贴被分成可诉补贴和不可诉补贴。不可诉补贴包括具有全局影响的补贴（如教育、基础设施、基本的研究与开发）和非经济的补贴（包括解决地区不平衡或城乡收入差异等）。这些补贴是被允许的，被称为“绿箱子”范围内的补贴。对于不在“绿箱子”范围内的补贴就是可诉补贴，可以采取反补贴措施。

在具体操作中，反补贴政策也是不可以随便使用的。在向进口商品征收反补贴税前，政府必须提供足够的证据来证明：①补贴确定存在；②同类或相同产品的国内产业已受到实质损害；③补贴与损害之间存在着因果关系。只有满足了这三个条件，进口国政府才可以对出口补贴采取反补贴措施，即向受到补贴的进口产品征收反补贴税。这种反补贴税的总额不超过进口产品在原产地直接或间接得到的补贴。

2）自由贸易区协定下的反补贴制度

反补贴措施是自由贸易区协定下贸易救济措施的重要组成部分，在目前世界各国签订的自由贸易区协定中，反补贴制度安排主要有以下几种模式：

（1）完全适用世界贸易组织相关规定

在目前大部分自由贸易区协定中，多数选择重申世界贸易组织框架下的《1994年关税与贸易总协定》第6条以及《补贴与反补贴措施协定》的权利和义务。如《欧洲共同体与智利自由贸易协定》规定：“如果一缔约方认为在其与另一方的贸易中存在倾销或补贴，它可以根据世界贸易组织《执行〈1994年关税与贸易总协定〉第6条的协定》以及《补贴与反补贴措施协定》的规定采取适当措施。”全球多数自由贸易区选择完全适用《1994年关税与贸易总协定》第6条以及《补贴与反补贴措施协定》的原因是，补贴通常涉及一国的国内经济政策，情况复杂，调查难度大，成员调查实践经验少，因此各国更倾向于适用已有的世界贸易组织相关协定。

（2）适用特别约定

《北美自由贸易区协定》（North America Free Trade Agreement，NAFTA）没有采取世界贸易组织框架内的反补贴协议，也没有规定区域内统一的反补贴规则，而是允许各缔约方在相互间采取反补贴措施时适用各自的国内法，即“每一缔约方有权对从任何其他缔约方领土进口的货物适用反倾销法和反补贴法”，并可以采用请求设立双边专家组的形式进行裁定。NAFTA中反补贴措施的应用模式是美国、加拿大、墨西哥三国利益权衡的结果。在谈判之初，美国并不希望修改国内反补贴立法，而企图用本国法律及法院对贸易区内其他成员国进行司法管辖，这侵犯了其他成员国的利益，因此，三国最后决定同时适用三个国家的反补贴国内法，并采用双边专家组的形式进行裁定，通过特殊约定确保裁定的中立性和有效性。

由于NAFTA成员有义务使其国内法符合世界贸易组织规定，因此在实践操作中，NAFTA成员也基本按照世界贸易组织规则处理补贴与反补贴问题，美国和加拿大也经常将反补贴案件在世界贸易组织争端解决机制中互诉对方。

（3）排除适用反补贴措施

欧洲自由贸易联盟（EFTA）、《内地与香港关于建立更紧密经贸关系的安排》（CEPA）等自贸协定中采取完成排除适用反补贴措施的模式。EFTA第36条规定：“反倾销措施、反补贴措施和针对第三国的非法商业行为实施的其他措施在成员国之间不适用。”CEPA第8条规定：“双方重申遵守世界贸易组织《补贴与反补贴措施协定》及《1994年关税与贸易总协定》第6条的规定，并承诺一方将不对原产于另一方的进口货物采取反补贴措施。”排除适用模式通常是成员之间因特殊政治经济关系而作出的安排，目的是实现自贸区内部更为宽松的、便利的贸易环境。

3）中国进行反补贴调查及采用反补贴措施的条件

（1）进口产品存在补贴

补贴是指出口国（地区）政府或者其任何公共机构提供的并为接受者带来利益的财政资助以及任何形式的收入或者价格支持。财政资助包括：

①出口国（地区）政府以拨款、贷款、资本注入形式直接提供资金，或者以贷款担保等形式潜在地直接转让资金或者债务；

②出口国（地区）政府放弃或者不收缴应收收入；

③出口国（地区）政府提供除一般基础设施以外的货物、服务，或者由出口国（地区）政府购买货物；

④出口国（地区）政府通过各筹资机构付款，或者委托、指令私营机构履行上述职能。

（2）补贴具有专向性

具有下列情形之一的补贴，具有专向性：

①由出口国（地区）政府明确确定的某些企业、产业获得的补贴；

②由出口国（地区）法律、法规明确规定的某些企业、产业获得的补贴；

③指定特定区域内的企业、产业获得的补贴；

④以出口实绩为条件获得的补贴；

⑤以使用本国（地区）产品替代进口产品为条件获得的补贴；

⑥在确定补贴专向性时，还应当考虑受补贴企业的数量和企业受补贴的数额、比例、时间以及给予补贴的方式等因素。

（3）补贴对已经建立的国内产业造成实质损害或者产生实质损害威胁，或者对建立国内产业造成实质阻碍

在确定补贴对国内产业造成的损害时，应当依据肯定性证据，不得将造成损害的非补贴因素归因于补贴。

4）中国开展反补贴调查取得显著效果

自2009年6月中国对美取向性硅电钢启动反补贴调查开始，中国反补贴调查的开展完善和丰富了中国贸易救济调查实践，对保护国内产业利益发挥了一定的作用，取得了较好的效果。

一是反补贴调查为中国国内产业提供了及时有效的救济；二是反补贴调查使中国掌握了美欧等世界贸易组织发达成员大量补贴政策和做法。通过调查，了解了美国和欧盟的宏

观经济和产业发展政策、财政政策、货币政策和贸易政策等；同时掌握了其为国内相关产业提供的大量补贴及实施补贴的做法。

在调查过程中，发现美欧补贴的几个特点如下：第一，补贴政策有法可依，透明度高；第二，补贴政策基本符合世界贸易组织规则的要求；第三，注重经济发展和社会职能；第四，侧重新能源或新技术领域；第五，鼓励落后和偏远地区的经济发展；第六，部分补贴项目设计复杂，形式上较为隐蔽，给中国调查和计算补贴率造成困难。

5）中国利用反补贴规则的对策

其实，反补贴作为WTO为维护非歧视和公平竞争的自由贸易而赋予成员的一项权利，一直是国际贸易制裁的重要措施。先前由于我国是非市场经济国家，该贸易措施未成为外国对我国进行贸易制裁的主要方式。但是随着越来越多的国家承认中国的市场经济地位，而且加拿大和美国在2004年和2005年分别修改了国内的反补贴法，使其能够适用于“非市场经济国家”，自此，西方发达国家频繁对中国出口产品发起反补贴调查成为一种必然的趋势。从2004年开始，加拿大和美国开始对中国出口产品发起反补贴调查。进入2006年，美加对中国出口产品发起反补贴调查更加频繁，掀起了一个反补贴制裁的高潮。2018年1—11月，中国产品共遭遇来自28个国家（地区）发起的101起贸易救济调查，其中反倾销57起，反补贴29起，保障措施15起，涉案金额总计324亿美元。案件的数量和金额相较上年分别增长了38%和108%。而在2017年，中国共遭遇21个国家（地区）发起的贸易救济调查75起，涉案金额110亿美元。中国已连续23年成为全球遭遇反倾销调查最多的国家，连续12年成为全球遭遇反补贴调查最多的国家。

（1）完善中国的反补贴立法

目前中国已制定了《中华人民共和国反倾销和反补贴条例》，对反倾销和反补贴问题作出了具体规定，从而初步建立起中国反补贴法律制度。中国的反补贴条例仅是大纲性质的，对反补贴中的许多具体问题都未作规定。考虑到加入WTO后负有的不使国内法与WTO协议相抵触的义务，中国就遵循WTO《补贴与反补贴措施协定》的原则与精神，认真研究其具体内容并结合中国国情来完善中国的反补贴立法。一方面，中国作为他国补贴措施的受害方时可以采取应对措施；另一方面，针对国外可能的反补贴指控，应充分合理地运用《补贴与反补贴措施协定》的规定和赋予中国的权利，未雨绸缪，并在遭遇国外反补贴指控和调查时采取积极的法律对策。

（2）充分利用好《补贴与反补贴措施协定》的有关特别规定和待遇

在发展中国家和从计划经济向市场经济转轨的国家，补贴可以起到重要的作用。为帮助发展中国家发展本国经济，《补贴与反补贴措施协定》第27条专列了一些针对发展中国家的优惠规定。中国既是发展中国家，又是向市场经济过渡的国家。按前者，中国取消出口补贴可以有8年过渡期；按后者，中国有7年过渡期，但中国未能作为发展中国家列入附录七的例外清单。不过，该附录是按世界银行的人均国民生产总值统计的，对中国有利。中国可以充分利用《补贴与反补贴措施协定》对发展中国家的特殊和差别待遇，利用“不可申诉补贴”以及对发展中国家的特殊待遇，制定积极有效的政策体系，促进某些产业的发展。

（3）注意采取多样补贴形式支持国内产业的操作策略

深入研究WTO与国外反补贴立法的理论与实践，清理中国现行的补贴措施与做法，停止或减少使用“被禁止的补贴色彩过分明显的措施”。所谓被禁止的补贴色彩过分明显的措施，是指那些旨在降低出口商品价格和进口替代产品的价格，而为某些特定企业提供直接现金补贴的措施，即直接补贴。政府可以采取资金转移以外的方式扶持企业。随着大数据统计方式的发展，通过资金转移手段扶持特定企业的证据很容易被搜集，各级政府应尽量避免直接的资金转移或间接地通过其他主体对企业实施大额资金转移。在信息时代，为企业提供全面的信息支持也是一种扶持企业的良好手段，其反映了政府的软实力，优质的、个性化的信息支持有助于企业生产更具有竞争力和针对性的产品，信息支持是一种不受SCM协议制约的合法补贴，欧美发达国家和地区早在20世纪末就有计划、大范围地开始为企业提供各种信息支持。此外，健全适当的出口信贷及保险制度有利于促进对外贸易，可以增强风险承担能力弱小的中小企业货物出口的信心，由于出口保险不具有专向性，通常不会被认定为补贴，扩大出口保险的保险覆盖范围对鼓励出口有一定帮助。

（4）关注其他成员方的补贴措施

世界上几乎所有的国家和地区都免不了要实施某种或某些补贴措施，关注和准确掌握这些补贴措施和实施情况及其影响，我国就可以扩大我方受补贴出口产品的营销或进口替代，约束外来受补贴产品的竞争，同时在解决有关补贴的争端等方面处于较有利的地位，至少可以确保我方能处于平等的地位。比如，可以根据所掌握的情况与有关成员方就补贴问题达成相互谅解，或在有关补贴的争端解决上取得主动。

（5）积极、认真地应对反补贴起诉

总的来说，反补贴案较少发生，其主要原因在于外国提供给该国生产商的补贴的详细资料很难获得，另外，补贴在全世界范围内广泛存在，因此，除非在非常明显的情况下，各国一般不愿进行反补贴调查，以免引起其他国家的报复。但是一旦提起针对中国的反补贴起诉，中国则应积极认真地去处理。在磋商过程中，应尽可能地要求对方提供充分、详细的起诉意见、理由及证据，以便我方能够提出针对性的申辩，并且应在保证我方基本利益的前提下，通过磋商与对方达成妥协。如果无法与对方达成妥协，对方已经实施反补贴措施，我方应密切关注有关反补贴措施的执行情况，积极参与调查程序。我方的辩解是否有力取决于我方对各种情况的掌握是否充分。事实上，对申诉理由驳回得越多、越彻底，成功的概率也就越高。同时，由于反补贴措施通常都有超出“抵消损害所必需的水平”这一倾向，我方应尽可能及时发现和努力制止反补贴措施的过度执行，必要时应及时提出“过度实施反补贴措施”的申诉。

❋小资料

世界贸易组织（WTO）2019年11月1日裁定，因美国政府未能遵守裁决，取消对中国的反倾销税，中国每年可以对最高达36亿美元的美国商品征收关税。相关媒体称这一判罚金额是WTO历史上排名第三高的裁决。上述裁决源起于2012年一桩中美在世界贸易组织框架下的诉讼案件。2007年至2012年，美国对来自中国的太阳能电池板、风力发电塔、钢瓶和铝型材等产品实施了反补贴关税。中国于2012年对美国的这种错误做法向WTO提起诉讼。经过几番互诉后，2019年7月16日，世界贸易组织公布了中国诉美国反补贴措施案（DS437）执行之诉上诉机构报告。裁决美方涉案的11起反补贴措施违反世贸规则，要求美方纠正其违规措施。中国商务部同年7月表示，世界贸易组织上诉机构的裁决再次证明，美方违反世贸组织规则、一再滥用贸易救济措施，严重损害了国际贸易环境的公平公正性。上述案件是一个很重要的诉讼案，最终裁决证明，美国的做法不符合WTO规则。美国下一步可采取的行动包括修改遭到指控的针对中国商品的非法反倾销限制规定，或者直接与中国解决纠纷。而英国广播公司（BBC）在11月2日的报道中认为，虽然这一裁决涉及的36亿美元与中美经贸摩擦所涉及的数千亿美元相比显得数额很小，但WTO的这一裁决颇有象征意义。

资料来源　倪浩. WTO裁定中国在反倾销争端中胜诉［N］. 环球时报，2019-11-04.

（6）中国作为他国补贴措施的受害方时可以采取积极应对措施

作为WTO成员，在面对他国补贴政策下产品对中国相同或相似产品带来的损害，中国又多了一条解决纠纷的渠道，有着一系列补救措施，这对中国争取国际公平竞争机会是十分有利的。因此，要充分合理地运用《补贴与反补贴措施协定》赋予中国的权利，在中国作为他国补贴措施的受害方时采取积极的应对措施。

（7）加强政府机构、企业和经贸研究机构之间的协调

补贴措施由政府机构制定和实施，企业是补贴措施的授予对象和受益者，而经贸研究机构包括律师机构对世界经济、国际贸易、国际经济状态和国际经贸法规等方面有深入的研究和了解。因此，政府在制定和实施补贴措施，以及对反补贴指控案件进行处理时，应加强与企业和经贸研究机构的联系与协调，以保证所制定和实施的补贴措施的合法有效和反补贴指控案件的迅速圆满解决。

（8）制定相应的法律规范

应当承认，中国目前尚存在各类不规范的补贴，其中许多与WTO的《补贴与反补贴措施协定》的规定是相悖的。随着市场经济体制的完善和出口贸易的发展，西方各国的反补贴法很快会适用中国的产品。现在就着手研究，依据《补贴与反补贴措施协定》的规定调整好政策，制定出新的操作规范是十分必要的。

10.3　WTO技术性贸易措施与中国对外贸易的发展

10.3.1　WTO关于技术性贸易壁垒的有关政策

1）WTO/TBT简介

针对技术性贸易壁垒日益盛行的情况，为了发展国际贸易，确保各缔约方的技术标准和法规不会对国际贸易造成不必要的障碍，早在1979年“东京回合”谈判期间，关贸总协定的各缔约方就签署了《TBT协议》，并于1980年1月1日起正式实施。现行协议是在1991年《TBT协议》文本的基础上，于1994年3月15日对文本的内容与文字作了最终修改与润色产生的。《TBT协议》由1个序言、15个条款和3个附件组成。

《TBT协议》的宗旨是：确保缔约方的技术法规和标准，包括包装、标志、标签等不会给国际贸易制造不必要的障碍。其目标是“建立符合国际认证制度的国家认证体制，在世界范围内消除技术性贸易壁垒，但不妨碍任何国家采取必要措施保证其出口产品的质量，或保护人类、动植物的安全和健康；保护环境或防止欺诈，但其措施不得构成对其他国家的不合理歧视，或对国际贸易变相限制的手段；鼓励国际标准和认证体系的发展，为

加速国际贸易的发展作出贡献”。

2）技术性贸易壁垒的基本内容

技术性贸易壁垒是指一国政府或非政府机构，以国家安全或保护人类健康和安全，或保护动物或植物的生命和健康，保护环境，防止欺诈行为等为由，采取一些技术法规、标准、包装、标签以及符合这些要求和确定产品质量及适用性能的认证和检验、检疫的规定和程序，成为其他国家商品自由进入该国市场的实实在在的障碍。广义的技术性贸易壁垒应该是因种种技术问题引起的贸易障碍。

技术性贸易壁垒呈现出双重性的特点，一方面技术法规、标准及合格评定程序本身通过对贸易商品的质地、纯度、规格、尺寸、营养价值、用途、产地证书、包装和标签等作出规定，可起到提高生产效率、促进贸易发展的作用，达到驱逐假冒伪劣商品、维护消费者合法权益、保护生态环境的目的；有时它还能迫使出口货物的发展中成员加快技术进步、技术改造步伐，提高本身的生产、加工水平。这是其起积极作用的一面。另一方面由于使用不当，进口方往往利用对贸易商品的各种形式技术规定和措施提出过高的要求，且常常变动，使出口方的货物难以符合这些技术要求，造成妨碍贸易正常进行的严重后果，这是构成其贸易壁垒的一面。

(1) 技术性贸易壁垒的表现形式

当前贸易摩擦愈演愈烈并显现出诸多新特征，同时技术性贸易壁垒的消极影响也有所凸显，贸易保护主义日盛，技术性贸易措施愈发变相成为贸易保护的工具。一些成员逐渐将技术性贸易措施作为保护自身利益的手段，使其成为影响国际贸易的重要因素。

以贸易保护为目的的国家或地区，不仅通过不断更新技术法规和技术标准及增加进口产品检验、检测的难度来设置贸易壁垒，还将知识产权、产品的价格以及进口产品的歧视性分类管理等非技术法规、标准与技术法规和技术标准结合起来，形成新的技术性贸易壁垒，进一步增加了技术性贸易壁垒的种类，使技术性贸易壁垒问题更加复杂化。以下是几种有代表性的技术性贸易壁垒：

一是道德壁垒，包括社会责任标准和动物福利标准。新近出现并被日益关注的全球首个“社会责任标准”——SA8000标准，就把贸易保护的实现转到劳工标准、保护人类健康、维护人权和社会责任上，且有很大的隐蔽性和欺骗性。

二是信息技术壁垒。发达国家利用其在信息技术上的优势，通过制定信息技术应用标准、信息技术应用的法规体系及合格评定程序，对国际贸易的信息传递手段提出要求（如电子商务、“无纸贸易”等），从而达到贸易保护的目的。

三是“绿色壁垒”。它是进口国为了保护本国自然资源、生态环境以及居民的健康，制定出一系列繁杂苛刻的进口商品难以达到的环保标准而形成的一种贸易障碍。绿色产品、绿色营销、清洁生产、环境标志等绿色壁垒构成了新的国际贸易保护网。一些国家为了维护自己的经济利益，利用消费者和国际社会对环保部门的广泛关注，以保护人类健康和生态环境为由，凭借自身先进的环保技术，通过提高环境标准阻碍他国产品进入本国市场，从而筑起绿色壁垒，将环境保护作为服务于贸易保护主义政策的一种新武器。

四是低碳壁垒。全球进入低碳经济时代，低碳经济发展正在成为世界经济新的增长点。低碳理念推动全球产业重构，国际贸易的产品结构将因此发生巨大变化。比如，产品碳足迹国际标准ISO14067已颁布，该标准运用量化的方法，采用生命周期评价的方法对产品各生命周期阶段的碳排放和碳清除作出量化的评估。这对产品生产过程中的能耗产生了极大的约束。

设定技术性贸易壁垒的初衷是保护环境、人类动植物健康及国家安全，具有一定的合理性。一些发达国家以保护环境和人类健康为名、行贸易保护主义之实的做法并不鲜见，出台严苛的技术规定将中国产品挡在国门之外，不少中国企业只能改进生产工艺和检测方法，购买新设备，产品成本随之提高。中国的产品努力满足这些国家和地区的要求了，它们的标准却又提高了，企业只能从头再来，一直处于追赶的状态。

正因具备较强的隐蔽性和动态性特征，技术性贸易壁垒往往成为一些国家施行贸易保护的工具，使中国的高科技企业在海外市场频频受阻，给中国出口带来的损失每年更是高达数百亿美元。

尤为值得警惕的是，技术性贸易壁垒不仅数量快速增长、要求日益严苛，更在彼此效仿中迅速形成体系，涉及范围从单一产品延伸至整个产业链。以前，技术要求往往只针对最终产品，现在则延伸到了产品设计、生产加工和包装运输领域，从使用、报废、回收到再利用各个环节都制定了严苛标准，对中国企业造成了更大困扰，进一步提高了企业的生产成本。

❈小资料

贸易壁垒愈演愈烈　“新规则”层出不穷

……签下海外订单，原本是件值得高兴的事，可接下来一连串“变故”却让人猝不及防。近日，重庆出入境检验检疫局披露了一份最新的调研结果：2016年全年，国外技术性贸易措施给中国出口企业造成损失高达5 200亿元人民币。

一家马来西亚进口商与重庆一家罐头企业签下订单，在订单跟进的过程中，却突然“变脸”，要求该出口企业必须申报公司位置和布局、人力资源状况、屠宰场址、兽医监督情况等10余项技术信息，否则将取消其出口马来西亚资格……经过调查，这些要求名为进口商提出，实际却是马来西亚农业部兽医局委托进口商实施的管制措施。

这些措施往往由政府制定规则，实施者却是非政府机构，已超出现行WTO规则的监管范畴。与此同时，道德壁垒、绿色壁垒等新型技术性贸易壁垒也层出不穷，打着“道德”“环保”的旗号，隐蔽性极强，已成为较难突破的技术性贸易壁垒。

“新规则”向“零门槛”地区蔓延

在出口市场，技术性贸易措施不再是发达国家的“专利”，正在迅速向发展中国家蔓延。近期，重庆出入境检验检疫局牵头对我国七个主要省市的摩托车企业进行的一项调查发现：东盟地区是世界摩托车主要消费市场，也是中国摩托车出口主要目标市场。此前，一直没有出现过摩托车技术标准，但近几年逐渐参照欧美国家和地区，出台了技术法规、标准等严苛的技术性贸易措施，导致我国摩托车企业在东盟的市场份额大幅萎缩。

调查结果显示，越来越多的国家将技术性贸易措施作为贸易保护的工具。最明显的一个变化是，曾经主要存在于个别发达国家的技术性贸易措施，如今正在向发展中国家蔓延。以往技术门槛较低甚至“零门槛”的发展中国家，正在“看齐”发达国家标准，扎起严密的“技术篱笆”。

例如，《欧盟化学品注册、评估、授权和限制法规》（REACH法规）生效后，韩国等国家也效仿欧盟出台了严格的REACH法规，土耳其等国家的REACH法规正在酝酿中，原本接受中国技术标准的埃及等非洲国家也宣布将根据欧盟标准制定技术法规，中国与其签订的相关技术协议也被迫废除。

……

资料来源　郭欣欣. 贸易壁垒愈演愈烈　“新规则”层出不穷　渝企“碰壁”一年被“卡”掉2亿多美金 [N]. 重庆商报，2017-12-26.

（2）世界贸易组织涉及技术性贸易壁垒内容的有关协议

世界贸易组织涉及技术性贸易壁垒内容的有关协议主要有：《技术性贸易壁垒协议（WTO/TBT）》《实施卫生与动植物检疫措施协议（WTO/SPS）》《与贸易有关的知识产权协议》《原产地规则协议》《农业协议》《关于贸易与环境的协议》《服务贸易总协定》以及原关贸总协定（GATT）的有关条款。

这些协议所表达的贸易技术性壁垒的问题基本上都是通过技术法规、标准、合格评定的形式反映出来的。其中最主要的是WTO/TBT协议。

10.3.2　国外技术性贸易措施对我国出口的不利影响

技术标准被许多国家用来实施贸易保护，它们往往以技术性贸易措施等非关税措施的面目出现。这种措施名义上合理，形式上隐蔽，但技术性复杂，对出口以及产品进口造成了极大障碍。在中国每年有超过30%的出口企业不同程度地遭受国外技术性贸易措施的影响，对我国出口企业造成巨大经济损失。

国外技术性贸易措施除了对我国造成直接的经济损失之外，还对中国国家形象和企业声誉造成了恶劣影响。我国经济快速增长，势必引发同现有大国在经贸领域的冲突和博弈。一些大的经济体由于经济增长乏力、失业率提高，也有意将经贸问题政治化和国际化，借产品质量安全问题抵制“中国制造”，某种程度上导致我国出口商品长期占据美、欧、日通报召回问题产品数量的首位。其中，有确属产品质量问题的，也有国外贸易保护主义和媒体炒作等原因。

10.3.3　中国应对国外技术性贸易措施的对策

随着我国经济发展方式的转变和国内外市场的一体化发展，我们一方面应正确认识国外合理的技术性贸易措施，并利用国外先进的技术性贸易措施倒逼我国出口企业乃至整个产业进行技术改造和水平提升；另一方面对国外不合理的要求应采取有效措施加以应对，以使其对我国出口的影响降至最低。要从战略战术、方法路线、方式手段等层面上系统思考我国的应对策略。

（1）参与国际规则标准制修订，加强双边和区域合作与交流

我们应高度重视和实质参与技术性贸易措施相关的国际规则和标准制修订，努力实现从国际规则遵守者向国际规则制定者和引领者的转变。重点做好参加WTO框架下多双边谈判，巩固和不断扩大我国在有关国际组织及区域组织决策层、管理层、技术机构和规则标准制修订中的影响力。

本章小结

1.2001年是中国经济改革和开放的一个重要年份。经过15年的不懈改革和努力谈判，中国于2001年12月11日正式加入了WTO，成为该组织的第143名成员。中国的产业对外开放自此进入了一个全新的阶段。

2.加入WTO后，中国的对外贸易快速发展，贸易摩擦也不断增加。市场经济地位是反倾销调查确定倾销幅度时使用的一个重要概念。自加入世界贸易组织以来，中国政府一直在努力争取国际贸易各国承认中国的完全市场经济地位，获得市场经济地位将有利于中国外贸进出口的发展。

3.中国利用反补贴规则可采取的对策包括：完善中国的反补贴立法；充分利用好《补贴与反补贴措施协定》的有关特别规定和待遇；注意采取补贴形式支持国内产业时的操作策略；关注其他成员方的补贴措施；积极、认真地应对反补贴起诉；加强政府机构、企业和经贸研究机构之间的协调等。

4.随着我国经济发展方式的转变和国内外市场的一体化发展，我们一方面应正确认识国外合理的技术性贸易措施，并利用国外先进的技术性贸易措施倒逼我国出口企业乃至整个产业进行技术改造和水平提升；另一方面对国外不合理的要求应采取有效措施加以应对，以使其对我国出口的影响降至最低。

主要概念和观念

★主要概念

进出口公平制度　倾销　补贴　WTO/TBT

★主要观念

判断倾销的标准　技术性贸易壁垒的双重性

基本训练

★知识题

1.判断题

(1) 中国关税总水平达到并超过了世界贸易组织对发展中国家的要求。　(　　)

(2) 中国已经是市场经济地位国家之一。　(　　)

(3) 中国产品受到的反倾销指控位居全球之首。　(　　)

(4) 出口补贴一般不会对进口国的同类企业造成损害。　(　　)

(5) 技术性贸易壁垒与技术贸易壁垒是同一回事。　(　　)

2.选择题

(1) 判断倾销的标准有（　　）。

A.来自外国的进口产品以低于正常价格的价格在本国市场上销售

B.对被倾销国同类产品工业造成了实质性损害，或形成了实质性损害威胁，或实质性阻碍了某项新兴工业的建立

C.倾销与损害之间存在因果关系

D.出口价格

E.正常价格

(2) 中国进行反补贴调查及采用反补贴措施的条件有（　　）。

A.出口产品存在补贴

B.补贴具有专向性

C.补贴对已经建立的国内产业造成实质损害或者产生实质损害威胁，或者对建立国内产业造成实质阻碍

D.进口产品存在补贴

E.补贴具有普遍性

(3) 下列有关世界贸易组织涉及技术性贸易壁垒内容的有关协议中，最重要的是（　　）。

A.《技术性贸易壁垒协议（WTO/TBT）》

B.《实施卫生与动植物检疫措施协议（WTO/SPS）》

C.《与贸易有关的知识产权协议》

D.《原产地规则协议》

★技能题

1.怎样应对国外对中国出口产品的反倾销？

2.如何化解国外技术性贸易措施对我国出口的不利影响？

观念应用

★案例分析

突破贸易壁垒　中国光伏产品出口持续走强

中美贸易战、光伏531新政、平价上网，2018年是中国光伏产业不平凡的一年。面对国内外的复杂形势，2018年中国光伏产业规模依然保持世界第一，产业化技术处于全球领先水平，前沿技术也在加紧布局。

中国光伏行业协会发布的数据显示，2018年我国光伏产品（硅片、电池片、组件）出口总额为161.1亿美元，同比增长10.9%；硅片、电池片受价格下跌影响，出口价格降低，出口量增加；组件出口额和出口量双升，出口量约为41GW（同比增长30%）；多晶硅进口约12.5万吨，同比下降20%；进口额为18.7亿美元，同比下降21.9%。

近日，在"光伏行业2018年发展回顾与2019年形势展望研讨会"上，中国光伏行业协会副理事长兼秘书长王勃华介绍说，光伏产业是我国为数不多的、可同步参与国际竞争并在产业化方面取得领先优势的产业。

中美光伏贸易纠纷8年　中国产品市占率逆势上扬

自2011年美国开始对华发起"反倾销""反补贴"调查并征收关税后，中国的光伏产品进出口便备受影响。2014年美国对华发起第二次"双反"调查；2017年美国发起201调查；2018年美国对华500亿美元征税清单中加入光伏产品。

"然而8年来我国光伏产品的全球市场占有率却越来越高，美国光伏企业则相继破产或外移。事实证明，贸易保护不是出路。"王勃华说，中国光伏企业对全球市场不要悲观，关键在于优化产业结构及提高竞争力。强大且稳定的国内市场是应对贸易战的坚实后

盾，练好“内功”、提升产业竞争力是应对贸易战的保障。

2018年9月3日欧盟对华光伏产品实行的反倾销和反补贴措施到期终止，欧盟对我国展开的长达5年的“双反”调查告一段落。王勃华认为，取消限制令对欧盟是有利的，将真正实现双方产业的互利共赢。数据显示，2018年欧洲市场复苏，中国对欧洲主要国家（荷兰、德国、英国）的组件出口同比增长，对乌克兰、西班牙的组件出口大幅增长。

王勃华表示，欧盟取消“双反”对美国等采取贸易保护政策的国家起到了引导示范作用。王勃华还强调，开拓欧盟等海外市场时，中国企业也要自律，合规经营，维护好市场环境，防范新一轮贸易壁垒冲击过大。

中国光伏行业协会数据显示，2017年中国光伏组件出口额为104.5亿美元，印度是中国第一大光伏产品出口对象国，对印出口占总出口额的29.8%（31.14亿美元），然而受2018年印度开始征收防卫性关税影响，2018年光伏组件出口印度占总出口额比例下降至15.2%（19.7亿美元）。日本是中国第二大光伏组件出口国，2017年对日光伏组件出口占总出口额的19.6%（20.48亿美元），2018年下降至14%（18.18亿美元）。

集帮新能源EnergyTrend分析师施顺耀表示，2019年印度光伏市场需求预估10.7GW，本国产能为3.36GW，虽然市场需求空间大，但受防卫性关税影响，中国对印度光伏出口量可能会继续下降。日本2019年光伏市场需求预估为5.75GW，但本地产能为4.3GW，出口市场空间小。

施顺耀特别指出，2019年澳大利亚光伏市场需求预估为4.65GW，然而其国内没有光伏产能，且对中国没有贸易壁垒，市场空间很大；2019年欧洲光伏市场需求预估为17.5GW，本地产能为1.2GW，其中仅土耳其对中国设置贸易壁垒，同样具有很大市场空间，2019年澳大利亚和欧洲市场将是中国光伏企业的蓝海。

2019年将掀起新一轮“走出去”热潮

据中国光伏行业协会统计，我国已有超过20家光伏企业通过合资、并购、投资等方式在海外布局产能，主要集中在越南、泰国、马来西亚等国家，其中2018年海外布局的电池片有效产能达到12.2GW，组件有效产能达18.1GW。此外，硅片、逆变器、光伏玻璃、背板、EVA等配套产品产能向海外布局开始增多，海外基地的产业配套能力逐渐增强。

王勃华分析，在光伏“531”新政策影响下，国内企业将电站开发、EPC、运营服务、储能业务向海外拓展，行业正在掀起新一轮“走出去”热潮。从全球来看，产量进一步向东南亚地区和中国集中，外国知名企业持续处于经营劣势。

施顺耀认为，贸易壁垒的建立导致全球对立局势升温，不利于自由贸易发展。加之中国是全球最大的光伏市场，单一市场占比过高，政策扰动将会给全行业带来冲击。市场淡旺季受个别国家的贸易政策钳制，减少贸易壁垒则市场兴旺，增加贸易壁垒则市场萧条。

资料来源　苏旭辉. 突破贸易壁垒　中国光伏产品出口持续走强 [N]. 中国贸易报，2019-01-22.

问题：

（1）如何理解“双反”调查对出口产业的影响？

（2）中国企业如何面对“双反”调查？

网上资源

1.http：//www.wto.org/

2.http：//www.worldbank.org

3.http：//www.mofcom.gov.cn

4.http：//www.ccpit.org

5.http：//www.cei.gov.cn

第11章

中国对外经济贸易关系

学习目标

通过本章学习，你应该达到以下目标：

知识目标：了解我国对外经济贸易关系的发展概况。

技能目标：掌握我国发展对外经济贸易关系的基本政策；掌握我国与发达国家以及东盟的经贸关系的发展。

能力目标：运用所学理论对现行的中国对外经济贸易关系进行更深层次的剖析。

11.1 中国与日本的经贸关系

中日两国是一衣带水的邻邦，贸易往来有着悠久的历史，两国有着地缘优势和很强的经济互补性，经贸关系发展的潜力很大，经贸关系是双方共同利益的最大交汇点。中华人民共和国成立后，中日贸易是以民间贸易为基础逐步发展起来的。它经历了20世纪50年代的民间协定贸易时期、20世纪60年代的友好贸易和备忘录时期。在此期间，受两国关系非正常化的影响，双边贸易规模很小，到复交前的1971年只有8.7亿美元；从1950年至1971年中日贸易额累计也仅有63.7亿美元；交换的种类也很有限，主要是肉类、农副产品、化学产品、冶金产品等。

自1972年中日邦交正常化以后，双方缔结了一系列政府间贸易协定，两国政府成为双方发展贸易的强大后盾。1974年两国政府签订了贸易协定，相互给予最惠国待遇；1978年2月两国签订了《中日长期贸易协议》，在历时13年期满后，又于1990年12月在东京续签，有效期为5年，自2001年起至2005年止。根据该协议，作为中日两国贸易的一部分，中国向日本出口原油和煤炭，日本向中国出口技术、成套设备和建设器材。此外，两国还签订了海运、航空、渔业、商标保护、科技合作、投资保护等有关协定，为进一步发展双边贸易提供了有利条件。

日本是中国主要贸易伙伴。截至2003年，日本连续11年成为中国第一大贸易伙伴，2004年被欧盟、美国超过，退居第三，2011年被东盟赶超，成为中国第四大贸易伙伴。中日双方贸易具有很强的互补性，双方已经互为重要的贸易伙伴。2012年中日贸易额下降，有日本国内经济不振、自身经济存在问题的影响。钓鱼岛的领土纷争在某种程度上也给我国与日本的双边贸易健康发展带来了一定的负面影响，尤其是2012年9月，日本“购岛”闹剧发生以后，国内企业的经营风险明显上升，企业直接面对着合同违约、货物退运等方面的风险。2016年，日本领导人再次认识到发展中日关系的重要性，并作出了积极改善两国关系的友好姿态，两国政治交往逐步恢复。2016—2018年，中国国家主席习近平在包括G20杭州峰会在内的多个国际会议上会见日本首相安倍晋三，李克强总理也在国际会议上会见安倍晋三，并在2018年5月出席第七次中日韩领导人会议期间，应安倍晋三首相邀请访问日本。2018年10月，应中国国家主席习近平邀请，日本首相安倍晋三时隔多年再次实现对华正式访问。在多次会晤和交流中，两国领导人一致同意要把握和平、友好、合作的大方向，推动两国关系持续改善、向好发展。特别是2018年10月安倍晋三访华期间，中日两国领导人一致确认，“将恪守中日四个政治文件的各项原则，妥善处理历史、台湾问题，维护两国关系政治基础”，“双方表示将共同推动两国关系在重回正轨基础上取得新的发展”。而且，2018年正值中日和平友好条约缔结40周年，日本领导人实现了访华，中日双方举行了纪念和平友好条约缔结40周年招待会和首届中日第三方市场合作论坛。双方还一致同意，两国要共同维护自由贸易、反对保护主义，加速推进中日韩自贸区和区域全面经济伙伴关系协定（RCEP）谈判进程，以实际行动推动亚太区域经济一体化进程。

双边资金合作与双边贸易一样，构成中日经贸关系的另一重要领域。一是日本对华投资。二是日本对华资金合作，包括：（1）日元贷款，即日本对中国的政府间开发援助（ODA）；（2）无偿援助，涉及环保、教育、扶贫、医疗等领域；（3）“黑字还流”贷款。

※小资料

日本“黑字还流”计划

日本“黑字还流”计划（Capital Recycling Program）是20世纪80年代中期日本政府为缓解国际压力，采取的一项旨在将国际贸易盈余、外汇储备和国内私人资本，通过政府发展援助和商业贷款等渠道重新流回发展中国家，从而达到削减国际收支顺差、促进日本对外投资、改善日本对外关系等目标的金融政策。

※小资料

日本的经济到底有多强大

日本为了实现第二次世界大战后经济扩张的目标，长期为企业减税，鼓励国内资本输出。到2015年，日本的海外资产已经接近10万亿美元，达到了国内GDP的2倍，更是超过中国GDP的80%。在高端产品领域，中国基本没有多少话语权，日本甚至早就抛弃已经沦为低端制造业的家电之类产业，全力转型投入资源再利用等新兴领域。世界上几乎所有的高科技公司都离不开日本的功劳。国内企业不得不向日本企业高价购买专利产品，花费巨资购买专利使用权，再经过自己加工组装，最大限度地利用廉价劳动力，赚取小额利润。

2016年日本人均GDP仍高达40 000美元，日本国民平均所得仍位居世界最高水平。只是由于所谓的日本经济“低迷”，日本把日本威胁论和日本特殊论这项“高帽”送给了中国。其实今天的日本在物质上的富裕程度已经达到了多少有点让人难以置信的程度。

资料来源　佚名. 日本的经济到底有多强大［EB/OL］.［2016-10-21］. http://business.sohu.com/20161021/n470901612.shtml.

11.1.1 中日经贸关系发展的特点

1）双边贸易额增长明显

中日贸易额呈跳跃式增长，1972年突破10亿美元，1981年突破100亿美元，1991年突破200亿美元，1996年突破600亿美元。2002年中日贸易额首次突破1 000亿美元大关，2004年中日贸易总额达到1 680亿美元，连续6年创新高。2007年中日贸易保持较快增长势头，进出口总额为2 360.2亿美元，同比增长13.9%。据日方统计，2009年，中国首次超过美国，成为日本最大出口对象国。2011年，中日双边贸易额达3 428.89亿美元，同比增长15.1%。然而，自2012年9月日本上演“购岛”闹剧以来，中日关系陷入邦交正常化以来的最低谷，中日经贸合作因此受到严重影响。双边贸易额在2012—2015年连年下降，其下降原因在一定程度上是受到了世界经济大环境的影响，也有中国内需下滑和日元贬值的影响，但一个重要背景是因中日两国政治僵局，经济关系尚未完全恢复。2016年，在双方的努力下，中日双边贸易进出口总值达到1.82万亿元人民币，同比增长5%。在钓鱼岛事件后低迷数年的中日贸易、日本对华直接投资、金融合作领域呈现企稳回暖态势，日本政府对中国“一带一路”倡议的态度也发生积极变化，双方外交以及贸易关系不断改善。据日本海关统计，2018年，中日双边货物进出口额为3 175.3亿美元，同比增长了6.8%，中国已成为日本的第一大出口国和进口国。据日本海关统计，2019年1—9月，日本与中国双边货物进出口额为2 233.1亿美元，同比增长0.7%。

2）贸易商品结构发生明显变化

从贸易角度看，中国从日本进口的主要是高端零部件和元器件，替代性小，很难在日本以外买到；而中国出口到日本的都是中低端的加工品，比如纺织品、服装等，这些产品的替代性大，很容易从东南亚各国等其他国家找到替代品。长期以来，中日贸易属于“垂直分工”，即中国对日本出口以初级产品为主，自日本进口以工业制成品为主。20世纪80年代中期以后，我国对日本出口商品结构发生了巨大变化，纺织品、服装、家电等制成品出口迅速增加，原材料、矿物性燃料比重下降。20世纪90年代以后，制成品比重已超过70%。其中，机电类商品已成为中国对日本出口的第二大类商品。与此同时，对日本进口商品也发生很大变化，电子产品、汽车及其零件和钢材、成品油等是中国自日本进口的主要产品。这表明中日贸易正由“垂直分工”逐渐向一定程度的“水平分工”发展。

3）经贸联系不断扩大，贸易形式更加多样化

从20世纪80年代起，两国的经贸关系已从单纯的货物贸易扩大到包括货物贸易、技术贸易、相互投资、政府资金合作的全面经济合作，如加工贸易，综合性的长期补偿贸易，石油、煤炭等领域里的合作开发。这些新的合作方式，有力地促进了中日贸易的发展。中国是日本的第一大贸易伙伴，而日本则是中国吸收外资、引进技术的主要来源国之一，日本仍然继续保持我国第一大进口来源国的地位，也是向中国提供政府贷款和无偿援助最多的国家。

11.1.2 中日经贸关系发展历程中存在的主要问题

自1972年中日邦交正常化以来，两国经贸关系获得了令人瞩目的发展，但也毋庸讳言，中日经贸关系中还存在着不少问题。

1）日本的贸易壁垒有碍中日贸易的发展

在出口方面，中国许多商品被日本所设置的关税和非关税壁垒拒之门外。在非关税壁垒方面，日本以卫生检疫标准等问题尚未解决为理由，长期以来不允许中国偶蹄类食肉及水果等动植物商品进入日本市场；对中国生产、出口的传统商品征收高关税等。

2）日本对华技术出口限制较严

日本政府在过去的很长一段时期内，严格执行“巴统”禁运规定，特别是1978年发生“东芝机械事件”之后，日本政府通过修改《出口贸易管理法》，对违反所谓“禁运”规定的日本企业实行更为严厉的惩罚条例，并在技术产品方面采取严格的出口审批和限制政策，给中日贸易投下巨大阴影。它不仅使我国同东芝机械公司签订的25个合同不能履行，给我国带来巨大的经济损失，而且大大限制了日本对华技术产品的出口，进而殃及中日贸易的正常发展。1991年以来，中日技术贸易有所回升，但仍不稳定。

3）贸易摩擦增多，摩擦范围扩大

中日经贸关系在发展中又始终伴随着难以应对的问题，摩擦的范围已不再限于农产品领域，我国生产的部分纺织品、轻工业品、钢材等都已成为日本以各种理由限制进口的产品。导致中日经贸摩擦加剧的背景和原因首先是日本经济的长期萧条与我国经济的快速增长形成鲜明的对照，中日两国经济增长态势的巨大差异在客观上助长了日本国内的“中国威胁论”，不少人开始对通过发展中日经贸关系来推动我国的改革开放与经济现代化产生怀疑甚至抵触，认为我国经济的持续快速增长将使我国成为日本在东亚的最大竞争对手，这显然非常不利于中日经贸关系的顺利发展。日本国内需求低迷与贸易保护主义抬头。目前日本经济面临的问题之一是需求低迷问题。在国内市场需求本已严重不足、美国经济增速放缓又导致出口受阻的背景下，日本产业界和政府有关部门中的贸易保护主义开始抬头，试图通过加筑贸易壁垒为本国企业保护国内市场。这是目前及未来一定时期中日贸易摩擦加剧的主要原因。

4）日方“购岛”行为难以避免会对中日经贸关系产生负面影响

2012年9月以来，中日之间针对钓鱼岛的领土争端，给中日经贸关系蒙上了厚厚的阴影。钓鱼岛及其附属岛屿自古以来都是中国的领土，中国对此拥有无可争辩的主权。日方所谓的“购岛”行为完全是非法的以及无效的，中方坚决反对。针对日方侵犯中国领土主权的行为，中国的消费者或者会以理性的方式表达其立场和他们的一些想法，中国政府认为这是他们的权利，并对此表示理解。中日经贸合作应该有个良好的政治环境，这是世界通行的一个准则。良好的政治环境和良好的国与国关系，是两个国家乃至多边国家发展经贸关系的基石。中日经贸合作的发展符合双方的利益，但是互利需要双方的共同努力。日方的所谓“购岛”行为，难以避免会对中日经贸关系产生负面影响。应该看到，经济利益是双边关系的真正核心问题，经贸关系出现摩擦和下滑，必将损害每个国民的切身利益。

11.1.3 中日经贸关系的发展前景

中日经贸关系在中日邦交正常化以来的近50年快速发展的过程中，也遇到了一些困难和瓶颈，特别是在当前全球金融危机影响尚未过去、世界经济依然存在各种不确定性的复杂形势下，中日经贸合作面临着新的风险和挑战。近年来，中日双边贸易投资增速有所放缓，“平台期”特征日益显现。如何进一步扩大双边贸易投资规模，扩展和深化全方位经济合作，是摆在双方面前的首要问题。这需要中日双方拿出共同的智慧和努力，把握和利用好当前中日经贸合作领域蕴藏的四个关键词。

1）第一个关键词是“FTA”

近年来，国家间双边和多边自由贸易区建设较为活跃，成为国际贸易投资制度安排的新趋势和新内容。目前，全世界有262个自由贸易区，对促进区域和双边贸易投资产生了积极影响。2012年11月，中、日、韩三国在柬埔寨举行经贸部长会议，正式宣布启动三方自贸谈判，至2017年4月，已进行了12轮谈判，在全球经济持续低迷、贸易保护主义愈演愈烈的情形之下，中日韩自贸协定一旦达成，将通过拓宽市场准入、降低贸易成本等方式挖掘提升区域市场潜力，并将促进东亚地区整合，为推进全球化进程释放积极信号。2017年11月，已经签署TPP协定的11个国家共同发表联合声明，宣布“已经就新的协议达成基础性的重要共识”，并决定改名为《全面且先进的跨太平洋伙伴关系协定（CPTPP）》，2018年12月30日，日本主导的CPTPP正式生效。日本与欧盟签署了《经济伙伴关系协定（EPA）》，并于2019年2月1日起正式生效，日欧成为全球最大的自由贸易区。日本还参与了《区域全面经济伙伴关系协定（RCEP）》、中日韩自贸区的谈判，这些都表明日本非常希望通过区域经济合作来更好地参与到全球化发展进程中来。中日两国都对区域经济合作持积极态度，且在区域谈判中都取得了积极成果，在RCEP和中日韩自贸协定谈判中，两国应该加强合作。

2）第二个关键词是“结构调整”

2008年全球金融危机发生后，中国加快推动经济发展方式转变，日本也推出一系列结构调整战略。中国经济面临的是发展中的问题，日本经济遇到的是发展后的问题，两国经济结构的调整和转型，为双方企业间合作创造了新的契合点。中日都是制造业大国，但产业结构处在不同层次。日本在生物工程、新型材料、信息技术、装备制造等领域优势明显，有一批知名品牌。过去侧重于将产品生产基地放在中国，现在情况有了新的变化，中国正在从“世界工厂”向“世界市场”转变。近年来，不少跨国企业加快产业链的延伸，将研发团队和技术力量放在目标市场附近，便于掌握市场动向，提高产品市场占有率。日本企业有必要加大在华技术和市场开发力度，提高合作层次，这将有利于双方企业产品结构调整，共同找到新的增长点。在新兴业态方面，日本文化产业、医疗护理、动漫制作、教育培训等现代服务业，也具有很多优势和特色，双方合作的前景广阔。此外，中国正处于城镇化和人口老龄化过程中，而日本在这两个问题上积累了十分丰富的经验，完全可以和中国有关方面分享。总之，对于企业家来说，结构调整的大趋势孕育着巨大商机。

3）第三个关键词是“货币直接交易”

2012年6月，中日两国货币开始直接交易，日元成为除美元外首个与人民币开展直接交易的外国货币。目前，中日双边贸易额的60%通过美元结算，如果直接采用本币交易，对企业而言，将简化操作手续，有效降低交易成本和汇率风险。同时，货币直接交易还将促进贸易投资本身结算、双方货币离岸市场发展，为企业跨国并购、海外上市融资、证券交易等提供更多机会。此外，中国和日本是全球外汇储备最多的两个国家，面临同样的外汇储备风险。根据两国签订的货币互换协议，双方都将增加持有对方国债。这些举措为两国刚刚开始但潜力巨大的财政金融合作创造了条件。中日加强货币金融合作，有利于两国储备货币的多元化，推进东亚金融合作，也有利于形成均衡的国际货币体系。两国企业特别是金融企业应当抓住这一机遇，扩大贸易投资活动，开展多种形式的资本运作业务。

4）第四个关键词是"'一带一路'倡议"

2013年中国国家主席习近平提出"一带一路"倡议以来，得到越来越多国家和国际组织的积极响应和支持。初期，日本国内的政界、学术界和舆论界普遍对此持怀疑态度，对开展"一带一路"框架下的双方经贸合作积极性不高。随着中日关系持续回暖，日本从政界到商界，都不断提及并探讨"一带一路"框架内的中日合作可行性，政府和企业的合作意愿明显提升，由日中经济协会、日本经团联、日本商工会议所的企业会员组成的联合访华团访华，显示日本对"一带一路"倡议的看法已经发生了变化，特别是2017年日本首相安倍晋三将其本人提出的以牵制中国为目的的"自由开放的印度太平洋战略"与中国的"一带一路"倡议联系起来加以推进，为中日两国进一步在"一带一路"框架下开展合作创造了条件。日本对"一带一路"倡议态度的转变，为中日两国开展合作创造了条件，为中日两国经济发展提供了新动能。2017年11月，日本首相安倍晋三在与中国总理李克强会谈时明确表示，日中经济发展对双方互为机遇，两国经济互补性强，希望双方加强经济对话，探索加强在"一带一路"倡议中互联互通建设的合作，扩大金融、环保、节能等新兴领域的合作。许多日本企业也对中日开展"一带一路"框架下的"第三方市场合作"表现出浓厚的兴趣，例如，日本著名的大型综合商社丸红株式会社于2019年与中国生产光伏组件厂商开展合作，在阿联酋合作拓展光伏发电业务。为了更好地参与到"一带一路"倡议中来，早在2017年6月，在华日企协会"中国日本商会"就设立了"一带一路联络协议会"，作为与中国政府和企业对接的平台，协调在华日本企业参与"一带一路"建设。

中日经贸关系发展到今天的规模和水平，是双方共同努力的结果，也是互利互惠合作的结果，来之不易，需要双方共同精心维护。

❖小资料

2016年是中国的全球治理年

11.2 中国与美国的经贸关系

中国是世界上最大的发展中国家，美国是世界上最大的发达国家，发展中美经贸关系不仅对中美两国经济的发展具有重要的作用，也是世界和平与稳定的重要因素。中美两国在平等互利的基础上建立和发展长期稳定的、全面的经济贸易关系，对两国人民友好和各自经济的发展与繁荣，对追求世界和平和发展的目标，都有着十分重要的意义。

11.2.1 中美经贸关系的发展

中美经贸关系源远流长。中华人民共和国成立前，中国是美国的重要出口市场、原料供应地和投资场所。中华人民共和国成立之初，中美两国继续保持着贸易关系。1950年6月美国发动侵朝战争，同时也对中国实行“禁运”，致使两国贸易关系完全中断。1972年，美国总统尼克松访问中国，与我国领导人商谈关系正常化及两国关心的其他问题，发表了著名的中美《上海公报》。该公报指出：“双方把双边贸易看作另一个可以带来互利的领域，并一致认为平等互利的政治关系是符合两国人民的利益的。”从此，开辟了中美关系的前景，也为中美贸易的恢复与发展奠定了基础。特别是1979年1月，中美两国正式建交，两国贸易关系由此进入一个新的正常发展时期。

1）中美贸易额迅速增长

中美建交多年来，双边经贸关系迅速发展，双边经贸合作发生了质的变化，合作内容已从单一的贸易扩展到经济各个领域。据统计，自中国加入世界贸易组织至2016年年底，美国对中国的出口增长了500%，这一数字远高于同期美国对全球出口90%的增幅。其中，美国出口的62%的大豆、14%的棉花、17%的汽车、15%的集成电路以及波音飞机全球交付数量的约25%都销往中国。对中国来说，美国是中国第一大出口市场，占中国出口总额的比重达16%。美国是中国第二大服务贸易伙伴，是中国服务外包产业最大的发包市场。

2）中美贸易商品结构向多元化发展

结构互补是中美经贸合作的最大优点。中国拥有丰富的熟练劳动力和后发市场潜力，已发展成为当今世界主要商品制造基地；美国拥有最先进的高端制造业和现代服务业，又是世界最大的消费市场。中美经济结构的互补，既产生了内在的合作需求，也形成了巨大的合作利益。

近年来，我国对美国出口商品结构大为改善。在继续保持纺织品、服装、鞋类、玩具、石油制品、工艺品等传统商品出口的同时，机电产品已成为对美出口第一大类商品，同时不断增加自动数据处理设备、机械设备、电器产品、电子产品等机电产品和高新技术产品的出口。在进口方面，过去我国从美国进口的农产品、化工原料和木材等原料性商品一直占很大比重。但近年来，为了适应我国工业现代化需要，从美国进口的机、电、仪等技术产品的比重迅速增加。中国已成为美国飞机、机电设备、纸及纸制品、化肥、谷物、化工产品、石油设备等的主要购买者之一。美国出口到中国的农产品近年来也大幅增加，美国已经成为中国农产品进口的最大来源地。中美进出口商品结构出现的这种多元化发展趋势，符合两国消费者的利益，也为进一步扩大双边贸易奠定了基础。

3）商品贸易与直接投资相互促进

多年来，中美两国在投资领域进行了卓有成效的合作。美国是中国重要的外资来源地，给中国带来了资金、技术、人才和管理经验，促进了中国相关产业的发展，推动了中国工业化和城镇化。

近年来，中美加快推动在清洁能源、信息技术、电动汽车、新材料、医药和医疗器械、再制造等新兴领域开展合作，为深化经贸合作注入新的动力。中国政府鼓励两国企业加强在高铁、公路、港口、桥梁、智能电网、体育和医疗中心、宜居社区等领域的项目建

(2) 大力实施标准战略，积极完善我国技术性贸易措施体系

我国的国际标准话语权与发达国家相比还有很大差距。当前，国际经济形势的不景气对世界标准化工作在一定程度上将产生不利影响，但却是我国实施战略部署、乘势而上的大好机遇。各发达国家的政府为应对经济衰退，也会相应缩减对科研、研发和标准化相关工作的资助经费。现在正是我们加大投入，做好布局，在国际标准化中争取主导地位的有利时机。高新技术标准是当今世界技术标准争夺最为激烈的领域，也是我国最有希望实现跨越发展的领域。应尽快建立以自主知识产权为基础的标准体系，在国际贸易中取得优势，先声夺人。

(3) 充分利用WTO争端解决机制，积极准备并实施反制措施

对于违反WTO规则、制定和实施有关影响我国产品出口的技术性贸易措施的国家，我们在加大对外交涉力度的同时，应根据有关证据，积极制定和实施适度的反制措施，有时需要及时、强有力地采取反制措施，以使有关国家取消其歧视性或不合理的技术性贸易措施，维护我国利益。

(4) 提升企业应对国外技术性贸易措施的意识和能力

企业是市场经济活动的主体，也是标准化工作的基础单元，更是应对技术性贸易措施的第一线。我国企业在应对国外技术性贸易措施的过程中往往感到疲于奔命，政府部门也经常感到疲于应对，主要是因为我们还没有建立起一套政府服务、企业自主、科研支撑的系统应对技术性贸易措施的机制。

企业应该提高科技水平，实现在技术上超越技术性贸易壁垒的限制；调整出口产品结构，积极发展高新技术产业、绿色产业，改变传统的粗放型经济增长方式，促进资源的集约使用和生态环境的动态平衡；实现出口市场多元化，除了继续发展与欧盟、美国、日本等少数发达国家和地区的贸易外，还应关注和重视其他发达国家和地区市场，要加快开拓亚非拉等发展中国家市场。

(5) 加强对外宣传，积极引导国际舆论客观报道

一是要加大对我国产品质量、安全、环保、卫生等监管情况的积极、及时、正面宣传，增强国外政府和消费者对我国产品质量安全水平的信心和信赖程度；二是在发生重大产品质量安全事件时应第一时间提供客观、真实、权威的信息，避免不必要的谣传；三是在国外发生涉及我国产品质量安全的重大事故时，必要时可直接派权威代表团到国外召开有广泛代表性的媒体参加的新闻发布会，以使事故发生国消费者和政府部门了解事实真相和我国政府的态度及所采取的措施、取得的成效，避免炒作。

(6) 加强质量安全管理，提升产品国际竞争力

这个问题可以归纳为两点：一是要进一步落实质量发展纲要，创新质量安全发展机制，完善质量安全监管措施，加强进出口检验检疫，提高执法的严肃性和有效性，严格依法惩处各类违法行为，坚决维护我国产品质量安全国际信誉；二是要进一步加快促进我国从制造业大国向制造业强国转变。当然，在这个过程中要特别注意妥善处理各种产品质量和食品安全突发事件，减少和妥善处理贸易摩擦。

设、融资，以及技术交流等方面的合作。中国企业在美国的投资迅猛增长，至2016年年底，中企在美国的投资项目已遍布46个州和425个国会选区，为美国创造超过14万个就业岗位。

11.2.2 中美经贸关系发展历程中的主要障碍

中美经贸关系自《上海公报》发表，特别是两国正式建立外交关系以来，已取得了长足的发展，但这种发展并非一帆风顺。中美经贸关系依然存在着一些障碍，其中一些问题随着我国的入世即可解决，其他的问题还有待于以后双方的努力和合作。

1）关于最惠国待遇问题

最惠国待遇问题曾长期困扰中美经贸关系的发展。最惠国待遇是贸易伙伴间相互给予的基本待遇，中美相互给予这种待遇是《中美贸易关系协定》的核心条款和发展两国经贸关系的根本保证。但自1980年《中美贸易关系协定》生效以来，美国国会要求总统每年单方面审议一次我国的移民情况，并提出报告，再由国会按例行程序通过是否继续给予我国最惠国待遇。这种做法使我国不能在平等互利的非歧视原则下享受美国的最惠国待遇，实际上把中美贸易置于一种极不稳定的状态。这种做法一直持续到中国加入世界贸易组织的2001年，美国国会才以绝对多数通过了给予中国永久性最惠国待遇的决定，使这一困扰中美经贸关系发展20多年的问题得以解决，为进一步发展中美经济贸易铺平了道路。

2）关于知识产权问题

中美知识产权纠纷是近年来中美经贸关系中的焦点问题，直接影响到中美经贸关系的发展。20世纪80年代以来，美国一直把加强知识产权的国际保护作为其贸易保护主义的手段之一。在这方面采取的主要措施是1988年8月美国国会通过的《美国综合贸易和竞争法案》，其中的"特殊301条款"规定，美国贸易代表有权将没有对美国知识产权给予充分有效保护的国家，列为侵权的"重点国家名单"，如果经过6个月的谈判，双方达不成协议，美国则实施贸易报复。

截至2020年，美国贸易代表办公室（USTR）共向中国发起过4次"特殊301"调查，分别是1987—1992年、1994—1995年、1996年和2019年至今。从历次中美贸易争端总结来看，美方始终坚持"对等"的概念。2019年美方重提"对等"值得深思。

美方的"对等"具体指的是什么？其英文用词为Reciprocity（互惠）或其形容词Reciprocal。这一单词在中文中存在两种不同的翻译方法，其含义相去甚远。尤其在特朗普上台之后，美方所指的贸易和投资"对等"，即指中国给予美国企业的待遇与美国给予中国企业的待遇必须是相同的，即"对等"的。这其中包含两个判断：（1）首先，美国自认为已经做到不歧视中国企业；（2）其次，中国所谓的开放，美方认为并不是真正的开放，更谈不上对等。这种傲慢的态度明显无视我国自改革开放以来在知识产权保护、营商环境优化等诸多方面进行的努力，显然有失偏颇。中国唯有摒弃杂音并进一步扩大开放，抛弃幻想而对等制裁回击，灵活进行施压，方能在中美贸易互动进程中与美方携手共进。

目前，中国在反盗版和反知识产权侵犯方面的工作已取得成效，美国政府也承认中国的有关体制已大为改善。但是，美国仍然认为中国在传统的商标、版权、专利权和新兴的互联网域名权等方面的保护不足，并不断提出关于中国已有的相关法律的执行问题。我国认为，中美双方在知识产权方面存在的分歧只能通过平等协商来解决，而不是通过单方面报复的强制手段。双方的谈判必须相互尊重主权，必须以国际公约或世界知识产权组织对知识产权保护制定的统一标准为准则，而不能将本国的知识产权保护标准强加于别国。

3）关于美国限制进口我国商品问题

美国一贯对我国输入的所谓敏感性商品采取进口限制政策，其中对纺织品的限制尤为突出。纺织品是我国主要的出口商品，美国是我国纺织品出口的主要市场之一。随着我国纺织品对美出口的增加，美国对来自我国的纺织品开始限制。建交不到半年，美国于1979年5月5日就单方面对我国纺织品实行限额。为限制我国纺织品对美出口，从1980年至今，中美先后签署了5个纺织品贸易协定，使我国对美国出口纺织品受到严格的限制。

加入世界贸易组织后，按照世界贸易组织《纺织品与服装协议》的规定和我国加入世界贸易组织议定书的有关条款，我国应享受在纺织品与服装领域的一体化待遇，其中包括设限国家和地区分别对我国出口的部分类别的产品取消配额限制。但是，新的贸易保护又开始阻碍纺织品与服装出口。2005年纺织品一体化后，欧美由于担心中国纺织品出口的巨大潜力，对中国纺织品频繁采取各种贸易救济措施，并不断向其他国家蔓延，影响了一体化后中国整体纺织品贸易环境的稳定。2005年，中欧、中美经过多轮谈判，相继签署了关于双边纺织品贸易的谅解备忘录，一揽子解决了中欧、中美双边纺织品贸易摩擦，也缓解了其他发展中国家对于纺织品问题的过度关注，为中国出口企业创造了稳定、可预见的贸易环境，为全球纺织品贸易一体化的平稳过渡作出了贡献。中美、中欧双边备忘录执行期间，中国纺织品对欧美出口稳定增长，产品结构不断优化，在进口市场的份额不断提高。事实证明，备忘录兼顾了多方利益，为促进以纺织业为代表的劳动密集型产业的健康发展起到了良好作用。2008年12月31日，《中国加入世界贸易组织工作组报告书》第242条款纺织品特限措施以及中美、中欧纺织品备忘录到期，世界贸易组织成员不能再引用第242条款对我国纺织品实施限制，商务部自2009年1月1日起不再实行输美纺织品出口数量及许可证管理和输欧纺织品出口许可证管理。

❖小资料

何为“242条款”

欧美连续对我国纺织品设限的依据，都是《中国加入世界贸易组织工作组报告书》第242条款，即“从中国加入世界贸易组织到2008年12月31日止，中国的纺织品和服装一旦给进口成员造成市场扰乱，则该成员可以提出磋商请求并提供相关证明材料。在收到磋商请求后，中国应主动控制相关产品的出口数量。如磋商不能达成一致，则上述限制应继续，但实施期限不得超过一年”。

4）关于美国对华限制出口问题

美国的出口管制是实行贸易歧视政策的手段，长期以来，其通过出口许可证、采用管制货单和输往国别分组管制表的办法对我国出口的所谓“战略性物资”和敏感性商品进行了十分严格的限制。1994年，巴黎统筹委员会宣布解散后，美国政府对高新技术的出口管理体制进行了第二次世界大战以来最大的调整，如缩小高新技术产品出口许可证管理的范围，简化出口许可证申请和审批程序等。这些措施的实施部分地放宽了军民两用的高技术和高技术产品对我国的出口。但是美国政府对于用于军事目的和有损于美国国家安全的高精尖技术和产品仍严加限制。

5）关于对华反倾销及“非市场经济国家”问题

反倾销的主要措施就是对确定为倾销的进口商品征收反倾销税。反倾销税等同于倾销幅度，即“公平价格”与“美国市场价格”的差额。从实践中看，反倾销税税率动辄达到百分之几十甚至几百，等于对被诉商品宣判了死刑。美国反倾销对中美贸易的损害关键在于美国立法的自由裁量性太大，特别是对非市场经济国家。美国反倾销法规定如果被诉商品是从市场经济国家进口，允许其以产品的出厂价为“公平价格”；如果被诉商品是来自非市场经济国家，则认为其生产成本、销售价格都不能反映真正的产品价值，因此出厂价不能被视为“公平价格”，而必须由美国国际贸易委员会挑选另一个参照国家同类商品的价格作为“公平价格”与“美国市场价格”进行比较，这就使美国在“参照国家”上大做文章。为了对我国产品征收较高的反倾销税，美国往往不顾我国国情选择一些发达或比较发达的国家作为参照。例如铸铁件，美国把中国同日本和瑞士的生产成本相比，其倾销幅度为11.66%。同时受反倾销调查的印度铸铁件价格与中国大致相同，但由于印度是市场经济国家，以自己的出厂价为“公平价格”的基础，则被裁决为不存在倾销。

改变我国的“非市场经济国家”的定位是解决对华反倾销的关键。给予我国公正合理的待遇，可以为中美正常双边经贸关系健康发展创造良好环境。

6）关于中国台湾问题

中国台湾问题始终是中美关系中最敏感、最重要的核心问题。台湾是我国神圣领土不可分割的组成部分。1950年美国命令第七舰队进入台湾海峡，后来又与台湾当局缔结“共同防御条约”，把对我国内政的干涉升级为用武力阻挠中国统一。虽然1972年《上海公报》中美国认识到台湾是中国的一部分，1979年中美建交时，美国也“承认中国的立场，即只有一个中国，台湾是中国的一部分”，但建交后不到100天，美国国会就通过了“与台湾关系法”。这是对中国主权的侵犯，对中国内政的干涉，对中国民族感情的伤害。美国还据此向台湾出售武器。这事关中国内政和国家主权，我国政府和人民绝不让步。政治和经济是不能截然分开的，只有逐步消除中国台湾问题这个障碍，中美关系才能稳定持久地向前发展，也只有这样，才能为中美经贸关系的进一步发展铺平道路。

总的来说，双边经贸摩擦增多，但合作仍是双边关系主流。在美国经济复苏迟缓以及大选背景下，美国国内经贸问题政治化倾向明显，涉华经贸摩擦和矛盾增多。美政府宣布成立跨部门贸易执法中心强化对华贸易执法，通过修订法律允许对“非市场经济国家”进行反补贴调查，在反补贴调查中对涉案企业管理人员的政治身份和企业中基层党组织进行信息调查。美以“国家安全”等非经济因素为由阻碍中国企业赴美投资的案例明显增多。

※小资料

美又通过对华歧视法案[①]

美国国会2013年通过的《2013财年综合继续拨款法案》中，包含了限制美部分政府

① 根据商务部网站资料整理。

部门购买中国企业生产的信息技术系统，以及禁止美政府将拨款用于颁发商业卫星对华出口许可证等内容。中方认为，美国国会法案中的内容对外发出了极其错误的信号，直接影响了中国企业与美国商业伙伴开展正常的贸易、投资合作，也损害了美国自身的利益，不符合两国互利合作伙伴关系的定位。这种滥用“国家安全”措施，不公平对待中国企业、对中国企业进行“有罪推定”的歧视性做法，既严重违背公平贸易原则，也严重损害中美互信，阻碍两国在高技术产品领域的交流与合作。中方对此强烈不满和坚决反对。

11.2.3 中美经贸关系的发展前景

尽管在中美贸易发展的道路上还有不少有待于克服的困难和障碍，但从长远的观点来看，发展中美贸易关系在政治上、经济上对两国都有利，并有助于两国人民的友好往来和世界和平。

解决中美贸易不平衡很重要的方面，是美国自身经济政策和结构的调整，包括取消对华出口种种限制，特别是尽早放宽对华民用高技术产品出口管制。这既有利于平衡中美贸易、促进美国经济增长和就业增加，也有利于改善美国国际收支结构。

中美更多的投资、合作机会也在双边愈加密切的经贸交往中展现。

2017年5月25日，中国商务部发布《关于中美经贸关系的研究报告》（以下简称《报告》），从中美经贸关系的时代背景、中美经贸关系互利共赢的本质、双方重点经贸关注、推动中美经贸合作不断发展4个部分，描绘两国经贸关系的“全景图”。《报告》称，近年来，美国加大了对桥梁、地铁、铁路、管道、堤坝、机场、电力等基础设施建设的投入。特朗普总统提出了总额1万亿美元的“美国基础设施优先计划”。截至2016年年底，中国已累计在美签订承包工程合同额254亿美元，完成营业额166亿美元。相比美国基础设施市场的巨大规模，中企目前所占份额仍较小，有很大的发展潜力。

中美是全球最大的两个经济体，经济总量接近全球的40%，货物出口占全球的1/4，对外投资和吸收外资分别占全球的30%。中美经贸关系的走向不仅影响两国经济发展，也事关全球贸易投资增长和世界经济走势。不断扩大的经贸合作让两国利益融合加深、相互倚重增强，中美经贸关系已经形成“你中有我、我中有你”的深度交融格局。中美经贸合作不仅为两国人民带来实实在在的好处，成为中美关系的压舱石和稳定器，也为世界经济发展作出重要贡献。双方应倍加珍惜来之不易的经贸合作成果，进一步推动两国各领域合作不断深入。

11.3 中国与欧洲联盟的经贸关系

欧洲联盟（European Union），简称欧盟，其前身是欧洲经济共同体。1991年12月11日，经多次扩大了的欧共体在荷兰小城马斯特里赫特召开首脑会议，签署了《马斯特里赫特条约》，决定建立集经济、货币与政治联盟于一体的区域性联盟。1993年11月1日《马斯特里赫特条约》生效，欧洲联盟成立。至2007年1月1日，经过6次扩大后，欧盟成员国由最早的6国发展成27个成员国。克罗地亚于2004年6月获得欧盟候选国资格，2005年10月开始与欧盟展开入盟谈判。2011年6月30日，克罗地亚结束与欧盟全部章节谈判，2011年12月9日，克罗地亚与欧盟27个成员国签署了加入欧盟协议，并于2013年7月1

日成为欧盟第28个正式成员国，继斯洛文尼亚2004年入盟后，克罗地亚成为第二个入盟的前南国家。英国在2016年6月份的全民公投中以微弱优势决定脱离欧盟，英国首相在2017年3月29日宣布实施《里斯本条约》第50条，正式开启英国脱离欧盟程序。2020年1月31日，英国正式"脱欧"。

欧盟是一个发育成熟的统一大市场，有着巨大的生产能力和先进的科学技术，其整体实力在世界经济中占有重要地位，是世界第一大经济和贸易集团。

◈小资料

欧盟东扩①

欧盟共经历了6次扩大：1973年英国、爱尔兰和丹麦加入；1981年希腊加入；1986年西班牙和葡萄牙加入；1995年奥地利、芬兰和瑞典加入；2004年5月1日，波兰、匈牙利、捷克、斯洛伐克、爱沙尼亚、拉脱维亚、立陶宛、斯洛文尼亚、塞浦路斯等国入盟。2007年1月1日，罗马尼亚、保加利亚入盟。克罗地亚于2013年7月1日正式成为欧盟第28个成员国。目前，冰岛、黑山、土耳其和塞尔维亚已成为欧盟候选国。阿尔巴尼亚和波黑已与欧盟签署《稳定与联系协议》。

11.3.1 中欧经贸关系的发展

欧盟成员国多数是我国的传统贸易对象，有着悠久的贸易历史，中欧经贸关系是中欧全面战略伙伴关系的重要组成部分，双方经济基础良好、互补性强，经贸利益深度交融。

1975年，中国和欧共体建立了正式外交关系，为发展双边的贸易往来和经济合作奠定了基础。中国一贯主张积极发展同欧共体的经贸关系，欧共体也把中国视为潜在的巨大市场，在发展对华贸易上采取了一系列措施和行动。经过双方的共同努力，中国与欧盟的关系取得了良好的进展。中欧经贸高层对话是中欧经贸领域最高级别对话机制，建立于2008年，至2016年10月，已有6次中欧经贸高层对话。双方还建有贸易混合委员会、贸易政策、知识产权、竞争政策等对话机制。

目前，欧盟是中国最大贸易伙伴、最大进口来源地、第二大出口市场。中国是欧盟第二大贸易伙伴、第一大进口来源地、第二大出口市场。受全球贸易普遍下滑、欧元贬值等因素影响，2016年中欧贸易额为5 469亿美元，同比下降3.1%；欧盟对华投资88亿美元，同比增长35.1%；中国对欧盟非金融类直接投资为72.9亿美元，同比增长1%。2014年中欧启动投资协定谈判。欧盟是中国累计最大技术引进来源地。截至2016年年底，中国从欧盟引进技术累计52 467项，合同金额为1 972.4亿美元。

1）双边贸易持续增长

1975年，中欧贸易额为24亿美元，1979年增加到50亿美元。自1980年欧共体对中国出口商品给予普惠制待遇后，双边贸易增长迅速。据欧盟统计局统计，2016年，欧盟27国与中国货物进出口额为5 657.8亿美元。自2005年以来，中国对欧盟的商品贸易一直处于顺差的状态。近年来，欧盟继续保持中国第一大贸易伙伴地位。

2）欧盟对我国技术设备出口领先于日美

我国与欧盟贸易结构的一个突出特点是，欧盟对我国技术设备出口在我国引进技术、

① 根据外交部网站资料整理。

成套设备的合同成交金额中占60%以上，远远超过日本和美国，居领先地位。欧盟在对中国技术转让方面的政策比美国和日本要宽松得多，这对我国经济建设及科学技术现代化起着十分积极的作用。

中欧在高技术产品贸易领域的合作潜力巨大，双方通过中欧高技术工作组等机制，推动双边高技术贸易的实质发展。中欧在知识产权领域有良好互动，已开展两期合作项目，成为发达国家和发展中国家进行知识产权合作的成功范例，中欧双方要保持密切沟通，继续予以推动。

3）中国与欧盟贸易得到官方大力支持

中国与欧盟贸易的发展，离不开官方的重视和支持。继1975年中欧建立正式关系后，1978年双方签订了长期贸易协定，并建立了贸易混合委员会制度，为双方经济贸易和科技合作的发展提供了充分的法律依据。根据长期贸易协定的规定，欧共体逐步放宽了从我国进口的限制，增加了配额数量。从1980年起，欧共体给中国以普惠制待遇。我国则对来自欧共体的进口一直给予有利的考虑，努力安排从欧共体的进口。1985年5月，双方又签订了贸易和经济合作协定，扩大了双边经贸合作的范围。1998年确立“建设性伙伴关系”，2001年发展为“全面伙伴关系”。此外，欧盟还与中国外交部和外经贸部（现商务部）分别建立了政治磋商制度与部长级定期会晤制度。这些都有力地保证了中国与欧盟贸易关系的顺利发展。近年来，中欧政治关系不断巩固和加强，互信合作逐步深化，为中欧多双边经贸关系的发展奠定了坚实的基础。2003年提升为“全面战略伙伴”，2014年升级为“和平、增长、改革、文明四大伙伴关系”。中欧经贸合作规模不断扩大，水平日益提高，中欧双方经贸相互依存度进一步增强，中国与欧盟已确立了面向21世纪的战略性全面伙伴关系。从战略高度全面评估欧盟现状并预测未来走向，符合中国的根本利益。

评估欧盟当前困境的严重程度，具有现实必要性。首先是中国维持世界力量均势争取稳定发展空间的需要。中欧关系核心在于对维持当前世界多极化格局基本不变的利益认同，倘若欧盟生变，全球均衡恐将打破，或危及中国和平发展道路。其次是中国形成全面开放新格局拓展全球布局的需要。欧盟为中国第三大贸易伙伴，中欧经济互补性不断深化，倘若欧盟生变，中国海外财产安全和长远利益将面临风险。最后是中国立足长远发展贯彻战略实施的需要。中国的“一带一路”倡议、“制造业2025”战略与欧盟密切相关。作为“丝绸之路”终点，欧盟可在“五通”建设中发挥增长极效应。欧盟还是科技创新与研发的重要策源地，可为中国制造业升级转型提供技术支持，倘若欧盟生变，中国实施上述战略难度可能加大。

中国国家主席习近平曾在多个场合反复强调，中方乐见一个繁荣稳定的欧盟。然而任何形势发展演化都有其内在根源而恐不遂人愿，这就要求中国未雨绸缪，充分考虑欧盟持续动荡甚至分裂的可能，以及对世界和中国的深层影响，提前制定应对策略。

※小资料

欧盟承诺考虑与中国签署自由贸易协定

11.3.2 中国与欧盟经贸关系发展历程中存在的问题

1）中国对欧盟存在大量顺差，贸易平衡问题凸显

近年来中欧之间贸易存在较大规模的中方顺差。2005年，中国对欧盟的贸易顺差为702.03亿美元，2015年为1 469.78亿美元，10年间增长了2倍多。2008—2009年，我国对欧盟的贸易顺差同比增长率从2008年的46.54%降至-32.25%，降幅达78.79%。2013年，我国对欧盟贸易已基本摆脱欧盟内需下降的影响，实现贸易顺差1 182.14亿美元，继而到2015年，贸易顺差逐年增加，同比增长16.11%。总体上看，我国对欧盟贸易顺差的增长幅度在后危机时期有所缩小。中欧贸易不平衡问题产生的原因主要有：中国轻纺等产品具有较强的国际竞争力，欧盟在华投资企业加工贸易增加，欧盟对华军售禁令限制对华军民两用产品与技术出口等。此外，双边统计上产生的巨大差额，源于各自对原产地规则的不同理解和统计方法的不同，欧方通常将经第三方转口的产品也视为来自中国的进口。这一问题的核心是：欧盟应积极扩大对华出口，提高其产品在中国市场上的竞争力，同时取消对华军民两用产品与技术出口限制，而非限制源自中国的进口，寻求动态贸易均衡。

2）欧盟对华反倾销问题

欧盟对中国实施的歧视性贸易措施更严重地表现在“反倾销”的运用上。欧盟是西方发达国家和地区中首先对中国实施反倾销调查的，也是对我国实施反倾销案诉讼最多的WTO成员。因此，欧盟对我国商品的反倾销问题一直困扰着我国企业。在被反倾销的中国产品中，只有少数取得无税结案的胜诉，其中大多数都受到反倾销措施的严重打击。究其原因，主要是欧盟在对我国产品进行反倾销调查过程中，采用了不正当的价格标准和计算方法。欧盟无视我国经济体制改革的成果，将我国定为“非市场经济国家”中的“国营贸易国家”，采取所谓的按照市场经济第三国同类产品成本的方法来判断与推算我国产品的倾销事实与幅度，进而征收反倾销税，严重地影响了中国对欧盟正常的出口贸易。

2010年以来欧盟对外贸易战略越来越具有进攻性，特别是对被视为最具潜力贸易伙伴的中国展开了凌厉攻势。据世界贸易组织统计，作为世界上实施贸易救济措施第三多的经济体（仅次于印度和美国），欧盟有1/3的贸易救济指向中国。

※小资料

钢贸战愈演愈烈　欧盟调查百起中国规避反倾销案

越南工贸部公布的一份文件显示，欧盟反欺诈办公室（OLAF）正在调查中国企业是否借道别国出口钢铁，以避免遭到反倾销限制，涉及2013年到2014年190笔中国经越南运抵葡萄牙、西班牙和波兰的钢卷货单。

该文件称，OLAF估计这类中国经越南转运的钢产品价值约有1 900万美元。若查实确有此事，OLAF将对这些出口商品追缴58%的关税。

2016年5月，欧洲议会以546∶28的压倒性票数通过决议，拒绝承认中国市场经济地位，并拒绝放松对中国的反倾销禁令，称欧盟目前73项反倾销措施中，中国违反了56项。

当时欧洲议会认为中国钢铁业过度生产及削价出口，为欧盟带来严重的社会、经济及环境后果。在美国多次警告欧盟不要给予中国市场经济地位后，欧盟因为中国钢铁和美国

站在了一起。

资料来源　佚名. 钢贸战愈演愈烈　欧盟调查百起中国规避反倾销案［EB/OL］.［2016-11-09］. http: //money.163.com/16/1109/05/C5DIGNMI002580S6.html.

❈小资料

中国要求停止使用“替代国”做法

商务部网站消息，2016年12月12日，中国就美国、欧盟对华反倾销“替代国”做法，先后提出世界贸易组织争端解决机制下的磋商请求，正式启动世界贸易组织争端解决程序。商务部新闻发言人就此发表谈话表示，《中国加入世界贸易组织议定书》第15条允许其他世界贸易组织成员在对华反倾销调查中使用“替代国”做法，但明确要求在中国加入世界贸易组织15年后，即2016年12月11日终止。随着15年期限的到来，其他世界贸易组织成员应立即停止依据《中国加入世界贸易组织议定书》第15条在对华反倾销调查中使用“替代国”做法，这是所有世界贸易组织成员必须履行的国际义务。

3）欧盟苛刻的技术性贸易壁垒问题

欧盟是世界上运用技术性贸易保护措施最频繁和严格的地区之一，目前形成了包括300多个具有法律效力的欧盟指令和10万多个技术标准的双重结构的技术性贸易措施管理体系，内容涉及工业产品的安全、卫生、技术标准、商品包装和标签的规定及认证制度，以及农产品的生产、加工、运输、贮藏等各个环节。例如，欧盟对中国茶叶的检验项目已从过去的6种农药残留检验增加到目前的62种，这就增加了中国茶叶向欧盟出口的难度。欧盟这些形形色色的技术性贸易保护措施具有一定的合法性和隐蔽性。

11.3.3　我国与欧盟经贸关系的发展前景

中国是世界上最大的发展中国家，欧盟是发达国家最集中的政治经济联合体，中欧关系具有很大的互补性，蕴藏着巨大的创造力和发展潜力，中欧经贸关系的前景十分广阔。

中欧经贸合作是一种优势互补、互利共赢的合作。这种优势主要表现在：欧盟的高新技术、高端制造业、现代服务业，有极强的竞争力；中国在中低端制造业、劳动密集型产业方面，有一定的竞争优势。这种互补和合作有助于欧盟全力发展高端产业，继续增强国际竞争力。物美价廉的中国产品，不仅有助于繁荣欧盟市场，而且有助于防止通胀、改善欧盟民众生活。中国的服务贸易对欧盟更是商机无限，著名的北京奥运会鸟巢体育场、中国国家大剧院和首都机场三号航站楼，都有来自欧盟的设计和技术。

近年来，在欧元区主权债务危机阴霾迟迟难以消散的背景下，欧盟各成员国正普遍面临经济放缓、消费低迷和失业率飙升的局面。中国这个合作伙伴也让越来越多的欧洲企业感到紧张，尤其是欧洲对华贸易赤字不断增长，以及来自中国的企业开始向较高价值的产业迈进更是加剧了这种担忧，不能仅仅依靠不断刷新纪录的贸易数据来维系中欧之间彼此紧密的合作关系。

应该看到，中欧在高技术产品贸易领域的合作潜力巨大，应通过中欧高技术工作组等机制，推动双边高技术贸易的实质发展。中欧在知识产权领域有良好互动，目前已开展两期合作项目，成为发达国家和发展中国家进行知识产权合作的成功范例，中方希望保持密切沟通，继续予以推动。中国将继续扩大服务业等领域的对外开放，但开放是双向的、互利的，中方希望欧方继续保持政府采购领域的对华开放。中方愿与欧方一道，认真落实中欧领导人共识，为尽早启动中欧投资协定谈判做好准备。希望欧方为中国企业赴欧发展创造开放、平等、公正的环境。

值得欣慰的是，中国在美欧咄咄逼人的进攻态势之前并非一味忍让，而是积极寻求多边解决方式，争取大多数国家的同情和首肯。2016年12月，中国就美国、欧盟对华反倾销"替代国"做法，先后提出世界贸易组织争端解决机制下的磋商请求，正式启动世界贸易组织争端解决程序。

11.4 中国与东盟的经贸关系

11.4.1 中国与东盟国家的经贸关系

1）中国与东盟国家的贸易状况

东盟是东南亚国家联盟（Association of South-East Asian Nations，ASEAN）的简称，由新加坡、马来西亚、菲律宾、印度尼西亚、文莱、泰国、越南、缅甸、老挝、柬埔寨10国组成，是亚太经济发展较快的地区之一。东盟是我国的近邻，双方在政治上有共同的地缘意义，在经贸上有广阔的合作前景。

20世纪70年代以后，随着我国同东盟国家陆续建交，以及我国实行对外开放政策，双方的经贸关系有了引人瞩目的发展。中国与东盟各国友好关系源远流长，20世纪90年代初建立的中国-东盟对话关系开启了双方关系新篇章。30年来，中国和东盟各国相互尊重、平等相待、相互支持、共同发展，双方关系从全面对话伙伴、睦邻互信的伙伴成长为拥有广泛共同利益的战略伙伴，实现了历史性跨越。双方政治互信不断加强，贸易增长不断加快，经济融合不断加深，互联互通不断加速，合作之路越走越坚实、越走越宽广。2010年中国-东盟自贸区全面建成以来，双方互利共赢的经贸合作更显示出强大发展动力和活力。到2015年，双边贸易额达到4 721.6亿美元，年均增长18.5%，双边贸易额占中国对外贸易额的比重由1991年的5.9%上升到2015年的11.9%。2016年是中国与东盟建立伙伴关系25周年，双方贸易额较1991年增长了近60倍。2019年，中国-东盟贸易额达到6 415亿美元，增长9.2%，快于中国对外贸易平均增速，在中国前三大贸易伙伴（欧盟、东盟、美国）中增速最快，在中国对外贸易中占比上升，中国与东盟贸易额超过中国与美国贸易额千亿美元。东盟历史性地成为中国的第二大贸易伙伴，彰显了双方经贸合作活力。2020年第一季度货物贸易进出口数据显示，中国与东盟货物贸易总额达到9 913.4亿元人民币，同比增长6.1%。其中，中国对东盟出口5 394.3亿元，同比增长2.4%；自东盟进口4 519.1亿元，同比增长10.9%。东盟历史性地成为中国第一大贸易伙伴。

2）中国与东盟经贸合作状况

2002年，中国与东盟启动自贸区谈判。这是中国对外商谈的第一个自贸区，也是东盟作为整体对外商谈的第一个自贸区。

2010年1月1日，中国-东盟自贸区如期全面建成，成为发展中国家间最大的自由贸易区。

2013年是中国与东盟建立战略伙伴关系10周年。10年来，经过双方的共同努力，双方已形成全方位、多层次、宽领域的合作格局。

2014年9月，中国-东盟自贸区升级谈判启动。

2015年，双方签订了自贸区升级议定书。

2018年是中国与东盟建立战略伙伴关系15周年，中国与东盟及其成员国达成了一系列增进合作的共识。2018年11月召开的中国-东盟领导人会议发布了《中国-东盟战略伙伴关系2030年愿景》，将双方关系提升到新阶段。

此外，东盟10国与6个自贸伙伴（中国、日本、韩国、澳大利亚、新西兰和印度）间的区域全面经济伙伴关系协定（RECP）谈判也取得了积极进展。

RECP是东亚规模最大、成员最多、影响最为深远的自贸区，涵盖全球一半以上人口，经济和贸易规模占全球30%。

这个自贸区一旦建成，会极大地优化本地区的生产网络和价值链，促进地区和平稳定和繁荣发展。

中国和东盟是互利共赢的好伙伴，双方建立对话关系至今已有30年，经贸合作发展迅速，取得了丰硕成果。双方相互投资持续推进。东盟是中国企业在国外投资的主要目的地，中国企业投资主要涉及贸易、物流、建筑、能源、制造业和商业服务等领域；2015年，中国企业与东盟新签承包工程项目合同额同比增长41.2%。2018年，中国对东盟非金融类直接投资流量99.5亿美元，同比增长5.1%，显著高于上一年1.7%的增幅。东盟对华投资流量57.2亿美元，同比增长12.5%。截至2018年年底，中国对东盟累计投资额为989.6亿美元，东盟对华累计投资额为1 167亿美元，双向投资存量15年间增长22倍。

中国-东盟经贸合作成绩突出，双方合作平台发挥了积极作用，其中，中国-东盟博览会已成为双方经贸合作的重要平台。中国-东盟经贸合作发展成绩斐然，在贸易、投资、经济合作领域深耕细作，并逐步涵盖中国与东盟在海关、质检、电力、矿业、林业、技术、环境、卫生、文化、社会发展等各领域的合作。

在投资领域，中国企业对东盟投资快速增长，投资领域从传统的建筑行业和工程承包向新能源、制造业、商业服务等领域拓展。东盟成为中国企业在海外投资的第一大市场。中国同时成为缅甸、柬埔寨等东盟国家的最大投资来源国。

不仅如此，中国与东盟国家间文化、教育、旅游和青年等各领域交流也日趋频繁。可以说，现在中国-东盟关系正处于一个全面发展的好时期。但是也应该看到，进一步夯实双边务实合作的基础，还有许多可做的工作。比如，双方还缺乏产业间的整体合作和配套合作，互联互通有待进一步推进。

经济要发展，基建必先行。而且先行的基建，只有联网成片，才能实现效益和功能的最大化。国际金融危机爆发后，东盟各国同样面临“保增长”与“调结构”的两难困境。对此，一些东盟国家敏锐地开出新“药方”，即扩大投资，加快基础设施建设。

中国与东盟各国友好关系源远流长，拥有广泛的共同利益。互联互通建设和产业合作，将促使双方经贸合作不断升级。

11.4.2 中国-东盟自由贸易区

中国-东盟自由贸易区是一项互惠双赢的经贸安排，它的建立不仅深化和密切了中国-东盟全面合作关系，而且对东亚地区的经济一体化进程也产生了重要的推动作用。

中国-东盟自贸区目前是全球发展中国家间的最大自贸区，涵盖19亿人口，发展势头迅猛。东盟也已超越日本，成为继欧盟和美国后中国在全球的第三大贸易伙伴。

中国-东盟自贸区的构想始于1999年在马尼拉召开的第三次中国和东盟国家领导人会议。2001年11月初，在文莱首都斯里巴加湾举行的第五届东盟与中、日、韩领导人（10+3）以及中国与东盟领导人（10+1）会议期间，朱镕基总理提出了3项建议：一是确定中国与东盟之间的重要合作领域；二是10年内建立“中国-东盟自由贸易区”；三是加强政治互信与支持。这是双方领导人高瞻远瞩作出的重大决策，也是中国第一次承诺与他国达成自由贸易安排，堪称中国与东盟关系史上的一个里程碑。可以说，进入21世纪，中国与东盟关系已形成政治互信与经济融合良性互动的积极态势。

中国-东盟自贸区是我国对外商谈的第一个也是最大的自贸区，于2002年开始实施“早期收获”，2010年全面建成。在自贸区各项优惠政策的促进下，中国与东盟双边贸易从2002年的548亿美元增长至2018年的5 878亿美元，16年间增长了近11倍，双向投资从2003年的33.7亿美元增长至2018年的158亿美元，增长近5倍。

2015年11月，中国与东盟10国正式签署中国-东盟自贸区升级谈判成果文件——《中华人民共和国与东南亚国家联盟关于修订〈中国-东盟全面经济合作框架协议〉及项下部分协议的议定书》(简称《议定书》)。

《议定书》是中国在现有自贸区基础上完成的第一个升级协议，涵盖货物贸易、服务贸易、投资、经济技术合作等领域，是对原有协定的丰富、完善、补充和提升，体现了双方深化和拓展经贸合作关系的共同愿望和现实需求。

签约当时的中国-东盟自贸区零关税已经覆盖了双方90%～95%税目的产品，货物贸易自由化水平很高。因此，双方在此次升级谈判中，主要通过升级原产地规则和贸易便利化措施，进一步促进双边货物贸易发展。

在服务贸易领域，我国在集中工程、建筑工程、证券、旅行社和旅游经营者等部门作出改进承诺。东盟各国在商业、通信、建筑、教育、环境、金融、旅游、运输8个部门的约70个分部门向我国作出更高水平的开放承诺。双方的具体改进措施包括扩大服务开放领域，允许对方设立独资或合资企业，放宽设立公司的股比限制，扩大经营范围，减少地域限制等。

在经济技术合作领域，双方同意在农业、渔业、林业、信息技术产业、旅游、交通、知识产权、人力资源开发、中小企业和环境等10多个领域开展合作。双方还同意为有关经济技术合作项目提供资金等支持，推动更好地实施中国-东盟自贸协定。此外，考虑到电子商务对双方经济发展的重要作用，双方还同意将跨境电子商务合作这一新议题纳入《议定书》，通过加强信息交流以促进双方的贸易和投资。

《议定书》的达成和签署，将为双方经济发展提供新的助力，加快建设更为紧密的中国-东盟命运共同体，推动实现2020年双边贸易额达到1万亿美元的目标，并将促进《区域全面经济伙伴关系协定》谈判和亚太自由贸易区的建设进程。

李克强总理2016年9月出席了在老挝万象举行的第19次中国-东盟领导人会议暨中国-东盟建立对话关系25周年纪念峰会。会议通过了《中国-东盟建立对话关系25周年纪念峰会联合声明》《中国-东盟产能合作联合声明》等4个文件。以此为起点，中国与东盟经贸合作从成长期迈向成熟期，由快速发展阶段转向提质升级阶段。李克强在峰会上表示，中国和东盟建立对话关系25年来，双边贸易额从近80亿美元增长到4 722亿美元，增长近60倍，年均增长率18.5%。中国连续7年成为东盟第一大贸易伙伴，东盟连续5年成为中国第三大贸易伙伴。双方相互投资快速均衡发展，累计双向投资超过1 600亿美元。2018年，李克强总理赴新加坡出席第21次中国-东盟（10+1）领导人会议暨庆祝中国-东盟建立战略伙伴关系15周年纪念峰会，东盟各国领导人访华或来华出席第15届中国-东盟博览会和中国-东盟商务与投资峰会、第10届中国-东盟金融合作与发展领袖论坛、首届中国国际进口博览会等重大活动。密切的高层交往为促进中国与东盟经贸务实合作发展提供了重要契机和强劲动力。同时，双方在中国-东盟自贸区升级、RECP谈判等方面合作也取得积极进展。

❈小资料

中国-东盟博览会[①]

2003年10月8日，温家宝总理在第7次中国与东盟（10+1）领导人会议上倡议，从2004年起每年在中国南宁举办中国-东盟博览会，同期举办中国-东盟商务与投资峰会。这一倡议得到了东盟10国领导人的普遍欢迎。中国-东盟博览会是由中国和东盟10国经贸主管部门及东盟秘书处共同主办，广西壮族自治区人民政府承办的国家级、国际性经贸交流盛会，每年在广西南宁举办。博览会以“促进中国-东盟自由贸易区建设、共享合作与发展机遇”为宗旨，涵盖商品贸易、投资合作和服务贸易三大内容，是中国与东盟扩大商贸合作的新平台。中国-东盟博览会是目前中国境内唯一由多国政府共办且长期在一地举办的展会。中国-东盟博览会以展览为中心，同时开展多领域、多层次的交流活动，搭建了中国与东盟交流合作的平台。

2013年是中国-东盟建立战略合作伙伴关系10周年，第10届中国-东盟博览会围绕“区域合作发展——新机遇、新动力、新阶段”的主题，举办了中国-东盟农业部长会议等一系列部长级会议，并举办了包括金融、技术转移、环保、基础设施、物流、体育、粮食安全、传媒、文化、智库等在内的多领域会议论坛和交流活动。第17届中国-东盟博览会原计划于2020年9月18—21日在广西南宁举行，因新冠肺炎疫情影响推迟举办，本届博览会紧扣中国-东盟自贸区升级议定书，围绕中国-东盟数字经济合作年，以数字经济引领高质量发展、新一代信息技术推动产业转型升级为目标，以“创新合作”为重点，更加注重展品的科技含量和附加值，不断加强服务贸易国际合作，推动中国-东盟经贸合作提质升级，促进双方产业链、供应链、价值链进一步深度融合。

11.4.3　中国-东盟自由贸易区的发展前景

当前，世界经济增长乏力，欧债危机持续发酵，面临诸多不稳定、不确定因素。亚洲地区虽然也面临不少困难和挑战，但总体仍保持较快发展势头。中国同东盟各国作为友好近邻和战略伙伴，应该审时度势、顺势而为，携手推进深度合作，共同赢得持续发展。

2013年10月，习近平主席倡议与东盟共建21世纪海上丝绸之路，倡导携手建设更为紧密的中国-东盟命运共同体，为中国-东盟关系的长远发展指明了方向。李克强总理进

① 根据商务部网站资料整理。

一步提出“2+7合作框架”，为各领域务实合作制定了规划。中国与东盟共建21世纪海上丝绸之路，既有古代海上丝绸之路的历史基础，又有中国-东盟对话合作20多年来打下的坚实基础，更有互利合作、谋求发展的共同需求。“一带一路”给中国和东盟国家带来的发展机遇是相互的。

第一，在互联互通方面，东盟国家需要进一步提升基础设施建设和互联互通水平。中国倡议设立的亚洲基础设施投资银行、丝路基金等机制都可为东盟国家互联互通建设提供长期、低成本融资服务，促进中国-东盟互联互通建设。实现东盟内部以及中国-东盟的互联互通，是深化经贸合作和人员往来的重要基础，是促进域内经济融合、提升地区竞争力的战略举措，有利于地区经济持续稳定增长。中国愿同东盟开展全方位、深层次、战略性的互联互通。中方愿意通过建立促进互联互通建设的投融资平台，加强同东盟国家的陆上通道建设，构筑双方海上互联互通网络，开拓港口、海运物流和临港产业等领域合作。

第二，借助产能合作可拓展双向投资。中国和东盟国家在产能合作上前景广阔。在国际产能合作方面，中国与东盟国家地理相近，经贸往来密切，制造工业领域互补性强，具备产能合作的良好基础。在“一带一路”框架下促进双方产能合作，有利于中国优势产能转移，也有利于东盟国家加快工业化进程，带动当地就业和经济增长。东盟的很多国家是发展中国家，产能不足，而这正好是中国的优势，可以把中国的优势产能与东盟国家的需求相结合，推动东盟一体化并促进中国和东盟的合作。一方面，近年来中国服装、纺织等劳动密集型产能向东盟国家转移；另一方面，东盟国家在工业化和基础设施建设方面的需求也在吸引中国钢铁等产能的输出。双方可共同建设各类产业园区，吸引中方企业赴东盟国家开展集群式投资，建立健全本地区供应链、产业链与价值链，同时提升中国和东盟国家在全球产业布局中的地位。当前中国和东盟贸易水平日益提升，但是贸易额还不高，未来需要推动贸易向高端装备等更高附加值产品升级，加强在产业链、价值链上的分工合作。

中国企业在东盟的投资主要涉及贸易、物流、建筑、能源、制造业和商业服务等领域。目前，中国与东盟10国作为创始成员国的亚洲基础设施投资银行已正式运营，中国与东盟国家在产能合作、产业园区建设等方面的合作不断推进，这都为进一步扩大中国与东盟双向投资创造了有利条件。目前，中马、中泰、中老等多个铁路合作项目已经启动，中国-东盟港口城市合作联络建设、网络建设也已取得积极进展。可以想见，未来中国与东盟的双向投资一定会朝着积极方向发展。

11.5 中国与俄罗斯的经贸关系

中国和俄罗斯是友好邻邦，中俄两国都是对世界有重要影响的新兴经济体，两国经济存在着很强的互补性。中国是仅次于欧盟的俄罗斯第二大贸易伙伴，两国经贸合作的发展有着巨大潜力和广阔前景。近年来，在中俄两国领导人的直接推动下，中俄经贸领域合作取得了显著成效，中俄经济贸易关系保持了平稳、健康的良好发展势头。

11.5.1 中俄经贸关系发展

20世纪90年代中后期，中俄关系曾一度有过“政热经冷”的现象。但自21世纪以来，两国经济合作增长迅速。2000年，中俄双边贸易额只有80.3亿美元，而到2012年，中俄双边贸易额达881.6亿美元，中国已连续3年成为俄罗斯第一大贸易伙伴，俄罗斯则是中国第九大贸易伙伴。2012年，中国对俄机电和高新技术产品出口增幅分别达17.3%和15.7%。俄对华出口在以能源资源为主的同时，机电产品和高技术产品也有所增长，双边贸易结构呈现持续优化趋势。

2009年，两国元首批准《中国东北地区与俄罗斯联邦远东及东西伯利亚地区合作规划纲要（2009—2018年）》，为进一步深化地方合作提供了良好机遇。

2011年10月，中俄签署《关于经济现代化领域合作备忘录》，明确了创新和高科技领域的大型战略性合作项目，为发挥两国经济互补性、优化双边贸易结构提供了新的动力。

中俄两国长期友好，全方位合作不断加强，经贸关系稳定发展。2018年中俄两国经贸合作的规模和质量显著提升。据中国海关统计，2018年，中俄贸易额为1 070.6亿美元，同比增长27.1%。中国继续保持俄罗斯第一大贸易伙伴地位。中俄两国投资合作不断向前推进。据中国商务部统计，2018年当年中国对俄罗斯联邦直接投资流量7.25亿美元。截至2018年年末，中国对俄罗斯联邦直接投资存量142.08亿美元。目前，在中国驻俄罗斯大使馆经商参处备案企业近400家，投资主要分布在采矿业、农林牧渔业、制造业、批发零售业、租赁和商务服务业、金融业等领域。

俄罗斯是中国非常重要的邻国，两国的政治互信不断加深，两国经贸合作不断加强，是全面战略协作伙伴关系。中俄之间有许多机制在双边合作当中都发挥了十分重要的作用。中俄关系的健康稳定发展，不仅有利于地区，也有利于世界。中俄总理会晤多年来一直如期举行，这本身表明了中俄关系的稳定性。

实践证明，中俄两国经贸关系快速发展的一个很重要的原因，是两国经济均保持着较高的增速。自2010年以来，俄罗斯通过各项政策措施努力保增长、控赤字、抑通胀，其经济保持稳定增长。近年来世界经济复苏低迷，贸易增长乏力，导致中俄关系在经贸方面由于能源价格下跌等因素也受到了一些影响。2019年，中俄两国贸易额为1 107.57亿美元，同比增长3.4%，这表明中俄双方经贸合作的潜力很大，互补性很强。中俄经济的快速发展，密切了双边经贸合作关系，加强了彼此经贸联系。

2012年8月23日，俄罗斯成为世界贸易组织第156个正式会员。从中俄双边经贸关系看，这有利于扩大两国间贸易与投资规模，有利于中方扩大对其货物及服务出口，有利于俄吸引更多中方投资。

11.5.2 近年中俄贸易特点

2014年，因为乌克兰问题，美国及其他西方国家对俄罗斯实施经济制裁。2016年，美国又以俄罗斯网络干预美总统大选为由，对俄罗斯实施全面的经济制裁。西方经济制裁恶化了俄罗斯投资环境，卢布贬值降低了其国际购买力，进出口额大幅萎缩。相较于中俄经贸2014年实现950多亿美元的历史高位，2015年双边贸易额下降约30%。继2015年经济陷入衰退以后，受益于大宗商品价格回升、投资萎缩趋势反转等因素的刺激，俄罗斯经济2016年下滑速度明显减缓，只是进出口贸易仍持续低迷。在这种背景下，根据我国海关总署公布的数据，2016年中俄贸易额同比增长2.2%，双边经贸规模保持稳步扩大。从合作广度和深度看，中俄经贸合作呈现出了新的发展趋势。2019年，中俄进出口贸易额为1 107.9亿美元，同比增长3.4%。其中，我国对俄出口497.4亿美元，同比增长3.7%；自俄进口610.5亿美元，同比增长3.2%。据中国海关统计，2020年1—3月中俄贸易额为253.5亿美元，同比增长3.4%，增速在中方主要贸易伙伴中排第二位。其中，中方自俄进口162亿美元，同比增长17.3%，进口增速在中方主要贸易伙伴中排名第一。在国际新冠肺炎疫情持续蔓延，世界经济和贸易受到严重冲击的背景下，一季度中俄双边贸易逆势上扬，成绩来之不易，凸显了中俄经贸关系的韧性和潜力。但另一方面，受疫情防控、企业复工复产、汇率波动等多重因素影响，一季度中方对俄出口91.5亿美元，同比下降14.6%，加之疫情和国际油价下跌对贸易的影响有一定滞后性，全年双边贸易走势仍需进一步观察。

1）贸易从快速增长转向结构调整

事实上，自2010年起，中国已经连续6年成为俄罗斯第一大贸易伙伴国，中国在俄外贸中的比重稳步扩大，双边经贸合作取得了积极进展。但自2014年乌克兰危机之后，俄罗斯经济衰退，增长乏力，卢布暴跌，为中俄双边经贸关系蒙上了阴影。从2014年下半年起，受国际市场变化及两国经济结构调整等因素影响，中俄双边贸易额大幅递减，贸易增速开始下滑。俄罗斯联邦海关局数据显示，2015年，中俄双边贸易额同比下降28.1%，为近5年增速的最低值。从月度数据来看，自2014年11月起，中俄进出口贸易额连续18个月负增长。其中，俄罗斯从中国的进口直到2016年5月份才实现正增长；而俄罗斯对中国出口连续14个月负增长，2016年出口下跌趋势有所减弱，3月份、5月份出口均实现了同比正增长，但全年增幅依然为负增长，可以看出，中俄双边贸易存在一定的波动性。从2017年开始，中俄贸易进入加速增长期，到2018年已经突破千亿美元大关。各种迹象表明，中俄仍有广泛的合作领域，市场空间非常广阔，双边经贸前途光明。目前，中俄双边贸易正朝着2 000亿美元大关前进。2013—2018年，中俄双边贸易总额分别为683.3亿美元、884亿美元、635.5亿美元、661.1亿美元、869.6亿美元和1 082.8亿美元。

从双边贸易结构来看，俄罗斯拥有资源要素禀赋的绝对竞争优势，主要出口军工产品、矿产品以及动物产品、木材产品等，而中国主要出口纺织品、石料、水泥以及皮毛等劳动密集型产品和原材料。此外，中国对俄出口产品中，以电信录音设备、办公设备和家电等为主的机械类产品占比不断增加。中国商务部数据显示，2015年，中国从俄罗斯进口的原油、成品油和铁矿石等大宗商品分别增长了28%、15%和22%，保持两位数增长，机电和高新技术产品的进口也大幅上升32%和34%。但由于俄罗斯通货膨胀高企，居民可支配收入下降，卢布暴跌，中国出口的日用消费品、汽车和家电类产品规模有所下降。俄罗斯是中国机电产品的主要进口国，2013—2017年，中国机电产品对俄出口一直保持高位，出口额占中国对俄出口的1/3强。2016年，中国机电产品对俄出口达195亿美元，占当年出口额的36.4%。劳动密集型产品（纺织、轻工、皮革等）是中国对俄出口的另一大宗商品，对俄出口平均占比30%以上，在中国大力实施“一带一路”倡议，中国经济正努力从“中国制造”转变为“中国创造”的新背景下，中国对俄商品出口的结构将会有更大调整，包含高科技附加值的机电产品出口额将会继续增加，两国将进一步加强经济和战略合作，推进两国贸易发展。

2）中俄能源战略合作稳步推进

2015年6月，中俄东线天然气管道中国境内段正式开工，建成后年输气量达380亿立方米。这是继中俄原油管道之后两国间的第二条能源战略通道。此外，双方还就推进西线天然气管道项目达成共识。同时，俄罗斯在油气领域引入中国企业和战略投资。两国间形成了贸易、勘探、炼化、装备各领域并进，合资、合作、股权并购多模式发展的全方位能源合作格局。11月，中国根据政府间协议和相关合同向俄方支付了9 965亿卢布（约972.6亿元人民币）原油预付款。这对于陷入困境的俄罗斯经济来说不啻为雪中送炭。在美元进入加息通道以及美国取消长达40年的石油出口禁令等因素作用下，能源价格将持续走低。在此影响下，本身便具有结构性问题的俄罗斯能源导向型经济将陷入多重危机，其GDP不可避免受到消极影响。2020年第一季度中俄双边贸易额的增长离不开两国在能源领域的合作，尤其是2019年两大重磅能源合作：中俄东线天然气管道和“亚马尔液化天然气”（LNG）项目。2019年12月，中俄东线天然气管道正式开通，也提高了俄罗斯向中国出口天然气的能力。中国海关总署消息显示，2020年1—2月，俄罗斯天然气工业股份公司（Gazprom）已通过东线天然气管道向中国输送了6.35亿立方米的天然气，价值约为1.29亿美元。2018年底，亚马尔液化天然气项目3条生产线全部建成投产，俄罗斯液化天然气生产能力大幅提高。根据中俄双方此前的协定，中国从2019年起每年进口300万吨来自亚马尔项目的液化天然气。在此背景下，中俄作为战略协作伙伴应着眼于国家战略需要，做好长期规划，实现能源合作可持续发展。

3）中俄农业合作逐步展开

俄罗斯是世界主要的农产品和食品出口国。乌克兰危机爆发以来，欧美与俄罗斯之间相互实施的制裁措施严重制约了俄农产品出口。随着“向东看”战略的实施，俄罗斯扩大了与中国在内的亚洲国家的农业合作。中国对俄果蔬及猪肉出口明显增加，俄对中国出口玉米、大豆、油菜籽等农产品也大幅增长。2015年12月，两国就俄向中国出口小麦达成协议。此外，双边农业合作从单纯贸易转向投资与技术合作相结合，从小规模经营发展为国家扶持的大项目。总额20亿美元的中俄农业投资基金和总额130亿卢布的俄罗斯远东农工产业发展基金相继成立，助推两国农业项目合作。中方在人力、资金、技术和市场上的优势与俄罗斯的土地资源相结合不仅有助于调整俄罗斯产业结构，增加农产品出口，而且有利于中国粮食进口多元化。中俄两国农业合作起步早，合作领域主要集中在农产品贸易、农业境外投资开发、农业劳务合作和农业技术交流等领域。近年来，中国对俄罗斯农业投资步伐持续增速，投资主体更加多元，投资领域日渐广泛，形成了以大豆、玉米等主要农产品种植、加工、仓储，以及物流等综合开发格局。2019年中俄政府签署了关于俄罗斯油籽及其副产品，包括大豆、油菜籽和葵花籽以及其副产品油、油渣和油粕等向中国出口检验检疫议定书，中国可以从俄罗斯全国范围内进口大豆。同年，两国贸易额达1 107.9亿美元，其中中国对俄罗斯出口497.4亿美元，增长3.7%，进口610.5亿美元，增长3.2%。未来，中俄在食品、农产品、畜产品等领域的投资经贸合作发展潜力巨大。

4）战略性大项目带动中俄投资合作

两国在资源、技术合作、联合研发等领域加大投资，生产满足对方市场需求的产品。例如，丝路基金投资7.3亿欧元入股俄亚马尔液化天然气项目，深化能源合作；莫斯科-

喀山高铁项目已经启动，中国中车获得该项目的车辆订单，并将在俄建厂生产，丝路基金是项目的主要投资者；中俄商定联合研发重型直升机和宽体客机，实现俄罗斯技术与中国资金的有效对接。

面对新形势，中俄应加快贸易和投资结构调整，把产能和装备制造合作作为新的增长点。在丝绸之路经济带建设与欧亚经济联盟建设对接的框架下，对接“中国制造2025”和俄方的“创新2020战略”，通过创新合作模式优化双边贸易结构，推动双边投资步入新轨道。

11.5.3 中俄经贸合作新增长点

对于中俄贸易来说，认清新的发展阶段，并了解当前世界经济以及全球贸易的大环境至关重要。在此基础上，如何因地制宜，根据两国各自发展的特色和需求寻找新的经贸契合点是重中之重。中俄经贸合作新增长点包括：

1）深挖中俄跨境电子商务潜力，拓展贸易规模

俄罗斯电商企业协会数据显示，2016年上半年，俄罗斯电商市场规模达4 050亿卢布（约合63亿美元），同比增长26%。其中，1 431亿卢布（约合22亿美元）为跨境电商贸易，同比增长36%，占俄罗斯电商贸易总额的35%。该协会预计，2016年全年俄罗斯电商市场规模达9 000亿卢布（约合141亿美元），同比增长18.4%。目前，俄罗斯拥有两大中国电商平台——京东和阿里巴巴的速卖通，俄罗斯跨境电商一半的业务往来都是与中国开展的。从2011年至今，俄罗斯的跨境电商交易额一直在增长，2018年1—9月，中俄跨境电商贸易额达到了37亿美元，同比增长23%。

2）共同关注创新领域，联手研发和加快科技成果的产业化

2014年12月，俄罗斯总统普京宣布俄开始实施国家技术创新战略。2016年，中共中央、国务院印发了《国家创新驱动发展战略纲要》。2014年10月，中俄双方正式签署《关于合作开发建设中俄丝绸之路高科技产业园的合作备忘录》，并随后开展了“中俄苏霍伊商用飞机项目”。此外，如新材料、环保节能技术、生物技术、高能物理、石油化工、机械制造等领域的合作也正在加快实施。中俄“新时代全面战略协作伙伴关系”的复杂性继续演变。中国和俄罗斯不仅扩大了军事合作，且正在进行更广泛的技术合作，包括5G通信、人工智能、生物技术等。美国对中俄与全球科技生态系统接触的限制，加速了中俄开发本土技术来替代外国技术的速度，同时也促进了中俄的进一步合作。

3）加大投资合作力度，进一步带动贸易快速增长

近年来，中俄之间双向直接投资增长迅猛。中国商务部统计数据显示，2014年中国吸引俄罗斯直接投资4 088万美元，同比增长85.1%，远超过同期贸易增速；中国对俄罗斯直接投资63 356万美元，其中，最重要的是面向农、林、牧、渔业的投资，占比达55.6%，其次是面向制造业的投资，占比达18.2%。2015年，中国累计对俄投资额已超过340亿美元，投资合作规模有增无减。双边投资的不断攀升，必然会拉动相关原材料、中间投入品等贸易的增加。最后，以重点行业的战略性大项目为依托，全面推进双边经贸关系升级。双方将着力推进能源、航空、航天、跨境基础设施等领域的战略性合作，培育中小企业合作，扩大和深化地方间的经贸合作，加强多边和区域方面的经济沟通和合作。在

中俄双方的共同努力下，两国高水平的政治关系优势将转化为更多务实合作成果，双边经贸合作的质量和水平将进一步提升，推动中俄全面战略合作伙伴关系继续健康向前发展。2015年7月上合组织乌法会议期间，中俄两国元首商定，面向整个欧亚大陆合作进程，将"一带一路"建设与欧亚经济联盟建设对接。此后，各方同心协力，推动各界合作取得重要进展。中方对俄方提出的中俄共同建立欧亚伙伴关系持积极态度，并将此视为"一带一路"建设与欧亚经济联盟建设对接的延续。2016年6月，中俄两国签署了合作建设莫斯科-喀山高铁项目，这是双方在欧亚经济联盟和丝绸之路经济带框架下加强对接合作的重大项目，对中俄两国政治经济将会产生深远影响。截至2019年年底，中国累计实际使用俄罗斯直接投资约10.6亿美元。俄罗斯企业对华投资主要集中在制造业、建筑、交通运输等领域。2019年，中国对俄罗斯直接投资3.4亿美元。中方将会同俄方继续扎实工作，推动中俄之间的合作不断迈上新的台阶。

11.5.4 中俄经贸关系的发展前景

中俄经贸关系是中俄全面战略协作伙伴关系当中的重要经济基础。当前两国务实合作在不断增强，基础越来越牢固，可以说前景十分广阔。面对国际金融危机对中俄两国的冲击，中俄密切配合、携手应对。双边经贸逆势上扬，规模不断扩大，水平不断提高，领域不断拓宽，能源和高新科技领域已成为优先发展方向，长期大型合作项目保持强劲发展势头。这体现了两国经济高度互补、利益高度契合、合作前景广阔。双方应该加强统筹协调，加快落实油气、核电、煤炭等能源合作协议，规划好高技术、航空航天、跨境基础设施建设等领域合作，扩大相互投资，重点开展战略性大项目合作，推进联合研发、联合生产。

跨境电子商务渐成中俄经贸合作新亮点。中俄经济和资源的互补性为两国在这一领域的合作奠定了基础，随着政策环境、基础设施等的日渐完善，中俄跨境电商将迎来更广阔的发展空间。

特别值得一提的是，中俄两国的务实合作不能仅仅用贸易数字来衡量，它对于中俄两国的经济安全、经济结构调整、现代化战略和国家复兴都有着非常重要的战略价值。当前，世界各大国都把战略着力点放在后金融危机时代新兴产业的竞争上面。中国积极推动经济发展方式转型，俄罗斯则将能源现代化、再工业化、创新发展、远东开发以及现代化农业作为实现2020年进入世界经济前五强的重要支柱。在近年来的中俄高层交往中，两国领导人都突出强调把对方的发展视为战略机遇。事实上，中俄两国也只有将各自优势相互结合并实现共同发展，才能在新一轮国际经济竞争中占据潮头。比如，美国"页岩气革命"引发国际天然气市场深刻调整，俄罗斯在传统天然气出口市场面临多重挑战，而中国巨大的市场将为俄天然气出口战略的调整提供广阔空间。在高科技产业方面，两国在原子能、航空航天、大飞机制造、新材料等领域的合作将让双方共同赢得未来。

能源领域的合作横向涵盖油气、核能、电力、煤炭、新能源等多个行业，纵向贯通上中下游各领域产业。两国将着力实施战略性大项目合作，推动合作模式从单纯买卖转向联合研发、联合生产，贸易结构从以能源资源为主转向制造业、高科技、航空航天等多元组合。两国高水平的政治关系优势正在转化为各领域务实合作的实际成果。中国连续10年保持俄第一大贸易伙伴国地位。2018年，中俄双边贸易额历史性地突破1 000亿美元。2019年，中俄两国元首达成持续推进战略性大项目，深挖新兴领域合作潜力，发挥地方经济互补优势，实现经贸合作提质增量，推动双边贸易额向2 000亿美元迈进的合作共识。

❈**小资料**

金砖国家[①]

2001年秋，美国高盛公司首次提出“金砖四国”概念，囊括了全球最大的四个新兴市场国家，“金砖四国”概念首次为世人所知。传统“金砖四国”（BRIC）引用了巴西、俄罗斯、印度和中国的英文首字母。由于该词与英语单词的砖（Brick）类似，因此被称为“金砖四国”（其中“金”字是中国翻译者自己添加的，本意为这四国将是未来全球经济的坚固“砖石”，这成为对21世纪全球经济走向的最大预言）。南非加入后，其英文单词变为“BRICS”，并改称为“金砖国家”。

2013年，“金砖国家”国土面积占世界领土总面积的27%，人口占世界总人口的43%。据有关国际组织统计，2009年五国国内生产总值占世界总量的16%，贸易额占全球贸易额的13%。根据2010年世界银行和国际货币基金组织改革方案，“金砖国家”在世界银行的投票权将大幅增加至13.1%，在国际货币基金组织的份额将达到14.81%，按购买力平价计算对世界经济增长的贡献率已超过50%。在创造“金砖”这个名词之初，人们恐怕没有料到它会发展成一个生机勃勃的新兴市场国家合作机制。人们可能要问，“金砖国家”散布于亚、非、欧、美四大洲，是什么原因让它们走到一起的？

“金砖国家”走到一起是国际关系发展的客观要求。“金砖国家”的发展促使世界经济增长点多元化，成为国际经济关系民主化的自然推动力。“金砖国家”在改革和完善全球经济治理方面有相同的关切和主张，加强协调、携手合作是大势所趋，也成为21世纪以来国际关系的新特点。换句话说，这也是经济基础决定上层建筑的反映。

“金砖国家”走到一起是互利共赢的选择。五国虽国情各异、禀赋不同，但所处发展阶段相近，都面临保增长、保稳定、保民生的艰巨任务。在经济发展过程中，也都会遇到调结构、保护环境等相似的挑战或难题。“金砖国家”合作为它们交流发展经验、破解发展难题提供了宝贵平台。同时，“金砖国家”各具优势，经济互补性很强，既有开展广泛合作的坚实基础，也有促进共同发展的现实和战略需求，加强合作顺理成章。

“金砖国家”走到一起符合国际社会共同利益。与七国集团等发达国家合作机制不同，“金砖国家”不是新的大国集团，不是政治同盟，而是发展伙伴。该机制讨论的问题集中于经济、金融和发展领域，无论是发达国家还是发展中国家都普遍关心。可以说，“金砖国家”是全球发展伙伴关系的积极倡导者和实践者，是南北对话与合作的一座新桥梁。

---

① 根据商务部网站资料整理。

11.6 中国与其单独关税区的经贸关系

香港特别行政区（以下简称“香港”）、澳门特别行政区（以下简称“澳门”）和台湾省（以下简称“台湾”）都是我国的神圣领土，经济比较发达，交通方便。

11.6.1 中国内地与香港的经贸关系

香港原属广东省新安县（今深圳市），地少人多，自然资源匮乏，进料加工和来料加工工业发达，地理位置优越，交通便利。目前香港已经成为世界重要的金融中心、贸易中心、信息中心、航运中心和旅游中心。

香港自1840年鸦片战争后被英国长期占领。1997年7月1日，香港回归祖国。内地同香港贸易关系的性质是中国主体同单独关税区之间的贸易，双方之间的贸易属进出口贸易。

1）我国内地与香港地区贸易关系的发展历程

中华人民共和国成立后，内地与香港之间的经济贸易关系越来越密切。20世纪50年代，内地与香港贸易额只有2亿美元左右，20世纪60年代发展到6亿美元，20世纪70年代增至约30亿美元。进入20世纪80年代，随着我国对外开放政策的实行，内地与香港的贸易关系进入一个新的发展阶段。

2003年，中央政府和香港特别行政区政府签署了《内地与香港关于建立更紧密经贸关系的安排》（CEPA），对内地和香港的经济合作共赢、优势互补、共同发展起到了重要的推动作用。CEPA是内地最早签署、全面实施并接受WTO审议的自由贸易协议，充分体现了“一国”的优势和“两制”的特点，为全面发展内地和香港的经贸关系创建了有效机制。此后，两地不断扩大CEPA的开放内容，陆续签署了多项补充协议，内地与香港的经贸合作也变得更加紧密。2012年，香港取代日本，成为中国内地第四大贸易伙伴。

香港在经历了国际金融危机等冲击后，经济平稳发展，继续保持全球金融、贸易、航运中心的地位，一直被公认为全球最自由开放、最具竞争力的经济体和最具发展活力的地区之一。香港同祖国内地的交流全方位扩展，经贸关系更加紧密，各领域合作不断深化。近年内地与香港经贸交流情况见表11-1。

表11-1 **近年内地与香港经贸交流情况**

年度	两地贸易	吸收港资	港商投资项目	对港投资	对外经济合作
2014	3 760.9亿美元	812.7亿美元	12 169个	—	31.2亿美元
2015	3 443.4亿美元	863.9亿美元	13 146个	—	46.5亿美元
2016	3 052.5亿美元	814.7亿美元	12 753个	862.0亿美元	11.0亿美元
2017	2 866.6亿美元	945.1亿美元	18 066个	599.9亿美元	55.5亿美元
2018	3 105.6亿美元	899.2亿美元	39 868个	700.5亿美元	59.3亿美元

注：对港投资为非金融类直接投资；对外经济合作主要为工程承包。

资料来源　根据商务部网站数据整理。

2）CEPA下内地与香港贸易的发展

（1）货物贸易

2002年1月25日，中央政府和香港特别行政区政府宣布，正式启动两地建立更紧密经贸关系安排的磋商。经过双方长达一年半的努力，中央政府和香港特别行政区政府于2003年6月29日达成了协议，在香港签署了CEPA，内容包括两地实现货物贸易零关税、扩大服务贸易市场准入、实行贸易投资便利化3个方面。CEPA的签署，标志着中国入世后香港与内地经济关系出现历史性的变革。

香港居民可在内地“开店”。CEPA补充协议于2004年10月签署，根据这一协议，自2005年1月1日起，内地对《第二批内地对原产于香港的进口货物实行零关税的产品清单（现有生产产品）》中列明的原产香港的进口货物实行零关税；允许香港永久性居民中的中国公民依照内地有关法律、法规和行政规章，在内地各省、自治区、直辖市设立个体工商户，无须经过外资审批。

（2）服务贸易

服务贸易领域进一步扩大。CEPA补充协议二于2005年10月签署，在2003年签署的“安排”和2004年签署的“安排”补充协议的基础上，内地进一步对香港扩大开放；CEPA补充协议三于2006年6月签署，进一步在服务贸易领域对香港扩大开放，并加强与香港在贸易投资便利化领域的合作。

开放措施涵盖28个服务领域。CEPA补充协议四于2007年6月签署，协议涵盖28个服务领域的开放措施，在金融合作、会展合作和推动专业人员资格互认方面也有新的合作内容。

推出3项贸易投资便利化措施。CEPA补充协议五于2008年7月签署，在服务贸易方面，内地在17个领域共采取29项具体措施，进一步对香港扩大开放。同时，还推出了3项贸易投资便利化措施和2项专业资格互认措施。

服务贸易开放涵盖香港多个优势行业。CEPA补充协议六于2009年5月签署，协议扩大了内地对香港服务贸易开放和经贸合作，使CEPA涵盖的服务领域总数由40个增至42个，包括旅游、银行、证券、法律、运输、创意产业等香港多个具有发展优势的重要行业。按照世界贸易组织对服务贸易的分类标准，内地对香港开放的部门已经达到148个，超过服务贸易最开放的欧盟在世界贸易组织中承诺开放的146个部门，涉及世界贸易组织服务贸易部门分类160个类别的92.5%。

医疗和旅游业受惠最大。CEPA补充协议七于2010年5月签署，进一步就开放服务贸易和增强投资便利达成协议，推出35项新措施，其中以医疗和旅游业受惠最大。

文化教育服务列入开放清单。CEPA补充协议八和CEPA补充协议九，在相距不到一年时间内分别于2011年12月和2012年6月签署，新增加了跨学科的研究与实验开发服务，与制造业有关的服务，图书馆、档案馆、博物馆和其他文化服务，教育服务4个开放领域，在法律、建筑、会计、医疗、银行、证券、保险等28个领域新增60项开放措施。

进一步在内地全境扩大对香港服务业的开放程度。2014年，内地与香港签署了《〈内地与香港关于建立更紧密经贸关系的安排〉关于内地在广东与香港基本实现服务贸易自由化的协议》。2015年11月27日，内地与香港签署了《〈内地与香港关于建立更紧密经贸关系的安排〉服务贸易协议》(以下简称《协议》),《协议》就CEPA的关系、适用范围、双方义务、最惠待遇、金融审慎原则、保障措施、例外条款、保留的限制性措施、跨境服务、电信及文化专章、特殊手续和信息要求、投资便利化等分别作出原则性规定。它的签订,标志着内地全境与香港基本实现服务贸易自由化。

通过不断地补充和完善,CEPA及其9个补充协议已经形成了内地对香港较为系统的开放体系。按照WTO的标准,在货物贸易领域,内地与香港已经全面实现了自由化,服务贸易也完全达到了关于自由贸易协议应涵盖众多服务贸易部门的要求。

3)内地与香港经贸关系的发展前景

CEPA是内地对外签署全面实施并接受世界贸易组织审议的最早的自由贸易协议之一,通过不断的补充和完善,其对香港的开放程度已远超内地现行的对外经贸政策,也高于内地签署的其他自贸协议。香港已是内地对外开放程度最高的地区。CEPA促进了内地和香港经贸合作深入发展,带动了香港经济的全面增长,也对内地进一步开放、优化经济结构起到积极作用。到"十二五"末期,通过CEPA基本实现内地与香港服务贸易的自由化。

CEPA的深化实施正在进一步推进,而在与港唇齿相依的广东,前海、横琴、南沙三大崭新合作平台已然"开门迎客",各种优惠措施陆续出台。香港的产业发展中科技基础薄弱、科技人才短缺,而内地在基础研究、科研设备和人才培养等方面实力雄厚,有相当一部分高科技领域接近世界先进水平。因此,香港的经济发展需要与内地密切配合,双方在信息、生物、新材料、海洋和环保技术领域的合作有着广阔的前景。唯有把握国家发展的脉搏,充分发挥"背靠祖国,面向世界"的天然优势,才能巩固香港全球金融、贸易和航运中心地位。

11.6.2 内地同澳门的贸易关系

澳门原属广东省珠海县(今珠海市),开埠已400多年,在历史上曾发挥过国际航运和贸易中心的重要作用。虽然其重要地位后来被香港取代,但作为自由港经济,澳门仍然具有特别的魅力。尤其是从20世纪70年代末到80年代后期,澳门经济有了较迅速的发展,已逐渐建立起一个以出口加工业、旅游业、建筑业、金融业为支柱的外向型经济体系。澳门于1887年被葡萄牙侵占,中华人民共和国已于1999年12月20日对澳门恢复行使主权。由于地理、历史和文化的原因,澳门与内地的经贸关系一直十分密切。特别是改革开放以来,澳门与内地在贸易、投资、经济技术合作和金融服务等领域展开了广泛的合作。澳门是个高度开放的自由港,也是典型的微型经济体,澳门与内地的经贸合作保持着发展的态势。

为促进中国内地与澳门经济共同繁荣与发展,2003年10月29日,中国中央政府与澳门特区政府签署《内地与澳门关于建立更紧密经贸关系的安排》(CEPA)。自此之后,内地与澳门先后签署了CEPA补充协议,从补充协议二至补充协议九。补充协议九自2013年1月1日起正式实施。此举将使内地对澳门服务贸易总开放领域达到48个,累计总开放措施达318项。

澳门CEPA与香港CEPA的原则内容上基本一致。同时考虑到澳门的实际情况和经济差异,"安排"中也充分体现了澳门的特点。由于和香港产业结构不同,澳门享受零关税的273个商品税目与香港有所不同。澳门由于没有深水港，澳门的许多货品必须经过香港转运，不给澳门产品转运的权利，享受CEPA就会打折扣，所以给予澳门产品特殊的宽容，就是澳门可以经过香港向内地转运。在投资贸易便利化方面，香港有中医药的合作，澳门在这方面比较薄弱，澳门CEPA中就转换成一个产业合作，“给澳门弹性，空出一个摊位，在上面摆东西”。澳门CEPA不仅包括大部分澳门现在生产的产品，还有一些现在还未生产但有机会生产和预备生产的产品，如不锈钢餐具、电影以及一些电子产品等，为今后澳门新产业的发展预留了空间。

为推动内地与澳门特区基本实现服务贸易自由化，逐步减少或取消双方之间服务贸易实质上所有歧视性措施，双方在CEPA及其多个补充协议、《〈内地与澳门关于建立更紧密经贸关系的安排〉关于内地在广东与澳门基本实现服务贸易自由化的协议》（简称《广东协议》）已实施开放措施的基础上，于2015年签署了《〈内地与澳门关于建立更紧密经贸关系的安排〉服务贸易协议》，实现内地全境进一步扩大对澳门服务业的开放。这是首个内地全境以准入前国民待遇加负面清单方式全面开放服务贸易领域的自由贸易协议，标志着内地全境与澳门基本实现服务贸易自由化。澳门服务提供商可通过商业存在的形式进入内地市场，享受与内地企业同样的市场准入条件，有利于澳门企业拓展内地市场，促进经济多元发展。

近年内地与澳门经贸交流情况见表11-2。

表11-2 近年内地与澳门经贸交流情况

年度	两地贸易	吸收澳资	澳商投资项目	对澳投资	对外经济合作
2014	38.2亿美元	5.5亿美元	380个	—	0.3亿美元
2015	47.8亿美元	8.9亿美元	566个	—	18.3亿美元
2016	32.9亿美元	8.2亿美元	676个	4.6亿美元	11.0亿美元
2017	32.7亿美元	6.4亿美元	843个	1.59亿美元	21.5亿美元
2018	31.6亿美元	12.8亿美元	1 286个	1.1亿美元	—

注：对澳门投资为非金融类直接投资；对外经济合作主要为工程承包。

资料来源 根据商务部网站数据整理。

11.6.3 中国大陆与台湾的经贸关系

1）大陆与台湾发展经贸关系的基本方针与政策回顾

从1949年国民党当局退居台湾一直到1978年，大陆与台湾之间，约30年时间没有任何政治、经济和其他通航、通邮方面的联系。1979年1月，全国人大常委会发表《告台湾同胞书》，阐明和平统一祖国的大政方针，同时也提出了对台通商基本方针，即发展贸易，互通有无，进行经济交流。1980年4月，我国海关总署发言人提出开展大陆同台湾地区之间进行经济贸易联系的有关海关手续和征税办法，明确表示，祖国大陆同台湾的贸易是地区间的物资交流，对台贸易视同国内贸易，从台湾进口的商品免征关税（1983年初改为征收直接贸易调节税）。1981年9月，国家领导人提出实现祖国统一的9条方针，建议举行国共两党对等谈判，两岸实现通邮、通商、通航。1984年，邓小平进一步明确提出用“一个国家、两种制度”的构想来解决台湾同祖国大陆的统一问题，并表明台湾成为特别行政区后的“三个不变”，即台湾现行社会经济制度不变、生活方式不变、同外国的经济文化关系不变。1988年7月，我国又公布了《国务院关于鼓励台湾同胞投资的规定》，保证不会将台资企业国有化，台资企业可享受外商投资企业的优惠待遇等。1991年7月，对外经济贸易部提出进一步促进两岸经贸交往的五项原则：直接双向、互利互惠、形式多样、长期稳定、重义守约。1995年，时任中国国家主席江泽民在《为促进祖国统一大业的完成而继续奋斗》的讲话中又提出了“面向21世纪世界经济的发展，要大力发展两岸经贸交流与合作，以利于两岸经济共同繁荣，造福整个中华民族”的方针。2008年12月15日，两岸隔绝60年后，两岸海空直航及直接通邮的两岸“大三通”全面启动，台湾与大陆真正迈入一日生活圈，宣告两岸“大三通”时代来临，两岸人民通过直航将有密切的互动与往来，将为两岸带来新的机会、新的希望。

2）大陆与台湾之间的两岸双边经贸情况

2008年以来，两岸贸易总体上继续保持增长态势，贸易额除2009年受金融危机冲击有所下降外，其余年份均有不同程度的增长。在贸易规模继续增长的同时，大陆对台湾持续的贸易逆差也有效支撑了台湾经济的发展。根据台湾方面统计数据，从2008年到2018年，台湾地区生产总值（名义价值）从4 169.62亿美元增加至5 893.69亿美元，同期台湾对大陆贸易顺差从774.6亿美元增加至1 775.98亿美元，这意味着这一时期大陆对台湾贸易逆差对台湾经济增长的贡献率约为35%，仍然是支撑台湾经济增长的强劲动力。

2009年6月，台湾开放陆资入台，开启了两岸双向投资新格局。根据台湾“经济部”投审会统计数据，截至2018年年底，台湾累计批准陆资项目1 228个，利用陆资21.88亿美元。分年度看，无论件数还是金额，陆资赴台投资都有明显提升。

目前，台湾是大陆第七大贸易伙伴和第六大进口来源地。近年中国大陆与台湾经贸交流情况见表11-3。

表11-3　　**近年中国大陆与台湾经贸交流情况**

年度	贸易额	使用台资金额	台商投资项目
2014	1 983.1亿美元	20.2亿美元	2 318个
2015	1 885.6亿美元	15.4亿美元	2 962个
2016	1 796亿美元	19.6亿美元	3 517个
2017	1 993.9亿美元	17.7亿美元	3 464个
2018	2 262.4亿美元	13.9亿美元	4 911个

资料来源　根据商务部网站数据整理。

3)《海峡两岸经济合作框架协议》

《海峡两岸经济合作框架协议》简称ECFA。2010年1月26日，ECFA第一次两会专家工作商谈在北京举行。2010年6月29日，两岸两会领导人签订合作协议。2010年8月17日，台湾通过《海峡两岸经济合作框架协议》。两岸签署框架协议是两岸经贸交流经过30多年互惠互补、相互依存发展的必然结果。随着经济全球化和区域经济一体化的快速发展，特别是2008年5月以来，两岸关系实现历史性转折，中断近10年的两会协商得以恢复，两岸全面直接双向“三通”基本实现，两岸经贸交流与合作更加密切，两岸共同认识到，互为重要经贸伙伴的大陆与台湾，不应置身于全球区域经济合作的潮流之外，两岸同胞期盼建立制度化经济合作的愿望日益增强。

ECFA以后，两岸经贸关系跨入了新的时期，在经贸合作方面取得了具体成果：

一是框架协议成功签署，两岸合作开创新局面。两岸业界达成共识，认为框架协议的签署标志着构建两岸关系和平发展框架在经济领域率先得到了突破。

二是“早期收获”的具体表现。在货物贸易方面，大陆对台湾开放557项产品零关税，台湾对大陆开放267项，实施两年半以来，台湾方面享受零关税货物的金额达到148亿美元，享受减免关税优惠50亿元人民币，大陆方面产品也享受到相应待遇，出口台湾的产品约28亿元人民币，享受优惠关税，减免关税额5.8亿元人民币。

三是协议签署以后，两岸成立了两岸经济合作委员会，为两岸经贸交流搭建了机制性的平台，在经合会下面成立了6个工作组，涉及货物贸易、服务贸易、投资保护、争端协议商谈、海关合作、产业合作。在6个工作组机制平台上，双方全方位开展交流与合作，奠定了非常好的合作机制平台。而且就重要议题进行商谈，比如2013年初两岸经贸社团互设了办事机构，这也是史上一个重大突破。一些双方有兴趣的试点项目合作也逐步取得了成果，比如LED照明、液晶面板、电动汽车、无线城市、冷链物流作为重点推动的试点项目，取得了很好的成果，选定了试点城市，拟定了下一步的发展规划。

2013年6月，大陆与台湾签署《海峡两岸服务贸易协议》。《海峡两岸服务贸易协议》的签署，有利于推动两岸服务贸易正常化和自由化进程，相互开放服务业市场，促进共同发展。协议规定了两岸服务贸易的基本原则、双方的权利义务、未来合作发展方向及相关工作机制等内容。协议明确了两岸服务市场开放清单，在“早期收获”基础上更大范围地降低市场准入门槛，为两岸服务业合作提供更多优惠和便利的市场开放措施。大陆对台湾开放共80条，台湾对大陆开放共64条，双方市场开放涉及商业、通信、建筑、分销、环境、健康和社会、旅游、娱乐文化和体育、运输、金融等行业。

《海峡两岸服务贸易协议》是ECFA后续协商的阶段性成果，标志着两岸经贸合作迈上了一个新台阶。协议顺应世界经济发展潮流趋势，立足两岸服务业发展现状，突出两岸特色，对两岸服务业合作作出制度化安排，对于深化两岸经济合作、促进共同发展具有积极意义和深远影响。大陆方面市场开放水平高、开放范围广，充分体现了对台湾同胞的善意和诚意。

然而，近年来随着台湾政坛屡受震荡，打着“台独”幌子谋取政治资本的民进党于2016年上台执政，并于2020年获得连任。民进党等台独势力对于大陆抛来的“橄榄枝”警惕异常，不顾两岸人民同族亲缘以及台湾民众长久福祉，屡屡攻击污蔑《海岸两岸服务贸易协议》，试图将其妖魔化为大陆借经济交往等手段渗透台湾社会的工具。因此，协议的未来虽承载两岸民众共同期盼而必定历久弥坚，但短期受冲击的可能性亦将增长。

4）两岸经贸关系的发展前景

从两岸经贸关系发展来看，中国大陆经济是推动两岸经贸发展的强大动力，展望未来，大陆的发展仍然是决定两岸经贸发展前景的关键因素。经过近30年的高速增长，大陆经济目前进入了新常态，亦即经济增长速度从高速向中高速转变，产业结构及技术水平从低水平向中高水平转变，转变增长方式和提升经济发展的创新能力是其核心。为此，大陆以进一步深化体制改革和加大对外开放力度作为推动力，深化体制改革和加大开放力度将会在产业准入、简化审批等方面给两岸经贸合作领域的拓宽及效率的提升带来新的契机，将会有助于有效解决台资企业在大陆发展过程中的历史遗留问题。

海峡两岸采取更加务实、开放的措施，促进贸易的发展，应该会面临更好的前景。加强两岸经贸交流与合作，积极落实两岸经济合作框架协议，推动两岸关系和平稳定向前发展，是两岸同胞的共同愿望，也是两岸有识之士共同关注、大力推动的重点工作之一。《中华人民共和国国民经济和社会发展第十三个五年规划纲要》将“推进两岸关系和平发展和祖国统一进程”单独成章，并特别强调两岸经济的融合发展，为“十三五”时期两岸经济合作指明方向。规划中蕴藏着台湾方面可以利用的历史性机遇，两岸应该创新合作理念和方式，以互利共赢的方式来深化两岸经济合作，增进两岸同胞的利益和福祉。“十三五”规划中，两岸之间合作领域更宽，合作层次更高，合作程度更加深入，这样才能更好地整合资源优势，形成竞争力；与之相对，如果台湾不搭上大陆发展的“顺风车”，舍近求远，则难以发挥自身优势，被边缘化的趋势或将难以改变。

本章小结

1.中日两国是一衣带水的邻邦，贸易往来有着悠久的历史，两国有着地缘优势和很强的经济互补性，经贸关系发展的潜力很大，经贸关系是双方共同利益的最大交汇点。

2.2012年5月中、日、韩三国正式签署投资协定，三国领导人决定在2012年启动自贸区谈判。这些重大战略决策，将为中日韩贸易投资带来深远影响。中日韩区域内贸易发展潜力巨大，FTA的建成将创造更为稳定、公平、透明的商务环境，为区域内贸易自由化和投资便利化注入新的动力。

3.结构互补是中美经贸合作的最大优点。中国拥有丰富的熟练劳动力和后发市场潜力，已发展成为当今世界主要商品制造基地；美国拥有最先进的高端制造业和现代服务业，又是世界最大的消费市场。中美经济结构的互补，既产生了内在的合作需求，也形成了巨大的合作利益。

4.近年来，中美加快推动在清洁能源、信息技术、电动汽车、新材料、医药和医疗器械、再制造等新兴领域开展合作，为深化经贸合作注入新的动力。中国政府鼓励两国企业加强在高铁、公路、港口、桥梁、智能电网、体育和医疗中心、宜居社区等领域的项目建设、融资，以及技术交流等方面合作。

5.欧盟是一个发育成熟的统一大市场，有着巨大的生产能力和先进的科学技术，其整体实力在世界经济中占有重要地位，是世界第一大经济和贸易集团。中欧在高技术产品贸易领域的合作潜力巨大。

6.中国-东盟自贸区作为全球发展中国家间的最大自贸区，涵盖19亿人口，发展势头迅猛，东盟也已超越日本，成为继欧盟和美国后中国在全球的第三大贸易伙伴。自贸区建设不断深化，双边贸易稳步增长，双向投资规模不断扩大，在农业、能源、基础设施、制造和加工业等领域的合作进一步加强。

7.中国–东盟自贸区制度框架进一步完善。2015年，双方签订了自贸区升级议定书。至2016年，中国连续7年成为东盟第一大贸易伙伴，东盟连续5年成为中国第三大贸易伙伴。

8.俄罗斯于2012年8月加入世界贸易组织，为中俄经贸合作带来了新机遇。俄罗斯入世后，在市场准入、贸易和投资环境等方面作出的调整为两国经贸合作的深入发展带来新的契机。

9.CEPA是内地对外签署全面实施并接受世界贸易组织审议的最早的自由贸易协议之一，通过不断的补充和完善，促进了内地和香港特别行政区、澳门特别行政区经贸合作深入发展，带动了香港特别行政区、澳门特别行政区经济的全面增长，也对内地进一步开放、优化经济结构起到积极作用。

10.《海峡两岸经济合作框架协议》是两岸经贸交流经过30多年互惠互补、相互依存发展的必然结果。中国大陆经济是推动两岸经贸发展的强大动力，海峡两岸采取更加务实、开放的措施，促进贸易的发展，应该会面临更好的前景。

主要概念和观念

★主要概念

欧盟　中国–东盟自由贸易区　CPEA　《海峡两岸经济合作框架协议》

★主要观念

贸易摩擦　市场经济地位

基本训练

★知识题

1.判断题

(1) 目前，中、日、韩三国尚未启动中日韩自贸区谈判。 (　　)

(2) 克罗地亚于2013年7月1日成为欧盟第28个正式成员国。 (　　)

(3) 中国–东盟互联互通合作进入新阶段。 (　　)

(4) 中美双边经贸摩擦增多，但合作仍是双边关系的主流。 (　　)

2.选择题

(1) 中国最大的贸易伙伴是（　　）。

A.日本　B.美国　C.欧盟　D.东盟

(2) 中国同东盟作为友好近邻和战略伙伴，应该审时度势、顺势而为，（　　）。

A.更大力度提升自贸区建设水平　B.更大力度深化双向投资合作

C.更大力度推进互联互通建设　D.更大力度促进社会人文交流

(3) CEPA的主要内容涵盖三大方面，即（　　）。

A.货物贸易　B.服务贸易　C.贸易便利化　D.贸易自由化

E.技术贸易

(4) 我国第一大进口来源国（地区）是（　　）。

A.美国　B.日本　C.欧盟　D.东盟

3. 简答题

(1) 简述中美经贸关系发展前景。

(2) 简述中欧经贸关系发展前景。

★技能题

近几年来，中欧之间的贸易摩擦频繁发生，欧盟对中国企业的不公正裁决也越来越多，中欧贸易摩擦频繁发生的原因何在？应该如何看待这类问题？

观念应用

★案例分析

历次中美战略与经济对话详解

中美战略与经济对话是中美双方就事关两国关系发展的战略性、长期性、全局性问题而进行的战略对话。2009年4月1日，时任中国国家主席胡锦涛与美国总统奥巴马在伦敦参加二十国集团金融峰会期间举行首次会晤，双方一致同意建立中美战略与经济对话机制，并确定首轮对话当年夏季在华盛顿举行。

2009年7月27日到28日，首轮对话举行，主题为“凝聚信心恢复经济增长，加强中美经济合作”。议题涉及中美关系、国际地区问题和全球性问题。

2010年5月24日到25日，第二轮中美战略与经济对话在北京举行。在战略对话框架下，两国有关部门就能源安全、气候变化、联合国维和、反恐等问题进行对口磋商和双边会见。

2011年5月9日到10日，第三轮对话在华盛顿举行，主题为“建设全面互利的中美经济伙伴关系”，中美军方代表首次参加对话。

2012年5月3日到4日，第四轮对话在北京举行，对话聚焦三大经贸议题：促进强劲、可持续和平衡增长；拓展贸易和投资机遇；金融市场稳定和改革。

从形式上来看，中美战略与经济对话是一种独特的“务虚会”，让双方不拘泥于双边关系的具体事务，不以具体成果作为成功与否的评价标准，坦诚务虚，在务虚中求实，已经成为两国战略沟通的重要平台。

顾名思义，中美战略与经济对话机制是战略性沟通，不是实务谈判，不讨论细枝末节的问题，不为两国关系中个别分歧和摩擦所累。同时，双方围绕中美关系的重点发展方向和两国合作的重点领域，审视正在进行的合作议题和项目，规划下一阶段新的项目，达成谅解和共识。对于中美关系的发展来说，这本身就是十分务实的，也是开展战略与经济对话的一个重要初衷。

中美战略与经济对话从启动以来，一直在试图着重回答以下五大问题：一是如何看中国；二是如何看美国；三是如何看世界；四是如何看合作；五是如何看分歧。

回答这五大问题是一个过程，在此过程中增加互信，促进合作，使两国关系保持发展势头和相对稳定，使两国人民乃至世界得到好处，才是目的所在。

2016年特朗普政府上台之后，中美长久维持的高层对话机制行将被弃，美方意图重新评估和定义两国高层交流方式。2017年4月，中国国家主席习近平与美国总统特朗普在美展开会晤。中国外交部长王毅称，此次会晤不仅完成了中美关系的平稳过渡，也实现了新时期中美关系的良好开局。

引人注意的是，中美两国元首宣布建立外交安全对话、全面经济对话、执法及网络安全对话、社会和人文对话等4个高级别对话机制，以此替代了由奥巴马任美国总统时期举行了八轮的“中美战略与经济对话”（S&ED）和“中美人文交流高层磋商”（CPE）。未来中美关系何去何从，考验着两国元首及其各自政府精英们的集体智慧。

资料来源 根据相关资料整理。

问题：

（1）根据历次中美战略与经济对话议题，谈谈中美战略经济对话的意义。

（2）如何理解“中美战略与经济对话促进中美经贸发展”？

网上资源

1. https：//www.worldbank.org/
2. http：//www.ccpit.org/
3. https：//www.hktdc.com/
4. https：//www.wtca.org/
5. https：//iccwbo.org/
6. https：//www.usitc.gov/
7. https：//www.jetro.go.jp/
8. https：//www.wto.org/